上海市锦天城律师事务所
华东政法大学经济法律研究院
合作编写

FINANCE LAW REVIEW

金融法律评论

吴弘 主编

2023
下半年卷
总第17卷

法律出版社 LAW PRESS·CHINA
北京

图书在版编目(CIP)数据

金融法律评论. 2023. 下半年卷:总第17卷 / 吴弘主编. -- 北京:法律出版社,2024
ISBN 978-7-5197-9018-9

Ⅰ. ①金… Ⅱ. ①吴… Ⅲ. ①金融法-中国-文集
Ⅳ. ①D922.280.4-53

中国国家版本馆CIP数据核字(2024)第072798号

金融法律评论·2023下半年卷(总第17卷)
JINRONG FALÜ PINGLUN·2023 XIABANNIAN JUAN (ZONG DI-17 JUAN)

吴 弘 主编

策划编辑 田 浩
责任编辑 田 浩
装帧设计 臧晓飞

出版发行 法律出版社
编辑统筹 法商出版分社
责任校对 晁明慧
责任印制 胡晓雅
经　　销 新华书店

开本 787毫米×1092毫米 1/16
印张 19.25 **字数** 402千
版本 2024年5月第1版
印次 2024年5月第1次印刷
印刷 唐山玺诚印务有限公司

地址:北京市丰台区莲花池西里7号(100073)
网址:www.lawpress.com.cn
投稿邮箱:info@lawpress.com.cn
举报盗版邮箱:jbwq@lawpress.com.cn
销售电话:010-83938349
客服电话:010-83938350
咨询电话:010-63939796

书号:ISBN 978-7-5197-9018-9
定价:82.00元
凡购买本社图书,如有印装错误,我社负责退换。电话:010-83938349

锦天城律师事务所简介

锦天城律师事务所成立于1999年，是一家提供一站式法律服务的大型综合性律师事务所，在核心业务领域（如资本市场、金融与信托、公司并购与重组、破产与清算、基础设施建设与房地产、国际贸易、跨境投资、反垄断反倾销、诉讼与仲裁、知识产权以及海事海商等）具备专业优势或行业领先优势。现有注册律师4000余名。

发轫于中国上海的锦天城，已在国内外30个城市（北京、杭州、深圳、苏州、南京、成都、重庆、太原、青岛、厦门、天津、济南、合肥、郑州、福州、南昌、西安、广州、长春、武汉、乌鲁木齐、海口、长沙、昆明、中国香港、英国伦敦、美国西雅图、新加坡、日本东京）开设分所，并与国际律师事务所鸿鹄（Bird & Bird LLP）建立战略合作关系。

华东政法大学经济法律研究院简介

华东政法大学经济法律研究院是由华东政法大学独立设立，集理论研究、科研成果转化与人才培养、社会服务于一体的科研机构。研究院以经济法律研究为特色，旨在突破单一专业瓶颈，实现法学与经济学、管理学的融合，密切联系政、产、学、研，强调理论研究的应用性、实践性与前瞻性，是一流的学术研究与交流平台、高层次的经济法律人才培养基地以及经济立法、政府决策、企业咨询的专业性法律智库。经多年建设，研究院先后被认定为上海市法学会重点研究基地、上海市普通高校人文社会科学重点研究基地。

研究院自成立以来，先后组织、策划、出版了“经济法文库”“经济法文集”“商事法文库”以及《经济法前沿问题》《中国商法评论》《公司法律评论》《金融法律评论》等系列性学术著作或年度刊物，创办了“经济法律高峰论坛”“公司法律论坛”“国资法律论坛”“能源法治论坛”等系列性品牌论坛，在学界和实务界具有广泛的影响力。

本出版物为上海市高水平地方高校（学科）建设出版物
华东政法大学新时代法学高水平成果出版资助项目

目　录 CONTENTS

期货与衍生品法实施研究

003　论我国《期货和衍生品法》域外适用体系的完善

唐　波　聂心宇

016　银行业金融机构参与场外衍生品交易的新安排

——终止净额结算法定化过程及发展

朱小川

027　金融创新视阈下碳排放权交易治理机制研究

黄健傑

金融体制改革与现代金融监管立法

043　金融稳定视阈下村镇银行风险治理问题研究

张继红　雷怡雯

056　德国联邦与州金融权限的划分

孟　飞

073　现代金融监管的法制路径

——中国银行法 40 人论坛 2023 年会综述

钱　尘

087　金融稳定导向下金融监管体制改革与法制

——2023 年全国地方金融法研究会会长论坛综述

赵　畅

全面注册制时代的证券法制

107　注册制下中介机构“看门人”责任的认定与承担

陈鑫淼

125 债券承销商法律地位探析
吕志强

141 虚假申报操纵行为主观意图认定研究
——以《证券法》第五十五条第四项为视角
杨宏芹 杨 斌 吕敬平

150 私募基金等资产管理纠纷裁判的法理与实务
——会议综述
沈 沁 王 琦

公司法修订中的金融法问题

159 公司法修订引入公司型基金制度的思考
江翔宇

179 《公司法》中公司债券制度的完善
吴 弘 郭宇航

189 破产重整程序中可转换公司债券的处置
郑建军 万 江 王成杰

域外金融法制

207 日本“消费者金融”制度借鉴的思考
杨为乔

2022 年度金融法制报告（续）

223 2022 年度证券市场投资者保护报告
戴颖洁 王 琦

236 2022 年度票据市场法制报告
伍 坚等

256 2022 年度信托市场法制报告
贾希凌等

278 银行业监管处罚报告
京衡律师事务所金融专委会

303 编后记

期货与衍生品法实施研究

论我国《期货和衍生品法》域外适用体系的完善

唐　波　聂心宇*

一、问题的提出

随着全球化的不断深入，经济要素的跨国性流动持续增加，期货市场双向开放作为金融市场开放中不可或缺的版图，对争夺国际大宗商品定价权、规避经济波动风险、提升我国期货市场国际竞争力的重要性不言而喻。从2018年开始，原油期货、铁矿石期货、PTA期货以及20胶期货等境内特定品种相继对外开放，截至2023年1月，中国期货市场境内特定品种已达23个。与此同时，QFII/RQFII获批参与的期货品种范围也稳步扩大，期货市场的对外开放步伐正在加速。然而，期货市场开放也带来了跨境期货交易的市场风险，囿于制度的不健全以及不同法域之间的监管落差，跨境监管套利、管辖权冲突等问题逐渐显现。为了应对这一问题，以美国为代表的成熟期货市场国家通过立法、执法和司法路径积极扩张其国内法的域外效力及监管机构的域外管辖权，在立法层面，2010年颁布的《多德—弗兰克华尔街改革和消费者保护法案》（以下简称《多德—弗兰克法案》）对《商品交易法》进行增补，要求境外交易场所在向境内交易者提供电子交易和直接接入服务前，需向美国商品期货交易委员会（CFTC）申请注册，接受美国与

* 唐波，华东政法大学教授、博士生导师；聂心宇，华东政法大学经济法学硕士研究生。

母国的双重监管,[1]同时赋予《商品交易法》对境外衍生品互换交易于一定条件下的域外效力;[2]在行政执法层面，CFTC 则依据《商品交易法》赋予的域外管辖权多次对境外期货违法行为开展公共执法；在司法层面，法院通过对《多德—弗兰克法案》的解释和适用，进一步认可了《商品交易法》的域外适用以及执法机构的域外管辖权。美国单边扩张国内法域外适用的行径以其完备的基础设施、强大的金融实力及国际影响力作为支撑，一方面加大了对期货跨境交易违法行为的打击力度；另一方面也违反了国际法上的国际礼让原则和国家主权平等原则，罔顾他国管辖权的单边制裁使境外市场参与者的合规成本显著增加，也以霸权主义式的监管长臂扰乱了国际金融市场的秩序，从而受到了国际社会的谴责。

近年来，中央不断强调中国法域外适用体系的建设在对外关系中的作用，党的十九届四中全会通过的《中共中央关于坚持和完善中国特色社会主义制度　推进国家治理体系和治理能力现代化若干重大问题的决定》进一步将“加快我国法域外适用的法律体系建设”作为立法体制机制完善的重要一环。[3]在此背景下，我国于 2022 年颁布的《期货和衍生品法》在规则设计对标国际市场最佳实践的基础上，通过地域适用范围条款和第十一章“跨境交易与监管协作”的相关规定，确立了法律的域外效力，以此初步形成了期货法的域外适用法律体系，填补了长久以来期货市场域外监管立法的空白。至此，进一步需要思考的问题是：我国尝试构建的期货法的域外适用体系与我国所反对的美国单边主义式的“长臂管辖”之间的区别是什么？其在国际法上的合法性依据是什么？执法和司法机构在依据《期货和衍生品法》的域外效力条款行使域外管辖权时，如何处理不同国家（地区）之间的监管重叠、数据合规、跨境执法障碍等问题，从而与“长臂管辖”划清界限？对于这些问题，目前学界进行系统研究的成果甚少，本文拟通过对期货法域外适用的学理剖析，结合现行《期货和衍生品法》构建的域外适用法律体系，分析期货法域外适用中存在的制度缺漏和实践困境，在此基础上提出优化我国期货法域外适用体系的相关建议，以期为我国期货市场双向开放的稳步推进提供法治保障。

二、《期货和衍生品法》域外适用的理论和法律基础

（一）国内法域外适用的理论基石

国内法的域外适用在现代国际法语境下一般指涉国家权力机关对发生于主权管辖范围之

---

〔1〕 See Dodd Frank Act § 738.

〔2〕 See Dodd Frank Act § 722.

〔3〕 参见《中共中央关于坚持和完善中国特色社会主义制度 推进国家治理体系和治理能力现代化若干重大问题的决定》，载中国政府网，https://www.gov.cn/zhengce/2019/11/05/content 5449023.htm? ivk_sa = 1024320u& wd =&eqid =8bf3944f001a83050000000003646195b6，2023 年 11 月 5 日访问。

外的行为或事项适用具有域外效力的本国法，不包括法院根据当事人意思自治或冲突规范指引而适用本国法的行为。[1]国内法在域外得到实施是一国权力机关行使域外管辖权的结果，以立法机关行使立法管辖权为基础展开，并以行政机关和司法机关分别行使执法管辖权、司法管辖权作为实现方式，《期货和衍生品法》域外适用体系的构建与完善也遵循这一理论逻辑。然而，由于域外管辖权的行使突破了传统以属地主义确立管辖权边界的原则限制，是国家对其管辖领域之外的行为或事项进行规制，随着生产要素跨国流动性的不断加深，域外管辖权的边界不断扩张也面临着国际法上正当性的诘问。

国际法上对一国行使域外管辖权的正当性逐渐形成了以下共识性基本原则：(1) 国家主权平等和不干涉内政原则，一国在行使域外管辖权时不得凌驾于他国主权权力之上，也不得以行使域外管辖权的方式对他国主权范围内的事项进行实质干涉；(2) 实质联系原则，行使域外管辖权的国家应与其所管辖的事项在领土或国家利益上存在真实的联系，且域外管辖权的合法性、合理性与二者之间联系的紧密程度呈正相关，[2]由此萌生出属地管辖、属人管辖、保护性管辖和普遍管辖4种判断实质联系的管辖原则；(3) 国际礼让原则，国家在处理国际关系时应当遵守相互尊重、便利、友善的规则，当本国法律与外国法律之间存在真实冲突或其他礼让因素时，可抗辩国内法的域外管辖。[3]

上述国际法原则一方面为一国行使域外管辖权的正当性提供了理论支撑，另一方面也为域外管辖权划定了权力扩张的边界。在合理限度内行使的域外管辖权与美国的"长臂管辖"存在本质区别。"长臂管辖"原本是美国民事诉讼法中的一个概念，是指当非居民被告与法院地存在某种最低限度联系，而原告提出的主张与这种联系有关时，法院便可在不违反传统公平与正义观念的前提下行使管辖权。[4]近年来，美国"不断扩充'长臂管辖'的范围，涵盖了民事侵权、金融投资、反垄断、出口管制、网络安全等众多领域，并在国际事务中动辄要求其他国家的实体或个人必须服从美国国内法，否则随时可能遭到美国的民事、刑事、贸易等制裁"，[5]此时"长臂管辖"的概念发生嬗变，用于指涉通过违反国际法的方式扩张其域外管辖权，并通过国内法强行制裁境外实体的行为。美国的"长臂管辖"之所以受到国际社会诟病，是因为其管辖和制裁的单边主义，凭借其资本、市场的国际影响力进一步扩张其

[1] 参见廖诗评：《中国法域外适用法律体系视野下的行政执法》，载《行政法学研究》2023年第2期。

[2] 参见霍政欣：《域外管辖、"长臂管辖"与我国法域外适用：概念厘定与体系构建》，载《新疆师范大学学报（哲学社会科学版）》2023年第2期。

[3] 参见徐豫西：《论维C案中美国反垄断法域外适用的主权抗辩》，载《东南大学学报（哲学社会科学版）》2021年第S2期。

[4] 参见田静：《美国公法域外适用机制及中国因应研究》，载中国知网，https://kns.cnki.net/kcms2/article/abstract?v=A67obWUfw0m Flo5UXSm6P98IA18pjXkfyFuV1CDKuhw GIM_cWxJaAB8eFM4QjwUCMXLDmj8nNzeZL6om8Q4Cex8j6kpJZaFvdxmW8Cj471Bj8MhieuxwOq5YIM92v7YYAG4DVfv414=&uniplatform=NZKPT&language=CHS，2023年5月18日访问。

[5] 中华人民共和国国务院新闻办公室：《关于中美经贸摩擦的事实与中方立场》，载中国政府网，https://www.gov.cn/zhengce/2018-09/24/content_5324957.htm，2023年6月17日访问。

国内法的单边域外适用，却忽视了与关联国的双边/多边合作与协调，从而导致相关国家为进入美国市场被迫改变其法律以符合美国法律，使美国实际成为国际规则的制定者，从而维持其自身的霸权利益。正因如此，美国的对外政策、域外公共执法行为虽在形式上符合国际法上的管辖原则，但实质上仍然违背了国际法的基本精神与原则。

申言之，在通过行使域外管辖权实现我国《期货和衍生品法》的域外适用时，应遵循上述国际法的基本原则，注重国家（地区）间的利益平衡，通过双边或多边合作机制的运用解决跨境期货监管中的管辖权冲突。

（二）《期货和衍生品法》域外适用的法律基础

如前所述，国内法域外适用以立法机关制定具有域外效力的法律为基础，在法律文本中具体体现为域外效力条款。在《期货和衍生品法》颁布之前，我国并无关于期货跨境交易与监管的系统性法规，《期货交易管理条例》也仅规定了证监会的跨境监管合作机制，并未将境外机构和交易者纳入监管范围，关于涉外期货交易和监管的规则散落在一系列部门规章和交易所规则中。《期货和衍生品法》初步构建起域外适用法律体系，综合运用多种条款确立域外效力，为期货法的域外适用提供了国内法基础。

1. 地域适用范围条款。

《期货和衍生品法》第 2 条第 2 款沿袭了《证券法》域外适用规则的“效果原则”，将管辖连接点确定在境外交易及相关活动产生了“扰乱境内市场秩序”和“损害境内交易者合法权益”的效果基础上。从保护本国交易者权益的角度看，该条款具有合理性，目前各国证券期货领域的法律通常均以投资者合法权益和证券期货市场交易安全的维护作为立法目的，当境内期货交易者因境外交易行为受到损害时，通过适用域外效力的本国法律为其提供救济，是《期货和衍生品法》核心价值的体现。然而值得注意的是，以境外行为对境内市场秩序和境内交易者合法权益产生实质损害作为适用前提，一方面具有一定的语义模糊性，另一方面也使该域外效力条款的功能偏向事后救济性，因此，仅凭第 2 条的规定难以使《期货和衍生品法》在事前、事中监管层面发挥域外效力，还须结合其他条款进行域外立法规制。

2. 跨境交易与营销合规条款。

《期货和衍生品法》第十一章“跨境交易与监管协作”规定了境外期货交易场所与期货经营机构入境展业、境内交易者参与跨境交易应遵守的行为规范与合规要求，从而设定法律的域外效力：第 118 条规定了向境内提供直接接入服务的境外交易场所向证监会申请注册并接受其监督管理的义务；第 119 条规定境外上市的期货、期权和衍生品合约与境内合约价格进行挂钩结算的境内合规要求；第 120 条规定境内交易者从事跨境交易的，应当委托具有境外期货经纪业务牌照的境内经营机构进行，或通过境内机构转委托境外期货经营机构进行，同时规定了转委托模式下该境外期货经营机构向证监会申请注册并接受其监管的义务；第122条完善了境外机构在境内市场开展营销活动的管理，规定境外机构从事直接跨境营销或通过境内机构从事间接跨境营销活动的，均须得到证监会的批准。相较于地域适用范围条款的事后救济性监管，上述条款倚重于设置市场准入门槛、授权行政立法以实现事前及日常性监管。其中，证监会在跨境交易与营销合规中被赋予了主要监管职权和实质性立法管辖权，其后续制定的关于跨境交易与营销的执法规则也因上述条款的规定而具有域外效力，成为《期货和衍生品法》域外适用法律体系的组成部分。

综上所述，可以看到《期货和衍生品法》授予证监会对涉外期货交易与营销的立法管辖权和执法管辖权，以实现事前、日常监管；以境外交易活动“扰乱境内市场秩序”和“损害交易者合法权益”作为触发事后监管的效果标准，从而在立法规则上建立起较为完备的法律域外适用框架。然而，国内法在域外的有效适用还须以行政机关、司法机关行使执法管辖权、司法管辖权予以实现，下文将分别从规则指引、冲突协调、执行协助三个角度分析我国《期货和衍生品法》域外适用体系构建中可能面临的困境。

三、《期货和衍生品法》域外适用的制度缺漏与实践困境

（一）立法的原则性规定难以为法律的具体适用提供指引

现行的《期货和衍生品法》虽规定了域外效力条款，但总体来看，相关规定的原则性与模糊性色彩较为浓厚。首先，第2条第2款参考《证券法》的域外适用规则，规定了“扰乱境内市场秩序”和“损害交易者合法权益”的管辖连接点，但并未言明“扰乱”到何种程度、“损害”到何种范围才符合该款的适用标准。同时，该款规定的法律后果为“依照本法有关规定处理并追究法律责任”，并未对处理和追责的程序和具体措施作出进一步规定，导致行政机关、司法机关在依照该条款追究相关实体的行政责任、刑事责任，以及交易者对涉案行为提起民事诉讼都缺乏操作性的指引。其次，第十一章为境外期货交易场所提供直接市场接入服务、境外期货经营机构为境内交易者提供经纪服务、境外机构的直接或间接跨境营销设置了向中国证监会申请注册或批准的合规行政许可，并要求相关境外机构与境外期货产品接受中国证监会的监管，然而目前证监会尚未据此形成配套的实施细则，境外交易场所和境外期货经营机构在申请注册时须符合哪些条件、递交哪些材料，能否申请注册豁免，境外机构进行跨境期货“营销、推介及招揽”的具体活动形式是否包括利用互联网进行推广、跨境营销业务能否被主营业务吸收从而获得批准豁免等一系列问题，都需要证监会依据立法授权制定更为具体明晰的细则规定。原则性的规定一方面为行政机关根据市场发展状况进一步制定细化的法规或部门规章提供了自主能动的空间，也赋予了行政机关、法院在执行、解释

法律法规时相应的自由裁量权；但另一方面也因立法规则的模糊与不确定性提高了境内外期货市场参与者的合规成本，因而需要结合行政机关的执法规则与法院的司法解释，形成一套完备的《期货和衍生品法》域外适用规则体系。

（二）管辖权冲突解决机制存在制度缺位

由于跨境期货交易具有跨国、跨地区的流动性，同一个违法行为可能因交易主体的多元性、行为的多阶段性与跨地域性，以及行为所产生影响的系统性而同时受到不同法域的期货监管，而由于不同法域之间的期货立法与监管规则存在差异，单边执行、适用本国具有域外效力的国内法不免会引发国家（地区）之间执法和司法层面的管辖权冲突问题。

管辖权冲突问题在期货跨境数据的调取与传输中尤为凸显。期货监管须以期货交易产生的审计底稿、账户交易记录等数据与个人信息作为执法基础，而境外交易数据与个人信息的调取在跨境监管中难以避免，由此便引发了东道国的监管规则与母国的数据安全规则相冲突的问题。一方面，我国期货市场采取“穿透式”监管制度，实行“账户实名制”“一户一码制”等措施，监管机构能够透过中介机构直接对客户的保证金账户和交易结算账户实施监控，继而及时准确定位违规账户和关联账户。[1] 在期货跨境交易场合，这样的单边数据调取或将违反数据母国的数据保护政策。以注重个人隐私保护的欧盟为例，依照 2018 年颁布的《通用数据保护条例》（以下简称 GDPR）规定，我国并不在欧盟数据的“白名单”之列，我国交易所与境外客户之间也未签订有关数据传输的合同，基于我国期货监管法规和交易所规则实施单边数据调取或将因不符合 GDPR 的要求而受到阻碍。另一方面，《期货和衍生品法》第 124 条第 2 款规定，向境外监管机构提供相关文件和资料须经证监会和主管部门同意。从文义上看，该款仅禁止擅自向“境外监督管理机构”提供相关文件和资料，并未包括境外期货交易场所、期货经营机构等非监管部门，但结合我国《个人信息保护法》、《网络安全法》以及《数据安全法》的规定，期货跨境调查取证过程中可能需要采集的个人信息、涉及国家关键信息基础设施安全和数据安全的重要数据等信息数据的跨境传输均须依法进行安全评估、个人信息保护认证或与境外接收方签订国家网信部门制定的标准合同等审批程序，因此，境内期货数据向境外流动仍面临较为严苛的制度壁垒。然而，实践中的跨境期货监管离不开数据报送：境内企业在跨境交易中申请套保豁免时，须向境外监管机构提供证明材料并按期报送相关现货数据；部分参与境外期货交易的企业在境外上市，在上市公司向境外监管机构披露相关信息的材料中也会涉及与期货业务有关的文件和材料；部分国家的监管规则对境外金融机构设置准入门槛时则以关键数据和信息的报送作为条件之一。例如，美国《多德—弗兰克法案》针对向境内交易者提供电子交易和直接接入服务的境外交易场所，要求其

[1] 参见欧阳剑环、彭扬：《姜洋详解我国期货市场“穿透式”监管制度》，载中证网，https://www.cs.com.cn/xwzx/hg/202212/t20221224_6315162.html，2022 年 12 月 24 日访问。

事前向美国商品期货交易委员会（CFTC）申报注册，[1]《美国联邦法规》第17篇第1章第48.7条则规定注册申请人必须提供相关材料证明其符合成员适当性、自动交易系统完备性、关联合约合规性、监管制度完善性等方面的注册要求，并于第1款规定CFTC可自行决定要求提供与注册申请有关的额外信息和文件，对于此类额外信息或文件，注册申请人必须及时提供，[2]从而扩大了CFTC在注册过程中的数据采集权限。这也意味着我国境内交易所、境内交易者在"走出去"层面将陷入数据合规的窘境。

由此可见，在依照《期货和衍生品法》确立的期货市场双向开放制度体系实施期货跨境监管过程中，监管国基于全面穿透式监管理念主张数据单边跨境调取的域外管辖权与数据母国基于境内重要数据与隐私保护主张数据本地化的属地管辖权之间发生了冲突，而现行《期货和衍生品法》并未就该冲突的协调提供国内法上的具体解决方案，仅原则性地规定了证监会可以通过双多边的跨境监管合作机制进行监管协调，如何在执法和司法过程中协调管辖权冲突对于降低跨境期货交易障碍、真正落实《期货和衍生品法》的域外适用尤为重要。

（三）域外执法和司法活动缺乏双多边协作机制的保障

对跨境期货交易的有效监管离不开各国在跨境执法、司法层面的相互协助与信息交流，跨境监管合作机制的构建与深入推进确有必要。在《期货和衍生品法》颁布前，关于证监会参与构建跨境监管合作机制的规定见于《期货交易管理条例》第62条第2款，但其调整范围仅限于境内市场，并未考虑境外机构的参与和监管安排。《期货和衍生品法》则在此基础上提供了更为详细的跨境监管合作机制框架：第123条规定了证监会可以通过双边或多边的方式建立跨境监管合作机制，实施跨境期货监管；第124条则明确了境外监管机构在我国境内调查取证的法定程序，规定境外监管机构不得直接在我国境内进行调查取证，应当通过监管合作机制提供案件材料并予以说明，由证监会为其进行调查取证。

目前，我国期货跨境监管合作的主要实现形式是由中国证监会和其他国家或地区签署双边监管合作谅解备忘录，截至2022年12月，中国证监会已经与67个国家或地区的证券期货监管机构签署了双边备忘录。[3]但由于双边协议的签署需要与每个国家或地区分别进行谈判磋商，程序较为烦琐，其监管效率和在涉及多边问题上的监管协调性不如多边协议。[4]在加入国际组织及签署多边协议方面，中国证监会于1995年成为国际证监会组织（IOSCO）正式会员，于2007年成功加入了IOSCO《关于磋商、合作及信息交换多边谅解备忘录》

---

[1] See Dodd Frank Act § 738.

[2] See Code of Federal Regulations 17 U. S. C. § 1 (48) (7) (2023).

[3] 参见《中国证监会与境外证券（期货）监管机构签署的备忘录一览表（截至2022年12月）》，载中国证券监督管理委员会官网，http://www. csrc. gov. cn/csrc/c100214/c7073540/content. shtml，2023年2月7日访问。

[4] 参见王炜炫：《数据法视角下期货跨境监管的现实困境与制度抉择》，载《金融与经济》2023年第7期。

（MMoU）。2017 年，IOSCO 发布了增强版的多边备忘录（EMMoU），在 MMoU 的基础上新增了获取审计底稿、强制问询、资产冻结、获取互联网服务提供商记录以及电话记录共 5 项执法权力要求，作为执法协作与信息交换的前提基础。《期货和衍生品法》第 106 条赋予了证监会在履行监管职责时采取现场检查、调查取证、传唤取证、查阅复制有关文件资料并予以封存扣押、查询账户并在必要时冻结查封等权力，但尚没有强制问询、获取互联网和电话记录等执法权力，难以回应 EMMoU 增设的跨境执法权限要求，过小的证监会执法权限成为我国签署 EMMoU、在多边机制框架下推进期货跨境执法深入合作的绊脚石。

司法模式作为国内法空间效力向域外延伸的实现形式之一，主要体现为国内判决既判力向域外扩张，得到外国法院的承认与协助执行。在国际司法协助领域，我国的参与程度也有待提高。由于目前国际上缺乏关于跨国司法判决承认与协助执行的多边条约，我国主要通过缔结双边条约和互惠关系的形式实现刑事、民商事的跨国司法互助。截至目前，我国已与 69 个国家缔结了民商事和刑事司法协助双边条约，但缔结对象主要集中在第三世界国家，与世界主要经济体国家的司法联系仍处于起步阶段。[1] 以我国与美国签署的关于刑事司法协助的协定为例，该协定主要适用于刑事案件侦查、起诉和诉讼方面的文书送达、证据获取、在押人员移送等事项的协助，并不包括对国内司法判决的承认与执行。同时，在互惠关系层面，已与我国确立判决执行上互惠关系的国家数量非常有限，同时，我国采用严格的"事实互惠"认定标准，导致我国对没有实际执行过中国判决的对方国家判决在我国的承认和执行采保守态度，这也使对方国家法院在判断是否承认或执行我国法院判决时实施同样保守的互惠报复。[2] 由于多边司法协助机制的缺乏、双边司法协助条约的协助范围有限及区域不均衡，以及中外法院在判决承认与执行上的互惠关系不足，未来我国法院在适用《期货和衍生品法》对涉外期货民商事或刑事案件作出判决时，如何确保判决既判力触及境外相关涉案人员及财产，则成为又一个亟待解决的问题。

四、我国《期货和衍生品法》域外适用体系的完善路径

《期货和衍生品法》域外适用的体系构建遇到阻碍，一方面来源于国内法规范的模糊性，另一方面则来源于国际法层面的管辖权冲突难以协调和双多边协助机制的不完善；同时，对跨境期货交易的监管不仅涉及系统性风险的防范和对交易者权益的保护，还需考虑跨境交易和监管中因跨境数据流动带来的国家数据安全及个人信息保护问题，因此，完善《期货和衍

〔1〕 参见陈坚：《中国法域外适用体系的构建：立法模式与司法模式的理性审视与理论阐述》，载《中国应用法学》2023 年第 1 期。

〔2〕 参见孔庆江、王楚晴：《中国商事判决跨境执行司法合作体系新探》，载《江西社会科学》2023 年第 2 期。

生品法》域外适用体系须跳出单一法律的视域，兼备国内法和国际法、金融法和数据法的视野，方能实现跨境监管中的利益平衡。

（一）完善《期货和衍生品法》域外适用的法律体系

中国法域外适用法律体系由含有域外效力条款的立法规则、执法规则和司法规则三个部分组成，其中含有域外效力条款的立法规则是执法、司法规则的基础。[1]现行《期货和衍生品法》通过地域适用范围条款、跨境交易与营销合规条款确立了法的域外效力，但为了给跨境期货监管的执法与司法实践留下足够的裁量空间，相关条款原则性较强，需要配套的实施细则与司法解释完善立法规则的可适用性。

第一，明确地域适用范围条款中“效果原则”的认定标准。如前所述，《期货和衍生品法》第2条以境外期货和衍生品交易及相关活动产生“扰乱境内市场秩序”和“损害境内交易者合法权益”的效果作为触发法律域外适用的条件，却未规定该效果的具体认定标准。对“效果原则”的具体认定，新加坡的做法可兹借鉴。新加坡《证券和期货法》第339条第2款规定，某人在境外作出的行为对境内造成了具有实质性且可合理预见的影响，且该行为如果在境内实施，将违反该法第二部分有关市场及其他部分的规定，则该行为可被视为在境内实施而处理。[2]该第2款的规定依据“效果原则”，以境外实施的行为对境内产生“实质性且可合理预见的影响”的作为该法域外适用的标准。对于“实质性”的认定，主要考量两个方面的因素：第一，境内接受该行为服务的人数或受邀从事该违法行为的人数；第二，该行为是否对境内金融体系的健全、稳定和安全产生重大或不利影响，或对公众或投资者对境内金融系统的信心产生重大或负面影响，抑或损害了公众或投资者的利益。对于“合理可预见”的认定，则主要考量：（1）是否曾向境内人员提供服务或邀请其从事相关违法行为；（2）关于提供服务或邀请从事相关行为发布的广告或公开信息是否针对境内人员；（3）境外实体是否（愿意）接受境内人员关于从事相关违法行为的要求或申请；（4）境外实体与境内人员是否就实施相关行为缔结合同；（5）合同报价是否以新加坡币作为交易币种。[3]我国未来在《期货和衍生品法》第2条“效果原则”的具体认定上，可以将境外行为对境内市场秩序或交易者权益影响的实质性、可合理预见性作为标准，先在执法和审判实践中根据个案的事实和情况，综合上述考量因素作出具体的分析，在积累了一定实践经验的基础上，由证监会和法院逐渐形成具有融贯性的实施细则和司法解释。

第二，制定跨境交易与营销合规的具体准入与监管规则。中国证监会应当依据《期货和

---

〔1〕 参见廖诗评：《中国法域外适用法律体系视野下的行政执法》，载《行政法学研究》2023年第2期。

〔2〕 See Securities and Futures Act (Revised Edition 2006), Ch. 289, § 339.

〔3〕 See Guidelines on the Application of Section 339 (Extra-Territoriality) of the Securities and Futures Act [SFA 15-G01], https://www.mas.gov.sg/regulation/guidelines/guidelines-on-the-application-of-section-339-extraterritoriality-of-the-securities-and-futures-act-sfa-15g01 (Last visited on October 27, 2023).

衍生品法》第十一章相关规定的授权，以规范性文件的形式细化对境外期货交易场所、境外上市境内结算期货产品、境外期货经营机构以及跨境期货营销的监管要求。跨境期货交易行为往往受到东道国和母国国内法的双重监管，为应对双重监管下的监管失衡和管辖权冲突问题，“替代合规”制度应运而生，为美国、欧盟等世界主要经济体所推行。所谓“替代合规”，是由各国监管机构之间达成的以监管效果导向为主的可比性认定，从而使能够实现“功能对等”的司法管辖区监管规则替代本国监管规则的适用。[1]目前，我国对于跨境期货交易并未形成体系化的具体监管规则，在“走出去”层面也就难以满足东道国的等效监管要求，无法适用“替代合规”制度，在跨境期货监管实践中不免受制于东道国的监管规则。因此，在借鉴国际市场一般性规律的基础上，结合我国的实际情况，形成与国际规则相协调的跨境交易与营销监管规则，对加快形成“中国价格”“中国规则”尤为重要。

（二）构建期货市场的管辖权冲突解决机制

1. 适用国际礼让原则实现管辖权的自我限制

如前所述，一国依据具有域外效力的国内法行使域外管辖权在国际法上须接受国家主权平等和不干涉内政原则、实质联系原则和国际礼让原则的约束。跨境期货交易的流动性使得各国通过创设新的管辖连接点、地域管辖的扩张适用等方式扩张域外管辖权，而实质联系原则范围的开放性使各国越来越难以据此对不断涌现的新型域外管辖方式的合理性作出无分歧的判断，[2]更进一步产生了两个国家（地区）对同一跨境交易行为行使管辖权均具合理性时的冲突如何协调的问题。此时，国际礼让原则的适用作为域外管辖权行使主体的一种自我限制，可以在一定程度上协调国家（地区）之间的管辖权冲突。在现代国际法中，国际礼让原则要求国家在处理国际关系时，在不损及本国根本利益的前提下，应当尊重并承认他国立法、执法及司法效力。目前，这一原则已被美国、欧盟法律运用于单边跨境数据调取的规制中。[3]虽然该原则被学界批评带有太多的自由裁量权，以至于在实际运用时带有主观随意性甚至政治色彩，但在一定程度上仍可被运用于跨境期货监管合作中。我国以境外相关行为的实施主体为本国公民、行为扰乱境内市场秩序、损害境内交易者合法权益等因素为由主张在境外实施执法管辖权，或由境内法院进行司法管辖的，在单边实施调查取证、强制措施、裁判执行等行为时，应当首先取得他国的同意，在数据调取等行为违反他国法律时，应当通过双边合作协议、司法协助等安排，与他国监管机构或法院协商并由其依照该国法律规定协助实施，不可强行实施域外管辖。当东道国与母国分别基于不可退让的利益就同一案件主张行使管辖权时，由各自的监管机构通过双边或多边监管合作机制开展联合检查能够在尊重各国

[1] 参见唐波、黄鹜：《域外金融监管的困局与“替代合规”制度的尝试——评美国商品期货交易委员会对域外监管规则的可比性认定》，载《上海金融》2016 年第 10 期。

[2] 参见吴培琦：《何为“域外管辖”：溯源、正名与理论调适》，载《南大法学》2022 年第 1 期。

[3] 参见陈东阳：《论单边跨境数据调取中的管辖权冲突》，载《南大法学》2023 年第 2 期。

（地区）利益的基础上实现管辖权的有效行使与冲突的协调，根据实际需要制定每次联合检查的具体方案，双方各自对联合检查的质量和效力负责，从而节约监管资源、实现监管目标。

2. 在域外监管规则中适时引入“替代合规”制度

目前，“替代合规”制度对于跨境证券期货交易产生的并行监管问题已在一定程度上发挥作用。美国通过《多德—弗兰克法案》率先将“替代合规”制度运用于跨境金融监管，在互换交易领域，由CFTC对申请替代合规的司法管辖区监管规则进行可比性认定，并采用“效果导向”的模式，判断他国监管要求是否能达到与美国《商品交易法案》以及CFTC规则相同的监管效果。若能够达到同等效果，则同意对该司法管辖区所属域外实体适用其所在管辖区可比性监管规则，而非美国监管规则。《美国联邦法规》第17篇第1章第30部分体现了“替代合规”制度在美国期货期权市场准入层面的运用：第30部分规定，境外实体在向美国境内客户销售外国期货和期权产品时，须确保相关产品受到与美国境内指定合约市场产品同等的监管，同时第30.10条第（a）款及附件A规定，若境外实体在所在司法管辖区受到具有可比性监管规则的约束，境外相关监管机构或行业自律组织可申请对境外实体进入美国市场开展相关业务授予注册豁免。[1]一方面，“替代合规”制度通过等效监管原则，利用他国的监管规则实现监管目标，能够平衡各国不断扩张的域外管辖权；另一方面，“替代合规”制度也在很大程度上疏解了跨境监管过程中的数据法难题，不仅使得境外交易者和交易所向监管机构提交的数据大幅减少，也使得CFTC对相应申请所提供的数据仅作形式审查，从而减少了隐私数据泄露或被不当利用的风险。[2]“替代合规”以东道国和母国监管效果的相似性作为核心要义，这也要求作为评估方的东道国自身具备健全的监管规则，而我国的跨境期货监管制度建设初具雏形，仍待进一步细化，在此阶段引入“替代合规”并不具有合理性。因此，首先应由我国证监会根据《期货和衍生品法》的授权对关联境外机构制定目标明确、确定性强的域外监管规则，在规则与经验趋向成熟的基础上，未来可进一步考虑引入“替代合规”制度，对申请准入的境外期货交易所或期货经营机构所在司法管辖区的监管规则进行监管效果的可比性认定，从而促进目标一致的国际期货与衍生品监管框架的进一步形成。

3. 建立数据调取合规及共享机制

数字经济的快速发展对跨境期货监管过程中的数据安全提出了挑战，跨境监管中的管辖权冲突集中体现在东道国对跨境数据的域外管辖权与数据母国主张数据本地化的属地管辖权之间的监管法律冲突。“替代合规”制度作为应对重复监管困局的有益尝试，在一定程度上

---

〔1〕 See Code of Federal Regulations 17 U. S. C. § 1 (30) (10) (2023); Code of Federal Regulations 17 U. S. C. § 1 (30) (Appendix A) (2023).

〔2〕 参见王炜炫：《数据法视角下期货跨境监管的现实困境与制度抉择》，载《金融与经济》2023年第7期。

减少了监管所需提交的数据，但其并未免除期货市场参与者向监管机构递交数据的义务：CFTC 的“替代合规”制度就以互换经济交易商和互换交易参与者定期向 CFTC 递交合规报告和特定信息作为条件之一。[1] 因此，对于数据的跨境传输问题，一方面，应避免我国的期货交易机构在“走出去”的过程中误入境外数据保护政策打击范围；另一方面，应借鉴域外管辖的经验，保护期货交易者和期货交易机构在跨境交易时的信息安全。对于前者，从事境外期货交易的境内交易所和期货经营机构应当建立严格的数据合规机制，交易所可借鉴欧洲期货交易所、芝加哥商业交易所、洲际交易所、伦敦金属交易所等境外交易所的市场实践，对照数据母国的隐私数据法案要求，发布“隐私通知”，通过问答等形式明示个人信息采集、处理的目的、内容、合法性以及向第三方传输情况；经营机构则应当依照母国的法案要求，采取与其境外客户签订标准数据保护条款等方式实现数据的合规获取与使用。对于后者，应当在保证国家安全的前提下加强与各国各地区的数据跨境交流合作，通过与他国（地区）签订数据共享协议完善数据跨境传输的双边协助安排；同时，对于监管所需报送的数据与信息，可逐步建立起相应的数据分类机制，对于非涉敏类的数据可通过监管合作渠道实现相对自由的共享；对于敏感数据，在向境外提供前须依法定程序获得主管部门批准，并通过数据屏蔽、数据加密等技术在不影响材料真实性与调查效果的基础上进行脱敏处理，由监管机构协助调取提供。

（三）深化跨境监管的执法与司法互助

在执法层面，尽管《期货和衍生品法》在《期货交易管理条例》授予证监会的监管职权基础上增设了调查取证、查封冻结、限制出入境等权利，但与 EMMoU 规定的跨境执法权限相比，我国证监会的执法权种类较少，范围也较小。对此，应当进一步加强证监会的执法权限，在强制问询权、获取互联网和电话记录的权力方面，可在评估其对监管刚性、数据隐私保护或将造成的影响基础上，在赋予其权力的同时明确权限范围以及滥用职权的法律后果加以限制，从而推动证监会执法措施与 EMMoU 标准一致。同时，应赋予证监会更大的执法裁量权以应对可能涌现的新型违法行为，并加强证监会的跨境执法协查实践与执法合作能力，逐步满足 EMMoU 的签署条件并在经验成熟时加入 EMMoU，以此弥合现行监管体制与执法协作需要之间的鸿沟。

在司法层面，判决的承认与协助执行是《期货和衍生品法》得以跨越领土主权范围产生拘束力的助力与保障。在“条约 - 互惠关系”的司法治理背景之下，为实现《期货和衍生品法》的空间效力延伸，可从以下三个方面入手：第一，在今后与相关国家开展双边期货监管合作的过程中，可就期货违法犯罪行为的司法协助和判决互认问题进行实质性磋商，并在谅解备忘录等双边协议中规定司法协助、判决承认与执行的范围、条件和程序；第二，积极探

---

〔1〕 See Code of Federal Regulations 17 U. S. C. § 1（30）（Appendix A）（2023）.

索证券期货领域多边司法协助机制的构建，目前以双边协助为主的司法合作机制无助于建立国际一体化的金融监管秩序，对此，可先与“一带一路”共建国家或其他友谊国家初步探索多边模式下司法判决执行合作机制的建立，推动形成区域内较为统一的跨境司法互助模式；第三，放宽互惠认定标准，逐步转采“推定互惠”标准，若他国不存在以互惠为理由拒绝承认和执行中国判决的先例，即使他国尚未在司法实践中承认与执行中国判决，我国法院仍可在不危害本国主权与公共秩序的前提下，推定两国存在互惠关系，先行承认与执行他国判决，[1]以此进一步扩大司法协助的范围，实现法律空间效力向域外的强延伸。

---

〔1〕 参见孔庆江、王楚晴：《中国商事判决跨境执行司法合作体系新探》，载《江西社会科学》2023 年第 2 期。

银行业金融机构参与场外衍生品交易的新安排

——终止净额结算法定化过程及发展

朱小川 *

《期货和衍生品法》实施前，终止净额结算的安排主要由市场各方通过合同形式确定。对于终止净额结算的含义，中外实质差别不大；但对于其法律效力，争议较大，主要分歧点在于终止净额结算的合同约定是否与《企业破产法》的相关规定存在冲突。《期货和衍生品法》明文规定了两种终止净额结算安排的法律效力，为境内外各方达成一致意见奠定了坚实基础，有利于我国商业银行更好地参与国际化的衍生品市场。在此基础上，继续明确我国终止净额结算的其他法定化安排，比如拓展适用终止净额结算的合约或交易范围、支持终止净额结算中履约保障的多元化安排、明确终止净额结算条款无效、终止净额结算暂停等特殊情形衔接等，有助于进一步夯实和丰富终止净额结算安排的法定化体系。

一、我国银行业金融机构衍生品交易终止净额结算的适用情况

我国银行间衍生品市场起步于 2005 年。2006 年，原银监会主席刘明康在中国金融衍生品大会上指出，金融衍生品可以在参与者之间实现收益与风险的重新分配，从而优化金融资源配置，有效管理风险；商业银行、其他银行业金融机构是

---

* 朱小川，上海市法学会金融法研究会，清算机构副研究员。

我国衍生品市场的主要参与者。[1]经过十多年的发展，银行间衍生品市场逐步形成了覆盖利率、汇率、信用等各类产品的衍生产品序列，2021 年交易规模达到了 160 万亿元人民币。终止净额结算安排作为衍生品，特别是场外衍生品市场发展的基础制度，在法律层面的确定性却一直不甚明了。中国金融衍生品大会上有观点就表示：我国《企业破产法》和《担保法》是否支持终止净额结算原则并不十分明确。一些国外行业组织、外资金融机构、律师事务所等担心在交易一方发生破产情形时，破产管理人可以根据《企业破产法》赋予的挑拣履行权和合同撤销权，致使合同约定的终止净额结算安排无效或实际无法执行，并据此认定我国属于“非净额结算司法辖区”。终止净额结算的效力问题甚至上升为我国与个别国家经济财经交往中需要共同讨论的内容。比如，为落实第九次中英经济财金对话成果，2018 年召开了中英终止净额结算工作组第一次工作会议，中英双方表示将加强信息共享，推进对终止净额结算制度的研究；[2]第十次中英经济财金对话政策成果则显示英方支持中方在现有法律法规和监管框架下，继续澄清和明确终止净额结算的途径等。[3]

2021 年 4 月，我国《期货法（草案）》首次公开征求意见；2021 年 10 月，全国人大常委会将“期货法”草案名称修改为“期货和衍生品法”，并就《期货和衍生品法（草案）》二审稿公开征求意见。两份草案都明确了衍生品交易的终止金额结算安排，由于各界对终止净额结算的定义没有分歧，法律草案未进一步对终止净额结算提供法律定义。2022 年 4 月，第十三届全国人民代表大会常务委员会第三十四次会议通过了《期货和衍生品法》，法律自 2022 年 8 月 1 日起施行。该法充分吸收了二十国集团在 2008 年国际金融危机后达成的加强场外衍生品监管的共识，借鉴国际成熟市场经验，将期货之外的衍生品交易纳入法律调整范围，确立了包括终止净额结算在内的衍生品交易基础制度，并授权国务院制定具体管理办法。我国期货和衍生品市场迎来了高位阶法律，补齐了之前缺乏上位法的“短板”，有利于我国衍生品市场更好接轨国际，更好服务实体经济。《期货和衍生品法》实施后，国际掉期与衍生工具协会（ISDA）立即将我国从“非净额结算”司法辖区调整为“净额结算”司法辖区，其首席执行官欧马里亚（O’Malia）评论道：“《期货和衍生品法》的生效是中国场外衍生品市场一个具有历史意义的时刻，通过确定终止净额结算的可执行性，该法排除了衍生品市场正常运转的重大发展障碍，为更广范围的国内外市场参与铺平了道路。”[4]

---

〔1〕 参见刘明康：《以参与者为本促进我国金融衍生产品市场健康发展》，载中国政府网站，http://www.gov.cn/gzdt/2006-10/25/content_423391.htm，2022 年 11 月 3 日访问。

〔2〕 参见《中英终止净额结算工作组第一次工作会议在京召开》，载中国银行业协会网站，https://www.china-cba.net/Index/show/catid/14/id/18999.html，2022 年 11 月 3 日访问。

〔3〕 参见《第十次中英经济财金对话政策成果》，载外交部网站，https://www.fmprc.gov.cn/ce/ceuk/chn/zywl/t1674577.htm，2022 年 11 月 3 日访问。

〔4〕 Scott O’Malia，*A Historic Milestone for China*，https://www.isda.org/2022/08/01/a-historic-milestone-for-china/.

二、终止净额结算的法律含义及效力争论

（一）终止净额结算在境外的相关定义

国际统一私法协会（UNIDROIT）在 2013 年《终止净额结算条款运行的基本原则》（Principles on the Operation of Close - Out Netting Provisions）中将“终止净额结算条款”定义为：“根据合同约定，当合同一方发生约定事件时，一方对另一方的债务义务，无论当时是否到期或处于应付阶段，自动或者由合同一方选择，通过合约更替、终止或者其他方式，将各项债务义务的总价值减少为或者替代为单一净债务，由此到期并由一方支付给另一方。”ISDA 在 2018 年《净额结算示范法》（2018 ISDA Model Netting Act）中将“净额结算”定义为：“在另一方发生违约或终止事件时，一方向另一方发出通知时，或者在某些情况下根据协议的约定自动发生，并具有以下效果：（1）终止、清算和/或加速到期基于一个或多个合格的金融合同而产生的或者与合同有关的任何当前的或者未来的付款或者交付权利和义务；（2）计算或估计（1）项下每项权利和义务的平仓价值、市场价值、清算价值或重置价值，并将其折合为单一货币；（3）确定第（2）项下的净值，无论通过抵销或者其他方式，产生一方向另一方支付的净额款项。”[1]我国原银保监会在 2021 年的一次答记者问中，将终止净额结算明确为：金融交易双方根据协议约定，在一方发生违约或终止事件时，另一方有权终止该协议下的全部合格金融交易，并按照约定的方式轧差计算出净额，由净支付方转移给净收入方。[2]可见，对于终止净额结算定义，中外没有太多实质差异和分歧。

鉴于终止净额机制在衍生品等交易中具有缓释系统性风险、维护市场稳定等作用，[3]国际社会一直在致力推广。美国、英国、法国、德国、瑞士、日本等 60 多个经济体都已通过专门立法或基于一般法律原则的方式对终止净额结算安排的法律效力和执行力予以确认。[4]

（二）我国对终止净额结算的合同定义及相关安排

一直以来，由于我国对衍生品交易终止净额安排缺乏统一的上位法规定，市场参与者主

---

〔1〕 Part I, 1. Definition of 2018 ISDA Model Netting Act, https://www.isda.org/2018/10/15/2018 - model - netting - act - and - guide/.

〔2〕 参见“中国银保监会有关部门负责人就《关于衍生工具交易对手违约风险资产计量规则有关问题的通知》答记者问”，载银保监会网站，http://www.cbirc.gov.cn/cn/view/pages/ItemDetail.html?docId=1020671&itemId=915&generaltype=0，2022 年 11 月 3 日访问。

〔3〕 次贷危机后，最常引用的例子就是雷曼兄弟公司的破产案件。2008 年，作为国际市场上重要的金融衍生品交易商，雷曼兄弟公司宣布破产时参与的金融衍生产品交易共计 93 万份。通过终止净额结算机制，其名义金额总计约 4000 亿美元的信用违约互换（CDS）最终结算额仅 52 亿美元，在其破产程序结束前大量衍生品交易得以迅速了结，从而避免出现更大的流动性危机和系统性风险。

〔4〕 See ISDA, *Status of Netting Legislation*, https://www.isda.org/2020/07/03/status - of - netting - legislation/.

要依靠合同约定实现终止净额结算安排。比如，《中国银行间市场金融衍生产品交易主协议》（2009年版）第9条、第10条分别约定了在发生违约事件和终止事件时，所有被终止交易将适用终止净额结算条款，第8条明确了计算终止净额时应考虑或遵循的因素。《中国证券期货市场场外衍生品交易主协议》（2014年版）第5条、第6条也分别约定了在发生违约事件和终止事件时的终止净额处理方式。境内机构在与境外机构进行交易或参与国际衍生品市场时，交易各方通常使用《国际掉期与衍生工具协会主协议》（2002年版）。该协议在6（a）、6（b）项中约定发生违约事件或终止事件后确定提前终止日，并在6（d）和6（e）项中规定了终止净额的计算方式。

一般而言，合同中的终止净额结算条款具有以下特点：一是在性质上属于合同约定，具体而言，属于继续性合同的约定解除安排，而不是法定安排；[1]二是在形式上既可以是主合同中的条款，也可以是单独的合同；三是合同条款一般援引合同法作为主要上位法实现其强制执行力。如合同法没有对约定内容有明确规定，则需要考虑约定内容是否与其他法律规定、商业习惯、公序良俗等存在冲突或潜在冲突，如有冲突，则可能导致合同约定无效或无强制执行力。

（三）对终止净额结算合同约定效力的各类观点

1. 效力不确定的观点

对于终止净额结算是否有效的问题，在《期货和衍生品法》尚未制定前，一方面由于当时法律对此没有明确规定，另一方面在我国民商法上也没有“净额”的法律概念，类似的法律概念是抵销，对于属于舶来品的“终止净额结算”，在确定其法律效力时，一般较难直接给出明确的肯定或否定意见。

2. 趋于肯定效力的观点

我国银行业监管机构的相关监管规则趋于认可终止净额结算条款的效力，比如原银监会2012年发布的《商业银行资本管理办法（试行）》（银监会令2012年第1号，现已失效）附件6规定，净额结算可以用于内部评级法的资本缓释；2018年发布的《衍生工具交易对手违约风险资产计量规则》（银监发〔2018〕1号，现已失效）要求商业银行确定净额结算组合定义，并应确保净额结算协议合法有效，以确保净额结算有效实施等。2017年，原银监会在对十二届全国人大五次会议第2691号建议答复意见时表示，虽然我国《企业破产法》《合同法》（现为《民法典》）和司法程序层面还存在不确定性，但是我国的破产法原则上与终止净额结算规则并不冲突，只是保留了司法机关对终止净额结算交易的审查权，司法判决有权撤销恶意行使终止净额结算规则的交易，这与ISDA相关规则并不抵触；《企业破产法》第18

---

〔1〕 参见孙倩、翟爽：《场外衍生品交易中终止净额结算条款之效力认定》，载《上海法学研究》（集刊）2021年第8卷；上海金融法院裁决［（2019）沪74民辖终217号］。

条和第 40 条关于行政处置程序的规定，目的是稳定被处置机构相关金融合约的持续性和可估值性，并不表示司法撤销终止净额结算的必然发生；在资本计量等领域内，银监会均认可净额结算的作用。[1]

为进一步澄清市场对我国终止净额结算安排的认识，2021 年 11 月，原银保监会发布了《关于衍生工具交易对手违约风险资产计量规则有关问题的通知》（银保监办发〔2021〕124 号，以下简称《计量规则通知》），对原银监会发布的《计量规则》作补充解释，明确符合条件的商业银行可以净额计算衍生工具交易对手风险敞口和计提资本，标志着我国监管机构对终止净额结算安排有效性的进一步确认。《计量规则通知》关于终止净额结算的内容主要有两个方面：一是进一步明确使用终止净额结算的条件。商业银行的交易对手为经中国金融监督管理部门批准设立的金融机构，且交易双方签署 NAFMII 主协议、SAC 主协议、ISDA 主协议或者原银保监会认可的其他合法有效净额结算协议的，商业银行可不用再考虑关于协议法律审查的相关规定，而直接确认净额结算组合，在资本计量时进行净额抵销。二是认可中央对手清算的终止净额结算安排。规定商业银行通过经原银保监会、人民银行或证监会认定的合格中央交易对手进行衍生品集中清算的，其违约风险暴露可以按照净额计算。

针对 ISDA 等国际行业协会关于终止净额结算安排在我国法律下存在不确定性的观点，原银保监会有关部门负责人认为该观点是对我国破产法律制度和金融机构风险处置机制的不准确、不完整理解，并从三个方面进行了回应：一是中国《商业银行法》《保险法》《证券法》等法律规定赋予金融监管部门金融机构破产前置审批权，近年来相关金融机构风险处置实践也表明，不可能出现金融机构因个别债权人向法院提出申请而突然进入破产程序或者由于突然进入破产程序导致非违约方无法行使终止净额权利的极端情形。二是从中国金融机构风险处置实践看，终止净额结算的合同安排可在风险处置阶段有序执行；并且，从具体的风险处置实践看，终止净额结算协议都得到了有效执行。2020 年 10 月《商业银行法（修改意见稿）》也明确在出现严重风险时，由监管机构决定对该银行实行接管，并成立或指定接管组织；接管处置后无法恢复的，经监管机构同意后才能由接管组织向人民法院申请破产。[2] 三是从立法和司法角度看，终止净额结算的约定与法律强制性规定并无冲突。在立法方面，《企业破产法》《民法典》均支持抵销权，《民法典》还规定“合同权利义务终止，不影响合同中结算和清理条款的效力”；在司法实践中，金融市场中的净额结算安排以合同法关于抵销的法律规定为基本依据，净额结算不适用《企业破产法》中关于破产抵销权的限制性规定，即便在债务人破产的情况下，亦不能得出管理人有挑拣履行权的结论，司法实践中也未有过否定净

〔1〕 参见《对十二届全国人大五次会议第 2691 号建议答复意见的函》（银监审函〔2017〕105 号），载银保监会网站，http://www.cbirc.gov.cn/cn/view/pages/govermentDetail.html? docId = 269446&itemId = 893&generaltype =1，2022 年 11 月 3 日访问。

〔2〕 参见《商业银行法（修改建议稿）》第九章，载中国政府网站，http://www.gov.cn/xinwen/2020 –10/16/5551867/files/75c0820dba14419c8f8194c130c26609.pdf，2022 年 11 月 20 日访问。

额结算合同安排的案例。[1]原银保监会的上述回应显示了其对终止净额结算安排的明确支持。

3. 否定效力的观点

虽然我国金融市场在交易惯例和监管实践层面，已经确立并实施了终止净额结算安排，比如银行间市场、证券期货市场衍生品交易主协议中均引入了终止净额结算条款，但在《期货和衍生品法》制定和实施前，终止净额结算安排的法律层级不高，在前述合同约定的基础上，主要以金融监管机构的规范性文件和商业惯例作为主要法律渊源。一些学者认为终止净额结算与破产管理人行使的挑拣履行权、[2]合同撤销权[3]存在冲突。[4]此外，出于审慎考虑，不少外资机构或者认为当时监管规则中未明确何种类型的净额结算协议属于“合法有效”或“有效实施”,[5]或者认为监管意见和监管规则在法律效力上无法对抗《企业破产法》，且 ISDA 等境外行业组织所持的否定意见也未改变，继续在（对）我国以全额计算衍生工具交易对手的风险暴露和资本占用。这不仅造成我国衍生品交易中净额结算的信用风险缓释和监管资本节约重要功用未能充分体现，而且也在一定程度上制约了我国金融机构在衍生品市场上发挥更大作用。[6]

4. 终止净额结算法定化后形成一致观点

前述否定和肯定观点的最主要分歧在于当时我国对终止净额结算安排缺乏法律层面的规定，而《期货和衍生品法》的出台填补了这一空白。该法将终止净额结算分为两种情形：一种是第 35 条规定的双边交易情形，需要在主协议方式下进行；[7]另一种是第 37 条规定的中央对手集中结算情形，一般根据依法设立中央对手方的规则或约定进行。[8]《期货和衍生品

---

〔1〕 参见《中英终止净额结算工作组第一次工作会议在京召开》，载中国银行业协会网站，https://www.china-cba.net/Index/show/catid/14/id/18999.html，2022 年 11 月 3 日访问。

〔2〕 如果法院未认可金融衍生品交易主协议的单一协议性质，将主协议下每笔交易视为一个单独的合同法律关系，根据我国《企业破产法》第 18 条的规定，可能会出现破产法院承认管理人对特定交易的挑拣履行的情况。这种情况下，终止净额结算机制中非违约方行使提前终止的权利以及达到解除合同双方全部义务的效果存疑。

〔3〕 我国《企业破产法》第 31 条和第 32 条的规定赋予了管理人对破产申请受理前 6 个月至 1 年内，债务人提前清偿未到期债务的行为进行撤销的权利。怀疑者认为净额的最终支付可能发生在破产申请受理前 6 个月至 1 年内，有可能会被管理人视为对未到期债务的提前清偿或对个别债权人的清偿而予以撤销。

〔4〕 参见何晓楠：《金融衍生品交易中的“提前终止”与破产管理人强制选择权》，载《证券法苑》（2015）第 15 卷，第 239~259 页；闫海、佟爽：《我国金融衍生交易终止净额结算的破产法研究》，载《证券法律评论》2015 年卷，中国法制出版社 2015 年版，第 557~567 页。

〔5〕 参见原银监会《衍生工具交易对手违约风险资产计量规则》（银监发〔2018〕1 号）第 4 条。

〔6〕 参见刘燕：《从合同之治到商法之治——简评我国场外衍生品入法的模式创新》，载《清华金融评论》2022 年第 6 期。

〔7〕《期货和衍生品法》第 35 条规定，依法采用主协议方式从事衍生品交易的，发生约定的情形时，可以依照协议约定终止交易，并按净额对协议项下的全部交易盈亏进行结算。依照前款规定进行的净额结算，不因交易任何一方依法进入破产程序而中止、无效或者撤销。

〔8〕《期货和衍生品法》第 37 条规定，衍生品交易，由国务院授权的部门或者国务院期货监督管理机构批准的结算机构作为中央对手方进行集中结算的，可以依法进行终止净额结算；结算财产应当优先用于结算和交割，不得被查封、冻结、扣押或者强制执行；在结算和交割完成前，任何人不得动用。依法进行的集中结算，不因参与结算的任何一方依法进入破产程序而中止、无效或者撤销。

法》作为新法和特别法，其对终止净额结算的法律规定优先于旧法和一般法，为终止净额结算在我国的实施奠定了扎实的法律基础。境外机构也改变了之前的否定态度。2022 年 8 月，ISDA 重新发布了关于中国终止净额结算的法律意见书，承认终止净额结算安排在中国法律下具有可执行性。[1]

三、《期货和衍生品法》对我国银行业金融机构的影响

《期货和衍生品法》的颁布实施标志着我国终止净额结算立法取得了突破性进展。终止净额结算是国际衍生品交易的基础性制度，其法定化有利于降低交易对手的信用风险，防止风险交叉传染，提升衍生品市场的效率和稳定性，推动我国金融市场、金融制度进一步与国际接轨。

（一）增强中资银行业金融机构在国际衍生品交易中的竞争力

《期货和衍生品法》颁布实施前，境外机构将我国大陆地区划定为"非净额结算司法辖区"。这使中资商业银行等金融机构参与国际衍生品市场或与外资交易对手进行衍生品交易时常面临如下境况：一是外资机构在与中资商业银行等机构签署 ISDA 主协议等净额结算协议时，往往要求对协议做特殊安排，如适用自动提前终止条款，以规避中资机构突然进入破产程序的情形；二是大部分外资机构不采用净额方式计量对中资机构的衍生品交易违约风险暴露，也不与中资机构签署信用支持附件（CSA）等保证金协议；部分外资机构虽与中资机构签署保证金协议，但仍以全额对全额的方式缴纳保证金，增加了交易成本。我国终止净额结算安排缺乏直接法律规定的情况，不仅增加了中资机构进行国际衍生品交易的成本，而且也削弱了我国衍生品市场的全球竞争力。目前，我国衍生品市场仅约占全球约 1% 的份额，[2] 与衍生品市场缺乏与国际社会认可的成熟风险管理机制不无关系。[3] 因此，《期货和衍生品法》及相关配套监管规则的实施可以为中资银行等机构与外资机构商谈类似问题提供重要依据，帮助中资银行业机构在国际衍生品交易中争取有利的谈判地位，提升市场参与度和话语权。

（二）我国银行业金融机构新增衍生品交易主协议选择类别

《期货和衍生品法》的颁布实施，进一步提升了我国衍生品市场的交易主协议的可选类别。除备案要求外，[4]《期货和衍生品法》对衍生品交易主协议类别未作强制规定，市场机构可以按需选择使用。2020 年 2 月，人民银行、原银保监会、证监会、外汇局和上海市政府

---

〔1〕 *ISDA Publishes China Netting Opinion as FDL Comes into Effect*, https://www.isda.org/2022/08/01/isda-publishes-china-netting-opinion-as-fdl-comes-into-effect/.

〔2〕 根据国际清算银行（BIS）2019 年数据，载 https://www.bis.org/statistics/rpfx19.htm?m=2617，2024 年 3 月 20 日访问。

〔3〕 参见李小加：《互联互通的金融大时代》，中国金融出版社 2018 年版，序言第 Ⅱ～Ⅲ 页。

〔4〕 参见《期货和衍生品法》第 33 条。

联合发布《关于进一步加快推进上海国际金融中心建设和金融支持长三角一体化发展的意见》（银发〔2020〕46 号），允许境外机构自主选择签署 NAFMII 主协议、SAC 主协议或 ISDA 主协议，充分尊重外资机构对衍生品交易文本的使用习惯，也为 ISDA 等境外主流衍生品协议进入我国衍生品市场打开了大门。2022 年 8 月，NAFMII 发布了《中国银行间市场金融衍生产品交易主协议（跨境文本 – 2022 年版）》，同步准备了我国衍生品交易的"国际版"主协议供市场选择。主协议类型的丰富完善可以满足包括我国银行业金融机构在内的不同市场主体的差异化需求，更好地促进衍生品市场的多层次、包容性和国际化发展。

（三）我国银行业金融机构新增双边保证金的要求

根据 2019 年 5 月巴塞尔银行监管委员会（BCBS）与国际证监会组织（IOSCO）联合发布的《关于最终实施阶段非集中清算衍生工具保证金要求的声明》等要求，[1] 对非集中清算的衍生品交易实施保证金规则在欧美等国家和地区已执行了若干年，截至 2021 年 9 月末，金融稳定理事会（FSB）的 24 个成员司法管辖区中，已有 16 个对场外衍生品实施非集中清算衍生品交易（NCCD）的保证金要求。由于新冠疫情因素，BCSC 和 IOSCO 在 2020 年 4 月同意将 NCCD 保证金要求的最后两个实施阶段延长，延期后的最终实施时间为 2022 年 9 月 1 日。作为过渡，自 2021 年 9 月 1 日起，非集中清算衍生品交易总平均名义本金（AANA）超过 500 亿欧元的实体应执行有关保证金要求。2021 年 7 月，欧盟通过了关于澳大利亚、巴西、加拿大、新加坡和美国所适用的非集中清算衍生品法律和监管框架的等效决定，欧盟、英国、瑞士以及亚太一些经济体对来自非净额结算国家的交易对手有豁免性规定而不用强制执行 NCCD 保证金要求。

虽然目前我国尚未制定类似的强制保证金规则，但境内机构在和境外机构交易时，境外机构需遵循的强制保证金规则同样会适用于和境内机构进行的交易。特别是在 ISDA 认定我国为净额结算司法管辖区后，之前的豁免安排将不再适用。这意味着境外机构和我国银行业金融机构进行的衍生品交易需遵循强制保证金规则。国际市场一般在 ISDA 主协议等净额结算协议的基础上，签署各类保证金协议，基于每日计算的"净额"，计算保证金并进行双边交收。前述原银保监会的《计量规则通知》细化了双边保证金的计量要求，规定单向从交易对手收取保证金和押品或者采用双向盯市保证金的，均可以认定为保证金交易，从而达到缓释风险、节省资本的效果，事实上为在境内市场落实衍生品双边履约保障机制提供了制度基础。

四、终止净额结算法定化的持续发展

《期货和衍生品法》第 38 条授权国务院对衍生品交易及相关活动进行规范和监督管理制

〔1〕 See BCBS – IOSCO，*Margin requirement for non – centrally cleared derivatives*，https://www.iosco.org/library/pubdocs/pdf/IOSCOPD480.pdf.

定具体办法。根据《立法法》第66 条的规定，法律规定明确要求有关国家机关对专门事项作出配套的具体规定的，有关国家机关应当自法律施行之日起 1 年内作出规定。对终止净额结算法定化后的监管配套和法律衔接，建议继续考虑以下两个方面的情况。

（一）终止净额结算法定化后的合约适用范围扩张

2004 年，联合国国际贸易法委员会通过的《贸易法委员会破产法立法指南》指出，在破产时可撤销的交易大致有三种，分别是旨在挫败、阻止或拖延债权人以使其无法追回债款的交易、压低贱卖交易和对某些债权人的可视为特惠的交易，〔1〕而破产法可能最好载列免于适用撤销的具体情形包括某些对金融市场的运作至关重要的交易安排，如证券和衍生品的终止式净额结算；〔2〕相关金融合同包括证券合同、商品合同、远期合同、期权、互换交易、证券回购协议、净额结算主协议以及其他类似合同。〔3〕ISDA 也在 2018 年《净额结算示范法》中列举了合格金融合同的范围，除了衍生品合同外，还包括现货合同、回购合同、借贷合同、抵押合同等。〔4〕可见，国际上适用终止净额结算安排的合同/协议范围不仅限于衍生品交易，还包括其他类型的金融交易。

未来，建议相关法律法规进一步明确《期货和衍生品法》管辖范围之外的、可以适用终止净额结算的交易类型，特别是可能影响公共利益、具有系统性风险的相关交易。〔5〕目前，

---

〔1〕《贸易法委员会破产立法指南》第 127 页，第 170 段，载联合国国际贸易法委员会网站，https://uncitral.un.org/sites/uncitral.un.org/files/media-documents/uncitral/zh/05-80721_ebook.pdf，2022 年 11 月 3 日访问。

〔2〕参见《贸易法委员会破产立法指南》，第 131 ~132 页，第 185 段；第 138 页。

〔3〕参见《贸易法委员会破产立法指南》，第 140 页，第 209 段。

〔4〕ISDA2018 年《净额结算示范法》（2018 ISDA Model Netting Act）关于“合格金融合约”的定义，合格金融合约包括但不限于：（1）货币、交叉货币或利率掉期或利润率掉期；（2）基础利率互换；（3）即期、期货、远期或其他外汇交易；（4）利率上限、下限、上下限交易；（5）大宗商品互换；（6）远期利率协议；（7）货币或利率期货；（8）货币或利率期权；（9）股票衍生工具，如股票或者股票指数掉期，股票远期，股票期权和股票指数期权；（10）与债券或者其他债务证券或者债券证券指数有关的衍生工具，如总收益掉期、指数掉期、远期、期权或指数期权；（11）信用衍生工具，如信用违约互换，一篮子信用违约互换，总收益互换或信用违约期权；（12）能源衍生品，例如电力衍生品，石油衍生品，煤炭衍生品或天然气衍生品，包括物理运输权、金融传输权或传输容量的衍生品；（13）天气衍生品，例如天气掉期或天气期权；（14）带宽衍生品；（15）运费衍生品；（16）排放衍生品，例如排放配合或减排交易；（17）经济统计衍生品，例如通胀衍生工具；（18）物业指数衍生工具；（19）现货、期货、远期或者其他证券或者大宗商品交易；（20）证券合同，包括保证金贷款和买卖证券，借入或借出协议，例如证券回购或逆回购协议，证券借贷协议或证券购回协议，包括任何此类合同或与抵押贷款、抵押贷款利息或抵押相关证券有关的协议；（21）大宗商品合同，包括购买、出售、借入或借出商品的协议，例如商品回购或逆回购协议，商品借出协议或商品购回协议；（22）抵押安排；（23）清算或结算证券交易或充当证券存托的协议；（24）任何其他类似与前述 23 项中所列的项目或者指数的协议、合同或交易，包括但是不限于利率、货币、大宗商品、能源产品、电力、股票、基金利息、天气、债券和其他债务工具、伊斯兰教债券、贵金属、与某事件是否发生或发生的程度相关的或与财务的商业的或者经济后果相关的或有事项的定量方法，或经济、金融指标或经济、金融风险或价值的度量；（25）前述 24 项中所述的一项或者多项协议或者合同的任何互换、远期、期权、差异合同或其他衍生工具；（26）通过使用成本加成融资（Murabaha）、不披露成本的直接销售（musawama）或承诺（wa'ad）或者其他通常用于实现符合伊斯兰教义的工具、协议或交易，与前述 25 项中规定的任何工具、协议或交易具有经济等效性；（27）有权机构根据本法指定为合格金融合同的任何协议、合同或交易。

〔5〕参见《贸易法委员会破产立法指南》，第 141 页，第 213、214 段。

《中国银行间市场债券回购交易主协议文本》（2013 年版）《深圳证券交易所债券质押式协议回购交易主协议》（2021 年版）等回购交易主协议中均有终止净额结算条款，2021 年原银保监会《计量规则通知》也适用于回购交易，但这些回购类交易的终止净额结算安排是否具有法律执行力依然期待更高层次的法律规定予以明确。此外，证券借贷等金融市场常规交易的终止净额结算安排也有类似法律需求。

（二）终止净额结算法定化后的多元化履约保障衔接

1. 保障终止净额结算中担保安排的执行力

虽然《期货和衍生品法》第 35 条、第 37 条确定了衍生品交易的终止净额结算机制，但未明确相关交易的担保品以及保证人是否可以纳入终止净额结算的统一安排。[1]根据 ISDA 2018 年《净额结算示范法》，净额结算协议包括构成该协议部分或相关的担保安排。[2]净额条款的约定对破产方，及适用为破产方履行义务提供保证、抵押或担保的其他人均具有执行力，不得被中止执行，不得被撤销，不得受到破产执行人行动或行使权力的限制，或因破产程序而受到其他适用于破产方的法律规定的限制。[3]建议在我国在修订《企业破产法》等相关法律时，进一步补充实现终止净额结算中担保安排的规定。

2. 明确转让式履约保障安排的法律效力

场外衍生品交易的保证金一般分为初始保证金和变动保证金。国际上，初始保证金一般以质押式履约保障的形式隔离存放，变动保证金则根据前述 NCCD 安排，多采取转让式履约保障形式；两种履约保障安排在法律关系、设立流程、履约保障品使用和权益实现等方面都有较大差异。

质押式履约保障机制的基础法律关系是担保关系，主要受担保法律管辖。担保提供方以证券或现金等为质押物，对质押物享有所有权，担保权方获得了担保品的担保权益，在发生衍生品交易协议项下违约时可以依法依约处置质押物，以处置所得优先受偿。现阶段国际通行的衍生品质押式履约保障文件主要是《2014 年版 ISDA 标准履约保障附件（担保权益——纽约法）》，在我国内地市场主要为《中国银行间市场金融衍生产品交易质押式履约保障文件》（2009 年版），质押式履约是我国内地场外衍生品市场最主要的履约保障形式。

转让式履约保障机制中，履约保障品提供方将证券或现金等所有权直接转让给履约保障品接收方，接收方所收取的履约保障品价值作为其在主协议项下的一项应付金额，从而允许履约保障品接收方在提供方违约时将履约保障品价值纳入主协议下一并计算债权债务，在轧差计算后产生一个由一方付给另一方的单一金额。转让式履约保障机制主要受合同法律管辖，在交易便利性、保障品流动性和处置效率等方面具有明显优势。现阶段国际通行的衍生

---

〔1〕 比如，未明确担保品是否属于结算财产的范围，更未涉及保证形式。
〔2〕 See Definition of Netting Agreement of 2018 ISDA Model Netting Act.
〔3〕 See Part I 4 (a) General rule of 2018 ISDA Model Netting Act.

品转让式履约保障文件主要是《2014 年版 ISDA 标准履约保障附件（所有权转让——英格兰法）》，在我国内地市场主要为《中国银行间市场金融衍生产品交易转让式履约保障文件》（2009 年版）。由于《期货和衍生品法》并未专门提及转让式履约保障机制，且转让式履约机制有可能被认为属于“让与担保”而较少在我国内地使用，建议后续能在《期货和衍生品法》项下针对转让式履约保障制定配套规则，明确转让式履约保障在中国法下的效力，从而进一步促进我国衍生品交易中履约保障品的多元化使用，且更好接轨国际惯例。

（三）终止净额结算法定化后的特殊情形衔接

为了防止衍生品市场参与者滥用终止净额结算条款逃避债务、损害其他债权人利益，应对合格交易、无效情形等进行衔接立（修）法；为推动有序交易处置、降低系统性风险，还应明确终止净额结算的暂停规则。

1. 明确终止净额结算条款的无效和可分性情形

一是明确因欺诈、违反法律强制性规定等导致终止净额结算条款无效或可撤销的情形；二是确定终止净额结算义务的可分性，即如果净额计算中有一项或者多项义务无效或者不可执行，不应影响终止净额条款下其他有效义务的可执行性。[1]

2. 确定暂停终止净额结算的适用条件

FSB 在《金融机构有效处置框架的关键要素》中指出，根据清晰明确的适用条件，因金融机构进入处置流程而导致相关金融合同加速到期或提早到期时，处置机构可以暂停（stay）执行终止净额结算条款，暂停时间不超过两个工作日。[2] 前述国际统一私法协会的《终止净额结算条款运行的基本原则》也认同这一安排。[3] 确定终止净额结算的暂停安排主要考虑是在处置银行等金融机构过程中给予金融市场、金融监管机构一定的缓冲时间，避免因实施终止净额结算安排而导致或加速金融市场情况恶化，影响金融稳定和有序处置目标的实现。总体来看，国际社会认为有序处置金融机构的权力属于监管机构，暂停终止净额结算的权力也应由处置中的监管机构实施。对于衍生品交易等，我国《商业银行法（修改意见稿）》第 95 条将暂停净额结算的权力赋予了商业银行的接管组织。鉴于银行等金融机构接管组织享有的更多是经营管理权而不是行政处置权，建议结合《期货和衍生品法》对终止净额结算的法定化安排，在正式修订《商业银行法》时将暂停终止净额结算的权力主体确定为商业银行监管机构，同时在其他法律法规中明确金融基础设施监管机构具有同样权力，以及在暂停权力竞合时的冲突解决方法及适用条件。

---

〔1〕 See Principle 6 （2） and Principle 7 （2） of Principles on the Operation of Close - out Netting Provisions.

〔2〕 Attribute 4.3, see FSB, *Key Attributes of Effective Resolution Regimes for Financial Institutions* (2014), https://www.fsb.org/wp-content/uploads/r_141015.pdf；根据 FSB 的定义，处置机构指在处置机制中负责实施处置权力的指定行政机构或其他机构。

〔3〕 See Principle 8 of Principles on the Operation of Close - out Netting Provisions.

金融创新视阈下碳排放权交易治理机制研究

黄健傑 *

碳金融的实质是通过市场机制的作用激发出企业节能减排的积极性，促使节能减排等政策性目标的实现。对自觉遵守污染排放标准的企业，赋予其将富余的排放量通过市场交易获取收益的权利；也通过市场机制作用充分激励污染企业不断创新生产技术实现减排，而非单纯通过惩戒措施形成强制压力。由于我国碳金融市场发展时间短，在参与主体和交易工具方面都存在较大提升空间，因此在制度政策和市场层面需要不断创新，优化全国碳金融市场环境，更好地推动绿色低碳转型以及落实国际减排承诺。我国《关于构建绿色金融体系的指导意见》和《碳排放权交易管理暂行条例》等积极推动碳金融的创新探索，国务院出台的《要素市场化配置综合改革试点总体方案》、生态环境部等部门出台的《气候投融资试点工作方案》、证监会出台的《碳金融产品》对指导试点地方积极参与全国碳市场建设，推动碳金融产品的开发，丰富交易方式，进一步激发碳市场交易活力，发挥了重要作用。

碳排放权交易需要良好的治理机制相匹配，机制是制度的重要构成，好的制度能够与碳市场的发展相互促进，不良的制度则会成为碳市场发展的掣肘。[1]我国各区域碳金融市场试点期间，也出现了碳金融产品不丰富、交易流动性弱、缺少风险对冲手段等不足，特别是碳排放权交易治理机制有待健全。因此，从创新

---

* 黄健傑，华东政法大学博士后、上海杉达学院胜祥商学院法学系讲师。本文系上海市哲学社会科学规划一般课题“上海碳排放权交易市场化的法制促进研究”（项目编号：2022BFX003）的阶段性研究成果。

〔1〕 参见［美］R. 科斯、A. 阿尔钦、D. 诺斯等：《财产权利与制度变迁——产权学派与新制度学派译文集》，刘守英等译，上海人民出版社 2004 年版，第 92 ~105 页。

角度设计系统性的碳排放权交易治理机制并予以实施，对我国碳金融市场的发展新具有重要的意义。

一、碳排放权交易治理机制的现实困境

（一）碳金融创新发展面临的外部制约

国内外学者已分别从理论和实证层面深入地探讨了碳排放的各种驱动因素，对如何打破碳金融的外部约束却鲜有研究。外部约束具体如下。

1. 碳排放权交易市场的过度管制

碳排放配额纳入碳排放权交易体系后，企业通过实施投资交易、节能改造，或开发碳减排项目，不仅能获得成本收益，还将获得碳资产收益。碳排放权交易的核心是碳价，一级市场有偿竞价由广东在国内首创，并确立了“配额有偿，同权同价”等基本原则。我国碳市场的一个显著特征是行政主导，即主要通过公权力对相对人的监管、执法实现相应环境要求，具体表现为碳定价。受制于碳市场领域的行政主导、行政垄断，碳价机制作用难以充分发挥，政府的过度干预不利于碳排放权交易治理机制的创新，亦是造成碳市场低效的诱因，如何有效地打破该外部约束是创新碳排放权交易治理机制时所面临的一大难题。

碳市场管制是直接作用于碳市场主体的政府行为，政府呵护中成长的市场制度较为脆弱。碳金融市场管制包括综合型与专业性机构，通常由专门的机构负责。政府控权可以直接改变产权主体的行为曲线，具有专业性与技术性，包括经济管制与社会管制，前者主要通过推动市场化维护碳市场主体之间的产权交易从而提高碳排放权交易效率；后者则是控制安全风险、环境污染、社会保障，以保证能源效率的可持续实现。碳市场的行政管制愈发凸显碳排放权交易定价、碳信用交易所具有的地区与行业特点，而行政主导下的市场活力缺乏也加剧了推广性、可复制性较差等矛盾。[1]可见，行政权力对碳市场边界的过度僭越也在一定程度上抑制了金融创新。此外，碳市场保障机制的不完善容易导致碳市场效率的低下，也在一定程度上使产权制度较难得到保障，从而对碳金融创新发展形成掣肘。

2. 碳信贷银行风险防范制度缺失

国内外碳金融的研究者们在利用可得数据，通过各种“变通”方式寻找合适的代理变量或度量指标，对碳信贷及其政策进行评估和检验，做了诸多尝试并取得了一些成果。如探讨了包括碳信贷在内的绿色信贷与商业银行风险承担之间的关系，但是关于碳信贷影响银行风

〔1〕 参见曾文革、江莉：《〈巴黎协定〉下我国碳市场机制的发展桎梏与纾困路径》，载《东岳论丛》2022 年第 2 期。

险承担的内在影响机制的研究尚处于起步阶段。缺乏保障机制和有效的争端解决机制，制约了碳信贷领域银行风险的防范，也间接影响人类生存环境的改善。主要问题包括：机构、个人投资者参与碳排放权交易活动以及提供服务的准入资质有待明确；各地交易规则、排放量计算方法不统一，交易数据披露的真实性有待核查；市场交易主要发生在履约期前，非履约期交易量大幅下降，"被动履约"和"潮汐现象"严重，市场交易活跃度不高；参与主体中控排企业仍居主导地位，多采用政策引导，约束力度不足。[1]

银行损失风险在很大程度上受到外部环境的影响，银行信用风险也被碳价不稳定性及信息披露限制所连累。由于市场有制度和管制措施，其权力或解放市场，或抑制市场，[2]因而碳信贷风险防范制度的完善，就是释放碳市场效率。

3. 碳绩效评价的数据采集与共享难

基于碳排放管控平台通过碳效评价实现各生产环节、各工序能源消耗、碳排放量实时监控和产品碳足迹管理，实现全流程碳足迹管理这一成效，有助于企业摸清碳排放"家底"，但痛点是数据采集和共享较困难。

2021 年 9 月，工信部等四部门出台的《关于加强产融合作推动工业绿色发展的指导意见》中重点规定：开展碳核算、碳足迹认证业务，提供基于行为数据的各类金融解决方案。在碳效评价体系下，数据来源以行业监测平台采集数据和企业自主上报数据为主，缺乏统一的数据编码方式和有效的数据采集手段。此外，碳核查和碳足迹评价工作机制有待完善，行业缺乏统一的碳效评价指标体系，碳效评价计算模型具有局限性，计算方法具有较强的地区和行业特点，可推广性、可复制性较差等问题。在碳效评价体系中，产品碳足迹数据来源广泛，涉及不同环节，各生产环节数据获取难度较高。碳效评价中数据采集与共享难加剧了碳市场信息不对称，不利于破除碳市场的制度技术掣肘和创新阻碍。

（二）碳市场主体分配激励机制的匮乏

相较于外部性的强制性法律法规，内生性的、诱致性的碳交易市场激励机制效率相对更高，它能够促使碳交易市场行动者将外部的、强制性的行为规范转化为其内心自觉自愿遵守的行动准则，这将有利于降低碳排放权交易制度之间的摩擦，并促进碳排放权交易制度效率、制度绩效的提升，从而更能够激发碳市场活力。然而从碳金融企业的环境守法层面审视，碳市场激励机制匮乏表现为企业之间利益分配的失衡，碳市场主体全生命周期[3]利益分配的实践揭示了当前分配激励机制的治理困境，即碳市场企业相关行为仍然沿着政府管控下的被动式服从思路演进，抑制了实现"双碳"目标过程中企业合理提升分

---

〔1〕 参见涂永前：《碳金融的法律再造》，载《中国社会科学》2012 年第 3 期。

〔2〕 参见［美］穆雷·罗斯巴德：《权力与市场》，刘云鹏等译，新星出版社 2007 年版，第 195 ~202 页。

〔3〕 市场生命周期是由 4 个不同的阶段组成：兴起（emerge）、成长（growth）、成熟（maturity）及衰退（decline）。

配水平的内生意愿。激励的相容性、信息的对称性、资源配置的有效性是衡量制度设计优劣的重要标准，[1]碳市场利益分配的制度设计在很大程度上也仰赖于碳市场产权制度的完善，而制度即法律制度，制度能够驾驭碳市场的合理分配，也就是法律能够促使碳市场利益合理分配。目前，我国碳市场相关的法律规范主要包括《碳排放权交易管理办法（试行）》《碳排放权交易管理规则（试行）》《碳排放权登记管理规则（试行）》《碳排放权结算管理规则（试行）》等，尚缺失具有统一、权威的高阶位法律，这也掣肘了碳市场的利益分配。

（三）碳金融政策的正负功能

碳市场发展、碳金融转型过程中的政策作用十分重要。

碳金融创新政策会为宏观经济稳定带来挑战。有人综合采用威尔森模型和有约束的非线性规划方法研究了碳减排与金融稳定的关系；[2]有人对比梳理了目前国际上应对气候变化的宏观经济金融政策工具，认为要进一步完善应对气候变化的政策工具体系、加强国际合作交流，更好地应对气候变化；[3]还有人通过一般均衡模型（TECGE）定量分析了强化碳达峰承诺对我国未来宏观经济的影响，研究表明碳金融创新政策的实施有利于尽快实现“双碳”目标，但对经济增长的负面影响也越大。[4]此外，Nasterolo 和 Raberto 将全球碳税引入其研究中，认为 GDP 增长、金融稳定在一定程度上受到了碳税的影响；Batten 等认为，气候政策是发生绿色转型风险的主要诱因，而碳金融市场不确定性亦会因政策超预期与低可信度而加剧。

政策制定不利、政府对碳市场的过度干预容易导致政府失灵，在很大程度上抑制碳金融创新，让可能失灵的政府对市场失灵加以校正本身存在一定的制度风险。市场带来的不公平具有局部性、临时性，而政府带来的不公平具有普遍性、长期性与固定性，而且经常会以合法形态表现出来。有人认为，市场失灵与政府失灵相比，前者更容易弥补或矫正，后者容易带来更大的困难，包括政策、法律不当在内的政府失灵通常难以弥补，且弥补成本大。倘若碳金融政策制定不利，就会与碳金融创新趋势相背离，在此背景下设计出来的法律制度也具有较大的不稳定性，同时对市场稳定发展形成掣肘。

实体经济与金融市场之间的风险传导机制会受到无序的政策影响，有人认为，无序的政策节奏可能导致风险从实体经济向金融市场传导。[5]不良的政策会加剧风险从实体经济向金

[1] 参见［美］利奥尼德·赫维茨·斯坦利·瑞特：《经济机制设计》，田国强等译，格致出版社2014年版，第77~86页。

[2] 参见曹军新、姚斌：《碳减排与金融稳定：基于银行信贷视角的分析》，载《中国工业经济》2014年第9期。

[3] 参见汪昊旻：《应对气候变化的宏观经济金融政策工具及运用情况》，载《现代商业》2021年第18期。

[4] 参见鲁传一、陈文颖：《中国提前碳达峰情景及其宏观经济影响》，载《环境经济研究》2021年第1期。

[5] 参见赵先立、王睿儒等：《“30·60”目标下绿色财政金融政策的宏观经济效应——基于存量流量一致性模型》，载《上海金融》2022年第6期。

融市场的传导，也在很大程度上促使无序政策的实施将风险加剧。要防止碳转型过程中的风险因金融市场的复杂关系而放大，进而将风险从碳金融市场扩散到整个金融体系，造成严重的系统性金融风险。倘若银行的损失大幅增加、资产价格持续下跌，将对碳排放企业生产性投资的融资可得性造成极其不利的影响，并对宏观经济造成冲击，从而对我国金融市场稳定性造成负面影响。

二、碳排放权交易治理机制创新的理论分析

国际碳市场规则具有“软法”性质，是在证券交易所、中介机构、社会组织、投资者共同推动下形成的，而我国碳市场治理机制具有“硬法”性质，往往是由公共部门自上而下主导形成的。[1]

（一）稳定化规范期待：碳排放权交易的治理机制起点

如何以法治思维和法治方式推进碳排放权交易市场的法治化、规范化，在新形势下实现碳金融创新发展是值得高度关注的议题。稳定化规范性期望是法律系统的功能，法律系统的功能所指涉的是法律对全社会的功能。法律系统的功能就在于稳定规范性期待，如何使针对碳排放权市场化交易设计出的治理机制符合法律系统的功能？具体举措为：其一，通过组织化专断（行政、司法）形成规范性期待；其二，促使碳金融创新期待稳定化，即在该领域形成规范性期待（立法）。

碳排放权交易治理问题涉及社会生活的方方面面，包括经济、政治与社会生活各个领域，甚至已经跨越了国界，形成国与国之间的问题。碳市场的建立是还原能源商品属性的外部表征，然而还原能源商品属性，塑造现代碳市场治理机制绝不意味着碳排放权交易治理问题的彻底解决，实际上该问题的解决最终依靠的是法律手段。碳市场主体在从事碳排放权交易活动时应当遵循公开、公平、公正、诚实信用和效益原则，这也为碳排放权交易市场化的期待稳定化提供了有利契机，亦构成了碳金融创新发展的法治逻辑起点。行政主导力量的强弱在很大程度上决定了碳市场创新力的边界。碳金融创新发展的路径依赖主要基于两点：其一，丰富碳金融产品。自试点以来，相关控排企业由于缺乏碳资产管理和经营经验，大量碳配额得不到合理利用和盘活，需要丰富且可供选择的碳金融产品激活碳资产，从而创造额外收益。其二，提升交易流动性。现阶段，以履约为目的的碳现货交易规模较小，需要开发碳金融交易工具吸引金融机构，从而提升市场交易流动性和市场规模。

（二）碳市场的适度管制：顺应金融创新趋势

生态经济、低碳经济与绿色经济是市场经济升级版，以碳价格为信号，引导碳排放权资

---

〔1〕 参见黄韬、乐清月：《中国绿色债券市场规则体系的生成特点及其问题》，载《证券市场导报》2018 年第 11 期。

源合理化配置，当碳市场自我调节功能难以充分发挥时，容易诱发市场失灵，如何消除碳排放权等资源配置中的市场失灵呢？[1]可以通过直接控制以及外部强加规则或者管制的方式对碳市场加以管理，[2]碳市场结构中风电、光伏发电企业等产业组织需要一定市场份额、集中度与进入壁垒，但是此种碳市场的进入壁垒不能让任何一家低碳企业形成“一家独大”的局面，从而掣肘于金融创新效率的提升，抑制碳市场活力，不利于碳市场效率之实现。碳排放权交易市场化，全社会减排成本的最低化亟待碳市场的放松管制，这亦是碳金融创新效率提升的必要路径。

为了促进金融创新，克服市场失灵，需要在碳市场引入适度、有效的竞争，这也意味着：其一，出现碳市场上的竞争性均衡（无数个竞争者之间形成并保持合理而势均力敌的状态，从而形成竞争压力）；其二，不存在碳市场上的支配者（不存在碳市场上“一家独大”的局面，竞争者都拥有一定的市场份额）；其三，逐步降低进入碳市场的壁垒（保证竞争压力）。然而我国碳市场企业竞争优势均是由资源优势转化而来的，由于资源分配是在政府权力下进行的，国有企业尤其是央企获得能源资源并不仰赖于市场竞争，碳市场领域权力寻租已经成为普遍现象，这与资源决定型体制不无关联。当市场化改革没有实质性突破，即从行政垄断、国有资本垄断中解放市场没有形成突破性进展时，碳金融市场化的步伐将“举步维艰”，即使发生了也难有革命性结果，不利于金融创新机制作用的充分发挥。碳金融市场化意味着从无市场到有市场，从畸形市场到竞争性市场，只有市场化进程得到实质性进展，[3]单一资本结构发生多元资本结构的转移，依托行政或政治原因得到发展的市场支配势力退却，碳金融市场化程度才会加深。

反垄断是保证碳金融市场领域有效竞争、持续并发展的基本前提。然而，资本规模、支配优势、松散寡头（非严格寡头）、行政垄断、自然垄断却经常影响碳金融市场的发展。长期以来，环境污染之恶名一直由市场失灵背负，但“政府失灵”也可能成为环境污染之源。[4]从垄断中解放碳金融市场，保护公平竞争的市场秩序是促进碳排放权交易市场化的基础。在行政垄断的掣肘下，碳市场外部成本大于碳市场效率，能源效率、碳市场绩效的最

---

[1] 在经济学上，市场失灵被定义为商品和服务的市场均衡配置对帕累托最优配置的偏离。帕累托最优配置是一种没有哪个消费者在使自己获益时却使其他消费者受损的配置。市场失灵的主要实例包括外部效应（外部性）、公共物品、公共产权资源、界定不完整或保护不充分的产权、非竞争性市场以及不完全（或非对称）信息。参见［瑞典］丹尼尔 · F. 史普博：《管制与市场》，余晖等译，上海三联书店、上海人民出版社 1999 年版，第 4 页；［瑞典］托马斯 · 思德纳：《环境与自然资源管理的政策工具》，张蔚文、黄祖辉译，上海三联书店、上海人民出版社 2005 年版，第 3 页。

[2] 参见［美］埃莉诺 · 奥斯特罗姆：《公共资源的未来超越市场失灵和政府管制》，郭冠清译，中国人民大学出版社 2015 年版，第 41 ~ 43 页。

[3] 参见黄春铃：《证券监管和承销商声誉：基于中国 IPO 市场的理论和实证研究》，上海交通大学 2006 年博士论文。

[4] 参见［美］利奥尼德 · 赫维茨 · 斯坦利 · 瑞特：《经济机制设计》，田国强等译，格致出版社 2014 年版，第 77 ~ 86 页。

大化将难以实现，也不利于节能环保政策性目标的实现。通过开展对资源配置历史演进过程的研究，越来越多的学者们认识到，政府计划与市场调整呈现出从对立走向统一的趋势。[1]政府通过放松对碳市场的管制，同时设计好产权制度和交易竞价制度，充分发挥碳排放权交易价值，为市场机制功能的发挥提供良好的法治环境，正是政府的职责。资源利用效率与产权制度完整性、可交易性、可操作性与可实施性正相关。竞价机制是市场机制的核心，是激励性、诱致性的制度设计，能促使碳排放权交易治理机制实施成本的降低以及制度实施效率的提升。

三、碳排放权交易治理机制的法律基础

碳排放权交易活动急需碳市场交易法律制度的保障，包括法律、行政法规、部门规章及政策性文件，[2]涉及碳市场交易各环节的参与方及其权利义务等，对碳市场正常运行具有指导与规范作用。在设计碳排放权交易法律制度时，应当充分考量时空因素对碳排放权市场的影响。[3]在全国统一的法律制度框架下，不仅需要碳排放权交易所之间的竞争，[4]也离不开国际间的合作，以此促进我国碳排放权市场统一化。竞争力的核心实际是创新力的程度，倘若要实现碳排放权交易效率的充分提升，就需要促进碳金融、碳市场、碳技术等多领域创新，这些创新更促使并依赖制度创新、法律创新。[5]

（一）气候法：基础性法律制度

在国际法体系中，除《联合国气候变化框架公约》及其《京都议定书》形成碳金融的基本框架外，公约机构就此发布的大量法律文件也是重要渊源。2012年在卡塔尔多哈通过的《〈京都议定书〉多哈修正案》、2015年在巴黎气候大会上通过的《巴黎协定》都在京都机制的基础上进行了重大创新。

发达国家强制减排义务的时间框架、数量明确性、信息透明度等要求规定在公约机构制定的碳金融相关法律文件中，碳金融发展的效力支撑和组织保障力度得以增强。其中的金融创新机制体现如下：为实现本国减排目标，发达国家运用京都机制，借助专门气候基金的成立（包括最不发达国家基金、战略气候基金等），[6]以及在全球环境基金（GEF）下新设

---

〔1〕 参见刘明远、刘伟：《论资源配置中计划与市场实现有机结合的必然趋势与技术条件》，载《当代经济研究》2020年第7期。

〔2〕 参见《学习贯彻落实全国生态环境保护大会精神 积极推动全国碳排放交易市场建设》，载 http://www.ncsc.org.cn/yjcg/fxgc/201805/t20180524_609678.shtml－2022，2024年3月21日访问。

〔3〕 参见《论排放权市场的时空维度：低碳经济的立法基础——法律快车民事诉讼法》，载 https://www.lawtime.cn/info/minshi/mssslunwen/2011082449163.html－2011，2024年3月21日访问。

〔4〕 参见王丛虎、骆飞：《中国碳排放权交易政策的理论基础、演进逻辑及创新发展》，载《中共天津市委党校学报》2023年第1期。

〔5〕 参见［美］约瑟夫·斯蒂格利茨：《经济学》，中国人民大学出版社2005年版，第97～108页。

〔6〕 参见孙傅、何霄嘉：《国际气候变化适应政策发展动态及其对中国的启示》，载《中国人口·资源与环境》2014年第5期。

"信托基金"等方法，从发展中国家获得经核证的减排量。然而基于项目的考核性规则，政府开发援助（ODA）[1]吸纳了双边渠道提供的资金；相关项目减排量及资金使用相关的严格规定则由框架公约、GEF 等国际组织下的基金项目运营组织做出。此外，针对碳信用，这些基金项目运营组织制定了规范化的认证及注册等程序性规则，促使相应的碳定价机制更具统一性与公允性。"多哈修正案"与《巴黎协定》就碳排放权做了一定的制度创新，但制度创新程度仍然有待提升。具体而言，为强化发达国家的信息通报义务以及对其履约的监督力度，在 2013～2017 年，就如何承继 2012 年到期的《京都议定书》达成具有约束力的协议体现在了 2009 年《哥本哈根协定》中有关长期资金承诺的规定中，却未规定在"多哈修正案"中。如此，尽管"多哈修正案"并未针对发达国家强制减排义务达成相关协议，也使国际统一的碳定价机制难以形成，但发达国家在提供公共资金、撬动私人资金时，于项目层面仍能对发展中国家要求减排"对价"。

碳金融领域的重大制度创新发生在《巴黎协定》针对 2020 年以后的减排、资金技术援助做出相关协议之后，具体而言：（1）碳金融的条约法基础发生了根本变化，体现为任意国家间联合减排方阵的减排义务履行方式 + "自主减排贡献"。从各国提交的"自主减排贡献"来看，定额化的总量减排承诺主要由发达国家作出，尤其是最大力度的减排承诺是由欧盟作出的。更大的减排承诺则由我国与其他 4 个金砖国家作出，在碳信用国际定价、减排量标准化等将国家信用注入减排行动领域，国际气候法律制度都将超越京都机制，不过一些新问题也随之产生，例如，碳金融国别市场间对接、排放实体所在行业市场间衔接等。（2）碳金融的发展趋势也由气候资金机制的创新所助推。"发展中国家缔约方""发达国家缔约方"等内容规定在了《巴黎协定》第 9 条第 1 款中有关资金义务的相关规定，而"其他缔约方"则规定在《巴黎协定》第 9 条第 2 款中。根据文义解释，"其他缔约方"指向中国等新兴经济体国家，"第三类缔约国"的地位逐渐显露，履行额定化减排义务模式不再仅仅局限于项目援助。同时，依据《巴黎协定》的相关规定，以"绿色气候基金"为中心的资金体制将被着力打造，原有的 GEF 信托基金 + 基金公约体系下的气候资金运营格局也发生了变化，发达国家在向发展中国家提供资金时，不得随意要求发展中国家将提供碳生态服务作为"对价"，而是需要受到基金合格资金标准的更多规制。这在一定程度上扩大了公约机构对碳金融制度所享有的解释权，也在很大程度上改善了公约体系外机构任意解释、发达国家单边认定的状况。

（二）金融法律制度：实施性制度基础

在经营业务范围内，国际金融机构对气候问题做了制度上的调整与创新。

---

[1] 政府开发援助（ODA）是指发达国家为促进发展中国家的经济发展水平和福利水平的提高，向发展中国家或多边机构提供的援助。

在世界银行与地区性多边开发银行持续开展碳金融业务的背景下，信用定价的统一标准逐渐形成。在缔结《京都议定书》以后，以“赤道原则”为代表的绿色贷款规则得以形成，世界银行根据环保低碳要求对该贷款业务规则做出调整。早在1999年，世界银行成立了原碳基金，这是全球第一个专门的碳基金。此外，大量的多边气候基金由国际金融机构成立，例如，碳市场准备基金、国际复兴开发银行管理的森林碳伙伴基金、全球减灾与恢复基金等“多边气候基金”。大量的碳基金承担开展气候领域投资业务的功能，而这些碳基金是由包括欧洲开发银行、亚洲开发银行在内的多家地区性多边开发银行通过与发达国家共建或者自建而成的。

许多实体行业受到减排行动的影响，能源利用与碳排放所涉及的是矛盾的两个方面，碳排放本身是商品、服务形成过程中的副产品，调整最终产品市场的制度与对排放、减排行为加以规制的制度在很大程度上具有重叠性。可见，许多碳金融制度要素已经嵌入调整货物、服务、资金国际流动的全球和区域贸易与投资规则中。此外，与碳金融制度高度关联的非传统安全议题还包括：减少排放与适应已变化的气候条件的粮食安全问题，以及经营行为增信的传统金融业务等。

碳金融制度也会因为新型国际金融实体的创建而发生新的改变，符合发展中国家与新兴经济国家内在需要的金融秩序正在悄然形成。目前在世界银行（WBG）与国际货币基金组织（IMF）统治下的国际金融体系正受到来自新型国际金融机构和合作性金融机构（金砖国家银行、亚洲基础设施投资银行、南南合作基金等）的挑战，而大量基础设施、新能源等领域的气候项目是这些金融机构的融资对象，环保绿色规则适用于这些项目的运用管理中。

四、碳排放权交易治理机制塑造的多重路径

CCER（国家核证自愿减排量）市场机制与绿色标准体系的持续完善，数字化技术在碳效评价体系中的广泛应用，以及绿色信贷配给与低碳交易保障机制的不断优化都将助力良好的碳排放权交易治理机制的塑造。

（一）CCER交易机制的补充与完善

CCER是基于项目的自愿减排量交易，是在清洁发展机制模式（CDM）基础上的延伸所得，并经相关部门对项目减排效果进行量化核证后的减排量，可以用于抵销碳配额，该交易及抵销机制是对碳配额交易的重要补充，具有低成本、全面性、灵活性这三大特征。

引入CCER交易及抵销机制还有助于缓解取消电价补贴对风电和光伏电力的负面影响，并且CCER机制的运用常见于分布式光伏领域，原因在于分布式光伏的广泛运用有助于能源效率的提升以及能源安全的保障。研究表明，倘若未来我国不放开CCER项目备案审批，则风电行业将是主要受益方，而未来适度放开CCER项目备案审批，则风电和光伏行业都将从

中受益。[1]因此，全国碳市场在引入 CCER 交易及抵销机制的同时，还需将是否从紧设置初始配额发放量纳入重要的考量因素。为了更好地促进风电和光伏发电产业的发展，可以考虑重启 CCER 项目备案审批工作，不过应当结合碳减排目标合理设定允许的 CCER 清缴比例上限，从而防止全国碳市场受到较大的冲击。

国内 CCER 市场总供给还有较大的上升空间。CCER 供给、抵消机制以及价格形成等皆是 CCER 市场机制设计所不可或缺的关键性制度。尽管政策情景下碳减排力度的逐年增强预示着全社会对 CCER 的需求量逐年加大，CCER 价格相应表现出不断上涨的变化趋势，但 CCER 供给总量的变化对 CCER 价格的影响并不显著，这是由于目前国内 CCER 市场供给总体不足，适度增加的 CCER 供给总量也可以被市场完全消纳，因此对 CCER 的市场均衡价格影响较小，会最终导致碳配额交易价格的大幅度下降。随着 CCER 供给总量的提高，各控排行业可以获得的 CCER 数量也随之相应增加，这也进一步降低了其对碳配额的需求。为此，运用电力部门细分的递推动态可计算一般均衡（CGE）模型，借助其政策分析与预测分析功能，根据视为基准均衡的某一年度的 CCER 供给总量与碳配额需求量及其相互数据关系进行建模，对引入 CCER 交易及抵消机制给经济造成的影响加以合理评估。[2]

（二）绿色标准体系：低碳标识体系构建中的应用

绿色金融标准体系建设的持续推进将有助于碳排放权交易治理机制的逐步完善。国家绿色金融标准体系制定涉及如下内容：《碳金融产品》《绿色银行考核评价方案》的制定与《碳金融产品编制说明》的修订；《广东省广州市绿色金融改革创新试验区环境权益融资试点工作方案》等广东省地方标准的起草。国家绿色金融标准体系的制定实际是一项制度设计，既然如此，如何实现其制度绩效就是亟须考量的因素，具体包括：其一，是否符合碳市场主体的行动者偏好；其二，对碳市场主体激励的相容性；其三，碳市场信息的对称性；其四，碳市场资源配置的有效性。

有些人对能源技术与法律制度的关系存在偏见，目前有关研究情景方案主要涉及技术情景，并没有以法律命名的所谓法律情景，原因在于法律与政策往往是实现技术情景的措施与手段。然而技术研发依赖于技术创新，技术创新仰赖于制度创新，本身是相互的，技术创新是一个由制度维系的技术、政治、经济与文化的现象。技术创新开拓着人类活动的边际，制度创新则规范着人类活动的规则，因此，真正决定增长与发展的是制度创新，因而如何实现绿色标准体系的制度创新就成为亟待解决的难题。[3]在构建具体的标准体系时须考虑如下内

[1] 参见张宁、庞军：《全国碳市场引入 CCER 交易及抵销机制的经济影响研究》，载《气候变化研究进展》2022 年第 5 期。

[2] 参见柳青、刘宇、徐晋涛：《汽车尾气排放标准提高的经济影响与减排效果——基于可计算一般均衡（CGE）模型的分析》，载《北京大学学报（自然科学版）》2016 年第 3 期。

[3] 参见刘海英、郭文琪：《碳排放权交易政策试点与能源环境效率——来自中国 287 个地级市的实证检验》，载《西安交通大学学报（社会科学版）》2022 年第 5 期。

容：其一，对接绿色低碳标识基础服务平台，依托标识解析数据服务能力，针对不同企业碳排放等信息数据进行统一标识编码、解析，促进上下游的数据流通；其二，规范绿色低碳评价体系，设定评价指标体系；其三，构建统一计算模型，基于绿色低碳评价指标和动态计算因子，计算形成各行业差异化的碳效评价等级。

此外，碳市场企业当期的研发投入应当向清洁生产与引入绿色生产技术等方面倾斜，使企业的环境信任度提高，[1]市场与投资人对企业产生正面预期，一定程度上有助于吸引外来投资和扩大市场份额，从而减少研发投入对企业当期绩效的负向影响。技术进步的要义在于技术创新、制度创新，而以技术进步替代技术创新，技术创新替代制度创新是只看现象不看本质的表现，也是产生所有结论谬误的原因，因而亟须还原制度和创新作用，在碳市场领域实现绿色技术变革与碳金融制度变革的同步。[2]

（三）数字化技术在碳绩效评价体系中的应用

未来我国碳市场机制的逐步完善将对大数据管理提出更高要求。碳排放权交易领域的数字化技术运用在很大程度上将助力“双碳”目标的实现。根据世界经济论坛所做的分析，到2030年，15%的全球碳减排将由5G、物联网、人工智能、云技术等数字化技术带来。[3]如何利用数字化技术促进绿色低碳转型已经受到业界日益广泛的关注。[4]在提升碳市场效率方面，数字化技术的运用有助于解决碳市场创新发展过程中出现的运行效率低、管理成本高、数据安全性差、数据造假、虚假交易等问题。例如，如何合理运用区块链技术对碳排放数据进行采集、核查、报告从而形成可追溯、可信度较高的数据体系。此外，在促进气候投融资以及提升碳市场的融资效率等方面，数字化技术的运用也可以起到正向作用。这一金融创新浪潮将由碳排放优化的可视化与模拟、云端多源数据整合等碳智能平台技术的发展推动。此外，为了提升碳市场绩效与提供可持续发展相关的咨询，可以结合金融科技、人工智能以及ESG数据提出数据解决方案，而企业实现净零目标可以借助基于“碳足迹、减少和清除”原则所构建的软件加以实现。

“双碳”目标的实现亟待健全的碳绩效评价体系的实施，这有助于企业摸清碳排放“家底”，然而痛点在于数据采集与互通难。就我国目前的碳绩效评价体系而言，以行业监测平台采集的数据和企业自主上报的数据为主要的数据来源，匮乏有效的数据采集手段和统一的数据编码方式，碳核查机制有待完善，统一的碳绩效评价指标体系有待建立。另外，碳绩效计算方法具有较强的地区与行业特点，计算模型有其局限性，可推广性、可复制性较差亦是

---

〔1〕参见李治国、车帅、王杰：《碳排放权交易试点政策的实施效果考察》，载《统计与决策》2022年第18期。

〔2〕参见唐国平、孙洪锋、陈曦：《碳排放权交易制度与企业投资行为》，载《财经论丛》2022年第4期。

〔3〕See World Economic Forum Annual Meeting, Digital technology can cut global emissions by 15%, Here's how, https://www.weforum.org/agenda/2019/01/why-digitalization-is-the-key-to-exponential-climate-action/.

〔4〕参见范英、衣博文：《能源转型的规律、驱动机制与中国路径》，载《管理世界》2021年第8期。

存在的问题。为此，应当建立健全碳核算标准体系。亟须形成工业碳核算方法、算法和数据库体系，推动碳核算信息在碳金融系统中的应用，碳核算产融合作也亟待强化。数字化技术将被广泛运用于碳核算工作中，例如，可将大数据、人工智能、云计算等运用至对绿色工业园区、先进制造业集群、绿色化改造重点行业等所开展的碳核算中。[1]在形成统一的碳金融标准的过程中，为促使对绿色债券等的评估认证标准的进一步完善，绿色金融标准趋于统一化以及支持工业绿色发展的绿色金融标准体系得以健全，[2]可以植入各类合适的算法、数据库系统，进而推动国内外绿色金融标准之间的互相融合、碳市场之间的互联互通，不断吸引境外资金助力我国低碳经济转型。[3]

（四）碳排放权交易治理的激励与保障机制

塑造与完善碳排放权交易治理机制亟待绿色信贷配给机制的持续优化以及低碳交易保障机制的建立健全。

1. 激励机制：绿色信贷配给机制的持续优化

碳金融的本质是给予环境约束的信贷配给，通过将环境污染内化为污染企业的融资成本，促使资金从污染企业流向环保企业，提高低碳产业的投资收益率，降低绿色企业的投融资成本，增加绿色产品的供给。可以预见的是，随着公众环保意识的逐渐加强，环境经济政策将逐渐完善，商业信用的“债权人”也会逐渐将环境风险作为考量因素。[4]环境约束的信贷配给是《绿色信贷指引》所规定的一项重要的环境经济政策，与以往“先污染，后治理”的环境治理方式不同，这一环境经济政策从资金源头上遏制了重污染企业的生存与发展，促使其持续转变与调整，为不断完善企业环境治理激励机制提供了新路径。[5]

就如何优化绿色信贷政策，国内外知名学者各自提出了有针对性的观点。例如，Dafermos 等（2018）运用存量流量一致性模型（SFC），研究发现气候变化影响金融和非金融部门的财务状况并带来金融市场的不稳定，金融资产价格下降可能由气候变化引起，对信贷扩张造成的不利影响也可能由气候变化导致，而绿色量化宽松计划的实施能减少气候导致的金融不稳定与经济风险。Dunz 等（2019）通过运用存量流量一致性模型（SFC），针对银

[1] 参见李江涛、陶思源：《碳排放权交易机制、媒体压力与企业绿色技术创新——基于湖北省碳交易市场的研究》，载《财会通讯》2022 年第 19 期。

[2] 参见宋玉臣、李芳妍：《异质性债券和能源价格与碳价格的关联机制研究——来自广州碳排放权交易所的实证证据》，载《财经问题研究》2022 年第 9 期。

[3] 参见工业和信息化部、人民银行、银保监会、证监会联合发布的《关于加强产融合作推动工业绿色发展的指导意见》。

[4] 所谓“绿色信贷”，是指通过在金融信贷领域建立环境准入门槛，对限制和淘汰类新建项目，不得提供信贷支持；对于淘汰类项目，应停止各类形式的新增授信支持，并采取措施收回已发放的贷款，从源头上切断高耗能、高污染行业无序发展和盲目扩张的经济命脉，有效地切断严重违法者的资金链条，遏制其投资冲动，解决环境问题，也通过信贷发放进行产业结构调整。

[5] 参见郭蕾、肖有智：《碳排放权交易试点是否促进了对外直接投资?》，载《中国人口 · 资源与环境》2022 年第 1 期。

行信贷与气候敏感性之间的关系进行研究并发现，相较于绿色支持因子而言，碳税更能够促进银行绿色信贷的增加，不过此类短期绿色政策亦可能会对宏观经济增长与金融稳定产生负向冲击，故需谨慎运用。[1]

在金融创新视阈下，碳排放权交易治理环境持续改善所需的绿色信贷配给的具体优化路径如下：（1）政府在制定和推行环境经济政策时，应当充分考量并预测市场力量在其中所起的作用，并对其加以利用；（2）绿色信贷约束的形成是重污染企业寻求其他融资方式或增加环保投入的前因，需要加强对商业银行的监督，使其对企业环境风险进行有效筛选，对环境表现较差的企业严格控制信贷额度，而对能够正向促进环境改善的企业减少信贷约束力度，以支持其完成低碳转型；（3）就绿色信贷政策而言，对商业信用融资能力较强的公司，绿色信贷政策所起到的融资约束作用被削弱，企业仍然缺乏改善环境所需的动力，而完善对这部分企业的环境保护政策刻不容缓。

2. 保障机制：低碳交易治理机制的设计

在金融创新视阈下，如何实现碳资产的有效管理是设计排放权交易治理机制时所面临的一项难题。具体而言，交易工具是一种帮助碳市场参与者更有效地管理碳资产的高赋能手段，提供了多样化的交易方式，有助于提高碳市场的流动性，以及对冲未来碳资产价格波动所带来的风险，并实现套期保值。

国际上在建立“碳足迹”与“碳标识”这两大认证体系方面已经拥有了较为成功的经验，然而目前我国尚未真正开展碳标识认证工作，依据《环境认证中心开展低碳产品认证》所提出的发展规划以及《中国环境标志低碳产品标识管理暂行办法》的相关规定，发展规划中的产品环境标志认证这第一阶段工作才刚刚启动，后两个阶段的产品碳足迹认证以及产品碳等级标志认证工作仍然有待开展。就我国现阶段而言，能效标识应用范围较为局限，并不适用于非用能产品而仅适用于用能产品。“他山之石，可以攻玉。”借鉴国际上的“碳足迹”认证经验以助力“碳足迹”认证体系在我国的建设指日可期，具体如下。

（1）可借鉴英国标准学会（BSI）公布的 PAS 2050 标准的相关内容，建立并完善我国碳足迹评价技术方法。其一，碳标识制度的塑造应当上升至立法层面，碳标识规则体系的完善不能仅仅停留在部门规章层面，毕竟法律在制度结构中居于核心地位，法律创新是实现碳排放权交易治理机制创新的关键所在。其二，政府需转变观念，在碳标识规则体系的设立目标、实施人员以及实施程序等方面做出合理部署，从而积极发挥政府的引导职能。其三，在低碳技术、人员、资金以及生产资料等方面加大投入，促进节能环保技术的研发。

（2）低碳消费社会服务体系的建立与完善。低碳消费社会服务供给可通过政府建立低碳消费社会服务购买机制与鼓励机制予以增加，此时，政府采取的对策是政府购买与鼓励社会

---

〔1〕 参见赵先立、王睿儒等：《“30·60”目标下绿色财政金融政策的宏观经济效应——基于存量流量一致性模型》，载《上海金融》2022 年第 6 期。

提供。具体而言，低碳消费技术技巧咨询、低碳消费宣传、第三方认证检测等皆为低碳消费社会服务所涉内容。对于以公益性为主的相关服务，可以建立政府购买机制；而节能软件开发、咨询、检测等则是常见的具有营利性质的低碳消费服务，诸多社会资本可以在经济激励机制的作用下积极介入其中。这也意味着，政府所采取的低碳消费社会服务策略需根据低碳消费服务性质的不同而有所区分，[1]不能“一概而论”。

（3）塑造低碳交易监督机制亟须做到如下两点：其一，低碳消费碳交易监督机制的建立亟待“低碳消费碳交易管理暂行办法”的制定，其中，具体的制度包括：信用记录违规者（个人与企业等）定期公布机制的建立、低碳消费者碳排节约信用记录申诉通道的完善、违规处罚机制以及交叉交易行为监管及惩罚机制的建立等。其二，低碳消费社会服务提供者的信用管理制度亟待完善，例如，服务品质信用卡制度与信用评级制度的优化；此外，还需定期公布低碳消费社会服务提供者的信用评级结果。

〔1〕 参见崔风暴：《交易型低碳消费引导政策工具创新与探索》，载《企业经济》2018 年第 2 期。

金融体制改革与现代金融监管立法

金融稳定视阈下村镇银行风险治理问题研究

张继红　雷怡雯 *

村镇银行已经成为我国“小微银行”中机构最多、规模最小，服务客户最贴近农村，最能体现“支农支小”特色的银行。《2021 年度村镇银行调研报告》中的统计数据显示，截至 2021 年末，村镇银行数量为 1651 家，约占全国银行金融机构总数的 36%。[1]应该说，村镇银行的设立，对于支持农户、小微企业，助推县域经济发展起到了一定的积极作用。但随着村镇银行的发展，产品单一、服务能力较低、资金成本较高、缺乏资金补充渠道等问题逐步显现。尤其是部分村镇银行，无法通过经营盈利，发展处于停滞状态，资本充足率下降较快，抵御风险能力明显不足。2022 年 7 月，河南多家村镇银行出现取款难的情况，其背后呈现出的不仅是村镇银行内部治理不规范、风险处置能力弱等问题，更折射出我国农村金融存在的深层次风险治理问题，与国家金融稳定密切相关。

党的二十大报告中明确提出，“完善农业支持保护制度，健全农村金融服务体系”“加强和完善现代金融监管，强化金融稳定保障体系，依法将各类金融活动全部纳入监管，守住不发生系统性风险底线”。农村金融作为我国金融业中的重要一环，历来都是金融监管体系中的薄弱面。村镇银行作为农村金融业的组成部分，是否能够稳健运营对于农村地区经济的发展意义重大，直接关乎整个金融业的安全与稳定，如何对其进行有效的风险治理是当前需要进一步深入研究的核心命题。

---

* 张继红，上海政法学院教授、上海全球安全治理研究院研究员；雷怡雯，上海政法学院法律硕士生。

〔1〕 参见融信云：《2021 年度村镇银行调研报告》，载 http://www.dcfcs.com，最后访问日期：2023 年 8 月 5 日。

一、河南村镇银行事件始末

2022 年 4 月 18 日，河南 4 家村镇银行的储户们在进行现场取款时发现该操作系统已经无法使用，上千名储户合计超过 12 亿元的存款相继出现“取出难”的问题，对此银行给予的答复是因网上银行系统升级维护而暂停服务。6 月 13 日，多名储户因网银线上服务暂停而奔赴郑州准备前往银行线下进行询问时，在河南的健康码却无故变红，此事迅速引起了广大市民的关注。[1] 6 月 18 日，河南许昌警方通告，已于 4 月依法对涉事的河南新财富集团投资控股有限公司立案侦查。7 月 11 日，许昌市公安局对案件的调查进展进行了通报，内容显示，以吕某为首的犯罪团伙从 2011 年开始就通过勾结河南省的多名高级官员，对河南新财富集团等公司以关联持股、操控银行高管等一系列的手段实现对禹州新民生等几家村镇银行的实际控制，并利用第三方互联网金融平台或其设立的公司等途径将银行业务通过自营平台开展，以吸引大批异地储户以年化利率 13% ~18% 储存资金等非法方式吸收公众资金，并向其推销金融产品，再另设宸钰信息技术有限公司为银行上述行为提供篡改原始业务数据、屏蔽瞒报设置阴阳系统等方式逃避央行监管，并以虚构贷款等方式向外非法转移资金。根据警方的通告，公安机关已抓获一批涉事犯罪嫌疑人，依法查封、扣押、冻结一批涉案资金、资产，但犯罪集团主犯、河南新财富集团实际控制人吕某已携款逃亡国外。[2]

6 月 20 日，4 家村镇银行发布公告，表示根据金融管理部门的规定，即日起通过线上的方式为各储户提供资金信息登记的服务，那些因线上交易系统关闭而无法正常办理业务的客户均可以进行登记。[3] 却并未明确表示赔偿储户的存款损失，有银行认为部分储户在账台上的资金是金融投资而非储蓄存款，这激起了诸多储户的不满情绪。河南银保监局、河南省地方金融监管局分别于 7 月 15 日、25 日两次发布公告，表示先对 4 家村镇银行账外业务客户本金单家机构单人 15 万元以下的存款进行垫付。虽然这两次的垫付行为能够为部分储户提供资金支持，但是毕竟不能够覆盖到全部的储户，尤其是本金数额在 10 万元以上的储户尚未得到完全妥善有效的处置。[4]

在此次河南村镇银行事件中，存在以下问题：一是违反“取款自由”与“为储户保密”原则。省市级疫情防控指挥部门利用健康码红码阻拦维权者赶赴河南、限制维权者在当地的

---

〔1〕 参见石青川、张宇轩：《河南健康码变色之警示丨社区：签下“保证书”才能转绿码》，载《中国经济周刊》2022 年第 12 期。

〔2〕 参见宋戈、肖世清：《河南村镇银行取款难案一批嫌犯落网》，载《每日经济新闻》2022 年 6 月 20 日。

〔3〕 参见张寿林：《河南 4 家“取款难”村镇银行已开展线上客户资金信息登记》，载《每日经济新闻》2022 年 6 月 22 日。

〔4〕 参见张宇轩：《追踪河南村镇银行事件：储户焦急等待分批垫付意欲起诉平台及银行》，载《中国经济周刊》2022 年第 14 期。

取款活动，违反了“取款自由”的法律规定。地方政府频频借抗疫之名肆意查看储户信息并对此实施“赋红码”式的查封冻结，村镇银行非但不加以拒绝，反而积极予以配合，擅自将客户的金融数据提供给疫情防控办，严重侵害了储户的取款权利，并违反了其法定保密义务。二是非法开展异地揽储活动。根据村镇银行的市场定位，其业务范围一般仅限于当地，信贷投放应满足本地农村经济发展需要。[1]这几家村镇银行依然通过互联网开展非法异地揽储活动，造成异地储户的资金受损。[2]三是公司内部治理结构缺失。以吕某为首的犯罪团伙正是通过河南新财富集团等公司以各种方式持有银行的股份，使得高管权力丧失，实际控制这几家村镇银行，加上金融监管部门的外部监管不力，导致整个事件的发生。

事实上，我国村镇银行经营状况整体呈现下降趋势，而风险水平持续上升。2018 年、2019 年、2020 年全国村镇银行的资产总额分别为 1.51 万亿元、1.69 万亿元、1.94 万亿元，负债总额分别为 1.33 万亿元、1.51 万亿元、1.74 万亿元，资产负债率分别为 88.1%、89.3%、89.7%，村镇银行 2018～2020 年利润总额分别为 100.2 亿元、101 亿元和 76.9 亿元，三年平均增速为 -12%。[3]村镇银行的资产总额虽然呈上升状态，但负债率在不断增加，也说明其抵御风险的能力在逐年下降。中国人民银行金融稳定局发布的《2021 年四季度央行金融机构评级结果》显示，风险最高的金融机构主要集中在农合机构以及村镇银行，数量高达 186 家和 103 家，占所有高风险机构数量的 90% 以上。[4]《2022 年四季度央行金融机构评级结果》显示，截至 2022 年末，有 112 家村镇银行成为高风险机构，占村镇银行总数的 6.8%。[5]客观来讲，村镇银行的风险来源是多方面的，涉及村镇银行本身的定位、内部治理、业务经营以及监管体制等方面，若不及时应对，对村镇银行乃至整个金融业的安全与稳定都会产生较大的负面影响。

二、我国村镇银行风险产生的根源

村镇银行基于其服务三农职能的定位要求，主要设立在镇、县级别的区域，受到区域经

---

〔1〕《中国银保监会办公厅关于进一步规范商业银行互联网贷款业务的通知》（银保监办发〔2021〕24 号）第 5 条规定，地方法人银行开展互联网贷款业务的，应服务于当地客户，不得跨注册地辖区开展互联网贷款业务，严控跨地域经营。中国人民银行《2021 第四季度中国货币政策执行报告》中明确提出，严禁任何地方法人银行通过非自营平台开展异地揽存业务，并纳入 MPA 考核，即所谓“异地存款禁令”。

〔2〕这几家村镇银行的储户来自湖北、广东、山东、安徽等不同省份，存款额度几万元、几十万元、上百万元不等。储户通过度小满、京东金融、小米金融等不同第三方平台接触、了解、选择了河南村镇银行储蓄项目，并在这些产品下架之后接到银行电话的引导，再将资金再度转移至村镇银行微信小程序存储。

〔3〕参见中国银行业协会农村中小银行工作委员会：《全国农村中小银行机构行业发展报告（2022）》，中国金融出版社 2023 年版，第 128～129 页。

〔4〕参见中国人民银行金融稳定局《2021 年四季度央行金融机构评级结果》，载 https://www.gov.cn/xinwen/2022-03/26/content_5681610.htm，2023 年 8 月 23 日访问。

〔5〕参见中国人民银行金融稳定局《2022 年四季度央行金融机构评级结果》，载 http://www.pbc.gov.cn/jinrongwendingju/146766/146772/4979810/index.html，2023 年 8 月 23 日访问。

济发展水平的限制，欠缺优质客户和发展空间，发展规模较小，其营利性的实际需求与惠农性目标之间存在突出矛盾。在风险管理及内部治理机制方面亦存在明显不足，村镇银行的股东结构分散，中小股东的权利一定程度上被限制且大多数为个人股东。而且，注册资本相对较少，抗风险能力较其他商业银行来说更弱。为了应对村镇银行出现的风险问题，《关于加大改革创新力度加快农业现代化建设的若干意见》（2015）指出，通过扩大村镇银行的数量解决经营中的风险问题。银保监会《关于进一步推动村镇银行化解风险改革重组有关事项的通知》（2021）中明确要推进村镇银行改革重组，加快补充资本，为村镇银行风险处置提供解决方案。但上述措施并未从根本上改变村镇银行的发展困局，此次河南村镇银行事件再次凸显上述问题。

（一）实践错位

1. 服务对象偏离

我国现有政策法律文件对村镇银行的功能定位做了较为清晰的顶层设计，即设立村镇银行的初衷是为了支持“三农”，在经营区域上以农村地区为主，其主要的服务对象应当是农村、农业和农民（尤其是农村地区低收入家庭和务农人员）以及小微企业，是与其他金融机构开展错位竞争的农村金融机构。[1]然而，在实际发展过程中，为了解决生存问题并追求经济利益，村镇银行不愿深耕农村市场，都不同程度地存在急于扩张规模、高速发展、创造收益的现象，业务发展的重点逐渐脱离农村转向城镇或者经济相对发达的地区，并且也改变了服务对象，转向为大中型乡镇企业或一些主要商业银行提供服务，直接造成资金投向偏离“三农”。

在实践中，村镇银行通常与发起行之间的商业模式相同，在经营业务上也与其他农业银行或是邮政储蓄银行类似，未能突出村镇银行作为新型农村金融机构的差异化。作为微型金融机构的代表，村镇银行是我国金融体系的微循环，其优势主要体现在与大中型商业银行的差异性上。由于村镇银行的地域性特征，主要客户群、主要业务区域都集中在农村地区，在金融业务的设计上也应符合客户需求，和其他大型商业银行之间形成互补。但是部分村镇银行存在“放大不放小、放富不放贫”的问题，不但没有将业务范围集中在小额农贷业务上，

---

〔1〕 2006 年 12 月，银监会发布《关于调整放款农村地区银行业金融机构准入政策，更好支持社会主义新农村建设的若干意见》，村镇银行自此在我国正式发展起来，为了解决农村地区经济供给不足的问题，提出在湖北、四川、吉林等 6 个省（区）的农村地区先行设立村镇银行，以此作为试点。《村镇银行管理暂行规定》（2007）将村镇银行定位为“在农村地区设立的主要为当地‘三农’发展提供金融服务的银行业金融机构”。2009 年 7 月，在经历 3 年试点后银监会公布《新型农村金融机构 2009 年—2011 年总体工作安排》，提出未来 3 年内计划在全国设立 1294 家新型农村金融机构，其中村镇银行 1027 家。此后，村镇银行得到了迅速的发展，并成为农村金融体系中的重要金融机构。2010 ~2011 年，村镇银行进一步推进发展，银监会发布了《关于调整村镇银行组建核准有关事项的通知》（2011）重申了村镇银行应始终坚定市场定位，再次强调村镇银行在支持小微企业发展方面的重要地位。2014 年，银监会《关于进一步促进村镇银行健康发展的指导意见》提出，村镇银行应牢固树立“立足县域、服务社区、支农支小”的市场定位，制定支农支小发展战略，创新探索支农支小商业模式。

反而更加倾向于将业务方向聚焦在贷款金额较大、盈利较多的大中型企业上。利用本应服务于农村地区的信贷资源服务小农企业之外的贷款对象，这种经营模式严重偏离了村镇银行的设立目的。同时，村镇银行支农积极性不足，部分村镇银行成为主发起行异地扩张的一个途径，没有立足于服务“三农”，而是谋求“农转非”，成为农村金融市场的又一个“抽水机”。[1]

2. 市场定位错位

村镇银行自身的盈利性与惠农性之间的矛盾十分突出。《中国金融稳定报告》（2021）显示，农村合作组织的风险程度最大，其中农村合作组织有271个，乡镇合作组织有122个，占农村合作组织总数的93%。[2]也就是说，村镇银行的风险较为突出，如何解决生存问题成为经营者首要考虑的问题。村镇银行作为金融企业需要自负盈亏、自担风险，具有利润最大化的动因，但其市场定位对其经营发展产生了一定的限制。事实上，农业和农村经济由于受到自然条件和市场需求的影响较大，不具有较强的稳定性且收益偏低，而服务“三农”的市场定位与资本逐利之间存在冲突，在利益的驱使下很难心甘情愿地服务于“三农”，而是寻求新的市场和更大的利润空间。[3]

村镇银行的客户资源覆盖面窄且主要集中于经济不太发达的农村地区，导致存款来源有限，其盈利能力也同时受限。部分村镇银行会倾向于将其业务转向更为综合化的方向发展。从实际运营情况来看，村镇银行对定位于“农村社区商业银行”的独特性缺乏深刻认识，出现了与农村信用社、邮政储蓄、农业银行等农村传统金融机构经营模式、主要客户雷同的现象。[4]在农村政策性金融不到位的情况下，要求村镇银行承担主要支农任务，会导致村镇银行要么出现亏损，要么“脱农化”，退出农村金融市场，使正在进行的金融存量改革陷入“死胡同”，[5]不利于村镇银行的生存与发展。

3. 经营范围受限

《关于加强村镇银行票据业务监管的通知》（2012）提出，村镇银行作为社区银行，服务范围限于所在县域，不得跨区域经营，并且吸收的资金只能用于当地，不得投放异地贷款，不得以存放同业、转贴等方式流出。《村镇银行监管指引》（2017）规定村镇银行不得跨经营区域发放贷款和办理票据承兑与贴现。《商业银行互联网贷款管理暂行办法》（2020）、《中国银保监会办公厅关于进一步规范商业银行互联网贷款业务的通知》（2021）及《关于加强商业银行互联网贷款业务管理提升金融服务质效的通知》（2022）三个文件，明确要求

---

〔1〕 参见刘姣华、李长健：《村镇银行市场定位偏离：原因解析与政策矫正》，载《征信》2014年第10期。

〔2〕 参见中国人民银行《中国金融稳定报告（2021）》，2021年9月13日，载 http://www.pbc.gov.cn/goutongjiaoliu/113456/113469/4332768/index.html，2023年8月25日访问。

〔3〕 参见柴瑞娟：《村镇银行支农性制度构建研究》，载《西南政法大学学报》2009年第4期。

〔4〕 参见张郁：《美国社区银行经营模式对我国村镇银行发展的启示》，载《财会月刊》2014年第14期。

〔5〕 参见刘姣华、李长健：《村镇银行市场定位偏离：原因解析与政策矫正》，载《征信》2014年第10期。

严控跨地域经营，存量过渡至 2023 年 6 月末。虽然政策法规文件明令禁止跨区域经营，但 2023 年 1 ~7 月仍有 5 家村镇银行因违规跨区域放贷被处罚。〔1〕

正因为定位为区域性地方金融机构，业务范围限定在特定的城市、县城等地区，村镇银行的业务范围受到制约，很难形成规模效应，其融资、运营成本相对较高。〔2〕而且，村镇银行的客户群体主要是农民以及在农村地区的中小企业，本身存在资产不集中、流动性差、存款数量少的特点，难以产生大量的存贷业务需求。由于受到自然和历史等因素的制约，尽管改革开放以来农民的可支配收入在不断地提高，但与城市居民的收入相比，仍然存在较大差距，这也在一定程度上冲击了村镇银行的储蓄存款数量，弱化了村镇银行为当地经济提供服务的基本支撑。由于村镇银行在公信力和声望方面与中大型银行相差甚远，因此吸储能力较弱且存储资金的稳定性较差，存在较大的经营风险。

（二）监管制度不适配

随着农村经济的不断发展以及配套的金融业机构的出现与完善，我国对农村金融机构的监管也在不断演化和创新，从市场管理向市场监管不断变迁。尽管我国对农村金融机构的监管制度不断向纵深推进，但是村镇银行在风险监管、公司内部治理等方面问题频发。

现阶段对村镇银行的金融监管规则与商业银行基本雷同，但问题在于后者的监管理念是以城市金融为标准设计和制定的，与村镇银行的设立背景并不相符。对村镇银行的监管规则是在一般监管规则的基础上，结合对村镇银行的经营区域、服务对象以及业务内容进行了部分调整，但确与村镇银行本身的独特性无法适配。虽然监管部门在设计监管规则时已经做了一定调整，但仍无法适应村镇银行目前的发展业态。与商业银行不同，村镇银行是微型金融的代表，为了实现服务“三农”的目标，在经营区域和主要服务对象上受到限制，从而导致其在设计金融产品时存在差别，这些特点均决定了基于传统商业银行的监管规则无法直接适用村镇银行，在内控制度和监管规则方面应有别于传统商业银行。然而实践中村镇银行内部风险控制制度基本照搬于发起行，除在注册资本以及银行管理人员的准入上降低了要求，并将当地居民部分纳入股东范围等与商业银行不同外，在监管标准、方法以及监管工具上与商业银行类似，风险管理组织架构不健全，内控制度未发挥实质作用，部分监管规则与村镇银行的业务能力以及风险程度不匹配，超出了村镇银行的合规能力范围，并且在风险监管指标上亦无法真实反映风险状况和管理能力。

村镇银行控股股东滥用权力已经成为普遍问题，金融机构特殊的股权结构导致大股东的权力通常缺乏制衡，通过关联交易等方式降低金融机构资产质量、损害中小股东及客户的利

---

〔1〕 参见中国银行保险监督管理委员会官网，http://www.cbirc.gov.cn/cn/view/pages/index/index.html，2023 年 8 月 20 日访问。

〔2〕 参见马思齐：《我国村镇银行发展现状问题及对策》，载《南方农业》2021 年第 8 期。

益，甚至是掏空公司的行为屡见不鲜。[1]此次河南村镇银行事件出现取款难的重要原因在于银行和股东之间的关联交易管控不严，而数字金融更是加剧了金融机构的公司治理失灵，公司治理的失败往往成为风险积聚的导火索。[2]

在股权结构上，《村镇银行监管指引》明确规定了村镇银行的“主发起人制度”，即依照有关法律法规，发起设立或投资入股村镇银行、持股比例不低于最低标准且为村镇银行唯一或最大股东的银行业金融机构。[3]设立该制度的目的在于通过主发起行在经营管理上的成熟性为村镇银行的运营模式、内部结构、管理经验和风险治理提供可借鉴的经验和帮助，降低风险概率。但实际上主发起行制度不仅未能起到良好的指导和强化管理的作用，反而对村镇银行的经营活动产生了较大负面影响。[4]这种影响更多是以利用村镇银行的资本为目的，或是将其作为分支机构，或是在日常经营管理上干预过度，严重侵扰了村镇银行的独立性，为其经营风险埋下了隐患。

在组织架构上，村镇银行的董事长多由作为大股东的主发起人直接提名或决定，这导致村镇银行董事长或执行董事同时身兼行长，其内部裙带化现象异常突出，具体表现在发起行可以任意控制村镇银行的日常经营，通过股东权力限制村镇银行。部分村镇银行“三会一层”组织结构不健全，有意减免董事会尤其是监事会设置，或由董事会代行监事会监督职责，故意忽略村镇银行关联交易等违规行为，由股东大会、董事会、监事会和经济管理层组成的“三会一层”仅停留在形式层面，未能发挥其进行良好公司治理的实质作用。[5]申言之，主发起行垄断了村镇银行董事、监事及高级管理人员的地位，且事实上掌控了对村镇银行风险管理和经营运作等制度的选择和设计。

三、域外相关银行的风险治理机制比较

为小农经济提供金融服务的需求不仅存在于中国，同时也是世界性难题。美国社区银行、孟加拉格莱珉银行以及德国地方性银行，在微型金融和普惠金融领域都有了长足进步。虽然上述国家与我国在政治、经济文化等方面存在较大差别，但其风险治理的理念及路径能够为我国相关制度的完善提供解决思路。

---

〔1〕 See Luca Enriques, *Related Party Transactions: Policy Options and Real – World Challenges (With a Critique of the European Commission Proposal)*, European Business Organization Law Review, Vol. 16, No. 1 (2015), p. 18 –20.

〔2〕 参见焦明明、裴璇：《金融企业公司治理中管理会计应用探讨》，载《财政科学》2020 年第 12 期。

〔3〕 2010 年 4 月 20 日银监会发布了《关于加快发展新型农村金融机构有关事宜的通知》（银监发〔2010〕27 号）规定，“为推动新型农村金融机构发展，在实施机构间的有效风险隔离、设立严密‘防火墙’的基础上，允许资产管理公司发起设立村镇银行”。

〔4〕 参见柴瑞娟、马一：《村镇银行主发起银行制度存废之辩》，《经济法论丛》2014 年（总第 26 卷）。

〔5〕 参见管斌：《论我国村镇银行公司治理的制度变革》，《经济法论丛》2017 年第 1 期。

（一）美国社区银行

以 20 世纪 80 年代为“分水岭”，美国社区银行的发展经历了两个不同的阶段。20 世纪 80 年代以前，美国政府出台了《麦克法登法》《格拉斯—斯蒂格尔法》等与社区银行有关的法律法规，限制其在跨州范围内设立分支机构，并且对小额存款利率的上限以及经营业务范围作出了具体的规定，旨在让社区银行能够专注于本地客户和相关业务。20 世纪 80 年代后，美国对银行业的管制有所放松，社区银行能够跨州经营。众多跨州经营的社区银行在金融资源、信息资讯等方面无法与当地银行竞争，导致其出现大量倒闭和整合情形。为了应对这一问题，美国国会于 1977 年颁布《社区再投资法》（以下简称 CRA），法案中明确要求属于联邦保险体系内的所有银行机构，必须在其社区范围内提供信贷服务，并且要求必须将部分贷款给予中低收入人群（含向高收入者在贫穷地区置业提供的信贷支持），同时规定金融机构需积极地在社区范围内提供信贷服务并且保持一定的持续性。[1]立法者认为部分群体的信贷获取受到了限制，因此造成了城市的衰退，并抑制衰落社区的复苏，故该法的出台背景就是为了抑制城市衰落现象的持续性恶化。CRA 的实施，使社区银行在低收入社区的盈利也具有可能性。入住中低收入社区有利于其今后兼并收购，开发专门针对中低收入社区的新产品和服务，促使其增设专司该业务的部门。与大银行市场分析所依靠的财报数据等“硬信息”不同，美国社区银行是依靠人际关系所获取的“软信息”进行决策，更多是凭借与储户之间长期交往这一优势所形成的良好关系来发展业务。美国社区银行正是凭借自身优势实现了有效的差异竞争，与大型银行形成了良好的互补关系。

美国社区银行主要是通过“地理限制”和“业务限制”两个方面实现社区银行的市场定位。地理限制体现在银行管理层和治理层中，一定要让辖区居民，甚至是当地企业都能加入进来，这样才能让银行更快地与当地居民建立起一种相互信任的关系。[2]业务限制要求社区银行将核心业务范围放在居民储蓄和中小企业的小规模贷款服务上，与大银行形成错位竞争。尽管后来美国允许社区银行跨州设立分支机构，但自 1994 年之后的 10 年内，每所社区银行的分支机构仅从 3.2 家增至 5.5 家，远远低于其他银行的 123.5 个分行的平均值。减少分行数目为社区银行提供了更大的“区域控制”与“决策决定”空间，说明最初“地理限制”之后逐渐放松“跨区渗透”的做法是切实可行的。随着社区银行法律制度的不断完善，社区银行逐渐成为美国银行体系中的重要组成部分，具有机构规模小、立足当地等特点，形成了一个清晰的市场定位，即服务于本地和社区，将客户群体定位在中小企业以及个人客户或家庭，而大银行的客户则主要是大型公司，由此形成了一定的优势互补，在提高经营效率

---

〔1〕 参见柴瑞娟：《村镇银行支农性制度构建研究》，载《西南政法大学学报》2009 年第 4 期。

〔2〕 参见朱孟楠、赵茜、王宇光：《民营银行改革的路径选择：思路、对策与风险控制——以泉州地区为例》，载《东南学术》2014 年第 5 期。

的同时还降低了风险。[1]

（二）孟加拉格莱珉银行

作为世界上最贫穷国家之一的孟加拉国，孟加拉国银行家穆罕默德·尤努斯创立了格莱珉乡村银行，将孟加拉国的穷人作为其发放贷款的主体，即便如此也同样实现了盈利，让世界认识到穷人也能够使用贷款，并且具有偿还贷款的能力和信用。从格莱珉银行创立、变革到如今的发展，它从来没有偏离为穷人服务的使命，始终坚持自己的市场定位，实现了在扶贫目的同时其自身又可持续发展的目标，是践行金融普惠的典范。格莱珉银行在其市场定位上与以往的银行相比实现了创新，其作为公认的"扶贫银行"，从建立之初就秉持"穷人是值得信贷的"态度，并以此作为银行发展的核心观念。

格莱珉银行的发展模式包括"格莱珉一代"和"格莱珉二代"，从小组贷款转变为个人贷款。在坚守市场定位的同时，格莱珉银行还能够做到不墨守成规，不断创新服务理念、产品和手段，改进和完善自身规则与制度。小组模式房贷、多重固定期限、每周分期等额还款、中心会议、持续后续贷款等，是"格莱珉一代"模式的核心特征（金融持续服务穷人和自身的可持续发展）和服务手段的表现。2000 年此模式成功覆盖了 240 万贫困的借款人，还款率高达 98%。[2]

然而，1998 年孟加拉国经历了巨大的洪涝灾害，给格莱珉银行和数百万客户造成了沉重的打击。为了恢复银行业的经济发展，格莱珉银行对贫困成员的状况进行剖析，发现这些成员的收入波动较大，生活状况较易受影响，对差别化的金融服务、提供更多保护的需求更为突出。格莱珉银行对客户流失的原因进行了分析，如收入不固定，无法定时还款，因为资金较少而受到组内其他贷款人的歧视等。为了解决以上问题，设计出更符合穷人群体的金融产品，格莱珉银行决定对现有的规则和制度进行改进。2000 年开始实行制度改革并逐渐形成了"格莱珉二代"模式，新推出了"基本贷款"产品和"灵活贷款"措施，"小组贷款"变为"个人贷款"，并提出了新的会员储蓄规则，这种新型贷款模式更加灵活，更有利于为贫困客户提供便利。同时，根据贫困人口的实际需要，建立了退休金储蓄账户，为其提供更多保障。可以发现，格莱珉银行的金融产品始终坚持以穷人的需求为出发点，构建相适配的服务和规则。

目前，世界上已有 20 多个国家在效仿格莱珉银行的基础上，纷纷设立了自己的农村信用制度，这一制度为农民摆脱贫困开辟了融资途径。格莱珉银行之所以能够取得如此成就，正是因为从一开始其定位为"穷人银行"，它的宗旨就是为贫困人口服务，秉承着"当人们需要时，无论何时，都能有尊严地获得服务便利"的普惠金融理念。[3]

---

〔1〕 参见郭磊：《美国社区银行模式对中国村镇银行发展的启示》，载《世界农业》2013 年第 12 期。

〔2〕 参见杜晓山、张睿、王丹：《执着地服务穷人——格莱珉银行的普惠金融实践及对我国的启示——兼与〈格莱珉银行变形记："从普惠金融到普通金融"〉商榷》，载《南方金融》2017 年第 3 期。

〔3〕 参见柴瑞娟：《村镇银行法律制度研究》，武汉大学 2009 年博士学位论文。

（三）德国地方性银行

德国的银行业体系由三大银行组成，分别是一般商业银行、公共储蓄银行和成员合作银行（合作社）。德国合作银行是欧洲最大的合作银行体系，由三级银行组成，分别是中央合作银行、区域性合作银行以及地方合作银行。德国地方性储蓄银行和合作银行的发展历史分别长达 220 多年和 170 多年，在此期间经历过多场金融危机，地方性银行都成功存活下来，并且在经营绩效上的表现甚至超过了一般商业银行，是德国银行业尤其是小微金融、普惠金融中的支柱银行。〔1〕

德国储蓄银行是由地方政府自上而下发起设立的地方性银行，合作银行则与之相反，是由社会基层自下而上推出的银行机构。〔2〕虽然二者在设立方式上存在不同，但是在实现成功经营上具有相似之处。首先，两者始终坚持为小企业发展和社会公众提供金融服务的市场定位。德国储蓄银行法案规定了储蓄银行的公共义务，要求储蓄银行不能以财富水平的高低而在业务提供上做出区别对待，支持地区经济特别是中小企业的可持续发展。〔3〕其次，地方性银行对经营范围做出了限制，规定了“区域经营原则”。相较于竞争本身，德国更注重竞争秩序，〔4〕要求储蓄银行只能在各自区域内开展吸储、放贷等经营活动，同时经营活动也只能限制在本区域内，专注于本地客户和业务需求，以实现地区发展为目标，以避免银行业之间的过度、无序竞争，维护了金融体系的多样性和稳定性。

同样地，德国地方性银行也存在盈利性和市场定位之间的矛盾，其采取的解决方式，即不以追求利润最大化为目标，而坚持以标准的、正向的市场利率以及公平透明的条款和条件发放贷款，适用与借款人的支付能力相匹配的贷款利率。〔5〕德国地方性银行获得了持续成功的原因，在于其始终坚持经营与社会发展相结合的理念，而非单纯的追求盈利。地方性银行的成立目的就是帮助低收入群体，使其也能具有开展金融存储业务的能力，以当地的居民和中小企业作为主要服务对象，合作银行中的成员既是银行股东，也是银客户。除此之外，还设计了多层次的监管体系，将控制风险置于与创造利润同等重要的地位，上述两类银行既要接受监管当局的日常性监管，同时还受到行业协会、成员以及审计联合会的监督，为地方性银行的发展提供了全面有效的支持。同时，将风险管理纳入了银行的公司内部治理结构，赋予监事会相应的权力，负责重大公司事务的决策以及人员的选任，外加独立的风险管理部门

〔1〕参见田静怡：《德国普惠金融经验借鉴》，载《中国金融》2021 年第 11 期。

〔2〕参见朱太辉：《地方性银行发展普惠金融的德国启示》，载《中国外汇》2023 年第 14 期。

〔3〕参见董治、韩晓宇：《大而不倒的小银行——德国储蓄银行商业模式分析》，载《银行家》2019 年第 4 期。

〔4〕参见张晓朴：《中国金融改革如何借鉴德国经验》，载《财富时代》2021 年第 7 期。

〔5〕参见朱太辉：《地方性银行发展普惠金融的德国启示》，载《中国外汇》2023 年第 14 期。

对银行治理实施监管，大大降低了银行风险。[1]

上述美国社区银行、孟加拉格莱珉银行以及德国地方性银行的实践表明，农村金融难题并不是我国的独有现象。村镇银行作为一种特殊的商业组织形式，在经营范围、节约交易成本方面具有先天的优势。发展农村金融是整个金融业不可或缺的重要环节，广大农户和农村的中小企业存在强烈的融资需求，这为村镇银行的发展提供了坚实基础。域外相关区域性银行或社区银行，都面临着与大中型银行的竞争问题，而小银行在信息获取、服务对象等方面有自身优势。在市场定位上，美国社区银行、孟加拉格莱珉银行以及德国地方性银行都将客户群体集中于当地居民、中小企业和农场主或以穷人为发放贷款的对象，其设立初衷、投资来源以及运作模式都在一定程度上具有互助色彩。面对普惠性和盈利性之间的冲突，其都能始终坚持本地银行的市场定位，采取“求异型”的发展模式，在经营区域以及服务对象和金融产品的设计上与大银行之间形成互补之势，充分调动当地资源，并以此作为竞争优势满足当地金融需求，在发展自身经营业务的同时成功实现了商业化运作。

四、金融稳定视阈下村镇银行风险治理的优化路径

近年来，受疫情和国际国内形势等多方面因素的影响，我国实体产业受到一定冲击，也影响村镇银行的整体利润，经营情况明显逊色于城市及农村商业银行。为了实现村镇银行的可持续经营，最大限度地降低风险，可从市场定位、风险监管、内控制度三个方面入手进行风险治理。

（一）坚持支农支小市场定位

银行业具有高度专业化的特征，因此应将银行业的业务重点根据其专业领域的不同进行划分，以提高金融服务的效率。如前所述，美国社区银行以本地为中心，面向中小企业、家庭和个人，与大型银行以企业为主体，形成了互补性的优势。这样清晰的市场定位，可以帮助社区银行提高自身的服务品质，增强核心竞争力，持续改进现有的金融产品与服务。同样地，为了发挥我国村镇银行的人缘和地缘优势，可以尽可能地雇佣当群众作为银行的工作人员，充分了解客户需求，将乡土文化与银行内部的管理文化以及金融产品的具体设计等内容相结合，深入挖掘本地市场。这里，可以利用与当地农民和小企业之间密切的人际关系收集客户的金融业务需求，分析农村市场的实际需要，在金融产品的设计上紧贴地方特色，比如为村镇银行服务区域内的农民制定养老计划、资金管理服务，根据当地中小企业的经营情况和业务范围确定资金的具体需求和使用周期。换言之，村镇银行只有坚持自己的市场定位，

---

〔1〕 参见蒋伟:《风险管理是商业银行永恒的主题——德国银行业风险管理的特点与启示》，载《中国城市金融》2019 年第 12 期。

发挥其作为社区微型银行的优势，才能有效避免与中大型商业银行之间的正面竞争，形成业务互补。[1]同时，还可以利用村镇银行与农户和中小企业之间联系近、人脉广等优势广泛开展贷款业务，通过近距离、长期接触等渠道获得客户的贷款需求等“软信息”，利用农村金融空心化和中小企业融资难的市场空间发展贷款业务。

2021 年，中国人民银行和银保监会发布《金融机构服务乡村振兴考核评估办法》，对于评估对象、参考指标、具体程序以及结果和运用等内容作出了具体规定，明确了对新型农业经济主体和小农户提供金融支持。这里，建议在评估时也将村镇银行作为考核对象，依据评估结果对村镇银行采取相应的监管及激励措施，切实发挥村镇银行在支持农业发展方面的作用。

（二）完善风险监管机制

村镇银行监管制度的完善，其核心是制定出适配的监管规则。[2]村镇银行也属于商业银行，因此其监管制度首先需要满足银行审慎监管总体框架的要求，通过设立具体的监管规则为村镇银行建立起有效的公司治理结构以及内部控制制度、信贷技术和风险管理机制。与此同时，还需要结合村镇银行的特殊性，如资产规模小、客户群体和经营区域受限、产品服务竞争性低等，对其施以差异化的监管措施，通过一定的规则设计引导和鼓励村镇银行将业务范围专注在农村地区，保障其经营的可持续性。同时，还要防止监管过度问题，为村镇银行预留一定的发展空间。

如前所述，虽然美国将社区银行这类微型金融机构纳入了统一审慎监管框架，但是有针对性地对监管政策和标准进行调整，充分体现了分类监管和差异监管的原则。[3]鉴于社区银行的规模较小、产生系统金融风险概率较低的特点，美国在监管制度上做出了一些调整，简化其整体资本制度，不要求社区银行执行以《巴塞尔协议Ⅲ》为标准的基于风险的资本制度。[4]这里，根据不同银行特点采用针对性资本规则，更能及时、准确地反映其客观的风险状况，提高社区银行的金融服务能力。

这里，将村镇银行监管框架纳入现有的监管框架的同时，建议制定类别化的监管方案，更为合理地配置现有监管资源。既要强化村镇银行的风险识别和评估，还需要有配套的符合村镇银行风险等级的监管程序和监管要求，由此构建一个合理且有效的村镇银行监管框架。

---

〔1〕 参见孙同全、董翀：《村镇银行之社区微银行特性与市场定位》，载《学术界》2017 年第 9 期。

〔2〕 2023 年 3 月，根据国务院机构改革要求，在银保监会的基础上组建国家金融监督管理总局，统一负责除证券业之外的金融业监管，人民银行金融控股公司等金融集团的日常监管职责、有关金融消费者保护职责，即由国家金融监督管理总局负责对村镇银行实施监督管理。

〔3〕 在美国社区银行中，有一部分金融机构（不到 1%）分别被财政部和联邦存款保险公司指定为社区发展金融机构（CDFIs）和少数民族储蓄机构（MDIs），通过与社区银行相同的业务模式运作，由于被指定为社区发展金融机构和少数民族储蓄机构，通常被认为是银行业的一个特殊部门，在贫困的城乡低收入和中等收入地区作为仅有的信贷和金融服务来源。参见许凌艳：《金融法基本理论研究》，上海财经大学出版社 2018 年版，第 141 ~142 页。

〔4〕 参见许凌艳：《金融法基本理论研究》，上海财经大学出版社 2018 年版，第 169 ~170 页。

（三）优化内部公司治理制度

我国《金融稳定法（草案）》体现出重视公司治理之于金融稳定的独特价值，第11条要求金融机构“加强公司治理和内控机制建设，防范大股东操纵和内部人控制”，第12条、第13条则对股东和实际控制人的准入门槛、禁止行为作出了规定。

村镇银行应考虑主发起行制度的特殊性，在股权结构上采取适度集中的模式，不能使股权过度集中，同时也要避免因股权过于分散而降低股东参与公司治理的积极性。在选择主发起行时应当从管理经营、风险防范能力、支农意愿等方面综合考虑，选择最优银行业金融机构作为主发起行，积极发挥其作为大股东应当履行的职责，帮助村镇银行完善内部治理结构。同时，为了防止出现主发起行滥用控制权问题，应保障村镇银行自主开展业务的权利。针对公司治理的现实困境，有学者从修订《公司法》的角度出发，认为应当于公司法层面构建监管权的基本规则，或是为监管权的分配留出制度设计、执行的空间。[1]实践中，“三会一层”等已有形式化规范不断被打破，由“规范的治理”转向“有效的治理”转变。[2]具体而言，为了限制股东滥用权力，应在村镇银行内部构造合理的权力结构，即股东、董事会、监事会之间形成有效的制衡机制。在内部组织形式上，村镇银行由于规模较小且银行股东主要是发起行或是当地投资者，治理结构简单集中，通常作为银行控股公司的唯一成员银行或直接以独立银行的方式存在。这里，可采用扁平式的内部治理结构，以简化管理层级结构、提高经营效率。[3]为了更多听取当地客户群体（主要是农民、农户和小农企业）的意见，可以设立独立咨询部门，以了解客户的存贷需求，因地制宜地提供个性化金融服务。[4]此外，应完善内部监督机制，在村镇银行内部设置专职审计岗位，与主发起行的内审部门相互独立，充分发挥内部审计的有效性，及时发现经营管理中存在的风险。

---

〔1〕 参见冯果、贾海东：《论金融稳定取向下的公司监督权配置改革——以公司法和金融稳定法的联动修改为视角》，载《中国政法大学学报》2022年第5期。

〔2〕 参见季奎明：《中国式公司内部监督机制的重构》，载《西南民族大学学报（人文社会科学版）》2020年第4期。

〔3〕 参见郭磊：《美国社区银行模式对中国村镇银行发展的启示》，载《世界农业》2013年第12期。

〔4〕 参见陆智强：《村镇银行可持续发展的内部治理结构研究》，载《农村经济》2012年第6期。

德国联邦与州金融权限的划分

孟　飞*

对于经济大国而言，如何处理中央与地方的金融权限划分问题成为影响经济增长和社会发展的关键性问题，这对于单一制和联邦制国家均是如此。我国《国民经济和社会发展十二五规划纲要》首次提出“完善地方政府金融管理体制，强化地方政府对地方中小金融机构的风险处置责任”。《国民经济和社会发展十三五规划纲要》再次提出：“完善中央与地方金融管理体制。”2017年第五次全国金融工作会议明确提出“地方政府要在坚持金融管理主要是中央事权的前提下，按照中央统一规则，强化属地风险处置责任”。我国地方金融监管体系和地方金融立法在近年来取得了快速的发展。全国31个省级政府均在2018年的政府管理体制改革过程中设立了地方金融监管局（加挂金融服务办公室或者金融工作局的牌子），山东、河北、四川、天津等近20个省级人大常委会颁布了地方金融条例或者地方金融监督管理条例。在2023年3月中共中央、国务院发布的《党和国家机构改革方案》对金融监管体制改革进行了较大的优化调整，组建国家金融监督管理总局和深化地方金融监管体制改革成为国务院机构改革的重要内容。因此，划分中央和地方金融监管权限的边界成为理论和实践亟须深入探讨的重要议题。

面对快速发展的法律实践，理论界对中央与地方金融权限划分的研究却略显滞后，尤其是对立法权限和行政权限的划分存在模糊认识，即便是在比较法研究上也是以美国双重银行（dual banking）监管立法为重点。值得注意的是，德国金

* 孟飞，上海政法学院上海司法研究所教授。

融监管法制不同于美国。[1]德国联邦与州金融权限的划分是依法进行的。《联邦基本法》对金融事项作出了概括性规定，各州宪法也对金融事项作出了更为具体的规定，形成了具有一定特征的金融宪法。联邦银行和保险立法根据金融机构的公法性和私法性对其监管主体作出了进一步的划分，联邦证券立法则确定了州政府对证券交易所的监管权限。[2]德国联邦与州金融权限划分的显著特点是，对同一的金融机构和证券市场，联邦和州均享有特定范围的立法权限和行政权限。具体而言，各州政府确定的监管机关享有对证券交易所、储蓄银行和公共保险公司（本州经营）的行政监管权，各州也具有相应的立法权。德国联邦金融监管局（BaFin）对金融机构和金融市场实施统一监管。因此，在比较法意义上，德国联邦与州之间金融权限划分的标准及其法制安排更具有借鉴意义。[3]

一、联邦与州权限划分之对象：金融事项的法律界定

对于联邦与州金融权限划分问题的探讨，首先是金融事项的法律界定。尽管金融对国民经济和社会生活的重要性已被各界广泛认可，但对金融事项作出一个精确的法律界定是非常困难的。究其根源，金融及金融事项在经济和法律理论上的理解并不一致。

（一）金融的内涵

经济理论界普遍接受的金融概念是由美国经济学家罗伯特·C. 默顿（Robert Merton）教授提出的金融功能观，即金融是跨时间、跨空间的价值交换或者资源配置的有效方式。金融决策区别于其他经济资源配置决策的两项特征是：其一，金融决策的成本和收益是跨期分摊的；其二，无论是决策者还是其他人，通常都无法预先确知金融决策的成本和收益。[4]换言之，时间和风险是金融决策的两项基本要素。[5]而从立法文本来看，德国《联邦基本法》和各州宪法并没有对金融的含义作出界定，仅规定了金融的种类。联邦金融立法对其调整对象的范围作出了界定，并不是所有经济理论上的金融行为都可以作为金融立法的调整对象。

《联邦基本法》第73条和第74条所规定的金融事项包括“货币的发行与调控、度量衡的制定”“银行、股票交易和私人保险”。第73条界定的金融事项，实质上是指中央银行货币政策意义上的货币。第74条所界定的金融事项指的是金融体系的基本结构，即包括银行、

---

〔1〕 有关德国金融监管体制及其法制的发展历程，参见汤柳：《德国金融监管体系及其改革发展》，载李扬、胡滨主编：《金融危机背景下的全球金融监管改革》，社会科学文献出版社2010年版，第104～118页。

〔2〕 参见主力军：《欧盟与德国资本市场法研究》，上海社会科学院出版社2018年版，第236～248页。

〔3〕 本文有关德国《联邦基本法》的条文引自朱福惠、邵自红主编：《世界各国宪法文本汇编（欧洲卷）》，厦门大学出版社2013年版。有关证券法律的条文引自中国证券监督管理委员会编译：《德国证券法律汇编（中德文对照版）》，法律出版社2016年版。有关州宪法的条文引自祝捷等译：《德国州宪全译》，人民出版社2015年版。

〔4〕 参见［美］兹维·博迪、罗伯特·C. 默顿、戴维·L. 克利顿：《金融学》（第2版），曹辉、曹音译，中国人民大学出版社2018年版，第3页。

〔5〕 参见宋逢明：《金融经济学导论》，高等教育出版社2006年版，第1～9页。

股票和保险。但是,《联邦基本法》对银行、股票和保险的具体含义没有作出界定，这意味着银行、股票和保险作为宪法上的抽象法律条款，还需要在专项金融立法中给予确定。

各州宪法并没有对金融的范围作出界定，部分州宪法仅对金融的目标及其社会价值作出了规定。《巴伐利亚自由州宪法》第 157 条在界定货币和贷款活动的性质时明确规定：“（1）资本的形成不是资本的目的，而是发展国民经济的媒介。（2）货币和贷款活动有利于价值的获得以及满足所有公民的需求。”对于前一项（1）而言，金融机构和金融市场所体现出的资本形成功能仅仅是一种工具而非最终的目的。其最终的目的，正如《巴伐利亚自由州宪法》在同章的第 151 条所言：“整个经济活动有利于人民福祉，特别是保障人类有尊严地存在以及人民各阶层的休养。”对于后一项（2）来说，金融体系应当体现普惠性，所有不同阶层的消费者都有平等的机会和权利获得相应的金融产品和服务。从制度保障的角度来看，国家承担着特别任务，即满足社会公众对基本金融服务的需求。

《联邦银行法》第 1 条规定的银行是一个较为宽泛的定义，包括信贷机构和金融服务机构两种基本类型，前者可以从事储蓄、信贷、贴现、主要的经纪业务、保管、投资基金、担保、自动转账、有价证券承销、预付卡、网络货币等业务，而后者可以从事投资经纪、契约经纪、投资管理、自有账户交易、非欧洲经济区的储蓄经纪、汇款与外汇交易等业务。[1]从银行机构的出资者和市场功能来看，银行体系主要是由私人投资者组建的商业银行、乡镇或者乡镇联合体设立的储蓄银行，以及消费者作为社员的合作银行，它们共同构成德国银行体系的三大支柱。[2]

联邦《保险监督管理法》确定的保险企业分为两种：私人保险公司和公共保险公司。这主要是根据投资者的类型不同作出的界定。私人保险公司和公共保险划分的意义在于，私人保险公司可以在全国范围内提供保险服务，但公共保险公司进一步根据经营区域划分为全国性和本州内经营两种，并确定后者的监管机构为所在州政府监管机关。

在联邦证券立法中，《有价证券交易法》第 2 条对有价证券的含义进行了界定，但是比较宽泛的，即指除了支付工具之外，各州依据形式可在金融市场上交易的可转让有价证券，即使没有对其签发单证。

综合来看，联邦和州立法机关并没有对金融作出一个统一的法律界定，而是采取了一种较为灵活的立法策略，即联邦和州宪法对基础性的金融事项作出规定，而具体的含义则是由专项金融立法确定的。即便如此，专项金融立法中的金融含义也是一个开放性的概念。从这一方面来看，经济理论中的金融决策与立法文本中金融事项的含义是不同的，前者更侧重于金融产品的定价机制，而法律中的金融事项则是根据金融产品的财产属性和合同属性界定，并不是所有的经济理论上的金融决策都能够转换为法律上的金融服务。

---

〔1〕 参见陈丽娟：《从金融风暴看德国金融机构之监督与管理》，载《东海大学法学研究》2010 年第 32 期。

〔2〕 参见孟飞：《合作金融组织社员权利保护研究》，法律出版社 2014 年版，第 34 ~37 页。

（二）金融事项的范围

综合宪法和金融立法来看，金融事项主要分为三类：其一，货币政策意义上的金融事项，即欧盟和德意志联邦银行有权行使的货币政策制定和执行的权限。德意志联邦银行根据《联邦基本法》第 88 条被定性为中央银行，具有一定的宪法独立性。德意志联邦银行是一个特别的经济行政机关，其职能是进行经济调控、经济监督并且处理货币问题。[1]但是，自货币、金钱、铸币的核心主权让渡给欧共体后，《联邦基本法》第 73 条第 4 项仅具有欧盟指令在国内转化措施中的权限划分功能。[2]根据《欧洲中央银行体系/欧洲中央银行章程》第 12 条第 1 款、第 14 条第 3 款的规定，德意志联邦银行在具体事务上接受欧洲央行的指导。

其二，监督管理意义上的金融事项，即联邦金融监管局（BaFin）和州监管机关根据相关组织法和专项金融法行使公权力而对监管对象实施的监督管理。德意志联邦银行有权参与联邦金融监管局的银行业监管工作，这在《联邦信用制度法》第 7 条第 1 款第 1 句得到了明确的规定。[3]金融机构与一般企业的不同之处在于，要接受法律监管，这是对营业自由的一种法律限制。《联邦基本法》和各州宪法确定了营业自由的基本经济权利，但对金融机构规定了特别的产业监管制度。例如，《莱茵兰—普法尔茨州宪法》第 62 条对金融监管的要求及其目的作出了界定："银行、保险机构和其他金融机构受国家监督。国家集其经济力量采取措施以调控金融投资，确保实现国民经济预期的目的。"《萨尔州宪法》第 53 条对金融机构与保险公司的监督、国民资产的投资作出了界定："国家对银行、其他金融机构以及保险公司的监督由法律给予规定。国家必须在经济团体势力参与的条件下采取保障在宏观经济下提供的国民资产投资的措施。"《黑森州宪法》第 41 条在对社会化企业进行规定时指出，大型银行和保险企业由国家监督或者管理。州宪法确定金融监管条款的意义在于，为金融机构和证券市场的行业法上的限制提供宪法依据。对于金融行业而言，立法机关仅是允许特定的企业主体进入，并把其他企业主体排除在金融行业之外。

其三，普遍服务意义上的金融事项，即由乡镇或者乡镇联合体设立的储蓄银行（Sparkasse），作为公法组织的形式为本地区的中小企业和居民提供金融服务。尽管储蓄银行根据《联邦银行法》接受联邦金融监管局的监管，但其设立及经营的法律依据主要是州法。前民主德国于 1962 年颁布了《储蓄银行法》，但在德国统一后，该法作为州法继续有效，后来所有的新联邦州都制定了自己的储蓄银行法。[4]储蓄银行的定位是为经济弱势群体提供便

---

〔1〕 参见［德］罗尔夫·施托贝尔：《经济宪法与经济行政法》，谢立斌译，商务印书馆 2008 年版，第 354 页。

〔2〕 参见［德］弗里茨·里特纳、迈因哈德·德雷埃尔：《欧洲与德国经济法》，张学哲译，法律出版社 2016 年版，第 212 页。

〔3〕 参见［德］弗里茨·里特纳、迈因哈德·德雷埃尔：《欧洲与德国经济法》，张学哲译，法律出版社 2016 年版，第 235 页。

〔4〕 联邦储蓄银行立法包括《建筑储蓄银行法》。参见［德］汉斯·J. 沃尔夫、奥托·巴霍夫、罗尔夫·施托贝尔：《行政法》（第三卷），高家伟译，商务印书馆 2007 年版，第 282 页。

利化的金融服务。正如《巴登—符腾堡州储蓄银行法》第 6 条第 1 款所宣称的："储蓄银行是独立的经济企业，地方对其负有保证义务，其任务是在市场和竞争要求的基础上首先在其业务地区内加强竞争，为该地区所有居民、产业，尤其是中小型企业，以及公权力部门提供适当和充足的金融和信贷服务，并以此支持乡镇机关履行其经济、地方政治、社会保障和文化领域的公共任务。储蓄银行促进广大民众的储蓄意识、财产创造和青年的经济教育。"〔1〕公共保险公司承担的职责与储蓄银行类似。

金融的法律界定及金融事项类型化的意义在于，联邦和州根据金融的性质和金融事项的类型，采取不同的法律标准作出权限上的划分。货币政策和监督管理事项具有高权属性，具有秩序行政的特征，而普惠服务事项则属于给付行为。德国对这两种行为类型采取的权限划分方法是不一致的。秩序行政的权限倾向于联邦，而给付行政的权限则倾向于地方。金融事项的划分也体现了这方面的特点，但还需要根据专项金融立法作出更为具体化的分析。

二、联邦与州金融权限的划分及边界

德国联邦与州的各自金融权限在《联邦基本法》中得到了明确的界定，但《银行业法》《保险监督管理法》《交易所法》对金融权限划分作出了进一步的规定。应当注意的是，联邦与州权限划分指的是团体权限，即立法权和行政执法权，因此，对金融权限划分的分析应当结合立法权和行政执法权综合考量。

（一）立法权限划分

《联邦基本法》第 70～75 条对联邦和州之间的立法权限划分提供了两种模式：联邦专属立法权、共同立法权。原《联邦基本法》第 75 条规定的框架性立法权在 2006 年后被废止。《联邦基本法》未授予联邦的立法权限则归属于各州，即州享有剩余立法权。

1. 货币政策事项

在《联邦基本法》第 73 条第 4 项确定的联邦专属立法权限中，金融事项为"货币的发行与调控、度量衡的制定"。换言之，只有联邦立法机关才可制定有关基本货币制度的权限。在实践中，联邦立法机关制定了《联邦银行法》（Bundesbankgesetz，BBankG），作为联邦中央银行的基本法。

2. 金融监管事项

《联邦基本法》第 74 条界定了联邦和州的共同立法事项，其中之一是"银行、股票交易和私人保险"。共同立法权意味着，只要联邦未制定法律、不行使立法权时，各州即有权立

〔1〕［德］弗里茨 · 里特纳、迈因哈德 · 德雷埃尔：《欧洲与德国经济法》，张学哲译，法律出版社 2016 年版，第 446 页。

法。共同立法权体现了联邦对于州的优位性：联邦在某些事项上有着先于州立法的权限。

对于共同立法权限范围的金融事项，联邦并不能无条件地启动优位于州的立法权限。《联邦基本法》第72条第2款对联邦立法权进行了限制，即联邦当且仅当满足为全联邦创造同等条件的生活，或者维护法制统一或者经济统一时，方可行使立法权。

然而，《联邦基本法》确定了银行、股票交易、私人保险属于联邦和州共同立法事项，但没有对这些事项属于金融监管事项，还是普遍服务事项作出进一步的规定。在法律实践中，联邦立法机关均制定了银行、证券市场、保险业方面的立法，但州立法机关亦对储蓄银行制定了州法。换言之，储蓄银行存在着联邦法和州法并存的模式，但其立法内容是不同的。

在银行业立法方面，德国法制上第一部《银行法》于1934年生效实施，但现代银行立法起始于1961年《银行法》（Kreditwesengesetz，KWG），该部立法经过多次修改后沿用至今，其在对金融监管权限以及联邦银行的角色上几乎未有变动。[1]而德国银行立法体制则具有鲜明的个性特征，这是由其银行体系所决定的。从银行的所有权结构来看，德国银行的基本类型包括商业银行、合作银行和储蓄银行，《联邦银行法》调整的对象涵盖所有的银行类型，构成银行体系的基本法律框架。其中，商业银行和合作银行属于私法组织，而储蓄银行则属于公法组织。商业银行作为商人，但不得采取一人商人的法律形式，在组织结构上遵守《股份法》等公司立法规定。但是，合作银行在本质上属于金融领域中的合作社，按照《联邦合作社法》规定建立公司治理结构，成为合作银行的重要法律依据之一。德国《合作社法》第17条明确规定："合作社是《商法典》意义上的商人。"储蓄银行主要是由乡镇或者乡镇共同体设立的公法组织，各州立法机关均制定了储蓄银行法，州储蓄银行法成为储蓄银行的基本法律依据。

在保险业立法方面，联邦立法机关制定了《保险监督管理法》，确定由联邦政府和州政府共同承担监督管理职责。

在证券市场立法方面，联邦立法机关制定了《有价证券交易法》《交易所法》《有价证券保管与购买法》《有价证券收购法》《有价证券招股说明书法》《有价证券销售说明书法》《存款保护和投资人赔偿法》等，这7部联邦立法构成了德国证券市场的基本制度框架。

3. 普遍服务事项

比较特殊的是，储蓄银行主要是作为州法上的公法组织经营的，只有少数根据旧法设立的"自由储蓄银行"以前是州法上的私法机构，现在基本上采取了股份公司的形式。[2]具体

---

〔1〕参见胡博砚：《论德国联邦银行与联邦金融监理署在银行监理业务上的权限分配》，载《财经法学》2009年第2期。

〔2〕参见［德］弗里茨·里特纳、迈因哈德·德雷埃尔：《欧洲与德国经济法》，张学哲译，法律出版社2016年版，第355页。

而言，储蓄银行是依据州法而成立的，但其投资者主要是乡镇、乡镇联合体、目的联合体等地方自治团体，属于可供社会公众以公开方式使用的具有法律能力的公法设施。地方自治团体成为储蓄银行的负担义务主体和担保责任主体。在德国行政组织法中，设施主体通常负责制定设施的业务和经营计划，还负责设施的财政资金来源，另外还要对公法设施的债权人承担连带责任。乡镇或者乡镇联合体是所属储蓄银行的赔偿责任主体，承担的赔偿责任虽然是从属性的，但是无限的，因此被称为“担保主体责任”。〔1〕在储蓄银行为提供金融服务、参与市场集中的过程中发生的确是私法关系。因此，储蓄银行的法律地位存在争议，表现为既是公法设施，也是从事私法活动的信用机构、自主竞争的企业，还是地方自治的组成部分。〔2〕

然而，储蓄银行作为公法组织在提供金融服务时遵循商业化原则，出现了所谓的私有化，在与商业银行的竞争中提高其效率。〔3〕但是，在德国行政法学理论中，私有化是一个宽泛的概念，具体包括形式私有化和实质私有化。前者亦称为组织私有化，即仅通过私法的方式完成任务，此时发生改变的仅仅是组织形式，行政任务并没有发生改变。实质私有化恰恰相反，行政任务被转移至私人部门和市场，包括向私人转让全部公司股份，在私有化后不再对行政任务负责。因此，实质私有化又被称为任务私有化，行政任务从国家交还给社会。〔4〕但是，储蓄银行的私有化多是形式私有化，其承担的行政任务并没有消除。

对于德国储蓄银行而言，取消对其补贴也可能产生私有化。根据《欧洲共同体条约》第 87 条之下的禁止补贴规定，国家的资金措施不得具有使公共企业在市场竞争中获得特权的补贴性质，否则应当取消有关的补贴。部分储蓄银行免除设施负担和担保主体责任后进行了私有化。〔5〕

但是，私有化并没有消除储蓄银行承担的行政任务，只是其经营方式更为商业化和市场化，以适应在金融市场上与商业银行展开竞争。储蓄银行从事银行业务，其首要服务对象是经济上较弱的群体，执行地方政府的政策，推动整体国民经济的发展。〔6〕储蓄银行的市场竞争优势在于其区域经营原则，即在所属行政区域内开展业务，已经与所在区域的中小企业建立了长期的关系型金融关系。在 20 世纪 80 年代，大型商业银行为了争取中小企业客户与储蓄银行、合作银行展开了激烈的市场竞争。但是，大型商业银行的市场策略没有取得成功，

---

〔1〕 参见［德］汉斯 · J. 沃尔夫、奥托 · 巴霍夫、罗尔夫 · 施托贝尔：《行政法》（第三卷），高家伟译，商务印书馆 2007 年版，第 239 页。

〔2〕 参见［德］汉斯 · J. 沃尔夫、奥托 · 巴霍夫、罗尔夫 · 施托贝尔：《行政法》（第三卷），高家伟译，商务印书馆 2007 年版，第 286 页。

〔3〕 参见冯兴元：《德国地方储蓄银行的运作经验——如何规范政府与国有银行的关系》，载《德国研究》2001 年第 1 期。

〔4〕 参见［德］乌茨 · 施利斯基：《经济公法》，喻文光译，法律出版社 2006 年版，第 128 ~130 页。

〔5〕 参见［德］汉斯 · J. 沃尔夫、奥托 · 巴霍夫、罗尔夫 · 施托贝尔：《行政法》（第三卷），高家伟译，商务印书馆 2007 年版，第 465 页。

〔6〕 参见［德］汉斯 · J. 沃尔夫、奥托 · 巴霍夫、罗尔夫 · 施托贝尔：《行政法》（第三卷），高家伟译，商务印书馆 2007 年版，第 285 页。

根源在于大型商业银行与客户之间的非关系型金融关系很难适用于中小企业客户群体。最后，大型商业银行转向国际化经营战略，在获利颇丰的国际投资银行业务中占有一定的份额。〔1〕在20世纪80年代，储蓄银行在数量上保持稳定，总资产规模却在持续增加。即便是德国各州根据欧盟委员会取消财政补贴的要求修改州储蓄银行法，自2005年7月19日起实施后，储蓄银行总资产规模也没有减少，受到财政补贴取消的影响是非常微弱的。〔2〕

从德国储蓄银行的法律定位可以看出，在联邦与州事权划分方面，联邦承担的公共任务大多具有监督性质，是对营业自由的限制或者剥夺。而地方主要承担给付行政任务，为所辖区域内的居民提供生存照顾。作为地方的乡镇或者乡镇联合体出资组建的储蓄银行正是其承担给付行政任务的方式之一。但对储蓄银行的监管权限则是由联邦金融监管局行使，而储蓄银行的立法权限则是由联邦和州共同行使，这在一定程度上消解了普遍服务和监督管理由同一机关行使可能带来的利益冲突问题。

（二）行政权限划分

德国在联邦与各州之间的行政权限的划分方式与美国不同。美国联邦和各州立法的行政执行机关分别是联邦行政机关和州行政机关，但德国联邦立法通常是由各州政府执行，这是一种常规操作。〔3〕但是，金融行政执法在制度演进中，联邦政府的执法权限不断地得到加强，各州对证券交易所、公共保险公司（各州范围）和储蓄银行享有特定范围的监管权限（见图1）。

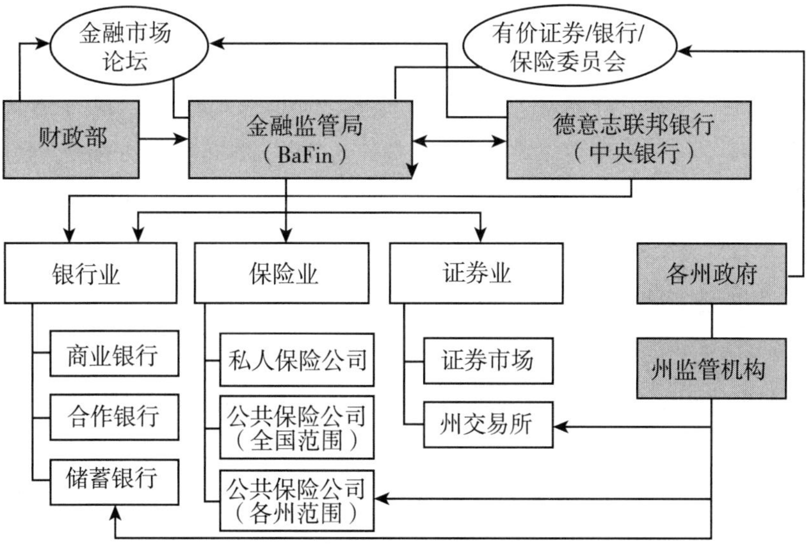

图1　德国金融监管体制示意

---

〔1〕 See D. Detzer et al., *The German Financial System and the Financial and Economic Crisis*, Springer International Publishing AG, 2017, p. 98 – 99.

〔2〕 数据来源：万得资讯。

〔3〕 参见张千帆：《法国与德国宪政》，法律出版社2011年版，第191页。

1. 联邦金融监管局的执法权限

在 1962 年之前，各州政府自行实施银行监管任务。自 1961 年通过《联邦银行法》之后，联邦政府建立了统一的监管机构，在联邦财政部下设联邦金融监管局（BAK）负责执法监督。德国于 2002 年在统合原银行监管局、保险监管局、证券监管局的基础上组建了联邦金融监管局（BaFin），成为统一、独立的联邦金融监管机关，以适应金融产品跨界发展的新要求。联邦金融监管局作为联邦政府设立的行政执法机关主要执行联邦金融立法。

联邦金融监管局是依据 2002 年《金融服务监管法》（FinDAG）而设立的。该法的一个鲜明特点是对联邦金融监管局的内部治理结构作出了明确的界定，即明确了董事会、局长、行政理事会、专业咨询理事会的职责，但是在具体监管部门设置上仍秉承原来的银行监管、保险与退休基金监管、有价证券/资产管理。究其实质，金融机构和金融市场与其他产业的不同之处在于其风险管理的特殊性。实物商品交易时，即使交易失效，其风险仅波及该交易商品本身。但是，金融产品交易失效，不仅导致金融商品本身的价值无法实现，而且会将风险波及其他市场，风险外溢性显著地高于其他实物商品。但是，联邦金融监管局的组织独立性是受限制的，《金融服务监管法》第 2 条要求其必须接受联邦财政部的法律监督和专业监督。为此，联邦财政部还专门制定《财政部关于联邦金融监管局法律与专业监督的执行原则》，对联邦金融监管局行政行为的合法性与合目的性实施监督。

2. 州政府的执法权限

在联邦政府直接行政的一般原则下，州政府对提供普遍服务事项的储蓄银行和公共保险公司享有一定的执法权限，并根据《交易所法》，对州证券交易所实施行政监督。

储蓄银行在业务范围上与商业银行是没有任何差异的，均可提供综合性金融服务，实质性的差别在于，储蓄银行的定位是为中小企业提供基本金融服务。公共保险公司亦承担相同的行政任务。为此，《联邦银行法》要求各州政府设立相应的机关负责对公立储蓄银行实施监督。但是，州政府对储蓄银行的监督更侧重于储蓄银行的目标、服务主体、经营方式、政府扶持措施及其限度等的行为监管，以更好地保护金融消费者（包括中小企业），联邦金融监管局仍按照统一的监管标准对储蓄银行的资本充足率、流动性风险等实施日常的审慎监管。

《保险监督管理法》将在州内提供保险服务的公共保险公司的行政执法权赋予了所在州政府，以更好地督促、监测公共保险公司履行其承担的行政任务。对于跨州经营的公共保险公司，基于监管效率的考量而授权联邦金融监管局负责行政执法。

1994 年《关于证券交易和修改交易所法律规定及证券法律规定的法律》奠定了证券市场监管体制的根本性改革基础，重新调整了联邦和各州之间的行政权限，强化了联邦执法权限，即联邦证券执法机构全面负责证券市场的业务监管，而州政府仅保留对交易所的行政监督权限。为此，联邦政府于 1995 年成立了联邦证券执法机构——联邦证券监管局（FSSO）。

州政府实施执法的依据主要是联邦《交易所法》。联邦《交易所法》赋予州交易所监管机关特定的权限，但要求其仅应为了公共利益而履行任务和权限。州立法机关亦有权根据联邦《交易所法》制定本州实施的交易所条例。联邦《交易所法》第3条第4款、第5款、第8款、第10款、第11款对州交易所监管机关的权限作出了详尽的规定。特别是，州交易所在履行其任务时，即使没有特殊原因，亦有权要求交易所及特定证券市场主体提供信息、提交文件材料以便进行审查。如果在证实影响证券市场秩序时，州交易所监管机关有权要求任何人提供信息、文件材料或其影印件。负有提供信息义务者必须允许州交易所监管机关的工作人员在正常的工作时间进入其不动产和办公场所，但出于防止危害公共安全和秩序的紧急危险发生的目的，监管人员可未经其允许在工作时间以外或者进入某一住宅的办公场所。在这种情形下，《联邦基本法》第13条确定的住宅不可侵犯的权利受到了限制。

例外，州政府还依据联邦《交易所法》获得了特定事项的行政法规制定权。授权州政府，针对特定事项制定行政法规。联邦《交易所法》第4条第6款规定，州政府被授权制定行政法规，对交易所设立时向州交易所监管机关提出书面许可申请书所作出的说明和须提交资料的种类、范围、时间和形式作出详细的规定。联邦《交易所法》第6条第7款规定，在交易所运营商重要股份的人员、证券运营商的主要持股人、交易所运营商在发生特定情形的股权变化时，州政府被授权制定行政法规，可以对股权变动的汇报种类、范围和时间进行详细的规定。联邦《交易所法》第22条第1款授权州政府通过行政法规，对制裁委员会的组成、程序，以及其与州交易所监管机关配合进行规定。制裁委员会有权邀请证人、专家自愿出席，对其进行无须宣誓的质询，而且可以向地方法院申请就执行委员会无权取证的事项进行证据收集。

联邦《交易所法》通过法律明文规定授权州政府行使的行政法规制定权并不属于行政监管权限中的规则制定权。州交易所监管机构有权制定相应的工作指引或者操作手册以规范行政执法规程。当然，联邦《交易所法》对州政府的授权，州政府可以通过行政法规的形式将该授权委托给州交易所监管机关。当然，行政法规制定权的转移是以联邦立法明文规定允许为前提条件的。

（三）联邦和州金融权限划分的影响因素

联邦与州之间的权限边界，除依据划分标准之外，还受到其他法律因素的影响。对德国金融权限划分而言，法制变迁是影响联邦和州权限划分不可忽视的因素，另外还受到中小企业发展的影响。

1. 法制变迁的路径依赖影响

德国证券市场立法可追溯至19世纪末期。1896年，德意志帝国颁布了《交易所法和银行经营管理证券法》，旨在对证券交易所和商业银行经营的证券业务实施监督管理。[1]这部

---

〔1〕 参见何广文:《德国金融制度研究》，中国劳动社会保障出版社2000年版，第297页。

立法自 1897 年 1 月 1 日实施后，历经数次修改，一直沿用至今，最新的一次修改是根据 2009 年 3 月 20 日颁布的《担保债券法之发展法》第 3a 条修正。联邦《交易所法》确立了以州交易所监管机关为主体的框架。尽管德国在联邦层面设立了证券监管机构，但并没有限制州交易所监管机关的权限。在这一方面，证券市场和银行业权限划分方式并不完全一致。具体而言，联邦和州监管机构对证券市场均有某一领域的监管权限，但其监管对象不同。对储蓄银行而言，联邦和州均有监管权，但其监管内容不同。

证券交易所是作为具有部分权利能力的公法机构，并作为自我监管机构管理和监管多边交易系统，联邦《交易所法》第 2 条第 1 款对此作出了明确的界定。虽然联邦金融监管局也对证券市场实施整体性监管，但州交易所监管机构也对特定交易所事项行使监管权限，监管范围包括交易所理事会、交易所管理层、制裁委员会和交易所监管部以及交易所运营商，与交易所运作相关的设施（包括外包领域的交易所交易）和场外市场交易。监管内容包括对有关交易所的法律规定和指令的遵守，交易所内交易的合法进行，以及交易行为的合法履行（交易行为结算）。[1]

主要州的交易所监管机关在对交易所实施监督管理时，[2]联邦证券立法成为主要的执法依据。州政府设立了州交易所监管机构，按照联邦《交易所法》和州立法对交易所交易、结算等实施监督，而联邦金融监管局根据《有价证券交易法》等联邦立法对整体证券市场实施监督。州负责联邦法律的执行，对此不存在争议，并且在这一方面，州交易所监管机关经常具有一定的裁量空间。[3]另外，州交易所监管机关与联邦金融监管局建立了有效的沟通合作机制，以便及时应对证券市场创新的变化。

对于证券市场的监管，德国在联邦和州层面均建立了独立性的监管机构，即联邦金融监管局与州交易所监管机关。但是，这两种监管机关是相互独立的，不存在隶属关系或者科层关系。值得注意的是，州交易所监管机构的执法依据当然包括联邦证券立法，这就出现了立法权和行政权的适度分离。换言之，联邦和州在证券立法权和行政权上的划分并不是一一对应的。

2. 中小企业产业组织的影响

德国企业组织类型中，中小企业在数量上居于绝大多数，在地区经济增长和社会发展中发挥着重要的重用，为中小企业提供扶助也成为国家的公共任务之一。州宪法对此作出了明确的规定（见表 1）。[4]

---

〔1〕 参见德国联邦《交易所法》第 3 条第 1 款。

〔2〕 德国证券交易所在初期成立了 8 家，后在 1980 年代起出现了合并，现有 6 家证券交易所，包括法兰克福证券交易所、斯图加特证券交易所、柏林—不莱梅证券交易所、汉堡—汉诺威证券交易所、慕尼黑证券交易所、杜塞尔多夫证券交易所。参见陈晗、蔡征：《德国证券市场的交易运作机制及监管监察架构》，载《上海证券报》2018 年 4 月 23 日。

〔3〕 参见［德］罗尔夫 · 施托贝尔：《经济宪法与经济行政法》，谢立斌译，商务印书馆 2008 年版，第 325 页。

〔4〕 本表的编制参引祝捷等译：《德国州宪全译》，人民出版社 2015 年版。

表 1　德国主要州宪法扶持中小企业的规定

州宪法	章节	条款内容
巴伐利亚自由州宪法	第四部分　经济和劳动 第一章　经济规则	第 153 条：在立法和行政上支持农业、手工业、商业、加工业和工业领域的中小企业并且保障减少其负担和避免被兼并。企业联合会帮助中小企业的经营、经济自由和独立性及其发展，政府对此给予支持。必须支持强势的非独立职业向自主经营转变
自由汉莎城不莱梅州宪法	第二部分　社会生活的规则 第三章　工作和经济	第 40 条：（1）通过立法和行政应当保护和支持农业、工业、手工业和轮船运输业的独立小型和中型企业。 （2）应当资助以共同经济形式的各种类型的同业协作社和公共福利公司
黑森州宪法	第一部分　人权 Ⅲ. 社会和经济权利义务	第 43 条：（1）通过立法和管理资助农业、工商业、手工业和贸易中独立的中小企业，并特别保障其避免负担过重和被兼并。 （2）为达到这一目的，需进一步发展合作社的自助
北莱茵—威斯特法伦州宪法	第二部分　基本权利和经济生活规则 第四章　工作、经济和环境	第 28 条：应当扶持农业、手工业、商业的中小企业以及行业和自由职业者。应当支持企业联盟自助
萨尔州宪法	第一部分　基本权利与义务 第五章　经济和社会制度	第 54 条：促进萨尔州工业、中小企业、手工业和商业中独立的中间阶层的发展，并保护其自由发展。 以同样方式促进合作制

《联邦基本法》确立了社会国和法治国原则，在此基础上联邦政府和各州政府承担了经济领域的国家任务，以提高经济生活水平，从而形成了联邦和各州之间的合作机制。即便是州政府在执行国家任务时，联邦政府亦承担相应的协助义务。《联邦基本法》第 91a 条第 1 款规定，州政府在执行其任务时，如果该任务具有整体意义而联邦之参与具有对改善生活水平有必要时，联邦政府应予协助，其中的三项任务之一是地方经济结构的改善。地方经济结构改善是一个不确定的法律概念，但毫无疑问，中小企业成为改善地方经济结构的主体。在德国宪法法理上，联邦和州统称为国家，地方则主要是指市镇、市镇联合体。在实践中，储蓄银行主要是由作为地方政府的乡镇、乡镇联合体设立的，为所在州的中小企业提供信贷资金及其他金融服务。所在州立法机关享有相应的立法权，并对其实施行政监督，但这并不能排斥联邦金融监管局依据《联邦银行法》对其实施风险监管。这种混合模式符合《联邦基本

法》的立法精神，是通过营造物进行的间接国家经济行政，但在商业银行和合作银行领域并不存在。

三、联邦与州金融权限之间的协调机制

联邦和州金融权限之划分并不是目的，而是以更为便利、更富有效率的方式实现国家承担的公共任务。因此，联邦和各州在金融权限划分时，协调机制亦是重要的考量。换言之，权限的区分与合作是一体之两面，亦包括立法权和执行权方面的合作。

（一）立法协调：地方参与联邦立法的制定

联邦和州在立法方面的协调在《联邦基本法》中得到了明确的规定。各州主要通过联邦参议院这一组织机构表达本州在立法上的利益诉求。联邦参议院由各州政府的成员组成，由各州政府指定和召回。参议院成员通过这种方式，将各州机构化的国家意志，引入联邦的政治意志形成过程中。各州通过参议院参与联邦立法，其参与权要求立法必须在联邦和各州间达成相互谅解。〔1〕

（二）联邦与州监管的日常协调

联邦与州金融监管机构在日常监督中的合作主体现在《交易所法》《有价证券交易法》中，具体来说，主要有以下三种合作方式。

1. 制度化的组织内协商

根据《有价证券交易法》第 5 条的规定，联邦金融监管局内设立一个有价证券委员会，作为联邦与州监管机构之间的组织化协商平台。从有价证券委员会的成员来看，由 16 个州各派代表 1 名组成，即便是没有设立证券交易所的州亦可派员参加该委员会。有价证券委员会有权参与证券市场监督，但仅限于向联邦金融监管局提供咨询意见，具体包括：（1）在为联邦金融监管局的监管事务颁布法律条例和制定方式时；（2）关于监管问题对交易所与市场结构以及金融工具交易竞争的影响；（3）在划分联邦金融监管局与州交易所监管机关之间的职责时，以及关于合作的问题。

与此同时，联邦金融监管局亦每年至少一次向有价证券委员会报告一次监管工作、监管实务的发展以及国际合作事宜。在有价证券委员开会时，联邦财政部、司法部、经济与科技部，以及中央银行的代表可以参加会议。借助于有价证券委员会的中介功能，联邦金融监管局更能跨越州域限制，与各州间共同强化金融机构的监督工作，并解决联邦与州间交易所监管关系的定义不明确问题。

---

〔1〕 参见［德］齐佩利乌斯：《德国国家学》，赵宏译，法律出版社 2011 年版，第 465 ~467 页。

2. 监管信息的互换

根据《交易所法》第8条的规定，州交易所监管机关和联邦金融监管局紧密协作，在遵守保密义务的前提下，相互交换对履行职责有用的所有信息。在紧急情况下，为防止有违反有关交易所法的规定和指令行为的发生，或者排除那些能够影响交易所内正常交易及交易行为结算或者影响交易监管的行为，州交易所监管机关有权发出暂停或者终止在交易所的一种或者多种金融工具、权利或商品的命令，但应当毫不迟疑地告知联邦金融监管局。

3. 机关借用

机关借用系指某一高权主体之某一机关受委托而执行另一高权主体之行为，从而在对外而言，该执行者系以该授权者之机关的地位而为行为。在这种情形下，委托者经由委托而不必自行设置机关，具有节省管理成本的效应。机关借用产生的法律后果由委托人承担，即在行政诉讼或者国家赔偿案件中，委托人为起诉对象或者赔偿主体。[1]

根据《有价证券交易法》第6条第1款的规定，联邦金融监管机关有权发布内幕交易禁令和操纵市场禁令，但其违法行为的发生可能会连带性地对州交易所采取紧急措施。在这种情况下，联邦金融监管机构通过机关借用的方式，由州交易所监管机构替代采取相关措施，具体事宜由联邦与负责交易所监管的州达成的管理协议规定。

四、德国联邦与州金融监管体制对我国的借鉴意义

德国在宪制方面与中国是不同的，但在联邦与州或者中央与地方金融权限划分中遇到一些共同的问题。在这方面，德国法制具有重要的参考价值。具体来说，主要体现在以下4个方面。

其一，如何确定中央和地方金融权限划分的法律标准？立法机关和理论界非常关注并纠结于《立法法》第11条。[2]《立法法》第11条规定了金融的基本制度属于国家专属立法事项。然而，立法机关和理论界对金融的基本制度的解读存在很大的差异，但取得共识的是，非金融的基本制度中的一部分应当属于地方性事务，地方应当享有立法权。然而，如何区分金融领域的基本制度和非基本制度仍然是一个迷思。从德国《联邦基本法》来看，金融宪法条款并没有为联邦和州具体金融事务的权限划分提供一个准确的法律标准，而是在联邦金融立法中通过专门的条款对其作出具体的规定。换言之，理论界试图通过对《立法法》第11条金融的基本制度的法释义学分析来验证地方金融立法权，这不是一种富有效率的智识努力。原因在于，金融是一个开放性的概念，金融创新的一个主要动力就是规避现行法律监

---

〔1〕 参见黄锦堂:《自治事项与委办事项之划分标准》，载《政大法学评论》2008年第102期。

〔2〕 2023年3月13日，第十四届全国人民代表大会第一次会议审议通过《关于修改〈中华人民共和国立法法〉的决定》，对《立法法》进行第二次修正。

管。这意味着，在立法中对其内涵和外延作出精准界定在立法技术上是不可行的。全国人大九届三次会议于 2000 年制定《立法法》时，金融监管体制是由中央金融监管机构集中统一行使权限，并不存在所谓的中央与地方金融分权问题。然而在 2006 年，中国人民银行和银监会在部分省市区试点推行新型金融机构，旨在通过民间资本进入微型金融领域解决农村金融排斥问题。推行新型金融机构的一个主要特点是，省级政府若想获得试点资格，必须同时指定相关部门作为监管机关，承担市场准入、日常监督、市场退出及风险处置责任。这时才出现了中央与地方金融权限划分问题。直至 2017 年 7 月，第五次全国金融工作会议才正式确定了地方政府的监管对象，即负责对小额贷款公司、融资担保公司、区域性股权市场、典当行、融资租赁公司、商业保理公司、地方资产管理公司等金融机构实施监管，强化对投资公司、农民专业合作社、社会众筹机构、地方各类交易所等的监管。2015 年《立法法》修改的策略是积极稳妥、分步推进。[1]这表明，通过《立法法》对有关金融的基本事项作出解释是不可行的。这种情况下，替代性的选择是借鉴德国法制的做法。

德国法制的经验在于，在专门金融立法中根据金融事务的性质而作出具体化的规定，这在一定程度上克服了抽象性法律概念的局限。对于金融监管和普遍服务，中央均有权并予以规范。从这一方面来说，对于地方监管对象的立法较为迫切的应当是加快中央立法。国务院已经于 2017 年颁布了《融资担保公司监督管理条例》，第 4 条和第 5 条分别对监督管理事项和普遍服务事项的权限划分作出了明确的规定，第 7 条第 2 款则授权省级立法机关和省级政府制定提高本省域注册资本最低限额的权限。根据立法规划，国务院还将制定“非存款类放贷组织条例”“打击非法集资条例”等行政法规。因此，省级人大常委会制定地方金融条例的困境在于，在只有部分中央金融立法的情况下，如何制定一部综合性的地方金融立法。对于监督管理这一秩序行政而言，省级人大常委会在制定时主要受到《行政许可法》《行政处罚法》《行政强制法》的约束。而对于普遍服务这一给付行为而言，省级人大在制定相应规范时，几乎没有受到约束。

其二，如何匹配行政执法权与立法权的关系？在现阶段，地方金融监管机构体现了多层级的特征，即省级、市级、县级政府确定的地方金融监管机构作为行政执法机关，体现了“一级政府、一级监管”特征。[2]这种多层级的行政执法主体很容易产生层级之间的职责同构、权责不清的弊端，也不利于提高行政执法效率。从德国国内法来看，立法权和行政执法体现了联邦和各州的双层体制，州政府之下的地方政府享有行政执法权，因为作为高权行

〔1〕 全国人民代表大会常务委员会副委员长李建国于 2015 年 3 月 8 日第十二届全国人民代表大会第三次会议上《关于〈中华人民共和国立法法修正案（草案）〉的说明》指出：“这一次修改立法法是部分修改，不是全面修改，对可改可不改的暂不改；对认识比较一致、条件成熟的，予以补充完善；对认识尚不统一的，继续深入研究；对属于工作机制和法律实施层面的问题，通过加强和改进相关工作予以解决。”

〔2〕 参见孟飞：《金融分权的逻辑：行政发包制及其影响》，载《上海经济研究》2017 年第 12 期。

为，秩序行政必然受到严格的限制，否则很容易对行政相对人的权益造成损害。我国现阶段体现出的监管权限的层层行使，是传统行政管理体制的一种运用，试图通过属地化管理来防控金融风险。但是，金融风险与传统有形产品风险的不同之处在于，金融风险不仅体现在金融产品本身，而且具有很强的外溢性。因此，应当通过权限的统一行使来防范和处置金融风险。从这一方面来说，在权限的外部形式上，我国和德国是相同的，即中央（联邦）和省级（各州）均有权立法，但行政执法机关限于省级政府金融监管机构。在这一方面，《天津市地方金融监督管理条例》已经做出了尝试，即由天津市地方金融监管局作为执法机关统一行使监管权限。

其三，如何平衡产业发展和金融监管的关系？我国地方政府在最大限度上为金融资源聚集提供财政补贴、行政奖励，以及其他扶持措施，旨在发展本地区的金融产业。这就导致金融产业发展与监督管理之间的关系失衡。从德国来看，州政府以下的乡镇或者乡镇联合体作为地方政府承担主要的责任，通过出资设立和发展储蓄银行履行其承担的行政任务。比较而言，我国地方政府偏重于金融产业的规模，而德国更注重解决中小企业的金融服务问题。即使是我国现阶段，各级政府均运用财政资金出资成立政策性融资担保公司或者政府担保基金，但仍然没有脱离层层负责的属地化管理模式。我国每一层级政府均成立各自的政策性融资担保机构的问题在于，不仅降低了其为小微企业和农户提供金融服务的能力，而且导致金融风险财政化。德国储蓄银行的出资者是州政府以下的地方政府，主要为乡镇或者乡镇联合体地域范围内的中小企业提供服务，这在一定程度上确保了本地区中小企业获得金融服务的充足机会。另外，为了提高单一体的储蓄银行与商业银行、合作银行的市场竞争，德国成立了储蓄银行协会（DSGV），其核心成员是储蓄银行和州立银行，其职责是为其成员提供帮扶，提高其市场竞争能力。比较而言，我国政策性融资担保机构的市场竞争力是以财政资金作为基础的，这实际上是财务的不可持续性通过财政资金来化解。因此，在政府层级上，我国省级政府应当侧重于监督管理，而县级政府和市级政府承担着更大的发展普遍服务的职责。

从德国州宪法有关金融监管的条款来看，普遍服务和监督管理的法律要求是一致的，即金融监管的目的不是对金融业的管制，而是使金融产品和服务更好地满足经济生活的需求。在这一方面，德国立法是值得借鉴的。金融监管目的导向实际上是对地方政府和金融机构的一种约束，既规范了发展金融产业的理性目标，又促进了金融机构合理对待其交易对象——金融消费者和投资者。从这一方面来看，有效金融监管的一个经济效应是金融交易规模的扩大，但这仅是保护金融消费者和投资者的附带效果。而从具体的行政机构来看，即由不同的政府机关分别承担金融监督管理和普遍服务发展的职责。现阶段，我国省级地方金融监管局普遍加挂金融服务办公室或者金融工作局的牌子，其财政预算中除了日常行政管理费用之外，占比更大的部分是金融产业发展基金。这就会导致地方金融监管局将主要的监管资源用于金融产业发展事务，而对金融监督管理事务在时间和财力投入不足。德国法制经验表明，应当剥离地方金融监管局的金融产业发展职责，促使其提高金融监管质量。

其四，如何促进中央和省级金融监管机构的协调关系？在 2018 年中央和省级政府管理体制改革后，中央和地方金融监管体制更加清晰：中央金融监管机构负责制定经营规则和监管规则，地方金融监管机构负责具体实施，国务院和省级人大常委会分别制定相应的行政法规和地方性法规。但是，中央金融监管机构与省级政府及其地方金融监管机构之间缺乏正式的交流、协商机制。这就可能导致，中央金融监管机构制定的经营规则和监管规则在实施层面出现地方金融监管机构的选择性执行。比较德国法制，我国具有可行性的协商机制是在国家金融监督管理总局、证监会内设置咨询委员会，其成员为省级地方金融监管局。但为了适度隔离规则制定权和执行权，咨询委员会的职责限于咨询、协商，并不具有正式的决策权，在具体金融权限划分不明确或者出现争议时，通过咨询委员会予以解决。在这种模式下，中央和地方金融监管机构之间的协商成本可能会提高，但制定的经营规则和监管规则的及时性和有效性会大大提高，也将大幅度地降低地方实施层面的管理成本。

现代金融监管的法制路径

——中国银行法40人论坛2023年会综述

钱　尘*

党的二十大提出了加强和完善现代金融监管的要求，要求强化金融稳定保障体系，依法将各类金融活动全部纳入监管，守住不发生系统性风险底线。2023年的全国人大正式通过国家机构改革方案，国家金融监督管理总局正式挂牌，标志着我国完善现代金融监管体系的进程正式起步。为此，中国法学会银行法学研究会主办了“中国银行法40人论坛2023年会”，专门探讨新形势下现代金融监管的法制路径，论坛由上海市法学会金融法研究会与华东政法大学虞伟庆金融法律研究院承办。与会的专家学者积极发表真知灼见，为现代金融监管法制建言献策。

一、现代金融监管法制的指导思想

（一）中国式现代化理论引领金融监管法制

中国式现代化的理论体系，系统阐述了中国式现代化的理论内容，不断深化创立新时代中国特色社会主义思想，实现了马克思主义中国化新的飞跃，为中国现代化提供了根本的精神。中国式现代化理论主要是总结了中国现代化的伟大实践，是人口规模巨大的现代化，是全体人民共同富裕的现代化，是民族文明精神文明相协调的现代化，也是人与资源和谐、走和平发展道路的现代化。

推进中国式现代化必须牢牢把握五大原则，即坚持和加强党的全面领导，坚

* 钱尘，华东政法大学经济法博士生。

持中国特色社会主义道路，坚持以人民为中心的发展思想，坚持深化改革开放，坚持发扬斗争精神。中国式现代化理论是当前各项工作的指导思想，金融监管立法也应该遵循这个理论，这样才能保证金融监管立法的根本性质和正确的政治方向。

新一轮国家机构改革，重在金融体制改革，是对党的二十大报告要求的积极回应。此次机构改革适应现阶段金融服务国家战略的需要，把金融调控和金融监管非常明确地分开，明确监管是对市场和产品的横向监管与纵向监管，以功能监管为主导，把行为监管作为关键，统领监管原则和监管方法。

（二）强监管、全覆盖

强监管是加强监管力度提高监管效果，并不一定提高监管成本，总的趋势是围绕防住系统性风险的强监管。有学者认为，强监管需要有界限，监管本身不仅有惩罚作用，也有引领作用、预见作用、指导市场预期的作用。还有学者质疑金融监管立法中是否直接提强监管，如此表述可能不符合立法应当采取的中立立场。

监管全覆盖就是全面监管，将一切金融活动纳入监管。全面监管必须解决几个关键问题：一是重新界定金融活动的概念，我国长期金融市场的结构是二元结构，包括正规金融市场与民间金融市场，全面监管是否需要将二元结构变成一元结构？有学者认为，将一切融资活动都认定为法律意义上的金融活动，进行全面监管在实践中可能无法实现，因此“一切金融活动”可界定为经营性的金融活动。非经营性的金融活动不由金融监管局监管。二是对经营性金融活动和一般经营中涉及的金融活动进行区分，按照性质特点分门别类建立不同的法律规范体系，进行差异性的监管。三是经营牌照问题，在全面金融监管体系中，只是对部分重要机构、重要领域的金融监管实行牌照制，其余金融活动可以采取登记备案制。

（三）金融监管立法的宗旨、路径和原则

金融监管立法的宗旨和目标包括：必须保障和促进实体经济高质量发展，达到共同富裕；必须促进物质文明和精神文明相协调；必须促进绿色发展；必须促进世界和平与发展。

金融监管立法的基本路径：应当立足中国国情；发挥全过程的人民民主，发展全过程人民民主；应当运用系统观念；要使用高科技手段，提高立法效率和质量；以现行的银行业监管法为基础制定金融监管法。

金融监管法制原则包括：

强调有效市场与有为政府的统一。金融监管能否真正地促进有效市场值得考量，我国整体金融监管制度还是偏保守的，始终把稳定和安全放在首位。

坚持金融监管的市场化底色。我国金融监管立法是金融业监督管理法，不能成为金融市场的计划法，金融监管依然应当是坚持市场化运作机制。对作为监管基础的金融交易的基本规则，需要另行制定金融商品交易法。

突出金融监管的全球化视野。我国金融监管法制的完善一定要从全球金融市场的角度着

眼，国内金融市场日益暴露在全球的金融竞争当中。要改变金融规模大影响力不大、市场功能不强的“短板”，增强国际竞争力。

确保国家重要经济政策得到执行。有人建议，金融结构事关金融效率与安全，也应考虑将对金融结构的监管作为金融监管原则，并与金融调控相协调。

二、金融风险监管的法制安排

（一）我国金融风险监管的重点问题

1. 协同治理金融风险的监管机构体系

目前我国金融稳定和监督管理体系在国家层面分为中央金融委员会（之前为国务院金融稳定发展委员会）、中国人民银行、国家金融监督管理总局、中国证券监督管理委员会和国家外汇管理局。

我国的金融市场主要包括借贷市场、资本市场、保险市场、外汇市场、支付清算市场和金融信息服务市场，其中借贷市场和资本市场是国内社会融资的主要来源，从国内外金融稳定的经验看，这两大市场是金融风险的主要来源地，也是金融风险治理的主战场。21 世纪以来，货币供应量与日俱增，金融信息化日新月异，国际金融动荡，波澜诡谲。在这个背景下，我国市场之间的关联互动增强，金融机构业务综合化日趋明显，改革开放初期建立的分业经营分业监管模式已难以适应。因此金融监管的政策整合、决策统筹和行动协调，需要一个比较强有力的机构。2017 年成立了国务院金融稳定发展委员会（以下简称国务院金融委），在当时被定位为国务院统筹协调金融稳定和改革发展的重要重大问题的议事协调机构，但议事协调机构的定位显得弱了一些。未来需要构建国家在金融监管领域统筹全局分工协调的组织架构，在法律上赋予国务院金融委统一谋划和指挥调度的职权，并成立相应的职能机构，进而明确跨行业跨区域和跨境的协调合作机制，强化信息共享，形成防范化解金融风险，维护金融稳定的合力。

2. 应对金融风险的总体策略

从国内外经验看，银行业比较集中的地方风险暴露比较典型的情形，一是个别机构突发流动性危机引发市场恐慌，二是银行业务造成大面积资产恶化导致信贷收缩。这两种情况一般都会殃及资本市场和其他要素市场，导致进一步的经济危机。所以金融稳定法应当着眼于系统性风险防控，立足于机构风险治理，防范化解和处置金融风险是金融监管的核心命题。

为了贯彻市场化法制化的金融风险治理原则，需要建立事前、事中到事后全过程风险治理的制度集群，健全风险监测评估预警体系，充实早期干预和临危处置的措施，突出风险防范的机构责任和风险化解处置的监管责任。同时，明确行业保障基金、金融稳定保障基金等职能，落实风险处置资金的来源。在整个风险治理体系中，要注意培养调动金融机构自保自救的动力潜力，发挥市场配置资源的作用，将公共资金更多用在与公共利益有较高关联性的场合。

3. 金融科技领域的安全保障

我国的金融业正在数字金融的发展道路上大踏步前进，科技应用能够助力金融安全提升，也可能给金融安全带来新的风险，所以应用与监管并重是金融科技领域安全保障的基本方针。在金融科技风险防控的制度建设中，数据安全和算法安全是两个优先项目，为此需要制定专门的法规，在积累经验的基础上，未来还需要对金融科技安全的新问题进一步规范。

4. 金融执法过程中的权利保护

监管权力的滥用本身也是金融领域的一种风险因素，监管机构需要高度自律，并且受到监督，在监管执法过程中，机构和债权人等利益相关者的权利保护也要受到法律的高度重视。一方面要对监管权力明确边界、制定程序，另一方面应该给予利益相关者必要的权利救济。

（二）金融风险监管的国际新趋势

1. 金融机构的风险识别机制

机构风险的识别机制首先是识别标准，其次是识别标准的应用能力，识别标准决定应用能力的水平。我国现行的银行风险识别标准依据的是巴塞尔协议确定的以资本充足性、流动性等财务指标为中心的评价标准，与发达国家的风险识别标准和应用能力存在差距。

2008 年国际金融危机以来，国际上的银行风险识别标准出现了一个新的趋势，就是行为标准。除了加拿大采用以重大行为为核心的评价标准外，无论是美国的安全稳健标准，还是欧盟的合规性评价标准和英国的适当性评价标准，都将行为评价纳入了风险识别标准。可以预见，财务评估和行为评价相结合的银行风险识别标准升级版，将会为越来越多的国家采用。在发达经济体，经过多年的行业发展形成了较为充实的应用识别专业队伍，并且积累了大量的技术性较强的实施细则。我国在这方面尚显不足，未来应用大数据、人工智能等信息技术，建立及时高效的风险识别系统是一个努力方向。

2. 防范金融风险的机构效能

根据国际经验，风险防范的重点，首先是要求金融机构建立风险管理体系，排查机构风险因素，制定风险管理的政策和措施，建立合规和风控的内部系统，储备风险应对的处置方案和自救资源，是要求机构通过复苏计划和处置计划的制定，预先辨别金融机构有可能产生系统风险的业务，以便在危机处置过程中将金融机构的基本业务功能与其他功能相分离。一般认为风险防范是机构的主体责任，而政府应以督促和指导为先，在未来如何将这些要求和责任法律化，如何在监管机构的督促和指导下，将这些要求落到实处是值得研究的。

3. 金融风险化解的干预措施

风险化解的性质，早期体现为金融部门的及时介入，而监管部门需要借助一系列的干预工具，在发达国家为了应对金融机构在早期阶段的财务虚弱和违反审慎要求的行为，监管当局一般拥有裁定的广泛权力和多种干预功能，责成机构停止不安全或不健康的业务做法。许多国家的金融监管立法包含了一系列金融当局可以采取的干预措施，早期干预可以全面地深入机构内部，甚至对机构管理实施整体参与和接管。未来如何建立起适合我国国情的早期干预制度，有大量的具体问题需要研究。

4. 问题金融机构的公平处置

在欧洲，处置问题机构被看作是监管的最后步骤，通常作为司法破产程序的替代方法，发生于早期干预措施之后，实践中只有在一家机构被认定为处于困境状态，私营部门解决方案和监管行动都不可能在合理时间内避免机构倒闭，而实施司法破产有可能给公共利益带来损害的时候，才采取此类行动。

根据国际经验，由于涉及动用公共资源，并非所有的问题机构都需要或者能够适用监管处置。为此，一是需要有一套对机构困境的识别标准和评估流程；二是需要对机构倒闭的公共利益关联度进行评价；三是需要机构投资者承担一定程度的自救义务；四是必要时动用公共资金对机构加以拯救。在未来，不仅需要通过法律授予监管机构实施处置的权利，而且要规定这些权力实施的条件、程序、措施和边界，还需明确处置程序与司法破产程序的衔接。

三、现代金融监管的立法问题

（一）统一的金融监管法的制定

现代监管需尽快制定统一的金融监管法。在法律上确定全面监管的监管对象、监管范围、适用的市场类型和行为类别。同时，要明确我国监管体制的协调性，中央地方监管权的划分，还有重点监管和全面监管的关系等。

关于是否要制定统一的金融监管法，有不同意见，反对方认为，金融领域的法律变化快，稳定性相对弱，需要根据国家金融体制的发展进行调整，所以制定金融监管法典的时机还不成熟。

关于统一监管的机构设置，有人建议将派出地方的证监局、银保监局和地方金融监管局合并，使地方金融监管机构成为一个复合型的监管机构，其既是中央的派出机构，又与地方政府保持协调关系。

关于统一金融监管法的内容协调，其既有一般性监管的内容，也有体现行业特殊性的内容。统一的金融监管法需要综合协调证券业、保险业、信托业、银行业等，包含金融稳定法、金融监督管理法、破产法等内容。

（二）金融法律体系化的思考

立法起草主体、立法实践的不同，具体目标、法律理念的差异，使我国金融法律缺乏体系化，进而影响了监管。如各金融法律法规对金融业务的认识不同，类似业务在管理上却有较大差异，导致监管冲突或监管套利；又如监管对金融消费者与投资者保护是否应有区别？对弱势的金融消费群体保护是否要覆盖经营性的投资者？这需要体系化的金融法来回答。

立法部门化的倾向，使监管机构在立法过程中扮演了至关重要的角色，分散的金融监管机构是当前金融法律碎片化的主要原因。协调是一个成本很高的行为，因为协调就意味着要解决很多的问题。如果能不用协调而由一个机构解决的问题就尽量不要协调。英国、美国的协调机制并不成功。如果在立法层面没有解决国家在协调机制当中所遇到的问题，协调机制实际上就是形同虚设。因此需要改变金融监管机构体系，并由中立的机构进行立法起草。

（三）我国金融法的域外效力

在未来的国际大循环中，我国金融机构中金融产品和金融服务的涉外法律适用问题将会越来越突出，对跨境金融的国内法规定需要标定关键节点，确定优先顺序，逐步扩大覆盖范围。其中，数字货币的应用对未来国际货币体系的历史性变革具有重要意义，其制度建设关系到我国数字金融领域的国家安全利益，应当成为我国跨境金融立法谋长远的优先事项。

另外，划定承认与协助规则符合国际惯例和我国的立法惯例，有利于巩固我国对外开放的良好形象，需要尽快充实。反制裁措施和阻断规则，是我国近年来针对国际霸权的围堵打压，通过公开声明或部门规章已经亮明的管理措施，下一步需要以立法的方式进一步宣示。

四、金融稳定法的制度设计

（一）金融稳定法的核心内容和逻辑主线

金融稳定法的核心内容：一是确立金融稳定工作的主体。二是对风险化解全链条的制度安排。证券法是以信息披露为核心设置的，商业银行法是按生命全周期设置的，所以需要全链条、全过程地预防和化解风险。三是设置金融风险管理资金池和金融稳定保障基金。

金融稳定的逻辑关键点是市场化、法制化，按此处置金融风险，这是基本的原则。市场化，就是发挥市场在处置过程中资源配置的核心作用，为问题金融机构的退出或者恢复提供市场化的可能。要解决行政和市场的关系，即监管部门和市场的关系，为这两者划定界限，避免政府对问题金融机构风险的无限兜底，避免无限干预。法治化就是要求在整个法治体系的背景下处置风险，处置工具与民法典、破产法条款衔接到位。

（二）金融稳定法的价值取向

金融稳定法的制定过程，一定要照顾到金融业和金融行为的特殊性。金融稳定有两个价值取向不可偏废：第一，金融稳定和公共信心的维护。公共信心的维护，也就是公众对金融业的本质稳定的信心的维护。无论是危机的处置还是日常金融秩序的维护都要顾及公众对金融业的信心。第二，在处置过程中，要注重公共资金的使用规则和安全，公共资金在本质上是老百姓的钱，不可滥用，要有控制。公共资金的安全使用需贯彻行政执法的基本原则（如比例原则），要避免在金融危机处理过程中的选择任意性，如美国不救雷曼兄弟却救了联合保险当即产生了争议。这就涉及公平竞争的市场价值取向问题。

（三）金融稳定法框架下金融风险处置责任机制

金融稳定法的基本框架包括事前的风险防范，事中的风险化解以及事后的风险处置。损失分担机制的核心理念是“先自救再他救”，即金融机构的风险处置首先由机构穷尽自身一切自救手段。首先，机构关联方、利益关联方，最主要的就是投资者、主要的股东实际控制人要承担相应的主体责任，依法分担银行的风险损失。以及实际的经营者能不能加重责任，能不能追回绩效薪酬？最后，才是由市场、由政府对金融机构的风险进行分担。这样的损失分担是比较公平合理的。

股东加重责任与公司法上的股东有限责任相冲突，地方立法在这方面做了努力。如《上海地方金融监管条例》第 17 条，采用了柔性引进的方式。也就是说，先要有自愿性的承诺，才能够依据承诺对股东施以加重责任。

（四）《金融稳定法（草案）》的局限性

有学者认为，《金融稳定法（草案）》实际上是“金融不稳定法”，它只是关于金融不稳定问题的行政处置法，并不是全面性风险防治的法律。《金融稳定法（草案）》要解决的是在市场出现金融不稳定的事件或者风险点之后，怎样动用公共资源或者公共的权力进行风险处置；这种风险处置还主要局限在行政处置方面，关于司法处置的规定零散且粗糙。金融风险处置具有多重公共政策导向，要进行综合权衡，一方面要使金融风险发生的市场后果和社会后果最小化，避免市场过于动荡；另一方面，法律背后的公共政策也要考虑到金融风险处置的成本最小化，要预防道德风险。

五、现代金融监管的执法问题

（一）金融监管与证券期货监管的差异

目前，投资者保护被视为金融消费者保护，集中进行监管，可能还需要承认两者保护的差异问题。一个相对来说侧重金融服务产品的质量要求，另一个更加侧重市场的透明度要求。对金融消费者保护一般更加强调金融机构是否履行了事前的服务约定或者承诺，而对投资者的保护更加着重金融机构或上市公司是否履行了信息披露的义务，是否进行了投资者与产品风险适当性匹配。

（二）国际化背景下跨境监管协作问题

期货衍生品市场的开放是天然特征，要更多考虑涉及跨境监管协作问题，可以更多借鉴欧洲期货交易所、芝加哥商品交易所、洲际交易所、伦敦金属交易所等境外交易所的一些相应的监管协作的做法和思路，使得在保证国家安全的前提下，加强与各国各地区的监管协作，特别是涉及的一些数据的跨境交流合作。在重视数据安全的同时，能够满足经济发展的数据需求，在数据保护的同时挖掘金融数据的价值，共同纳入监管目标。监管要在守住数据安全底线和红线的前提下，留出足够的自主性和流动性。

（三）审慎监管与行为监管的协调

现代金融监管改革中审慎监管理念与制度发生了重大变化：一是行为监管成为现代金融监管法的重要内容；二是以微观审慎监管为基础的金融法律体系无法适应金融监管发展的客观需求；三是金融监管框架下有效协调审慎监管与行为监管成为新课题。

1. 审慎监管与行为监管进行协调的必要性

首先，审慎监管、行为监管缺少明确的法律定位。在宏观审慎监管方面，现行法律没有明确法定的宏观审慎监管机构及职责，也没有体现宏观审慎监管中如何兼顾个体机构的风险监管。在微观审慎监管方面，以银行业监管为例，《银行业监督管理法》规定的审慎监管主要是微观审慎监管（第 21 条），并没有体现巴塞尔委员会最新监管规则和我国监管实践中的成熟经验，如没有体现个体机构监管中微观审慎监管与宏观审慎监管的协调。在行为监管方面，现有金融基本法律中没有提出金融消费者概念、没有统一金融消费者保护规则，对于行为监管及其制度建设也缺少基本的法律定位和框架，缺少与审慎监管的协调机制。

其次，审慎监管、行为监管执法中的逻辑关系与法律适用混乱。一是没有区分审慎监管与行为监管适用的规则、行为监管规则缺少明确的法律界定，行为监管对象的法律性质不清（违法事实），这导致监管执法的逻辑混乱。二是监管处罚决定书中未明确违法事项，将被监管对象的违法行为表现作为违法事项（处罚决定书中的“案由”）。此种执法逻辑，无法有效识别金融机构的行为违反了何种法律规定的审慎监管要求。三是监管执法依据与违法事实的关联性较差，具体违法行为的认定依据模糊不清，现有监管处罚无法找到直接处罚依据的“事由”，导致监管机构大量行使行政自由裁量权，执法无法可依或扩张自由裁量权现象明显。这可能导致监管处罚的合法性受到质疑。

最后，金融监管框架下审慎监管、行为监管的职能配置缺少法律依据。作为监管统筹协调机构的中央金融委员会的法律地位、法定职责及权责配置缺少法律依据。国家金融监督管理总局既承担除证券业之外的微观审慎监管，还承担金融消费者、投资者保护等行为监管职能，这些新变化尚未在现行法律体系下作出回应。存款保险基金管理机构的法律地位定位不合理，审慎监管与行为监管职能模糊不清。

2. 审慎监管、行为监管协调的建议

一是协调基础。在金融稳定法中明确审慎监管、行为监管协调的基本定位。建议主要解决宏观审慎监管、微观审慎监管、行为监管三者是什么、三者的基本目标以及三者之间的基本关系问题。

统一金融监管立法，分步实现金融监管法的单独立法；“金融稳定法”中的金融监管规则与现行行业监管法共同构成我国金融监管法的规则体系，待条件成熟后再行制定“金融监管法”。例如，建议可以在金融稳定法中规定：“中国人民银行是国家的宏观审慎监管机构，承担宏观审慎监管职责；国家金融监督管理部门应当加强审慎监管，维护金融稳定、防范金融机构风险，建立宏观审慎监管与微观审慎监管协调机制；加强金融消费者保护，维护公平公正的金融市场秩序。”

二是协调内容。对审慎监管、行为监管的基本内容作出法律界定，金融监管行政处罚需要严格落实行政处罚法的基本逻辑。

在现有监管法和金融稳定法中分别明确审慎监管和行为监管的基本内容。规范金融监管处罚程序，要明确监管处罚的处罚依据、处罚事由、违法行为表现及法律责任。在监管执法中，对违反审慎监管与行为监管的行为进行法律识别，并对照审慎监管和行为监管的基本内容，列明处罚事由及相应的处罚依据，做到有法可依。要理顺监管处罚依据之间的适用关系，把不能作为法律依据的政策剔除，依法授权监管机构对违法行为的认定权。

三是协调保障。优化新金融监管体制下监管职能的法律配置。

在“金融稳定法”中明确中央金融委员会在国家金融稳定发展统筹协调机构中的法律地位，并规定具体的法定职责，明确其有权统筹协调金融监管中的审慎监管、行为监管。在“金融稳定法”中明确国家金融监督管理部门为行为监管机构，统一履行金融秩序维护、金融消费者与投资者保护的职能；规定国家金融监督管理部门内部分设审慎监管机构和行为监管机构。在“金融稳定法”中明确赋予存款保险基金管理机构履行职责范围内的审慎监管权和处置权，行为监管职责统一由国家金融监督管理总局承担。

六、金融科技监管法律问题

（一）硅谷银行倒闭的启示

1. 倒闭原因分析

一是经营策略特殊。硅谷银行是实质上的“创投孵化器”，银行业务高度集中，高科技带来的“挤兑放大”，自身的金融科技是做到全球最好的，转账效率最高，挤兑也效率最高。受宏观货币政策逆转影响最大。

二是危机应对失当。上市银行信息披露应对不了“挤兑放大”。“先自救，再他救”的模式实际上难以进行，美国推行快速破产和处置模式——提前触发“系统性金融风险例外条款”，美国财政部、美联储和联邦存款保险公司联合发布的《金融稳定法》（央行版）第28条“资金来源按顺序自救”的内容被删除。政策上是保存款，不保银行。

三是金融监管的放松。特朗普政府提高了“系统重要性金融机构”的认定标准，新冠疫情后放松了对中小银行的监管要求，更多地实施个性化监管。

2. 产生的启示

硅谷银行事件可能不是传统的风险管理或者审慎经营的问题，需要关注一些新问题。过于频繁的信息披露引发了恐慌，造成了挤兑，因此信息披露要有度。还应考虑货币政策与审慎监管的关系，中央银行在制定和实施货币政策时需考虑市场的反应。另外，需发挥金融保障实体经济的作用，限定地方银行的投资趋向和限额。

（二）监管科技法律问题

1. 金融监管科技立法的必要性

一是国家战略需求，加快监管科技应用是国家重点推进的一项战略任务，亟须制度引领与法治保障；二是金融监管转型的需求，传统金融监管以人工监管为主，是静态化的、单向度的监管，技术含量低，与金融科技严重脱节；三是金融业健康发展的需求，金融科技的稳步发展、防范金融风险、保护金融消费者权益、防范资本无序扩张、金融平台反垄断，均需要构建监管科技法律体系。

2. 金融监管科技应用存在的问题

数据问题。一是数据质量问题，金融数据可能存在错误、遗漏、重复等问题，这可能导致监管结果的失真和决策的不准确性。二是数据集成问题，金融监管科技应用通常需要整合多个数据源，包括来自不同金融机构、市场和监管部门的数据。数据集成可能面临格式不一致、标准不统一、数据命名规范不同等问题。三是数据安全与隐私问题，金融监管科技应用涉及处理大量敏感的金融数据，包括个人和机构的交易记录、账户信息等。四是数据共享和访问权限问题，金融监管科技应用可能需要不同机构之间共享数据，以实现更全面的监管；然而，数据共享涉及访问权限、数据所有权和合规性等问题。五是数据分析和挖掘问题，金融监管科技应用需要利用数据分析和挖掘技术提取有价值的信息和洞察。然而，金融数据通常具有高维度、复杂关联和大规模的特点，这增加了数据分析和挖掘的复杂性。

技术问题。一是技术的复杂性问题，监管科技应用通常涉及复杂的技术系统和算法模型。这些系统可能包括大规模的数据处理、机器学习算法、人工智能技术等。开发和维护这些复杂的技术系统需要高度专业的技术知识和技能。二是实时性和响应性问题，金融监管需要及时获取准确的数据并作出实时决策，因此，金融监管科技应用需要具备实时性和响应性；然而，大规模数据的实时处理和分析可能面临技术挑战，包括高性能计算、实时数据传输和处理等数据集成问题。三是数据安全与隐私问题，金融监管科技应用涉及处理敏感的金融数据，因此数据安全和隐私保护至关重要。确保数据传输和存储的安全性、加密数据的保护、合适的访问控制等技术措施是必要的。四是可解释性和透明性问题，金融监管科技应用中的算法模型和决策系统可能非常复杂，其结果和决策可能难以解释，然而，监管机构需要对其决策过程和结果负责并解释给相关方。因此，提高算法模型的可解释性和透明性是一个重要的技术问题。

监管问题。一是监管滞后问题，监管机构可能无法及时跟上新兴技术和创新的发展，从而难以有效监管金融科技应用的合规性和风险。二是监管标准不统一问题，不同国家和地区的监管机构对金融科技应用的监管标准和要求可能存在差异，这种标准的不统一可能导致金融机构在跨境运营和合规方面面临困扰，增加了监管的复杂性和不确定性。三是监管边界模糊问题，金融科技应用通常涉及不同领域和行业的交叉，监管边界模糊不清，这使得监管机构在确定监管职责和权限时面临挑战。例如，金融科技公司可能涉及支付、借贷、投资等多个领域，监管机构需要协调合作以确保全面监管。四是技术创新的监管问题，金融监管科技应用中的新技术和创新可能带来新的风险。例如，机器学习算法可能存在偏见和歧视，自动化决策可能缺乏透明性和解释性。监管机构需要制定相应的监管框架和政策以管理这些技术创新带来的风险。

3. 金融监管科技法律构成要素

监管科技中技术是前提，数据是基础，监管是目标，配套设施是基石，它们是监管科技发挥“有效监管”的核心要素，也是监管科技法律的核心内容。

4. 金融监管科技法的基本框架

监管技术法律规范。技术是监管科技的“中枢”。无技术，监管科技就是空中楼阁。欠缺技术管理法律规范，致使监管技术开发和应用市场混乱、技术标准不一、技术伦理问题频发、技术风险隐患加剧。监管技术法律规范的内容包括技术伦理规范；技术管理规范；技术审查规范；技术评估规范；技术标准规范。

金融数据法律规范。数据是监管科技的“血液”。无数据，监管科技就是无米之炊。金融数据质量粗糙、数据绑架、算法歧视、信息茧房、隐私泄露、“数据孤岛”等问题制约了监管科技应用，亟待法律规制。其法律规范的内容包括：金融数据标准规范；金融数据质量规范；金融数据安全规范；金融数据共享规范。

监管科技的监管规范。技术、数据、配套设施是监管科技发挥“监管”功能的工具，服务于监管这一核心目标。为此，需要构建与监管科技相匹配的监管法律规范。监管法律规范的内容包括调整监管原则；监管协调制度；监管实验制度；监管标准规范；风险预警规范。

配套法律规范。配套法律规范主要指数字化基础设施的设立、运行、管理规范。数字化基础设施是监管科技运行的“骨骼”，具有中立性、弱替代性、技术性、系统重要性等特点，对提升金融监管效能、化解金融风险、保障金融安全至关重要。配套法律规范的内容包括监管规则数字化转换制度；监管平台运行规范；监管数据自动化采集制度；监管技术协同合作规范。

（三）数字金融对金融监管法的影响

数字金融是前几年的金融科技的升级版，金融科技本质上就是注重效率核心要素的科技化，数字金融不仅聚焦于效率，而且也通过数字化改变金融业的运作方式。

数字金融的发展迫切需要金融监管立法的支持，理念上，发展和规范要平衡。一是金融活动的线上化问题。线上投资者适当性义务履行的标准，在实际操作中是低于线下的。二是数字金融在数据利用的环节非常关键，含隐私保护、数据合规、数据安全。三是算法规制。就是精准营销，针对客户的个人画像卖什么样的产品给客户，这会导致公平和效率的问题，推销给客户他最想要的产品就是效率问题，但是有可能导致信息茧房，即公平和正义问题。四是数字金融发展中的监管沙盒问题。五是金融机构的数据资产监管。

互联网平台反垄断的问题。即互联网平台跨界从事金融业务，金融监管部门认为金融活动要适用同一监管标准，对互联网平台跨界金融进行严格的约束。由于传统银行证券等金融机构很难像互联网平台那样扩散，以很低的边际成本扩张获客增加流量，所以金融业数字化必然是先天落后的，互联网平台反垄断实际上是给金融机构提供了奋起直追的机会。由于两个行业具有先天的差别，要有监管立法予以划界和规范。

七、绿色金融监管法律问题

（一）转型金融的监管

1. 转型金融的界定

转型金融是实现经济绿色低碳转型的关键。转型金融可以看作绿色金融的一个特殊分支，但实际上从一系列国际准则来看，包括日本、英国的监管政策，这两者并不是一个包含与被包含的关系，而是一个并列的关系。

《上海市浦东新区绿色金融发展若干规定》第 8 条提及了“转型金融”，但并没有说明转型金融是什么。中国人民银行等《金融标准化“十四五”发展规划》（银发〔2022〕18 号）提出，标准是绿色金融可持续发展的重要支柱，要遵循“国内统一、国际接轨”原则，建立健全一套严格、明确、细致、可操作的标准；研究制定转型金融标准，推动经济社会绿色发展和低碳转型。湖州《深化建设绿色金融改革创新试验区探索构建低碳转型金融体系的实施意见》中也有界定。我国三个金融产品类的文件对转型金融的产品也作出了三个定义。但相较而言，日本《气候转型金融融资指南》对转型金融的界定最清晰，既融合了日本国情，又吸纳了国际通用的转型金融准则，它将“转型金融”定义为：“为难以减排的部门提供融资，以助其为实现脱碳或者低碳转型开展长期的、战略性的温室气体减排活动。”

2. 转型金融对监管的挑战

转型金融是一种商业生态系统。转型金融是由资金供给方、需求方、市场中介、政府部门、金融监管机构共同参与的生态系统。多元主体之间关系的联结是通过共识形成的。金融监管机构的角色包括参与者、促进者和规制者。

转型金融如何改变了监管。一是更为严格的非财务信息披露，包括三个方面：信息披露具有可信、可比、可验证性；转型的制度要素需要披露，最核心的是转型策略实施的步骤、实施阶段不同目标的实现程度等需要披露；TCFD 信息披露框架的运用。[1]二是第三方机构（市场中介）的特殊角色，第三方机构可以视为附属性的金融服务但不是真正意义上的金融服务，主要涉及的内容包括企业/项目碳核算，发行人气候转型战略的技术评审，环境重要性的第三方验证，发行人的减碳轨迹方案的量化评审，可持续发展绩效目标的绩效表现的外部验证。

转型金融的效果。资金需求方（高碳企业）的碳排放减少，高碳企业内部资本的优化分配，并通过公司治理予以支持。实现公平转型，减少气候转型对员工、消费者、社区带来的负面影响。

3. 转型金融的监管策略

转型金融初步发展阶段是不完整的政策驱动型。主要有三个特点。一是转型金融的政策支持基本沿用绿色金融政策，二是地方产业政策与行业自治规则的推动，三是中央金融监管部门的角色不明。

转型金融监管策略的选择如下：

关于监管取向：观望与等待，还是测试与学习？监管取向是监管者积极作为，制定推荐性的转型金融指引或指南。英国金融行为监管局（FCA）倡导的监管沙盒、美国消费者金融保护局（CFPB）推出的“项目催化剂”等均是具体的实践模式。测试与学习的特质在于，行政规制主体与规制对象进行结构性交流，借助这种交流，规制主体传递规制要求，并在某些情况下给予灵活性处理，在可控环境下对创新测试进行监测。

关于监管强度：应对破坏性创新，还是渐进性创新？转型金融是一种渐进性的创新，要发挥市场约束的机制。

关于监管方式：行政监管，还是元监管？监管方式上强调原监管，赋予金融机构/转型企业一定的自主权，强调引导和监测。

关于监管依据：规则的创造，还是规则与标准的组合？转型金融标准是一项基础设施，监管者应该成为一些标准和指引的制定者。如人民银行正在牵头编制重点行业转型金融目录和实施政策。

（二）金融机构环境信息披露法制要点

第一，气候变化与金融稳定。基本逻辑是随着气候变化，比如极端灾害天气生物多样性

---

〔1〕 金融稳定理事会（Financial Stability Board，FSB）于 2015 年成立了气候相关财务信息披露工作组（TCFD），负责为全球金融行业创建准则，用于充分评估气候变化对企业未来运营的影响。2017 年推出 TCFD 披露框架，包含治理、战略、风险管理和目标 4 个领域，帮助金融机构评估企业在收入、成本支出、资产、负债等方面可能受到的影响。

的丧失，原来的金融机构所面临的财务风险已经发生变化。

第二，银行在董事会层面战略性关注气候变化问题，要有一套新的基于气候变化的风险管理模型。

（三）对绿色金融等新兴金融的监管原则

理论上，对新兴的金融现象，监管上采取“相同业务、相同风险和相同监管”的原则。只有在相应的新金融业务与传统金融存在比较大差异的时候，才有必要建立另外一套监管制度。

在采取三相同原则的同时，首先需要在价值层面对新兴金融现象进行评价。以往国家监管政策导向没有把某一新兴金融现象是否有价值讲明白，采取观望的态度，如 P2P、比特币。但近年在特别强调系统性金融风险的背景下，会首先判断这种新金融现象是否有价值，在确定有价值的前提和基础上，再建立相应的监管制度。这种做法仍然可能存在问题，如数字人民币的发展中，国家在禁止发展私人数字货币的同时，还是大力发展法定数字货币，但在试点中发现，数字人民币虽然具备很多优点，但市场竞争力相对薄弱，很多功能与支付宝相比没有一定的竞争优势。

金融稳定导向下金融监管体制改革与法制

——2023 年全国地方金融法研究会会长论坛综述

赵　畅 *

2023 年 11 月 12 日，2023 年全国地方金融法研究会会长论坛在上海举行，论坛以“金融稳定与地方金融监管法治”为主题，旨在以 2023 年 10 月中央金融工作会议提出的建设金融强国目标为指导，研究落实优化金融服务、完善金融体制、全面监管化险以及完善金融法治等任务。来自 11 个省市的地方金融法研究会代表，以及全国高校、科研院所、金融机构、地方金融监管机构、司法机关以及律师等部门的专家学者 80 余人参会研讨，为中国式现代化金融体制建设积极建言献策。

一、金融稳定导向下的金融监管体制改革

中央金融工作会议指出，金融是国民经济的血脉，是国家核心竞争力的重要组成部分，要加快建设金融强国，坚定不移走中国特色金融发展之路，推动我国金融高质量发展、高水平开放，为以中国式现代化全面推进强国建设、民族复兴伟业提供有力支撑。会议也指出，金融领域各种矛盾和问题相互交织、相互影响，金融风险隐患仍然较多，金融安全稳定面临新挑战，因此要全面加强金融监管，有效防范化解金融风险，切实提高金融监管的有效性，确保金融稳定和国家金融安全。围绕金融稳定的需要，进一步改革我国的金融监管体制。

---

* 赵畅，华东政法大学经济法专业博士研究生。

（一）党管金融包括对金融监管的顶层设计

党中央决定成立中央金融委员会，加强对金融工作的集中统一领导，负责金融稳定和发展的顶层设计、统筹协调、整体推进、督促落实，研究审议金融领域重大政策、重大问题等，作为党中央决策议事协调机构。就完善金融体制机制而言，加强党中央对金融工作的集中统一领导是总原则，是根本保证；党领导金融工作的体制机制，包括中央金融委员会统筹协调把关、中央金融工作委员会切实加强金融系统党的建设。

在金融监管的法律制度上，“党管金融”也要从隐性向显性转变，如《金融稳定法（草案征求意见稿）》第 3 条规定：“坚持中国共产党对金融工作的集中统一领导，建立高效权威、协调有力的金融稳定工作机制，实现经济高质量发展与金融风险防范化解相互促进，维护人民群众根本利益。”第 5 条规定：“涉及金融稳定和改革发展的重大问题和事项报党中央、国务院决定。”《中国人民银行法（修订草案）》中，关于中央银行所履行的各项法定职责，最后一项兜底性规定的表述由现行立法的“国务院规定的其他职责”也改为“党中央、国务院规定的其他职责”。实际上重大金融工作由党中央与国务院联合发文在近年来已成常态，如 2016 年 7 月《中共中央、国务院关于深化投融资体制改革的意见》，2017 年《中共中央、国务院关于服务实体经济防控金融风险深化金融改革若干意见》，2018 年 6 月《中共中央、国务院关于完善国有金融资本管理的指导意见》，2021 年 7 月《中共中央、国务院关于依法从严打击证券违法活动的意见》等。

（二）坚持和强化金融集中统一监管

2023 年 3 月的中央和国家机构改革集中于金融领域，改革强化了金融的集中统一监管。根据改革方案，中国人民银行主要负责支付行业监管、征信行业监管、银行间市场监管、反洗钱监管；将对金融控股公司等金融集团的日常监管职责，以及建立健全金融消费者保护基本制度职责，划入国家金融监督管理总局。国家金融监督管理总局在中国银行保险监督管理委员会的基础上组建，统一负责除证券业之外的金融业监管，强化机构监管、行为监管、功能监管、穿透式监管、持续监管，统筹负责金融消费者权益保护，加强风险管理和防范处置，依法查处违法违规行为，作为国务院直属机构。中国证券监督管理委员会由国务院直属事业单位调整为国务院直属机构，划入国家发展和改革委员会的企业债券发行审核职责，由中国证券监督管理委员会统一负责公司（企业）债券发行审核工作；将中国证券监督管理委员会的投资者保护职责，划入国家金融监督管理总局。

强化集中统一监管的另一体现是，地方层面建立以中央金融管理部门地方派出机构为主的地方金融监管体制，统筹优化中央金融管理部门地方派出机构设置和力量配备，明确其“指导和监督”的职能。地方政府设立的金融监管机构专司监管职责，不再加挂金融工作局、金融办公室等牌子。

（三）刷新央地金融监管协调机制

中央与地方金融监管协调机制历经沿革。地方金融监管的发展在2023年之前有两个阶段：2008～2017年可称为有限放权阶段，主要体现为2008年《关于小额贷款公司试点的指导意见》规定小额贷款公司的监管由省级政府明确的主管部门负责，2010年《融资性担保公司管理暂行办法》亦将融资担保公司落实在地方政府确定的部门监管，2017年《区域性股权市场监督管理试行办法》规定地方金融监管部门可实施现场检查。2017年之后是中央明确放权阶段，表现为《关于服务实体经济防控金融风险深化金融改革的若干意见》，将小额贷款公司、融资担保公司、典当行、融资租赁公司、商业保理公司、地方资产管理公司、区域性股权市场共7类金融机构，以及投资公司、农民专业合作社、社会众筹机构、地方各类交易所共4类机构的监管工作划归地方金融监管部门负责，实际形成央地两级金融监管体制。国务院金融稳定发展委员会负责指导地方金融监管工作。

地方监管机构方面，从2002年上海市金融办成立开始，到2018年全国各地方金融监管局设立，逐步形成了地方金融监管专门机构和地方金融服务协调、地方金融机构（7+4）监管，以及属地化风险处置的工作机制。

2023年开始，金融监管机构设置36家地方派出机构，主导地方金融监管体制，成为协调中央与地方金融监管关系的重要抓手，汇集监管力量，确保地方金融安全。地方政府金融管理机构专司监管职责，不再加挂金融工作局、金融办公室等谋划金融发展的机构牌子，地方党委金融委员会和金融工委落实属地责任。

完善新时代中央与地方金融监管协调机制十分必要，旨在统一监管目标，防止监管资源浪费；加强信息流通，实现风险预警与监管联动；形成权力制衡，保障监管高效运行。最大限度地促进中央与地方监管目标的一致性，注重调节经济发展与金融监管之间的平衡，将地方金融发展的职能与金融监管机构适度剥离；中央与地方金融监管信息相互支撑。

目前，机构改革存在的现实问题还需要进行梳理：以中央金融管理机关派出机构为主的地方金融监管体制还未完全形成，地方政府金融发展职能与金融监管职能的错位依然存在；中央与地方金融监管事权边界不够清晰（如财政部处罚地方债的案例）。特别是中央与地方金融发展与监管的法治供给不足，央地协同的深化需要通过立法予以促进，合理配置地方金融发展与监管职能，厘清央地金融监管事权的边界。

完善中央与地方金融监管协调机制的路径，是要遵循法治思想，立法上明确地方金融监管权的合法性，明确地方金融监管上位法依据及制度衔接；亦应增强法律包容性，为地方金融业及产品创新预留制度空间。要细化中央与地方协调机制的方法手段设计，包括监管权力的分配与制衡、监管信息的搜集与共享、监管行为的联动与互补、风险防处的主动与对接、监管争议的预防与处理等。要加强金融消费者和投资者保护的协调，强化监管科技和非现场监管手段的共建。

地方层面的金融监管执法协同安排与法制构造同样重要。既涉及地方各级人民政府的金融监管部门间的监管权限划分，也涉及不同地域的地方政府金融监管权限划分。以我国对融资性担保公司实行省级政府属地化管理为例，各省、自治区、直辖市人民政府确定的金融监管部门并不一致，部分省级政府将融资担保公司监管权划归“金融办”或“金管局”，也有部分省级政府划归其他职能部门监管，如江苏、湖北由省经济和信息化委员会监管融资性担保公司。这也会导致不同省份融资担保公司金融监管部门在监管权行使上发生冲突。

要优化金融监管管辖制度、金融监管协调联席会议制度、监管协助机制，也要建立金融监管权限争议预防性机制以及争议发生后的调解裁决机制。曾发生某省农村信用联社组织所辖各县级信用社违法违规为地方政府融资平台融资问题，银监局分别与信用联社、省“金融办”进行协调沟通，但信用联社、省“金融办”均对银监局的沟通协调不以为然，最后由银监会出面和河北省政府交涉才得以解决。可见，金融监管权争议最终裁决性的制度安排的重要性，包括上级部门裁定与第三方机构裁决。

二、金融稳定与金融机构风险处置制度

（一）金融监管改革与风险处置机关

金融监管体制改革，必然涉及防范化解金融风险的责任归属。总体策略主要表现在三个方面：第一，健全权责一致、激励约束相容的风险处置责任机制，即按效率原则确定风险监管与处置的机关及其权责；第二，对于风险要早识别、早预警、早暴露、早处置，健全具有硬约束的金融风险早期纠正机制；第三，把握好快和稳的关系，在稳定大局的前提下把握时效，扎实稳妥化解风险，坚决惩治违法犯罪和腐败行为，严防道德风险。防范化解金融风险要做到“稳定大局、统筹协调、分类施策、精准拆弹”。

我国当前金融机构风险处置制度呈现出严重的碎片化状态。如多个法律和规章都涉及商业银行的风险处置规则，《企业破产法》《商业银行法》《银行业监督管理法》《商业银行资本充足率管理办法》《存款保险条例》都涉及商业银行的风险处置规则。其他金融机构的风险处置模式与理念几乎也照搬了商业银行的风险处置制度。

碎片化的立法状态难以形成统一的风险处置理念和措施，实际上也不利于确定权威的风险处置机关。一方面，碎片化的规则无法提供统一、协调化的处置思路。《企业破产法》奉行司法处置风险的思路与做法，而更多规范则适用行政处置银行风险的思路与程序，如何妥善处理行政处置与司法处置理念的冲突是亟须解决的问题，这在碎片化的规则体系中无法得到解决。另一方面，不同法律对不同处置机关的功能和定位存在差异，表现为不同机关赋予不同权限来处置银行风险。如果按照原先的法律框架，银监部门可以对商业银行实施早期干预、促成重组、接管、清算等措施，似乎应为银行风险处置机构；而 2015 年《存款保险条

例》不满足于存款保险机构仅仅扮演“支付箱”的功能，欲在银行风险处置程序中扮演一定角色，其可以建议银保监会采取相应措施，还间接规定了存款保险机构未来在风险处置中可能担任接管机构或实施清算的职能，这与银监部门的银行风险处置职能会有重叠甚至冲突。

另外，在中央与地方的金融风险防范处置中的权限划分也语焉不详，较难把握。

（二）确定金融机构风险处置机关的理论依据

金融风险处置涉及的诸多参与方，包括中央银行、监管机构、存款保险机构、被监管机构、存款人等，各方都试图影响相应立法，将其“政策偏好”上升为法律。经济规制理论认为，政府机构和个人一样，其在制定政策过程中同样受其机构利益的影响，并不必然完全符合公共利益。政府机构同样寻求政策制定过程中的机构利益最大化，如扩大机构规模和权力、争取机构预算最大化。经济规制理论很好地解释了金融领域广泛存在的“监管俘获”现象，也指其对酿成金融危机的可能。

公共选择理论将立法视为不同利益主体为维护其利益而参与立法活动的最终结果。拥有严密组织、行动能力并有效动用资源的机构往往更有可能将其政策偏好上升为法律，而松散的机构由于其无法克服“搭便车”的现象往往难以有效影响立法进程，这即为社会公众。公共选择理论将决策中拥有否决权的个体或者机构称为“否决者”，不同的社会制度让不同的机构扮演着“否决者”的角色。从立法现状来看，相比其他主体，立法机关可以发挥“否决者”的作用。然而，由于金融机构风险处置规则具有高度的专业性，拥有否决权的立法机关往往难以对具体的立法条款的内涵进行深入审查并加以否决。中央银行和监管机构此时则可以发挥其专业性和信息优势，引导立法机构在程序上通过其“偏好型”的风险处置规则，因此，中央银行、监管机构和存款保险机构实际成了制定银行风险处置规则的主要参与者，而它们又都不拥有否决权，故相互间的协商和妥协有助于达成最低限度的共识，从而实现其各自的政策偏好。如何克服不同主体的不合理的政策偏好，就成为各国立法共同面对的问题。

公共选择理论同样可以解释风险处置机构的权力配置，并为建立有效的银行风险处置机制提供借鉴。公共选择理论基于机构自利的假设，认为许多公共机构往往以公共利益为名，其制定的政策却最终维护其机构利益，甚至损害公共利益。当银行风险处置涉及多个公共机构时，这些机构之间事实上处于一种相互竞争的关系。银行风险处置权限具有一定的排他性，多个机构共同行使风险处置权时导致各自权力的分散并需要相互妥协。每个机构都试图在风险处置中扮演更多的角色以凸显其机构地位，主导风险处置进程。因此，域外国家的风险处置机构的权力配置并不完全是基于有效处置银行风险而设置的，最终是因为政府机构的游说活动而形成了现实的局面。不同处置机构在各自国家体系中的地位和力量决定了其最终的权力配置。美国的联邦存款保险公司由于拥有极其悠久的历史，具有众多的雇员，集监管与保险职能于一身也更有利于其发挥影响力，从而利用历史上的银行危机不停地以保护存款保险金为名，巩固其在风险处置中的地位。相比而言，欧洲的存款保险系统发展较晚，历史上中央银行更多的发挥主导作用，这也使存款保险机构无法主导银行风险处置进程。可见，政治因素而非效率的考量最终决定了域外国家的不同机构在银行风险处置中的角色地位。就效率的角度而言，存款保险机构因为利益冲突难以公平地处置风险而不适合作为主要的风险处置机构，中央银行的货币政策职能与银行风险处置同样有着类似的利益冲突也难以履行风险处置的主要职能，相比而言银行监管机构因其履行监管职能而拥有信息优势并享有相应监管权限，能有效地在审慎监管、早期干预和风险处置措施之间进行有效衔接。

（三）地方政府对金融机构风险处置的责任

我国地方政府在金融机构风险处置中的责任包括：处置责任、防止风险扩大责任、应急处置责任、协调处置责任、报告责任、风险评估和风险研判责任、风险提示职责、维护金融稳定和社会稳定职责、出资。

目前的问题是，地方政府在实践中的作用与政策所预期的角色是否一致？有如下案例：（1）广东国际信托投资公司（以下简称广国投）处置案例。广国投自 1992 年后由于经营管理混乱，存在大量高息揽存、账外经营、乱拆借资金、乱投资等违规经营活动，出现了巨额债务。1998 年 10 月 6 日中国人民银行决定关闭广国投并组织清算，清算期间查明广国投的总资产为 214.71 亿元，负债却高达 361.65 亿元，资产负债率 168.23%。人民银行决定令广国投破产退市。地方政府在此案中负责垫付资金支付普通债权人、出资遣散员工安置工作、对预算外资金进行审计并协助针对机关财产的强制执行、做好企业档案的接收保管查询等工作。（2）锦州银行处置案例。2019 年 5 月包商银行因出现严重的信用危机被央行和银保监会接管，同样被认为是高风险的锦州银行也在监管部门的指导下进行了风险处置，地方政府主要是借助政府公信力搭建平台，支持和指导处置工作，促成与工银金融资产投资有限公司、信达投资有限公司、中国长城资产管理股份公司达成股权转让协议，地方财政出资购买新股和定向债务工具为银行注资。（3）恒丰银行处置案例。因恒丰银行接连陷入两任董事长贪污腐败被查，推迟发布年报等负面事件，加上业务激进扩张和内部人控制等问题，经营陷入困境，不良资产逾千亿元，实际上已资不抵债，2019 年末山东省政府牵头联合中央汇金投资公司对恒丰银行进行市场化重组和改革，省政府牵头制定并主导了恒丰银行重组方案，通过“自筹 + 向央行申请专项借款”的方式，承担了出资并引入战略投资者的责任。（4）安邦保险集团处置。2018 年 2 月 23 日保监会会同人民银行、银监会、证监会、外汇局等有关部门成立接管工作组，全面接管安邦集团，接管自 2018 年 2 月 23 日起至 2019 年 2 月 22 日止，接管期间，接管工作组在监管部门的指导下，采取有效措施，保持公司的正常经营，确保保险消费者合法权益得到充分保障，并依法维护各利益相关方的合法权益，接管不改变安邦集团对外的债权债务关系，即安邦集团的风险处置主要由监管机构主导，地方政府仅辅助处置工作。

由上可见，金融机构风险处置的主体、程序、做法并不一致，有不少需要进一步明确的问题：在权限划分方面，是否要区别系统重要性和非系统重要性机构的风险处置权，是否要区别地方与非地方金融机构的风险处置权；在权责匹配方面，一些地方抱怨银行税收归中央、风险处置出资却依赖地方政府，平时监管和风险报告往上报、地方不一定知情，风险处置的审批在中央、操作在地方是否合适；在责任与能力匹配方面，也有人怀疑地方是否具备风险识别的能力和风险处置能力，是否能够承担出资责任。

三、金融稳定与金融风险处置制度的健全

（一）金融机构的破产退出

在竞争环境下，金融风险突出的金融机构会被淘汰出局，金融机构破产不可避免，国内不乏不同类型的金融机构破产案例。完善金融机构破产制度不单是挽救困境金融机构之必需，更是防范化解金融风险、维护金融安全稳定，营造健康、有序的金融市场和营商环境的现实需求。

金融机构作为破产主体具有多方面的特殊性：一是涉众性，金融机构种类繁多，提供的金融产品和金融服务更是与人民群众的日常生活密切相关，像传统的金融机构商业银行、证券公司、保险公司等，涉及的储户、股民、客户人数众多。二是高负债，金融机构的主要经营业务围绕货币资金，作为资金融通的中介，金融机构自持资金比例不高，甚至远远低于一般的工商企业，需要建立在自身信用的基础上，依靠高杠杆实现规模增长，负债经营模式决定了金融机构的内在脆弱性。三是高风险，一方面，负债经营模式决定了其内在经营结构的脆弱性，而这种风险将贯穿其所有经营活动的始终；另一方面，金融机构与消费者（客户）存在信息不对称问题，易引发风险传播。四是专业性，从行业角度来讲，金融机构涉及的专业知识包含金融、经济、投资、财务、风险管理等；从金融机构的内部分类来讲，银行、证券、保险、资产公司、信托机构的专业精细化程度远超其他一般企业法人。五是被管控性，由于金融机构的业务范围涉及人民群众的日常生活，辐射范围广，金融行业必须处于严格的监管环境下，在行业准入、日常业务、产品和服务等方面都有明确的监管要求，且以监管合规为前提。

金融机构破产不同于一般企业法人破产的原因在于金融机构本身的特殊性，《企业破产法》是普适的，诸多程序设计并不契合金融机构的破产实践，要提高制度的可操作性，就必须针对金融机构破产的特殊之处。现行《企业破产法》第 134 条的规定中罗列了商业银行、证券公司、保险公司等传统金融机构，已落后于实际需要适用破产退出制度的金融机构的范围。

针对银行类金融机构，《存款保险条例》规定了当银行业金融机构陷入支付危机时，存款保险基金管理机构可以采取直接偿付或代为偿付的方式使用存款保险基金，保护存款人利

益。针对证券类金融机构，为保护证券投资者的利益，化解处置证券公司风险，《证券投资者保护基金管理办法》规定了设立国有独资的中国证券投资者保护基金有限公司，按照国家政策对债权人偿付，使用投保基金偿付证券公司的债权人后取得相应的受偿权，投保基金公司可代替证券公司债权人参与破产清算程序。

长久以来，国家信用作为坚实后盾，我国金融机构处于舒适环境中、经营压力并不大，但随着我国市场经济体制改革的深化，一些金融机构的市场竞争力得到加强，也有一些金融机构不相适应、陷入困境。我国主要商业银行的不良贷款率大幅下降，主要商业银行中大部分的资本充足率也超过了 8%，然而同国际上主要商业银行相比仍然存在一定差距。一度有人说有些商业银行从技术上已经破产，但人们仍然固守原有的观念，认为它们仍然有国家信用作为保障，存款人在任何情况下都不会遭受损失，即便是资不抵债的银行，或者说在经济意义上已经破产的银行仍然可以继续经营。

金融机构数量和风险业务的快速扩展，暴露出一些监管漏洞和盲区。一味采取行政救助保护措施与市场规律相悖，“输血式”的帮扶或者简单的兼并都不能真正发挥对困境金融机构的挽救功能，所以我国需要探索在尊重经济规律的前提下，为金融机构退出市场寻求法治化路径。但囿于目前金融机构破产制度缺乏统一的顶层设计，配套机制缺位，实践中还存在金融机构破产处置不及时、不规范，接管、托管、撤销等行政力量干预过多，挤压了适用金融机构破产重整程序的空间，由央行对金融机构破产程序中的巨大资金缺口进行兑付的现象，最终由国家信用进行兜底。实际上掩盖了监管不利的责任以及金融机构股东、高管以及实际控制人的违规经营责任，也损害了我国金融机构的良性发展和金融市场的有序运行。另外，监管机构的接管程序与破产司法程序的有效衔接缺乏规定。

在经济全球化的今天，金融风险的传播从来没有哪国可以置身事外，因此完善我国金融机构破产制度，既要顺应国际化趋势，又要立足本国实际。首先要明晰制度功能定位，更新金融机构的破产理念。其次要对金融机构破产的特殊性予以考虑，金融行业极具专业性，金融机构种类繁多业务性质有所差异，应当根据不同行业的金融机构制定具体规则。最后要立足我国国情，处理好监管程序与司法程序的衔接、市场化与行政化的界限，完善金融机构破产法律程序和配套制度建设。

实践表明，金融机构经营状况的恶化是一个日积月累逐步发展的过程，对金融机构进行破产清算实属无奈之举，监管机构尽早介入采取矫正措施能够及时止损，切断金融风险的传播链条。因此，建立早期干预制度是采取渐进式监管措施之必需，制定介入的时间节点和客观标准，能有效约束监管机构的放任心态，降低金融机构走向破产的可能性，也会降低破产成本。监管机构应是早期干预的责任主体。借助法律的公开透明、强制性、确定性，设置早期干预的标准（积极方面）和强制干预的条件（消极方面），监管机构随时监督金融机构的资产负债情况，设定干预介入标准，以及限制管理决策权等介入方法，并制定具体的追责制度。

（二）金融机构的非破产市场退出

首先，界定金融机构非破产市场退出的范畴及基础。一方面，需要明确金融机构非破产市场退出的内涵与外延，区别“庭内”退出与“庭外”退出、自愿市场退出与强制市场退出。“市场退出”并非法律术语，与法律上所指的公司解散及撤销不同，其实质意义是指市场主体资格的消亡过程及其结果。金融机构市场退出包括主体资格的消灭及其退出过程中的资产清理与清算等问题。另一方面，需要明确金融机构非破产市场退出机制等必要性及正当性。“非破产市场退出”有两层含义：一是明确将破产和解、重整及清算排除在外，二是明确“市场退出”与传统“问题金融机构处置”的划分边界。还需要注意关闭、撤销、解散等非破产市场退出方式的广泛应用，以及现实需求、制度缺失、宏观政策呼吁我国金融机构非破产市场退出制度的构建。

其次，认识金融机构非破产市场退出机制的必要性及正当性。检视我国金融机构非破产市场退出的既有实践，明华银行作为我国首例进入破产程序的金融机构，标志着我国金融机构市场退出开始采用破产程序；海南发展银行作为我国第一家被关闭的银行，地方政府注资、退回税款、组织大型企业增加存款救市，监管机构允许跨区域设立支行、在海南岛外设置分支机构、组织清算组、制定托管计划，央行发放40亿元再贷款、批准动用存款准备金；还有汕头市商业银行重组、包商银行接管等。现有治理体系中金融机构非破产市场退出的制度安排存在窘境：其一，制度不统一，撤销与解散概念混同，退出清算在“上位法优于下位法”与“特别法优于一般法”上存在的适用冲突（如《存款保险条例》《金融机构撤销条例》与《商业银行法》《银行业监督管理法》之间）。其二，制度动因阻碍，启动事由及程序竞合，责任体系单一，如“可能发生信用危机”“严重影响存款人利益”“危及持续经营、危害金融秩序”等难以确定。其三，制度运行困境，监管权未结构化配置，司法权与监管权交织，主要表现为“强行政、弱司法”的版图，司法审查程序限于被动介入，如《金融稳定法（征求意见稿）》第38条规定：“在处置金融风险过程中，根据国务院金融管理部门的申请，最高人民法院可以决定中止以被处置金融机构的财产和股权为标的的民事诉讼程序、执行程序，并予以公告。根据国务院金融管理部门要求，被处置金融机构向仲裁机构提出申请的，仲裁机构可以中止以该被处置金融机构的财产和股权为标的的商事仲裁程序。”

最后，引入价值取向促进金融机构非破产市场退出的权义关系。基于制度金融学，金融机构非破产市场退出应具有交叉性、整合性、动态性，强调行为主体所处的制度结构，以实现行为主体在制度结构中的相对平衡。第一，回归“真实金融世界”，提升制度效率，基于整体效率观，金融制度组合中，“好制度”组合并不总是能带来良好的制度效果。第二，以统合思维协调现行规范，将重整及接管纳入非破产市场退出制度范畴，并由金稳会对接管、撤销、重整的处置主体及启动条件加以明确。第三，遵循市场化导向构建非破产退出机制，行政性强制解散需依托行政手段即“泛行政解散权”。可以对金融机构非破产市场退出的权义关系进行重述，主要为三个方面：一是公权力配置阐释与均衡，制度金融学分析视阈下的公权力协同。在监管权横向配置方面，提升监管主体的独立性，需要发挥金融委员会的权力协调职能、风险置决策指导职能；完善金融司法与金融监管的衔接；促进监管体系的信息一体与共享，为监管权配置提供依据。在监管权纵向均衡方面，应当注意央地监管权的协调平衡；核心在于地方政府能否及多大程度上享有监管权，中央与地方金融监管机构间的权力制衡。二是对私权主体权益关系重解，包括股东、投资者、债权人按股东权利限制理论展开分析。三是金融机构非破产市场退出的责任体系重构，需要注意权力本位论与作为第二性法律义务的经济法责任，其中，第二性义务系指违反法定义务并由国家机关认定归因于有责主体的强制性义务；需要注意现存规范体系中金融机构非破产市场退出法律责任，包括监管责任、高管责任、股东加重责任；需要注意制度分析视阈下责任体系的构建，即强化监管机构问责性，完善监管治理——明确监管目标及监管程序，将监管相对人的行政救济权法定化，并强化监管机构的机构问责，包括金稳会问责、司法问责等。

（三）风险处置的信息披露制度

在危机金融机构的处置过程中，信息披露机制法律的完善亦尤为必要。2023 年 3 月硅谷银行（Silicon Valley Bank）、瑞士信贷银行（Credit Suisse）等欧美银行业危机的处置进程中，相关信息披露工作对稳定市场信心、提高危机处置效率具有重要价值，值得我国在健全金融风险处置信息披露机制时予以借鉴。理论上，信息披露与危机银行处置效率之间存在正相关的内在联系，即危机期间提高信息披露的质量有利于危机银行处置效率的提升：第一，提升信息披露质量有助于缓解危机银行与社会存款人之间、危机银行与监管机构之间的信息不对称，从而在一定程度上降低了社会存款人的存款损失风险及系统性风险；第二，提升信息披露质量有助于危机处置期间降低债权人损失，从而更大程度地保全债权人利益，增强债权人、社会存款人和市场对危机银行的信心，避免引起市场恐慌和崩溃；第三，提升信息披露质量有助于提高银行同业交易中的信息传递效率，由此降低作为危机银行交易对手的其他银行的资金损失，避免系统性风险的广泛传导。以包商银行案为例，从 2019 年 5 月 24 日包商银行被接管并托管至建设银行、到 2020 年 11 月 13 日银保监会批复同意包商银行进入破产程序，可以看出包商银行危机处置过程中信息披露的正面效应主要有三：一是有效降低了危机处置中信息不对称导致的各方利益损失。接管机构及时采取措施并对外公布，全额保障了个人存款以及大多数机构债权的实现；二是包商银行危机处置基本抑制了道德风险及系统性风险的大范围扩散，其未直接采取政府救助的方式，危机处置的市场化程度明显提升，存款保险基金管理有限责任公司的正式成立增加了投资者的信心；三是警示中小银行审慎经营，包商银行最终的结局给我们的警示是我国中小银行在经营过程中要严格遵守监管底线，依法合规经营，在强化内在发展动力方面下功夫。

目前，我国金融稳定法中危机银行处置信息披露机制依然存在着许多问题。一般应当由高度独立的银行监管机构决定银行危机处置的各项事务，这样更有利于提高银行处置的效率、实现有序的市场退出。但实践中，监管机构独立性不足，往往以非市场化的“行政操作”模式主导风险处置。一方面，地方政府对处置过程的干预程度较深，影响央行及银保监会的履行职权；另一方面，央行往往作最后贷款人的承诺（如包商银行在被接管时）。可见，我国危机银行处置仍未摆脱传统的“力求不倒”的惯性思维。风险处置规则透明度低，信息披露不完全。透明度与金融机构导致系统性风险爆发的可能性之间存在显著的负相关关系，透明度的提高有利于降低银行业的特殊风险；一个更透明、更独立的银行有助于降低其内部风险的积累，也有助于银行降低其系统性风险的溢出效应。在包商银行案中，由于缺乏透明度规则的约束与指引，信息披露义务人主动披露的信息多为接管公告、延期公告等程序性信息，包商银行的实际经营状况、清产核资具体结果等具有实质影响的信息未见主动披露；主动披露的信息总量不充分且无相关数据支撑；通过“答记者问”等被动的信息披露模式呈现的多为宏观现象的描述，缺乏具体性和客观性。再如，信息披露的随意性强，制度化程度不高。包商银行危机处置采取的是联合接管的方式，联合接管相较于单独接管而言，在事项协调、沟通程序等方面面临更多问题，需要向社会公众披露的各种信息应更加丰富。较高频率的持续性信息披露是信息需求者对银行业相关事项的安全性和可靠性进行判定的前提条件。缺乏信息披露方式和内容的制度化规则。对重大事件的披露缺乏充分说理，难以消除市场疑虑。

《金融稳定法（征求意见稿）》第 9 条将危机银行处置中信息披露的范围界定为“有关信息”，但其内涵和外延没有明确，关于信息披露的方式、内容等未进行明确规定，仍然有可能导致信息披露的随意性。信息披露缺乏主动性和引导性导致预测性差。一方面，监管动态无法在统一的信息公示平台上进行公布，社会公众无法通过某种固定的方式进行检索和搜索；另一方面，未见针对某一监管事件的专项银行业监管报告、相关银行服务消费者权益保护报告以及监管检查结果持续性的公告。对银行监管动态的发布时间和频率无严格的规范。

危机银行处置信息披露机制的完善可以从以下 4 个方面进行思考。其一，完善以提高透明度为导向的信息披露相关规则。立足《商业银行法》《银行业监督管理法》修改以及“金融稳定法”颁布的立法契机，将危机银行处置中的以提高透明度为导向的信息披露机制予以明确，采用系统修法的立法技术为危机银行处置中的信息披露提供具有可操作性的制度安排。其二，明确危机银行处置中信息披露的目标和要求。基本目标上，防范和化解危机处置中的系统性风险；主体要求上，市场主体与监管机构的多向披露；方式要求上，重点优化信息披露的渠道；内容要求上，明确信息分类及不同主体的信息披露要求。其三，健全危机处置前信息披露风险预警机制。商业银行在可能出现重大风险隐患时，一方面，商业银行必须及时向监管机构按照重大突发事件的内容要素和格式进行信息报送；另一方面，监管机构在接收相关报告内容或通过自主发现商业银行存在重大风险的可能后，应当“相机抉择”启动商业银行风险预警程序，进一步了解商业银行的经营状况和进行风险评估。其四，注重危机处置后信息披露效应的持续性评估。金融监管是一个持续性的过程，每一个金融监管的案例都有其正面效应和负面效应，都能为后续的金融监管提供一定的经验或教训。在危机处置工作完成后，相关监管机构采取问卷调查和绩效分析等多种方式对信息披露的社会效应和评价进行测评，对危机银行处置过程中的信息披露形成完整的持续性评估报告，作为事后监管的一项重要内容。

（四）金融稳定保障基金制度

金融稳定保障基金是金融稳定法的重要内容。当前，金融稳定保障基金的基本框架已经形成，立法草案对金融稳定保障基金的用途、资金来源、偿还措施等内容进行了具体说明。在实际操作中各金融机构先自救、再采取外部救助的原则并未改变，金融稳定保障基金在定位上仍是"最后防线"。总的来说，完善金融稳定保障基金制度需要从其法理逻辑和界限两个方面出发。

首先，根据《金融稳定法（草案征求意见稿）》来检视金融稳定保障基金的法理逻辑。其第 29 条规定金融稳定保障基金系作为应对重大金融风险的后备资金，第 28 条则规定了金融稳定保障基金在金融风险处置过程中的资金、资源使用顺序即金融稳定保障基金是穷尽市场化手段的最后一道防线。金融稳定保障基金的逻辑基础主要有三：国家适度干预经济论、公共财政论、金融安全论。从我国金融法治的逻辑来看，金融稳定保障基金制度需要注意三个方面的问题。

一是金融稳定保障基金与其他风险防范和保障机制的建立。长期以来，我国尚未建立起一套与市场化金融运作体系相适应的、在显性法律规则基础上的金融风险防范与保障机制；国家"兜底"的责任没有真正的金融机构市场退出机制；证券投资者保护基金、保险保障基金、存款保险基金的建立；金融稳定保障基金是系统性危机来临时的托底储备。

二是以行政部门为主导的金融稳定保障基金制度。我国传统都是以政策为主导而非法律主导；金融稳定保障基金本身具有很强的政策性；由法律授权，行政部门处理，通过法律成文化，符合我国金融法治的逻辑与实践中的特殊性；如何控制行政权力行使的界限关乎制度运行的效果。

三是稳定保障基金的功能及其实现。缓解央行作为最后贷款人引发风险的需要；缓解金融风险财政化的问题；缓解金融各行业保障基金的局限性。

其次，需要明确金融稳定保障基金的界限。就风险化解对象而言，其范围应当包括金融机构、地方政府债务、资本市场动荡带来的冲击、海外事件对国内宏观经济运行产生的影响等；在手段上，采用市场化、法治化、专业化的方法化解金融风险是问题的关键。就资金使用顺位而言，前两项表明市场化手段应当优先，问题金融机构是救助第一责任人，后三项权力行使的过程中，广泛的自由裁量权决定了程序控制的必要性。因此，应当严格公平地使用金融稳定保障基金，避免稳定基金在使用过程中滋生道德风险。就资金的筹集、管理、使用与监管而言，《金融稳定法（征求意见稿）》仅对筹集、管理、使用与监管进行了概括性规定；在法律透明度与模糊性之间寻求合适的“度”达到平衡，这对金融稳定保障基金建设尤为重要。

基于前述分析可以得出对我国金融稳定保障基金的思考：一是金融稳定保障基金运行中亟须解决责任主体、资金管理、资金使用和资金监管 4 个问题；二是相关制度衔接配套机制的问题，具体表现为金融机构市场化退出机制的建立、系统性风险预警机制的完善，以及综合性经营趋势下综合化金融机构对金融体系发展的影响与应变。

四、金融稳定与金融监管新问题

（一）银行业审慎监管规则

巴塞尔委员会在 1997 年丹佛峰会上首次公开提出的《银行业有效监管核心原则》的审慎监管理念被我国《银行业监督管理法》（2003 年）充分借鉴，我国由此确立了银行业审慎监管的理念和原则。银行业审慎监管理念和原则的落实主要是通过金融监管部门制定和督促银行业金融机构严格执行审慎经营规则实现的。长期以来，社会公众缺乏对银行业审慎经营规则的认识和了解，即便是银行从业人员也难言深度理解，甚至学术界有关银行业审慎经营规则的专门研究论著也寥寥无几。此种情况必然导致银行业审慎经营规则在制定和执行上的诸多问题缺乏有效监督和改正，并因而影响我国银行业审慎监管理念的有效贯彻和实施，因而急需理论界和实务界重点关注。第五次全国金融工作会议后，金融领域强监管、严监管的基调逐渐形成。2017 年之后，银行业金融机构因违反审慎经营规则被采取监管措施和因严重违反审慎经营规则被监管处罚的案例数量突增，相关法条成为监管实务中金融监管部门使用最频繁的规范。

银行业审慎经营规则主要是金融监管部门根据《银行业监督管理法》《人民银行法》《商业银行法》等法律法规，依照法定权限和程序制定并公开发布的规制银行业金融机构资本管理、风险管理和内部控制等方面行为且需要银行业金融机构严格遵守的规范性文件。银行业审慎经营规则呈现出两个特征：一是银行业审慎经营规则本质上即是审慎监管规则；二是银行业审慎经营规则又不同于一般的规范性文件。银行业审慎经营规则主要围绕银行业金融机构业务发展过程中的风险管理和内部控制问题，是金融监管部门为提升银行业金融机构风险防范、控制和处置能力而制定的特殊规范性文件。因此，其在内容上具有一定程度的技术性、专业性和体系性，与银行业金融机构的切身利益存在重大干系。因而，金融监管部门在制定程序上更为审慎和严格。

（二）数字金融的监管问题

数字技术的蓬勃发展，改变了各行各业的面貌，也给金融业带来深刻变革。在数字时代大潮中兴起的数字金融，对提高金融创新效率，扩大服务覆盖面，精准为客户提供个性化、定制化和智能化的金融服务，具有明显的优势。随着数字技术和实体经济的日益深度融合，加快构建与数字经济发展相适应的现代金融体系，成为金融发展的必由之路。金融业是我国信息科技运用的前沿行业，也是数据资源最丰富的行业之一，这为创新发展提供了机遇，也对维护金融安全形成新挑战。做好数字金融这篇大文章，必须统筹发展和安全，牢牢守住不发生系统性金融风险的底线。一方面，要大力加强信用体系建设，推动企业底层资产数字化、产业链条透明化，将企业诚信经营、纳税信用、专利价值等数据转化为信贷动能，更精准地识别融资需求；另一方面，要加快完善数据治理规则，提高数字金融治理水平，更好地保护用户权益、个人隐私、商业秘密等。打造一个与时俱进的金融监管体系，才能有效应对数字化时代背景下的新风险新挑战，促进数字金融持续健康发展。

1. 金融监管科技的法律问题

近年来，在金融领域，国家越来越重视监管科技的应用。2017 年 5 月，中国人民银行成立“金融科技委员会”，强化“监管科技”的应用实践。2017 年 6 月，中国人民银行发布《中国金融业信息技术“十三五”发展规划》，提出加强金融科技（FinTech）和监管科技（RegTech）的研究与应用。2018 年 8 月，中国证监会发布了《监管科技总体建设方案》。2019 年 8 月央行发布《金融科技（FinTech）发展规划（2019—2021 年）》提出“加强监管科技的应用”。2021 年 3 月，“十四五”规划提出“稳妥发展金融科技”，“强化监管科技应用”。2022 年 1 月央行再次发布《金融科技发展规划（2022—2025 年）》提出“加快监管科技全方位应用，强化数字化监管能力建设”。

然而，监管科技在应用方面还存在许多问题。其一，监管科技应用通常涉及复杂的技术系统和算法模型。这些系统可能包括大规模的数据处理、机器学习算法、人工智能技术等。开发和维护这些复杂的技术系统需要高度专业的技术知识和技能。金融监管需要及时获得准确的数据并作出实时决策。因此，金融监管科技应用需要具备实时性和响应性。但大规模数据的实时处理和分析可能面临技术挑战，包括高性能计算、实时数据传输和处理等数据集成问题。金融监管科技应用涉及处理敏感的金融数据，因此数据安全和隐私保护至关重要。确保数据传输和存储的安全性、加密数据的保护、合适的访问控制等技术措施是必要的。金融监管科技应用中的算法模型和决策系统可能非常复杂，其结果和决策可能难以解释。然而，监管机构需要对其决策过程和结果负责并解释给相关方。因此，提高算法模型的可解释性和透明性是一个重要的技术问题。

其二，监管机构可能无法及时跟上新兴技术和创新的发展，从而难以有效监管金融科技应用的合规性和风险。不同国家和地区的监管机构对金融科技应用的监管标准和要求可能存在差异。这种标准的不统一可能导致金融机构在跨境运营和合规方面面临困扰，增加了监管的复杂性和不确定性。金融科技应用通常涉及不同领域和行业的交叉，监管边界模糊不清，这使监管机构在确定监管职责和权限时面临挑战。例如，金融科技公司可能涉及支付、借贷、投资等多个领域，监管机构需要协调合作以确保全面监管。金融监管科技应用中的新技术和创新可能带来新的风险。例如，机器学习算法可能存在偏见和歧视，自动化决策可能缺乏透明性和解释性。监管机构需要制定相应的监管框架和政策以便管理这些技术创新带来的风险。

完善监管科技的法律体系需要明确 4 个要素：一是技术方面，即监管科技运行的工具；二是数据方面，即监管科技决策的依据；三是监管目的方面，即监管科技功能的核心；四是配套设施方面，即监管科技运行的保障。

2. 信用信息的法律规制

现代市场经济是信用经济，诚信是信用经济的核心理念之一。在金融科技大发展的背景下，大数据、云计算、区块链、人工智能等科学技术促使信用体系进入了一个新阶段。传统金融风险的表现形式、传染路径也发生了深刻改变，金融领域发展中数据安全等非传统风险日益突出。金融科技的快速发展使金融业务边界逐渐模糊，金融风险传导突破了时空限制，给货币政策、金融市场、金融稳定、金融监管尤其是信用制度建设带来新挑战。对于金融体系来说，新的信用数据、信用方法、信用技术乃至信用系统的建立，都可能产生新的金融活动类型和经济现象。从某种意义来看，中小企业融资难、融资贵的问题，既有金融机构产品、服务覆盖不普遍的原因，也有中小企业等在金融系统中信用数据缺失、信用技术不适应、信用惩戒不全面，金融机构难以开发相应金融产品、提供融资服务的问题。

首先，信用算法本质上就是基于信用数据的信用治理。数字经济时代，信用与信息的重要转变就是信息的数据化。因为数据与信息是不可分割的统一整体。数据是信息的载体，信息是数据的实质意涵。数据在虚拟空间传递，个体成为陌生信用社会的“信息人”，任何人都不可能离开数据而生存，人类本性经历了从生物性向数据性的嬗变。数据成为社会的公共资源，具备了公共属性。数据信用催生了新型的社会信用体系，狭义的金融信用正在向广义的信息信用转变。征信数据由传统信贷交易等财务类征信数据向信用大数据转变，信用数据涉及面更广、数据规模更大。各类信息在大数据技术的支持下更加方便快捷地被收集和分析，并应用到信用评价体系中，信息的信用化已经成为一种趋势。

其次，信用算法赋能信用治理创新的内在逻辑。大众信任的流动方向由立法者、司法者和执法者以及各类权威专家的机构式信任，流向基于数据和算法的“分布式信任”。这种信任和支持为算法自动化决策的普遍应用奠定了正当性和合理性基础。在数字经济主导下，我国信用治理的模式由政府主导转为政府主导多方机构合作的新方式。以中国人民银行为基础的金融征信体系，征信、信用评级等商业信用服务机构。电商平台等新兴的信用参与者，都是信用产品的重要提供者，其能够运用大数据提供丰富和多元的信用产品，有利于准确判断信用主体的诚信状况。我国在完善以信用治理为主的社会信用体系中，需要真正以人为中心并能打通政府、社会和市场的边界，因为以信用作为一种共同价值交换的手段，社会公共成本会显著降低，社会公共收益会得到有效提升。

再次，以信用算法为核心的信用治理的机制反思。在违法行为被加上失信标签后，除了法律规制外，信用治理还会对失信主体实施额外的惩罚措施，如在不同生活场景中限制主体的行为，从这个角度来看，社会信用体系在一定程度上放大了法律范畴的适用范围。信用治理的义务约定性是法治边界扩容的重要因素。其扩展了法治的行为范围，信用治理者通过评价社会个体的行为，并通过评价的结果，实现一定的法治目标。同时，信用治理也拓展了法治的实现路径，由事前监管转向事后监管。信用算法消解了人的主体性，信用治理的算法化是否会导致一种新的社会秩序的形成，使人作为法律主体在数字世界逐渐消失，取而代之的是信用系统下的数字化镜像值得我们深思。以人工智能为例，其通过深度学习具备了自身算法系统的反思能力和算法语言，导致人的主体性将遭受更大的挑战。

最后，信用算法赋能信用治理转型的路径选择。近年来，由于信用领域上位法的缺失，有些地方政府在推行社会信用治理时，未能妥当遵循合法、比例原则，在遏制公权与保护私益方面，均有失当之处。加上信用算法在信用治理中的广泛应用，加剧了人们对法律保障信用的功能被边缘化的担忧。因此，从顶层设计的角度，强化信用管理的法治要求，无疑将进一步提升我国信用体系建设的规范化水平，再次助力我国营商环境水平的提升。数据是构成算法决策的核心元素，算法决策建立在对数据进行自动化处理的基础上。GDPR 对算法解释权的规定聚焦于数据，绕开直接规制复杂的算法，转而赋予数据主体获得算法解释的权利，从而把算法的规制问题放在数据保护的法律框架内进行。《个人信息保护法》第 55 条规定，个人信息处理者处理敏感个人信息或利用个人信息进行自动化决策时，应在事前进行个人信息保护影响评估，并对处理情况进行记录。这是我国立法中首次明确规定了自动化决策风险评估制度，但确立的是自动化决策风险的事前评估制度，与国际上通行的算法影响评估实践虽有类似亦有不同。因此，我们应该思考的是如何发挥信用文化的影响力，使诚实信用的理念深入人心，成为个人参与经济活动、市场行为的准则，以减少个人的逆向选择和冲动行为。从算法伦理中引申出算法人文主义的理念，从底线意义的“以人为本”出发，将人的行动规范在信仰、道德伦理和法律的价值体系中。

3. 个人征信的法律规制

根据我国《征信业管理条例》，征信业务是指对企业、事业单位等组织的信用信息和个人的信用信息进行采集、整理、保存、加工，并向信息使用者提供的活动。因此，个人征信界定为对个人的信用信息进行采集、整理、保存、加工，并向信息使用者提供的活动。个人征信信息是指依法采集，为金融等活动提供服务，用于识别判断个人信用状况的基本信息、借贷信息、其他相关信息，以及基于这些信息所形成的分析评价信息。其中，基本信息包括但不限于客户法定名称、性别、国籍、民族、职业、婚姻状况、家庭状况、收入情况、身份证和护照等证件类信息、手机号码、固定电话号码、电子邮箱、工作及家庭地址，以及在提供产品和服务过程中收集的照片、音视频等信息。借贷信息则是“指个人金融信息主体在金融业机构发生借贷业务产生的信息，包括但不限于授信、信用卡和贷款的发放及还款、担保情况等”。而其他信息的范围则无明确界定。个人征信机构指开展个人征信业务、提供个人征信服务的机构，严格意义上来讲，其外延应仅涵盖取得个人征信业务经营许可的机构。《征信行业管理办法》规定，凡从事个人征信业务的，均需取得央行的个人征信机构许可；以“信用信息服务”“信用服务”“信用评分”“信用评级”“信用修复”等名义对外实质提供征信服务的，适用本办法。

个人征信信息用于评价特定自然人在经济活动中的信用状况，故其必然具有“关联性”的特征，属于个人信息的范畴。个人征信信息包含基本信息，根据《个人信息保护法》，“敏感个人信息是一旦泄露或者非法使用，容易导致自然人的人格尊严受到侵害或者人身、财产安全受到危害的个人信息”。借贷信息也是敏感信息；其他信息即替代信息的性质应视其具体内容而界定；针对授信主体作出的对其信用状况分析评价的信息，其性质亦属敏感个人信息。个人征信信息中的基本信息、借贷信息及最终做出的信用评价信息的本质是个人敏感信息，经过分析、处理后能够对特定自然人的经济信用状况予以反映，而一旦泄露或者非法使用，则易导致自然人的人格尊严或者人身、财产权益受到侵害。其他信息由于范围过于宽泛，须视其具体内容界定其性质。

我国个人征信信息制度已有《个人信用信息基础数据库管理暂行办法》《征信业务管理条例》《征信机构管理办法》《征信机构监管指引》《信用评级业管理暂行办法》《征信业务管理办法》等，但立法层面尚不完备，与国家重视征信体系建设与作用尚有差距。现有制度对相关权利义务边界缺乏界定，对个人征信信息规制不足，对征信行业的健康持续发展造成了制约。为此，需要完善个人征信信息规制的法律路径：建立统一的个人征信信息标准，包括个人征信信息分类分级标准、个人征信信息质量标准、个人征信信息处理标准。保障个人征信信息在形成信用分析结果的一系列信息加工过程中的安全性、准确性、及时性和公正性。推进个人信息征信机构构建完善的数据治理机制。推进个人征信信息融合共享，建立符合征信业务特征个人信息的保护法律体系。

目前，中国特色的金融监管体系的“四梁八柱”已构建完成，由多主体参与、多领域协作、多层次贯通的“全覆盖、无例外”的“新监管”模式轮廓初成。新一轮科技革命和产业变革方兴未艾，数字技术已成为新的发展引擎，下好发展数字金融的先手棋，打好服务实体经济的主动仗，维护好金融稳定，是金融法制的时代机遇也是时代责任。

全面注册制时代的证券法制

注册制下中介机构“看门人”责任的认定与承担

陈鑫淼 *

随着注册制改革的逐步推行，中介机构将充分发挥资本市场“看门人”作用，履行看门人职责，承担更多核查信息披露真实性的工作，以其专业身份和丰富经验对发行人是否符合发行上市条件进行判断。由于中介机构中的保荐人、律师事务所、会计师事务所及其他中介机构在证券服务中职责不清、分工不明，且同为资本市场“看门人”，理论上如何演化、实践中各自职责分工如何明晰，亟须在理论与制度上予以解决。因此，本文以“注册制下中介机构看门人责任的认定与承担”作为选题进行研究具有重要的理论与现实意义。

一、中介机构“看门人”理论

（一）“看门人”的内涵及声誉机制运行机理

证券市场中的“看门人”（Gatekeepers）是指为投资者提供核查和验证服务的声誉中介机构。[1]其提供的核查和验证服务的内容具体包括：会计师事务所核查发行人的财务报表；信用评级机构核查发行人的信誉；证券分析师对发行人技术、竞争力和盈利前景进行评价；投资银行评估发行人合并或收购行为是否公平合理；

---

* 陈鑫淼，华东政法大学经济法博士生。

〔1〕 See John C. Jr. Coffee, *Gatekeeper Failure and Reform: The Challenge of Fashioning Relevant Reforms*, 84 B. U. L. Rev. 308 (2004).

律师事务所就发行人披露信息真实性、完整性发表法律意见。[1]

"看门人" 主要解决发行人与投资者之间信息不对称的问题。为了获取证券发行的巨大收益，发行人缺乏披露与证券相关不利信息的动力，有时甚至会采取虚假陈述等市场不当行为欺诈投资者、掩盖证券中存在的问题，以确保证券能够顺利发行。[2] 由于发行人和投资者之间存在信息不对称的情况，处于信息劣势地位的投资者无法有效对证券价值作出判断。无论是由投资者直接收集资料判断发行人的证券价值，还是由发行人直接向投资者证实其披露信息的真实性、完整性，都将极大地增加证券交易的成本。[3] "看门人" 作为经验较为丰富的证券市场从业者，能够在降低双方证券交易成本的情况下，通过为投资者核查、验证发行人的披露信息，有效降低双方信息不对称的程度，从而促进证券市场发展。

然而，中介机构无法脱离于和发行人之间的委托代理关系。中介机构由发行人聘用、付费，实质上受发行人委托为其提供增信服务。基于此种委托代理关系，中介机构在保护投资者、为投资者核验信息披露真实性、完整性时，理论上应当以发行人利益最大化为目标。[4] 因此，中介机构发现发行人存在市场不当行为时，中介机构可能因利益冲突无法尽职履行 "看门人" 职责、无法有效制止发行人的市场不当行为。在这种存在固有利益冲突的情况下，投资者依然信任中介机构的重要原因之一即声誉机制对中介机构形成的约束。

声誉机制是 "看门人" 理论的基石。证券市场中的中介机构通常是资本市场中的重复参与者（repeat player），凭借着多年的从业经历，在证券市场中积累起一定的职业声誉，形成了 "声誉资本"（reputational capital）。[5] 在中介机构为投资者提供核实、鉴定发行人证券品质和披露信息真实性的服务后，中介机构的 "声誉资本" 即作为 "保证金"，为发行人的证券品质和信息披露真实性作担保。通过维护、积累声誉资本，并将声誉资本持续用于为发行人担保，最终从证券市场大量发行人处获取佣金就成为中介机构的基本运营模式。[6] 和发行人通过证券发行获取利益相比，中介机构更注重长期运营带来的收益。中介机构在证券市场中积累的声誉资本越多，投资者越容易信任由其担保发行人，中介机构也就越能够发挥增信作用。反之，若中介机构在履行 "看门人" 职责的过程中没有保持其独立性，存在玩忽职守、包庇发行人虚假陈述等情况，待问题暴露出来后，中介机构多年积累的声誉资本将遭受

---

〔1〕 See Stephen J. Choi, *Market Lessons for Gatekeepers*, 92 Nw, U. L. Rev. 916 (1998).

〔2〕 See Reinier H. Kraakman, *Gatekeepers: The Anatomy of a Third – Party Enforcement Strategy*, 2. J. L. ECON. & ORG. 53 (1986).

〔3〕 See Ronald J. Gilson & Reinier H. Kraakman, *The Mechanisms of Market Efficiency*, 70 VA. L. REV. 549 (1984).

〔4〕 See John C. Jr. Coffee, *Understanding Enron: It's about the Gatekeepers*, *Stupid*, 57 Bus. Law. 1403 (2002).

〔5〕 See John C. Jr. Coffee, *Gatekeeper Failure and Reform: The Challenge of Fashioning Relevant Reforms*, 84 B. U. L. Rev. 308 (2004).

〔6〕 See James R. Booth, Richard L. Smith, *Capital Raising*, *Underwriting and the Certification Hypothesis*, Journal of Financial Economics, Volume 15, Issues 1 – 2, 1986, p. 261 – 281.

重大损失。对于中介机构来说，凭借积累声誉资本进行长期运营带来的收益风险低、可持续，一般要优于从单一发行人处获得的非法收益。[1]中介机构发现发行人在证券发行过程中存在不当行为时，其应当通过拒绝与发行人合作或拒绝为发行人提供服务的方式，履行“看门人”职责，阻止市场不当行为的发生。例如，投资银行发现发行人的证券披露信息不真实或严重不足时，投资银行可以拒绝为其保荐；再如，会计师事务所或律师事务所发现发行人的财务报表或披露信息存在重大问题时，可以拒绝为发行人的证券出具专业意见，使发行人无法完成不当交易。[2]

（二）声誉机制的缺陷

如果声誉机制能够稳定地对中介机构形成足够的威慑，那么即便在不承担“看门人”责任的情况下，中介机构也会为保障其声誉资本不遭受损失而主动监督发行人。[3]然而，中介机构是经济理性的（Economically Rational），其不可避免地会通过衡量维护声誉资本和协助市场不当行为的成本和收益，追求自身利益的最大化。此外，证券市场总体行情的变化会极大地影响投资者对中介机构的依赖程度，投资者对中介机构的声誉资本的需求并非总是一成不变的，中介机构也没有必要在证券市场中始终保持完美无瑕的声誉，只要中介机构获得的不当利益大于声誉资本造成的损失，中介机构就有协助发行人进行虚假陈述等市场不当行为的动机。[4]2001 年美国的安然事件很好地诠释了声誉机制存在的缺陷。

在安然事件发生之前，美国证券市场的市场泡沫使大多数证券连续多年都呈现高回报态势。从现代行为经济学理论来说，证券市场投资人仅具有“有限理性”（bounded rationality），其往往会采用“可利用性法则”（availability heuristic）对证券市场的行情作出判断。[5]在如此狂热的市场泡沫氛围中，投资者也普遍会简单地认为这一高回报态势会持续存在，进而陷入狂热的投资浪潮中，亦即“现状或持续性偏见”现象（status quo or persistence bias）。[6]而此时的中介机构作用甚微，投资者对中介机构声誉资本的要求及其提供的增信服务依赖都大幅降低，中介机构长期积累的声誉资本的价值也随之降低。[7]因为作为理性经济人的投资

〔1〕 See John C. Jr. Coffee, *Gatekeeper Failure and Reform: The Challenge of Fashioning Relevant Reforms*, 84 B. U. L. Rev. 308 (2004).

〔2〕 See Reinier H. Kraakman, *Gatekeepers: The Anatomy of a Third – Party Enforcement Strategy*, 2 J. L. Econ. & Org. 53 –56, 61 –66 (1986).

〔3〕 See Frank Partnoy, *Barbarians at the Gatekeepers?: A Proposal for a Modified Strict liability Regime*, 79 WASH. U. L. Q. 499 –505 (2001).

〔4〕 See Frank Partnoy, *Barbarians at the Gatekeepers: A Proposal for a Modified Strict Liability Regime*, 79 Wash. U. L. Q. 491 (2001).

〔5〕 See Herbert A. Simon, *Rationality as Process and Product of Thought*, 68 Am. Econ. Rev.: Papers & Proceedings I (1978).

〔6〕 See Christian Jolis, Cass Sunstein, and Richard Thaler, *A Behavioral Approach to Law and Economics*, 50 Stan. L. Rev. 1471 (1998).

〔7〕 See Charles P. Kindleberger, Mania, Panics and Crashes: A History of Financial Crises (2000) at 76 –78.

者只有在对证券市场中的发行人保持合理性怀疑的谨慎态度时，才会依赖中介机构服务的价值。证券市场出现高度市场泡沫，市场出现非理性的高回报时，中介机构就会愿意冒着损失声誉资本的风险谋取不当利益，丧失维护其声誉资本的动机，声誉机制的约束作用将会被大幅削弱。中介机构履行“看门人”职责就会逐渐流于形式，仅为应对美国证券交易监督委员会（U. S. Securities and Exchange Commission，SEC）的强制规定。[1] 最终，由于声誉机制未对中介机构形成足够威慑，中介机构未尽职履行“看门人”职责成为安然事件爆发的重要原因之一。

（三）看门人责任的作用

向中介机构施加“看门人”责任是声誉机制威慑力不足时的有力补充手段。如前所述，由于中介机构面临巨大的角色利益冲突，声誉机制无法对中介机构形成足够的威慑。一般而言，虚假陈述给投资者造成的损失十分巨大。因此，将中介机构置于投资者的证券侵权诉讼之下，要求中介机构与发行人承担连带赔偿责任，让中介机构为发行人市场不当行为的法律后果负责，能够有效地弥补声誉机制的缺陷，保证中介机构尽职履行“看门人”职责。[2]

“看门人”责任构建的理论基础是最优威慑理论（Optimal Deterrence Theory）。最优威慑理论阐述了对损害社会公共利益的不法行为威慑效果最佳的法律责任承担规则。该理论预测特定的责任承担规则将如何影响责任承担者的行为，并基于特定的社会公共利益考虑这些规则的合理性。[3] 在预测责任承担者的行为时，最优威慑理论则采用了标准新古典主义的假设，并吸收了预期效用和风险决策理论。最优威慑理论认为：责任承担者在行动时具备最优的理性思维，并且其在进行风险决策时会使自己的效用最大化。[4] 因此，最优威慑理论假设：责任承担者会根据他们的预期效用评估所有方案可能发生的结果，并不惜代价地选择能够使预期效用最大化的方案并付诸实践。[5] 同时，最优威慑理论提出要合理设置上述法律责任的归责。若将法律责任设置过重则会施加不必要的法律后果，若将法律责任设置过轻则无法对不法行为形成足够威慑。[6]

就最优威慑理论在“看门人”责任中的应用而言，将中介机构陷入巨额赔付乃至破产的法律风险之中，固然能够对中介机构形成一定的威慑，但是也会极大地限制我国中介机

---

〔1〕 See John C. Jr. Coffee, *Gatekeeper Failure and Reform: The Challenge of Fashioning Relevant Reforms*, 84 B. U. L. Rev. 323 (2004).

〔2〕 See Frank Partnoy, *Barbarians at the Gatekeepers: A Proposal for a Modified Strict Liability Regime*, 79 Wash. U. L. Q. 491 (2001).

〔3〕 See Steven Shavell, *Economic Analysis of Accident Law* (1st Harv. Univ. Press paperback ed. 2007) (1987); Guido Calabresi, *The Costs of Accidents: A Le - gal and Economic Analysis* (1970); Becker, supra note 9.

〔4〕 See Kenneth J. Arrow, *Essays in the Theory of Risk - Bearing* 1 - 41 (1970).

〔5〕 See Kenneth J. Arrow, *Essays in the Theory of Risk - Bearing* 1 - 41 (1970).

〔6〕 Id. at 1 - 3; see also Calabresi, supra note 84, at 26.

构行业的发展。设置合理有效的“看门人”责任，不仅有利于督促“看门人”采取最优措施阻止发行人的不当行为，也有助于将措施限定在合理范围之内，避免“看门人”责任过重限制资本市场中的中介机构行业发展。然而，我国证券市场起步较晚，各中介机构尚未形成成熟的行业惯例和规则。在构建“看门人”责任的过程中，我国主要面临“看门人”责任认定标准和承担方式不明确的问题。[1]

二、我国中介机构“看门人”责任认定与承担的现状和困境

（一）未区分中介机构不同主观状态及责任承担方式

在虚假陈述案件中，中介机构的主观状态可区分为故意和过错两种。[2]在制度层面，我国《证券法》并未明确区分中介机构不同主观状态下的认定标准。最高人民法院颁布的司法解释虽然对不同主观状态进行了区分，但是对故意、过错认定标准及对应责任承担方式的规定仍然十分模糊。在司法判例层面，由于中介机构在虚假陈述中故意、过错的认定标准及对应责任承担方式不明确，各地法院在审理过程中的观点并不一致。

1. 制度层面

我国《证券法》（2019 年修订）第 85 条、第 163 条规定了中介机构在虚假陈述中“应当与发行人承担连带赔偿责任”，该种表述实质上是严格责任的表达方式。但是，上述两条通过但书为中介机构规定了免责事由，即“能够证明自己没有过错的除外”。因此，《证券法》（2019 年修订）第 85 条、第 163 条实际上规定了中介机构对虚假陈述中存在过错的情形及责任承担方式。但是，我国《证券法》（2019 年修订）并未对中介机构主观状态为故意的认定标准及责任承担方式予以明确，也未根据“责任承担与过错大小相结合”原则[3]对中介机构存在过错情形下连带赔偿责任范围划分标准予以明确。最高人民法院于 2003 年、2007 年先后公布《最高人民法院关于审理证券市场因虚假陈述引发的民事赔偿案件的若干规定》（以下简称《虚假陈述赔偿规定》，现已失效）和《最高人民法院关于审理涉及会计师事务所在审计业务活动中民事侵权赔偿案件的若干规定》（以下简称《审计侵权赔偿规定》）两个司法解释，对故意和过错的认定进行了区分。《虚假陈述赔偿规定》第 27 条[4]引入“共同侵权”的概念，规定中介机构主观状态为故意的认定标

---

〔1〕 参见郭雳：《证券市场中介机构的法律职责配置》，载《南京农业大学学报（社会科学版）》2011 年第 1 期。

〔2〕 See Andrew F. Tuch, *Multiple Gatekeepers*, 96 VA. L. REV. 1583 (2010).

〔3〕 参见姜战军：《侵权构成的非限定性与限定性及其价值》，载《法学研究》2006 年第 5 期。

〔4〕《关于审理证券市场因虚假陈述引发的民事赔偿案件的若干规定》（以下简称《虚假陈述赔偿决定》）第 27 条规定：“证券承销商、证券上市推荐人或者专业中介服务机构，知道或者应当知道发行人或者上市公司虚假陈述，而不予纠正或者不出具保留意见的，构成共同侵权，对投资人的损失承担连带责任。”

准是“知道或者应当知道发行人或者上市公司虚假陈述，而不予纠正或者不出具保留意见”。第 24 条[1]则依据 1998 年《证券法》，规定中介机构主观状态为过错的认定标准是“违反证券法第一百六十一条和第二百零二条的规定虚假陈述”，即中介机构若未“按照执业规则规定的工作程序出具报告，对其所出具报告内容的真实性、准确性和完整性进行核查和验证”则可认定存在过失。然而，上述认定标准仍然不够具体。相比之下，《审计侵权赔偿规定》第 5 条[2]、第 6 条[3]进一步列举了会计师事务所在审计业务活动中认定民事侵权为主观状态的具体情形，这在实践中更具参考价值。在故意和过错的责任承担方面，《虚假陈述赔偿规定》第 27 条明确了主观状态为故意情况下的责任承担方式是“连带责任”。第 24 条则明确主观状态为过错情况下的责任承担方式是“就其负有责任的部分承担连带责任”。然而，《审计侵权赔偿规定》仅就中介机构故意情况下的责任承担方式与《虚假陈述赔偿规定》保持一致，于第 5 条明确故意的责任承担方式为“连带赔偿责任”。在会计师事务所主观状态存在过错的情况下，《审计侵权赔偿规定》第 10 条[4]和《虚假陈述赔偿规定》第 24 条有所区别，明确了会计师事务所仅承担“补充赔偿责任”，且赔偿以“不实审计金额”为限。

---

〔1〕 参见《关于审理证券市场因虚假陈述引发的民事赔偿案件的若干规定》第二十四条规定：“专业中介服务机构及其直接责任人违反证券法第一百六十一条和第二百零二条的规定虚假陈述，给投资人造成损失的，就其负有责任的部分承担赔偿责任。但有证据证明无过错的，应予免责。”

〔2〕 参见《最高人民法院关于审理涉及会计师事务所在审计业务活动中民事侵权赔偿案件的若干规定》第 5 条规定：“注册会计师在审计业务活动中存在下列情形之一，出具不实报告并给利害关系人造成损失的，应当认定会计师事务所与被审计单位承担连带赔偿责任：（一）与被审计单位恶意串通；（二）明知被审计单位对重要事项的财务会计处理与国家有关规定相抵触，而不予指明；（三）明知被审计单位的财务会计处理会直接损害利害关系人的利益，而予以隐瞒或者作不实报告；（四）明知被审计单位的财务会计处理会导致利害关系人产生重大误解，而不予指明；（五）明知被审计单位的会计报表的重要事项有不实的内容，而不予指明；（六）被审计单位示意其作不实报告，而不予拒绝。对被审计单位有前款第（二）至（五）项所列行为，注册会计师按照执业准则、规则应当知道的，人民法院应认定其明知。”

〔3〕 参见《最高人民法院关于审理涉及会计师事务所在审计业务活动中民事侵权赔偿案件的若干规定》第 6 条规定：“会计师事务所在审计业务活动中因过失出具不实报告，并给利害关系人造成损失的，人民法院应当根据其过失大小确定其赔偿责任。注册会计师在审计过程中未保持必要的职业谨慎，存在下列情形之一，并导致报告不实的，人民法院应当认定会计师事务所存在过失：（一）违反注册会计师法第二十条第（二）、（三）项的规定；（二）负责审计的注册会计师以低于行业一般成员应具备的专业水准执业；（三）制定的审计计划存在明显疏漏；（四）未依据执业准则、规则执行必要的审计程序；（五）在发现可能存在错误和舞弊的迹象时，未能追加必要的审计程序予以证实或者排除；（六）未能合理地运用执业准则和规则所要求的重要性原则；（七）未根据审计的要求采用必要的调查方法获取充分的审计证据；（八）明知对总体结论有重大影响的特定审计对象缺少判断能力，未能寻求专家意见而直接形成审计结论；（九）错误判断和评价审计证据；（十）其他违反执业准则、规则确定的工作程序的行为。”

〔4〕 参见《最高人民法院关于审理涉及会计师事务所在审计业务活动中民事侵权赔偿案件的若干规定》第 10 条规定：“人民法院根据本规定第六条确定会计师事务所承担与其过失程度相应的赔偿责任时，应按照下列情形处理：（一）应先由被审计单位赔偿利害关系人的损失。被审计单位的出资人虚假出资、不实出资或者抽逃出资，事后未补足，且依法强制执行被审计单位财产后仍不足以赔偿损失的，出资人应在虚假出资、不实出资或者抽逃出资数额范围内向利害关系人承担补充赔偿责任。（二）对被审计单位、出资人的财产依法强制执行后仍不足以赔偿损失的，由会计师事务所在其不实审计金额范围内承担相应的赔偿责任。（三）会计师事务所对一个或者多个利害关系人承担的赔偿责任应以不实审计金额为限。”

2. 司法判例层面

在金亚科技案中，成都市中院认为立信会计师事务所"未勤勉尽责，未对所依据的文件资料内容的真实性、准确性、完整性进行核查和验证，其制作、出具的审计报告有虚假记载、误导性陈述或者重大遗漏，应当与金亚科技公司承担连带赔偿责任。立信会计师事务所承担赔偿责任后，可以依据法律规定或者双方之间的合同约定，向金亚科技公司追偿"。[1]结合前文的分析，一审法院实质上认定立信会计师事务所在虚假陈述中存在过错。然而，一审法院并未按照"责任承担与过错大小相结合"的原则和《虚假陈述赔偿规定》第24条之规定，根据立信会计师事务所的过错大小明确其责任范围，而是判决立信会计师事务所就虚假陈述给投资者造成的全部损失承担赔偿连带赔偿责任。在金亚科技案二审中，四川省高院根据立信会计师事务所未勤勉尽责、存在重大过错，认定立信会计师事务所属于《虚假陈述赔偿规定》第27条下"知道或应当知道"的情形，在虚假陈述中的主观状态为故意而非过失，和金亚科技公司构成"共同侵权"，因而就虚假陈述造成的全部损失承担连带责任。然而，在成都华泽案中，成都市中法院则采纳了"责任承担与过错程度相结合"原则，根据保荐机构国信证券和瑞怀会计师事务所的过错大小划分连带赔偿责任范围，判决保荐机构国信证券、瑞怀会计师事务所分别在40%和60%损失范围内承担赔偿责任。[2]在五洋建设案中，杭州市中院则根据中介机构在虚假陈述中存在的过错是否重大对中介机构承担的责任作出区分，认为德邦证券、大信所均未勤勉尽职，且对案涉债券得以发行、交易存在重大过错，应对五洋建设应负全部债务承担连带赔偿责任；大公国际评级迥鼓、锦天城律所亦均未勤勉尽职，但仅存在一定过错，应分别在10%和5%的债务范围内承担连带责任。[3]

（二）未明确中介机构在"互相引用"中看门人责任的认定标准

在实践中，中介机构提供的服务不可避免地存在相互交叉、重叠和互补的情况。中介机构出具的专业意见不仅会依据发行人主动披露和自己通过尽职调查收集的资料，也会依据其他中介机构出具的专业意见，进而存在交叉引用的情况。[4]例如，律师事务所必须要了解一些影响交易架构、交易对价形式和金额等关键内容的会计概念。[5]证券公司也要了解一定的

---

〔1〕 参见盛学军与金亚科技股份有限公司、周旭辉证券虚假陈述责任纠纷一审民事判决书，（2018）川01民初2016号。

〔2〕 参见李晓燕与成都华泽钴镍材料股份有限公司、国信证券股份有限公司证券虚假陈述责任纠纷一审民事判决书，（2019）川01民初2202号。

〔3〕 参见《五洋建设集团股份有限公司、陈志樟、德邦证券股份有限公司、大信会计师事务所、上海市锦天城律师事务所、大公国际资信评估有限公司证券虚假陈述责任纠纷一审民事判决书》（2020）浙01民初1691号。

〔4〕 参见郭雳：《IPO中各中介机构的职责分配探析——从欣泰电气案议起》，载《证券法苑》2017年第4期。

〔5〕 See Lawrence A. Cunningham, *Sharing Accounting's Burden: Business Lawyers in Enron's Dark Shadows*, 57 Bus. Law. 1421, 1421 (2002).

法律、会计专业知识才能获得行业认证。[1]在这种情况下，遏制证券欺诈最有效的方式就是：各行业中介机构一同采取预防措施。尽管如此，不同的中介机构在特定的证券交易中都有特定的专业领域和影响范围。[2]中介机构在对交叉部分进行审查时，应根据专业的不同承担不同程度的"看门人"责任。

《证券法》（2019 年修订）第 163 条并未对中介机构所依据的文件进行细分，仅概括地要求中介机构"对所依据的文件资料内容的真实性、准确性、完整性进行核查和验证"。虽然在科创板注册制试点的过程中，《上海证券交易所科创板上市公司证券发行上市审核规则》（以下简称《科创板发上市审核规则》，现已失效）第 18 条、[3]《科创板首次公开发行股票注册管理办法（试行）》（2020 年修正，以下简称《科创板注册管理办法》，现已失效）第 7 条[4]确立了证券服务机构"对与其专业职责有关的业务事项进行核查验证，履行特别注意义务"和"对其他业务事项履行普通注意义务，审慎发表专业意见"的标准。但是，《科创板发上市审核规则》和《科创板注册管理办法》对"全面核查""特别注意义务"和"普通注意义务"的具体要求仍然未作进一步规定。《律师事务所从事证券法律业务管理办法》第 15 条尽管提及"律师在出具法律意见时，对与法律相关的业务事项应当履行法律专业人士特别的注意义务，对其他业务事项履行普通人一般的注意义务"，但是也未明确上述不同注意义务的具体内涵及标准。在欣泰电气案中，律师事务所因在其出具的法律意见书中直接引用的证券公司的工作底稿和会计师事务所的审计报告而未尽职调查，被证监会认定为未勤勉尽责。[5]在五洋建设案中，锦天城律师事务所因未对五洋建设"占比较高的重

---

〔1〕 See FINRA, *Investment Banking Representative Qualification Examination* (Test Series 79): Content Outline 9, 11 – 13 (2009), available at http://www.finra.org/web/groups/industry/@ip/@comp/@regis/documents/industry/p119446.pdf.

〔2〕 See, e.g., William Powers, Jr. et al., Report of Investigation by the Special Investigative Committee of the Board of Directors of Enron Corporation 26 (Feb. 1, 2002), available at http://news.findlaw.comlhdocs/docs/enron/sicreport/sicreport020102.pdf.

〔3〕 参见《上海证券交易所科创板上市公司证券发行上市审核规则》第 18 条第 1 款、第 3 款规定："会计师事务所、律师事务所、资产评估机构、资信评级机构等证券服务机构应当严格遵守法律法规、中国证监会制定的监管规则、本行业公认的业务标准和道德规范、本所制定的业务规则及其他相关规定，建立并保持有效的质量控制体系，保护投资者合法权益，审慎履行职责，作出专业判断与认定，并对募集说明书或者其他信息披露文件中与其专业职责有关的内容及其所出具文件的真实性、准确性、完整性负责。证券服务机构及其相关人员应当诚实守信、勤勉尽责，严格执行内部控制制度，对与其专业职责有关的业务事项进行核查验证，履行特别注意义务，对其他业务事项履行普通注意义务，审慎发表专业意见，并承担相应法律责任。证券服务机构及其相关人员从事证券服务业务应当配合本所的自律管理，在规定的期限内提供、报送或披露相关资料、信息，并保证其提供、报送或披露的资料、信息真实、准确、完整，不得有虚假记载、误导性陈述或者重大遗漏。"

〔4〕 参见《科创板首次公开发行股票注册管理办法（试行）》第 7 条规定："证券服务机构应当严格按照依法制定的业务规则和行业自律规范，审慎履行职责，作出专业判断与认定，并对招股说明书中与其专业职责有关的内容及其所出具的文件的真实性、准确性、完整性负责。证券服务机构及其相关执业人员应当对与本专业相关的业务事项履行特别注意义务，对其他业务事项履行普通注意义务，并承担相应法律责任。"

〔5〕 参见中国证监会行政处罚决定书（北京市东易律师事务所、郭立军、陈燕殊），（2017）70 号。

大资产减少情况对五洋建设偿债能力”造成的影响进行核查而被法院认定为未勤勉尽责、存在过错。[1]然而，重大资产减少对偿债能力造成影响本身并非法律问题，律师应以何种标准尽职调查仍有争议。

此外，保荐机构作为特殊的中介机构，于所有中介机构中处于牵头地位，保荐机构对证券服务机构出具的专业意见履行何种核查、验证职责也存在争议。[2]中国证监会于2003年发布了《证券发行上市保荐制度暂行办法》（现已修订为《证券发行上市保荐业务管理办法》（2020年修订），以下简称《保荐办法》），初步构建了以证券公司为主的保荐机构牵头，协调律师事务所、会计师事务所在内的证券服务机构参与证券发行上市的“看门人”体系。《科创板发上市审核规则》第17条、[3]《科创板注册管理办法》第6条[4]均要求保荐机构“对上市公司发行上市申请文件进行全面核查验证”，未区分对专业意见的不同核验标准。中国证监会公布的《保荐办法》中第22条要求保荐机构对证券服务机构的专业意见的内容“可以合理信赖，对相关内容应当保持职业怀疑、运用职业判断进行分析，存在重大异常、前后重大矛盾，或者与保荐机构获得的信息存在重大差异的，保荐机构应当对有关事项进行调查、复核，并可聘请其他证券服务机构提供专业服务”、第23条要求保荐机构对非专业意见的内容“应当获得充分的尽职调查证据，在对各种证据进行综合分析的基础上对发行人提供的资料和披露的内容进行独立判断，并有充分理由确信所作的判断与发行人申请文件、证券发行募集文件的内容不存在实质性差异”。然而，《保荐办法》并未进一步明确“合理信赖”和“职业怀疑”的具体标准。在欣泰电气案和振隆特产案中，保荐机构均因未经审慎核查引用会计师事务所工作底稿受到中国证监会处罚。[5]不明确的标准导致保荐机构为避免承担“看门人”责任而大量重复证券服务机构的工作，保荐机构对专业意见的核查、验证趋于形式化，在增加自身负担的同时也并未真正起到核查、验证的作用。

---

〔1〕 参见五洋建设集团股份有限公司、陈志樟、德邦证券股份有限公司、大信会计师事务所、上海市锦天城律师事务所、大公国际资信评估有限公司证券虚假陈述责任纠纷一审民事判决书，（2020）浙01民初1691号。

〔2〕 陈洁：《论保荐机构的担保责任》，载《环球法律评论》2010年第6期。

〔3〕 参见《上海证券交易所科创板上市公司证券发行上市审核规则》第17条：“保荐人应当诚实守信、勤勉尽责，保证募集说明书、其他信息披露文件及其所出具的相关文件的真实、准确、完整。保荐人应当严格遵守依法制定的业务规则和行业自律规范的要求，严格执行内部控制制度，对上市公司发行上市申请文件进行全面核查验证，对上市公司是否符合发行条件、上市条件和信息披露要求作出专业判断，审慎作出推荐决定。”

〔4〕 参见《科创板首次公开发行股票注册管理办法（试行）》第6条：“保荐人应当诚实守信，勤勉尽责，按照依法制定的业务规则和行业自律规范的要求，充分了解发行人经营情况和风险，对注册申请文件和信息披露资料进行全面核查验证，对发行人是否符合发行条件、上市条件独立作出专业判断，审慎作出推荐决定，并对招股说明书及其所出具的相关文件的真实性、准确性、完整性负责。”

〔5〕 参见中国证监会行政处罚决定书（兴业证券股份有限公司、兰翔、伍文祥），（2016）91号、中国证监会行政处罚决定书（信达证券股份有限公司、寻源、李文涛），（2016）109号。

三、中介机构“看门人”责任认定与承担理论演变：美国法镜鉴

（一）区分中介机构在虚假陈述中的不同主观状态

美国法体系下中介机构在虚假陈述中的主观状态也分为故意和过错两种。其中，关于中介机构主观状态为过错情形下的认定标准和责任承担方式主要见于《1933 年证券法》第 11 条，关于中介机构主观状态为故意情形下的认定标准和责任承担方式则主要见于《1934 年证券交易法》第 10 条（b）项的“反欺诈条款”、第 20 条（e）项的“帮助和教唆责任”和美国证监会据此制定的 10b－5 规则。《1934 年证券交易法》第 21D 条（f）项（2）（A）连带责任（Joint and Several Liability）规定：“只有责任人最终被认定为故意（knowingly）违反证券法的情况下，责任人才承担连带责任。”[1]该项（2）（B）按份责任（Proportionate Liability）中（i）款规定：“除（A）项规定外，在私人诉讼中接受终审判决的受保人，应仅对判决中自己责任有关的部分按比例承担责任。”[2]

1. 中介机构在虚假陈述中主观状态为故意的认定

10b－5 规则的完整表述为：“任何人利用任何州际商业手段或设施、邮件，或利用任何全国性证券交易所实施的、与任何证券买入或卖出有关的下列行为均为非法行为，（a）使用任何策略、计划、诡计进行欺诈的；（b）对主要事实作出虚假陈述，或遗漏能够确保陈述不具备误导性的主要事实的；（c）参与任何构成或可能构成欺诈他人的行为或商业活动的。”[3]根据 10b－5 规则，中介机构可以作为主责任人承担证券欺诈的责任。[4]此外，2010 年，《多德—弗兰克法案》（Dodd－Frank Act）将《1934 年证券交易法》第 20 条（e）项中帮助和教唆责任的主体范围扩大为“任何在主观明知或不顾后果的情况下为违反《1934 年证券交

---

〔1〕 Securities Exchange Act of 1934 § 21D（f）（2）（A）. 原文为：“Joint and Several Liability. —Any covered person against whom a final judgment is entered in a private action shall be liable for damages jointly and severally only if the trier of fact specifically determines that such covered person knowingly committed a violation of the securities laws.”

〔2〕 Securities Exchange Act of 1934 § 21D（f）（2）（B）（i），15 U. S. C. § 78u－4（f）（2）（B）（i）（2006）. 原文为：“...（B）Proportionate Liability. —（i）in General. —Except as provided in subparagraph（A），a covered person against whom a final judgment is entered in a private action shall be liable solely for the portion of the judgment that corresponds to the percentage of responsibility of that covered person，as determined under paragraph（3）”

〔3〕 17 C. F. R. §240. 10b－5（2010）. 原文为：“It shall be unlawful for any person，directly or indirectly，by the use of any means or instrumentality of interstate commerce，or of the mails or of any facility of any national securities exchange，（a）To employ any device，scheme，or artifice to defraud，（b）To make any untrue statement of a material fact or to omit to state a material fact necessary in order to make the statements made，in the light of the circumstances under which they were made，not misleading，or（c）To engage in any act，practice，or course of business which operates or would operate as a fraud or deceit upon any person，in connection with the purchase or sale of any security.”

〔4〕 CentralBank，511 U. S. at 191.

易法》提供实质性帮助的人”。[1]虽然10b-5规则中并没有对责任主体的主观状态作出要求，但是在Ernst & Ernst *v.* Hochfelder一案中，联邦最高法院明确了行为人具有主观恶意是认定其存在证券欺诈的先决条件。在该案中，被告Hochfelder是一家会计师事务所，因其疏忽未能发现证券公司存在证券欺诈行为而被诉至法庭。联邦最高法院在该案中判定，除非能够证明会计师事务所有意图（knowingly）或不顾后果地（recklessly）参与了证券公司的证券欺诈行为，否则会计师事务所不承担10b-5项下的证券欺诈责任。[2]

2. 中介机构在虚假陈述中主观状态为过错的认定

根据《1933年证券法》第11条的规定，包括中介机构在内和证券发行相关主体须为发行人招股说明书中存在的虚假记载、误导性陈述或重大遗漏承担责任。[3]由于《1933年证券法》第11条不以中介机构直接作出虚假记载、误导性陈述或重大遗漏作为责任认定的要素，因此该条实际上采用的是严格责任（Strict Liability Regime）的表述方式。[4]但是，《1933年证券法》第11条（b）项“尽管本章（a）节规定如上，但除发行人外，任何人只要证明存在下列情况，就不承担其中规定的举证责任：……”的规定，实质上为除发行人外的其他责任主体设置了免责事由，将《1933年证券法》第11条项下中介机构的“看门人”责任由严格责任转变为过错责任（Fault-Based Regime）。[5]在Ernst & Ernst *v.* Hochfelder一案中，法院即认为：“会计师事务所作为专家参与部分招股说明书的准备工作时，享有的‘尽职调查’抗辩属于过错责任认定的标准。”[6]

《1933年证券法》第11条（b）项第（1）款规定了责任主体可以通过“退出”“拒绝配合”的方式获得免责的具体情形，即中介机构可以通过终止业务或拒绝出具专业意见，并

---

[1] Dodd-Frank Wall Street Reform and Consumer Protection Act §929O (2010). 原文为："... (A) such person, (i) is violating or has violated any provision of this title, or any rule or regulation issued under this title; or (ii) is or was a cause of the violation of any provision of this title, or any rule or regulation thereunder..."

[2] Ernst & Ernst v. Hochfelder, 425 U.S. 185, 193 n. 12 (1976); 17 C.F.R. §240.10b-5 (2010).

[3] Securities Act §11 (a), 15 U.S.C. §77k (a) (2019). 原文为："(a) In case any part of the registration statement, when such part became effective, contained an untrue statement of a material fact or omitted to state a material fact required to be stated therein or necessary to make the statements therein not misleading, any person acquiring such security (unless it is proved that at the time of such acquisition he knew of such untruth or omission) may, either at law or in equity, in any court of competent jurisdiction, sue... (4) every accountant, engineer, or appraiser, or any person whose profession gives authority to a statement made by him, who has with his consent been named as having prepared or certified any part of the registration statement, or as having prepared or certified any report or valuation which is used in connection with the registration statement, with respect to the statement in such registration statement, report, or valuation, which purports to have been prepared or certified by him; (5) every underwriter with respect to such security. ..."

[4] See Stephen J. Choi & A. C. Pritchard, 261-262 (2008).

[5] Securities Act § 11 (b), 15 U.S.C. §77k (b) (2019). 原文为："(b) Notwithstanding the provisions of subsection (a) no person, other than the issuer, shall be liable as provided therein who shall sustain the burden of proof..."

[6] See Ernst & Ernst v. Hochfelder, 425 U.S. 185, 208 (1976).

及时书面通知 SEC 和发行人的方式，将自己与存在虚假陈述的招股说明书划清责任边界。[1] 该项第（2）款则承接第（1）款的内容，明确当中介机构发现招股说明书中存在职责范围内但未经其审核的内容时，应当及时通知 SEC 并将相关问题向公众披露。[2] 在过错责任下，“尽职调查”（due diligence）或“合理信赖”（reliance）是判断中介机构在虚假陈述中是否存在过错、能否免除其看门人责任的标准。[3] 其中，“尽职调查”的要求为“通过合理的调查，并有合理的理由相信且确实相信”对应部分的内容真实有效；“合理信赖”的要求为“没有合理的理由怀疑且确实没有怀疑”对应部分的内容存在虚假陈述。《1933 年证券法》第 11 条对上述要求中“合理”的标准是“一个理性谨慎的人在管理自己财产时应当达到的标准”。[4]

（二）中介机构“互相引用”中“看门人”责任的认定标准及责任承担

《1933 年证券法》第 11 条（b）项第（3）款根据招股说明书对应部分的负责主体，对不同中介机构对招股说明书不同部分的过错认定标准进行划分。对于未经官方授权[5] 且非专家负责部分，[6]《1933 年证券法》第 11 条对非专家部分的规定忽视了中介机构之间可能存在的交叉引用情况，仅将承销商作为中介机构中的“第一责任人”，要求承销商对非专家、非官方部分的内容达到尽职调查的标准。[7] 会计师和律师在内的非承销商中介机构则对各自专业的专家部分的内容承担过错责任，并以是否尽职调查作为判断存在过错大小的标准。[8] 承销商虽然也对专家部分的内容承担一定的“看门人”责任，但是判断其是否存在过错的标准是其是否能够对专家部分的内容产生合理信赖。《1933 年证券法》第 11 条下责任框架如表 1 所示。

表 1　责任框架

招股说明书对应部分	涉及中介机构	责任认定标准
未经官方授权、非专家负责部分	承销商	尽职调查
专家负责部分	承销商 非专业相关的中介机构	合理信赖
	专业相关的中介机构	尽职调查
官方授权部分	所有中介机构	合理信赖

〔1〕 See Securities Act § 11（b）（1），15 U. S. C. § 77k（b）（1）（2019）.

〔2〕 See Securities Act § 11（b）（2），15 U. S. C. § 77k（b）（2）（2019）.

〔3〕 See Stephen Choi，*Market Lessonsfor Gatekeepers*，92 Nw. U. L. REV. 916，934 – 49（1998）.

〔4〕 See Securities Act § 11（c），15 U. S. C. § 77k（c）（2019）.

〔5〕 Securities Act § 11（b）（3）（A），15 U. S. C. § 77k（b）（3）（A）（2019）. 原文为：“... not purporting to be made on the authority of a public official document or statement... ”

〔6〕 Securities Act § 11（b）（3）（A），15 U. S. C. § 77k（b）（3）（A）（2019）. 原文为：“... not purporting to be made on the authority of an expert，and not purporting to be a copy of or extract from a report or valuation of an expert... ”

〔7〕 In re Worldcom，Inc. Sec. Litig.，346 F. Supp. 2d 628，662（S. D. N. Y. 2004）.

〔8〕 See Ahern v. Gaussoin，611 F. Supp. 1465，1482（D. Or. 1985）.

承销商为了应对《1933年证券法》第11条项下的过错责任，通常会和其他中介机构达成“风险分担协议”(risk - shifting arrangements)。[1]在正式提请证券发行之前，承销商会先收集其他中介机构提供的“安慰函”(comfort letters)。虽然在实践中，非专家负责部分的尽职调查工作是由各中介机构共同完成的，但是由于《1933年证券法》第11条仅规定了承销商的看门人责任，并未对非专家负责部分的看门人责任进行细分，各中介机构在安慰函中会对自己在招股说明书中负责的非专家负责部分内容的真实性、准确性向承销商作出保证，并承诺自己对该部分承担主要责任。[2]例如，律师事务所会向承销商提供安慰函，保证其未发现招股说明书中存在虚假记载、误导性陈述或重大遗漏。风险分担协议的首要目的是在所有中介机构之间分配责任。在达成风险分担协议的情况下，承销商不再需要独自为非专家负责部分的内容负责。所有中介机构都将就各自负责的非专家负责部分承担“看门人”责任，进而都有足够的动力核实相关披露信息的真实性、准确性，履行看门人职责监督发行人的市场行为。[3]当然，承销商收到的安慰信不能作为其合理信赖的理由，承销商在法律上仍须通过对非专家负责部分进行尽职调查达到免责要求。[4]关于中介机构对非专业相关专家负责部分的审核标准，美国司法实践中形成了“危险信号”(red flags)概念。如果一个理性的中介机构能够依据一些事实发现发行人正在通过不当行为损害投资者的利益，或依据一些信息对招股说明书相关部分的真实性、完整性产生怀疑，则上述事实和信息即构成“危险信号”。[5]“危险信号”的概念对中介机构尽职调查和合理信赖的标准提出了更高的要求。就尽职调查的标准而言，“危险信号”要求中介机构进行更加深入的调查，以达到尽职调查中“合理”的要求。[6]就合理信赖的标准而言，“危险信号”即构成中介机构对招股说明书相关部分产生怀疑的合理理由。[7]

四、完善“看门人”责任认定与承担的建议

(一) 区分中介机构在虚假陈述中的不同主观状态

如前所述，我国中介机构主观状态为故意的情形下构成共同侵权，应当就虚假陈述给投资者造成的全部损失与发行人承担连带责任。然而，我国司法实践中亦有中介机构的主观状

[1] See Andrew F. Tuch, *Multiple Gatekeepers*, 96 VA. L. REV. 1583 (2010).

[2] See James D. Cox et al., *Securities Regulation: Cases and Materials*, at 132 - 133.

[3] See *Report of the Subcommittee on Securities Law Opinions*, *Committee on Federal Regulation of Securities*, *ABA Section of Business Law*, *Negative Assurance in Securities Offerings (2008 Revision)*, 64 Bus. Law. 396, 401, 406.

[4] In re Worldcom, Inc. Sec. Litig., 346 F. Supp. 2d 628, 683 - 84 (S. D. N. Y. 2004).

[5] In re Worldcom, 346 F. Supp. 2d. at 673.

[6] In re Worldcom, 346 F. Supp. 2d. at 677.

[7] In re Worldcom, 346 F. Supp. 2d. at 681.

态为过错却未依据其过错大小承担相应的责任，而是对全部损失承担连带责任的判例。虽然中介机构在承担“看门人”责任后可以向发行人追偿，但是后者对中介机构造成资不抵债而破产的风险实际上和故意情形相当。

根据最优威慑理论（optimal deterrence theory），中介机构依据过错大小承担比例责任确实可能导致部分有偿付能力的中介机构免于赔偿投资者的损失，存在将中介机构破产的风险转嫁给投资者而非有偿付能力的中介机构的情况。[1]但是不区分中介机构的主观状态，不根据中介机构的过错大小划分其责任承担范围，让中介机构对其过错以外的损害承担连带责任与“责任承担与过错程度相结合”的原则相背离。[2]中介机构就虚假陈述造成的全部损失承担连带责任确实能够在很大程度上保护投资者的利益，但是也会让中介机构陷入资不抵债、乃至破产的风险之中。中介机构的任何过错都可能使其面临投资者的巨额索赔，造成过错与责任不匹配的结果，最终导致“只有 1% 的过错却要承担 100% 的损害赔偿责任”的问题。[3]因此，区分中介机构故意、过失的主观状态，明确不同主观状态下的责任承担方式更既有利于注册制下中介机构的发展，也有利于我国法院在司法实践中形成较为稳定的责任划分和承担逻辑。

（二）明确中介机构不同主观状态下“看门人”责任的承担方式

在中介机构主观状态为故意的情形下，中介机构与发行人构成共同侵权，应当与发行人就虚假陈述造成的全部损失承担连带赔偿责任。在中介机构主观状态为过错的情形下，“中介机构因其过错与发行人承担连带赔偿责任”和“中介机构承担连带赔偿责任后可向发行人行使追偿权”两种观点看似矛盾，实则具有一致性。中介机构因其过错在虚假陈述中承担连带责任的性质应为不真正连带责任。不真正连带责任是指，数个责任人基于不同的原因而依法对同一被侵权人承担全部的赔偿责任，某一责任人在承担责任后，有权向终局的责任人要求全部追偿。[4]将中介机构“看门人”责任定性为不真正连带责任主要有下列优点：(1) 符合“责任承担与过错程度相结合”的原则。根据上述定义，在虚假陈述案件中，各中介机构对外统一承担过错推定的连带责任，对内则按照不真正连带责任的规定，根据各自过错大小划分责任，对超出其过错范围的损失不承担终局的责任。若中介机构承担的连带责任高于其过错导致的损失时，中介机构可以向存在过错的其他中介机构进行追偿。(2) 将虚假陈述中“看门人”责任定性为不真正连带责任，各中介机构对外依然就投资者的全部损失承担连带责任，投资者可向任意责任主体就其损失进行索赔，更有利于保护投资者利益。

---

〔1〕 See Amanda M. Rose, *The Multi – Enforcer Approach to Securities Fraud Deterrence: A Critical Analysis*, 158 U. Pa. L. Rev. 2173, 2179 –80 (2010).

〔2〕 参见姜战军：《侵权构成的非限定性与限定性及其价值》，载《法学研究》2006 年第 5 期。

〔3〕 参见夏东霞、范晓：《科创板注册制背景下对中介机构“看门人”角色的再思考》，载《财经法学》2019 年第 3 期。

〔4〕 参见王利明：《试论虚假陈述民事责任制度的完善》，载《证券法苑》2015 年第 14 卷。

通过上述分析不难发现，不真正连带责任的承担逻辑与我国积极探索的先行赔付制度有诸多相似之处。《证券法》（2019 年修订）规定，发行人的控股股东、实际控制人、相关的证券公司可以就赔偿事宜与投资者达成一致并先行赔付，赔付后可向发行人和其他连带责任人追偿。[1]先行赔付协议是在双方自愿的前提下，先行赔付人自愿提前履行侵权之债，而投资人自愿接受赔偿方案。[2]万福生科、海联讯和欣泰电气 3 起我国先行赔付典型案例也都是建立在双方自愿的基础上。在先行赔付人不愿提前履行的情况下，先行赔付制度很难有效发挥作用。证监会发布的《公开发行证券的公司信息披露内容与格式准则第 1 号——招股说明书》（2015 年修订）中强制要求保荐人承诺先行赔偿投资者损失更是严重违背了责任自负原则，不合理地加重了保荐机构的从业风险。[3]过错推定的看门人责任则是以中介机构于虚假陈述中存在过错为前提。在认定中介机构为尽职履行看门人责任、存在过错的情况下，要求中介机构就与其过错相对应的部分向投资者承担连带赔偿责任，更具备合理性。在中介机构承担责任后，其仍可以向发行人追偿。

在实践中，中介机构承担看门人责任的另一大难题在于：如何衡量中介机构之间的过错大小，并进而划分不同中介机构的责任范围。在虚假陈述等市场不当行为中，中介机构过错判定有关事实往往较为复杂，且会根据案件的具体情况和发行人所在行业的不同而发生较大变化，各地法院对中介机构“看门人”责任范围区分标准较难统一。一方面，笔者建议可以参考“风险分担协议”，规定不同中介机构之间在证券发行前通过协议的方式，对各方承担“看门人”责任的内容和比例作出约定，并向投资者披露。[4]此种通过协议约定看门人责任的逻辑和我国正在探索的先行赔付制度相似，在各方达成一致的基础上能够高效解决中介机构“看门人”责任划分与承担的问题，保护投资者利益。但是此种协议和先行赔付制度的不同在于，该协议系各中介机构在未发生虚假陈述之时依据各自“看门人”的责任达成，更能客观真实地反映各中介机构在证券发行注册中的实际责任比例。另一方面，笔者建议在将中介机构过错大小量化为其“看门人”责任范围时，可以参考各中介机构在虚假陈述中所获报酬的金额。[5]在证券

---

〔1〕 参见《证券法》（2019 年修订）第 93 条规定：“发行人因欺诈发行、虚假陈述或者其他重大违法行为给投资者造成损失的，发行人的控股股东、实际控制人、相关的证券公司可以委托投资者保护机构，就赔偿事宜与受到损失的投资者达成协议，予以先行赔付。先行赔付后，可以依法向发行人以及其他连带责任人追偿。”

〔2〕 参见肖宇、黄辉：《证券市场先行赔付：法理辨析与制度构建》，载《法学》2019 年第 8 期。

〔3〕 参见《公开发行证券的公司信息披露内容与格式准则第 1 号——招股说明书》（2015 年修订）第 18 条规定：“招股说明书扉页应载有如下声明及承诺：‘发行人及全体董事、监事、高级管理人员承诺招股说明书及其摘要不存在虚假记载、误导性陈述或重大遗漏，并对其真实性、准确性、完整性承担个别和连带的法律责任。’‘公司负责人和主管会计工作的负责人、会计机构负责人保证招股说明书及其摘要中财务会计资料真实、完整。’‘保荐人承诺因其为发行人首次公开发行股票制作、出具的文件有虚假记载、误导性陈述或者重大遗漏，给投资者造成损失的，将先行赔偿投资者损失。’”

〔4〕 See Frank Partnoy, *Strict Liability for Gatekeepers: A Reply to Professor Coffee*, 84 B. U. L. REV. 365 (2004).

〔5〕 See John C. Jr. Coffee, *Gatekeeper Failure and Reform: The Challenge of Fashioning Relevant Reforms*, 84 B. U. L. Rev. 301 (2004).

交易中，由于证券市场交易价格市场处于波动之中，投资者难以证明其损失的具体数额及因果关系，各中介机构因其过错给投资者造成的损失则更难以进行计算。[1] 相较之下，中介机构在虚假陈述中所获报酬是相对确定数额，不会随着证券市场的价格波动产生变化，因此可以作为法院划分“看门人”责任范围的参考数据。另外，中介机构的报酬在一定程度上真实地反映了中介机构在虚假陈述中的工作量及工作的重要程度，将报酬作为“看门人”责任范围划分的参考标准亦具有一定的合理性。

（三）明确中介机构“互相引用”情形下“看门人”责任的认定标准

1. “互相引用”情形下中介机构承担“看门人”责任的一般认定标准

如前所述，我国目前以中介机构专业为区分，要求中介机构履行“对与其专业职责有关的业务事项进行核查验证”的“特别注意义务”和“对其他业务事项审慎发表意见”的“普通注意义务”。“特别注意义务”是指中介机构应当在各自职责范围内发表独立的专业意见，并承担相应法律责任。以会计师事务所为例，其“特别注意义务”是指会计师事务所对发行人的财务状况、运营状况、经营成本等重要会计信息进行审计。在审计过程中，会计师事务所应当采取但不限于如下措施：（1）检查发行人的财务会计账簿、记录，并与发行人的损益表和资产负债表比对，对上述会计资料的真实性、完整性发表专业意见；（2）依据上述材料编制资产负债表、利润表等文件，对发行人的盈利能力及财务状况发表专业意见。再以律师事务所为例，其“特别注意义务”是指律师事务所对发行人所涉法律行为进行分析，并就发行人的法律行为可能存在的风险出具专业的法律意见。一般而言，律师事务所主要对发行人历史沿革中股权变动的合法性、发行人重大决策的合规性、发行人重大资产权属的法律风险等问题出具相关法律意见。

“一般注意义务”主要是指中介机构对与其专业无关的内容应当履行的注意义务。由于各中介机构出具的文书具有一定程度的专业性，且行业之间存在不同的业务标准和道德规范，各中介机构专业意见的尽职标准也都有所区别。因此，中介机构可以合理期待相关专业的中介机构尽职履行“看门人”职责，原则上无须对其他领域的专业意见负责。[2] 但是中介机构毕竟是证券市场中的专业人士，对其他中介机构出具的专业意见至少应尽到“一般注意义务”。

“特殊注意义务”的履行标准应当为中介机构就其专业范围内的事项采取必要方式进行合理的尽职调查，并有合理的理由相信相关事项的真实性。而“一般注意义务”的履行标准应当为中介机构就与其专业无关的内容达到合理信赖的标准，该内容中不存在让中介机构产生怀疑的相关事实和信息。

---

〔1〕 参见赖武：《证券虚假陈述民事责任的认定》，载《法制与社会发展》2003 年第 2 期。

〔2〕 参见郭雳：《IPO 中各中介机构的职责分配探析——从欣泰电气案议起》，载《证券法苑》2017 年第 4 期。

2. 保荐机构作为“牵头”中介机构在“互相引用”情形下“看门人”责任的特殊认定标准

《保荐办法》对保荐机构施加了高于证券服务机构的“看门人”责任。保荐机构除了要为自身出具的文件材料负责外，还须对证券服务机构的专业意见履行高于“一般注意义务”的审慎核查职责。[1]由于审慎核查职责大大加重了保荐机构的看门人责任，保荐机构履行审慎核查义务是否合理以及审慎核查义务的尽职标准都存在争议。[2]

3. 保荐机构审慎核查职责高于“一般注意义务”的合理性辨析

保荐制度始于指定顾问制度（nominated advisers）。1995 年，伦敦证券交易所（London Stock exchange，LSE）在其设立的另类投资市场（Alternative Investment Market，AIM）中实施指定顾问制度。在 AIM 申请挂牌上市的发行人无须直接受英国金融服务局的直接监管，可以通过和指定顾问建立紧密的顾问关系，在指定顾问的指导和监督下进行挂牌上市。[3]指定顾问主要由投资银行担任，其在证券发行上市的运作方面比其他中介机构更具经验，能够有效协调各中介机构发挥看门人作用，在对发行人进行有效监督的同时影响、指导其发行上市策略。[4]然而，由于 AIM 的私人性质，LSE 无法直接对指定顾问施加内在的法定责任。同时，AIM 未明确指定顾问与其他中介机构的关系。尽管指定顾问在“看门人”体系中处于特殊地位，但是 AIM 对指定顾问“看门人”职责的规定非常模糊，并未对指定顾问施加额外的“看门人”责任。[5]因此，在实务操作方面指定顾问有时甚至会利用其地位优势，直接从发行人支付的费用中抽出一部分聘用其他中介机构，让后者代替指定顾问从事信息披露文件的制作和审核等实质工作。[6]在这种情况下，指定顾问制度不仅不利于“看门人”体系的构建，反而会让原有看门人体系更加臃肿。

我国香港地区自 1999 年于创业板市场中引入保荐人制度，并于 2003 年将该制度推广至主板市场。虽然香港地区保荐人制度历经 2004 年、2007 年两次修订，但是，该制度对防范证券市场虚假陈述等不当行为的作用始终有限。究其原因，彼时香港保荐机构的“看门人”职责和其他中介机构的差别不大，保荐机构无须对证券发行的整体质量负责。[7]在洪良国际案发生后，香港证券及期货事务监察委员会（“香港证监会”）、香港联合交易所有限公司

---

〔1〕 参见《证券发行上市保荐业务管理办法（2020）》第 22 条、第 23 条。

〔2〕 参见陈洁：《科创板注册制的实施机制与风险防范》，载《法学》2019 年第 1 期。

〔3〕 See Paivi Munter, *10 Years of Aim: Nomad Deliver a link With Reality*, Financial Times, June 10, 2005, at 25.

〔4〕 See AIM Rules for Nominated Advisers, April 2018.

〔5〕 参见［美］约翰·C. 科菲：《门人机制：市场中介与公司治理》，黄辉、王长河等译，北京大学出版社 2011 年版，第 389 页。

〔6〕 参见［美］约翰·C. 科菲：《门人机制：市场中介与公司治理》，黄辉、王长河等译，北京大学出版社 2011 年版，第 389 页。

〔7〕 参见郭雳：《香港保荐制度改革新规述评与镜鉴》，载《证券市场导报》2014 年第 2 期。

（“联交所”）于2012年发布《有关监管保荐人的咨询文件》，意图改进香港保荐人监管制度。其中，保荐机构对专家和非专家的第三方业务的尽职调查义务遭到了保荐机构行业的强烈反对。在随后的博弈中，香港证监会坚持认为，鉴于保荐机构对发行上市业务的认识、具备的商业及财务专业知识，以及在整个上市过程中评估发行人及其业务所述行业方面担当的牵头及统筹的角色，保荐机构必须对专业人士出具的专家意见进行尽职审查，保持保荐机构的独立意见。[1]

笔者认为，虽然律师事务所、会计师事务所等证券服务机构出具的专业意见具有一定的专业性，但是保荐机构在向发行人提供意见、协助其筹备注册发行等方面起至关重要的作用。因此，保荐机构必须积极参与整体的尽职审查工作及上市文件相关披露工作，并对全部工作承担责任。对处于牵头地位的保荐机构施加更重的看门人责任，要求其对证券服务机构的专业意见履行高于“普通注意义务”的审慎核查职责。

4. 保荐机构审慎核查职责的具体要求

如前所述，保荐机构应当充分发挥其优势和资源，以积极主动的态度审慎核查证券服务机构出具的专业意见。为避免保荐机构仅仅形式化地重复证券服务机构的尽职调查工作，保荐机构在履行审慎核查义务时应当着重核查相关证券服务机构从事证券服务的能力和经验是否合格、证券服务机构的尽职审查工作是否充足以及证券服务机构出具的专业意见是否与保荐机构掌握的实际情况一致，从而形成保荐机构对证券服务机构专业意见的独立判断。[2]具体而言，保荐机构的审慎核查工作可以从下列几个方面展开：（1）保荐机构应当核查证券服务机构是否满足出具专业意见的资格要求，并根据自身的从业经验判断证券服务机构是否具备出具专业意见的经验和能力；（2）保荐机构应当核查证券服务机构的尽职调查范围，并将尽职调查范围和其出具的专业意见作比较，进而判断其尽职调查工作范围是否和专业意见内容相符；（3）鉴于保荐机构的牵头地位，保荐机构应当凭借其在商业、财务及法律等方面的专业知识及从业经验，对证券服务机构出具专业意见的依据、标准进行判断。[3]

同时，由于其他中介机构出具的专业意见具有相当的专业性，在认定保荐机构是否尽职履行审慎核查义务时，不应站在事后的角度分析保荐机构采取的尽职调查措施是否合理。相比之下，以“同行业的其他保荐机构在相同情况下认为客观、适当的方式”对保荐机构是否尽责进行评估更为公平、合理。[4]鉴于我国“看门人”体系仍在完善之中，各中介机构尚未形成成熟的行业惯例。因此，在具体案例中判断保荐机构是否尽职时，还可以主动以法院的判例作为重要参考标准。

---

〔1〕 参见香港证监会《有关监管首次公开招股保荐人的咨询总结》，2012年12月12日。
〔2〕 参见郭雳：《IPO中各中介机构的职责分配探析》，载《证券法苑》2017年第4期。
〔3〕 参见《证券及期货事务监察委员会持牌人或注册人操守准则》。
〔4〕 参见郭雳：《香港保荐制度改革新规述评与镜鉴》，载《证券市场导报》2014年第2期。

债券承销商法律地位探析

吕志强 *

目前，关于债券承销商的法律地位并不清晰，学理上没有一致看法，法律上也并未给予明确界定，在一定程度上影响了债券承销商义务和责任的承担，相关司法审判实践也存在较大争议。因此，明确债券承销商法律地位尤为必要，也为后续合理界定债券承销商承担的义务性质及内涵，科学构建承销商的法律责任承担机制奠定基础。

一、现行债券承销商法律制度设计

资本市场中，包括上市公司在内的证券发行人是所有与发行人本身相关的市场信息的生产者和披露者，而一个国家政府部门的政策变化或者监管信息相对来说并不占据主导地位，可以说前者拥有绝对的信息优势。投资者对市场股票或债券标的本身投资价值的判断基本源于上述发行主体披露的信息。因此，如果市场缺乏对发行人主体有效的第三方监管机制，发行人在利益的驱动下大概率会欺骗和误导投资者，恶性循环的结果必然是损害市场整体质量或者打破有效的市场秩序。为了减少信息不对称成本及其带来的损害，提高交易效率，降低交易成本，资本市场较为发达的国家证券监管部门普遍设计了承销商等中介机构执行制度，即中介机构看门人机制。[1]资本市场的信息不对称问题及其解决机制也是看门人机制产生的经济学理论基础。现行《证券法》规定，证券发行人发行股票需要证

* 吕志强，华东政法大学经济法博士，任职于监管机构（本文仅为作者个人观点）。

〔1〕 中介机构看门人机制是指通过交易双方外的第三者（中介机构）标明商品品质的方式。

券公司作为保荐人，发行债券需要承销商，以及相应的律师、会计师等中介机构，将发行人的重要信息充分、真实、准确地传达给投资者，让投资者在充分获取和消化信息的情况下进行投资决策，使用中介机构已经成为证券监管部门规定的一种强制性的补充性的监管方式和机制。

新《证券法》第 26 条规定，发行人向不特定对象发行的证券，法律、行政法规规定应当由证券公司承销的，发行人应当同证券公司签订承销协议。《公司债券发行与交易管理办法》（证监会令〔2021〕第 180 号）第 39 条规定，发行公司债券应当由具有证券承销业务资格的证券公司承销。取得证券承销业务资格的证券公司、中国证券金融股份有限公司非公开发行公司债券可以自行销售。结合上述规定，除上述两类特殊主体非公开发行公司债券外，公司债券发行均需要由证券公司承销。

在银行间债券市场，因相关债券融资工具并未纳入《证券法》进行规制，因此，银行间市场债券融资工具的发行不是必须要由证券公司承销。而非金融企业债务融资工具包括短期融资券、超短期融资券、中期票据、非公开定向发行债务融资工具等品种，本文选取非金融企业债务融资工具大类作为分析样本。《银行间债券市场非金融企业债务融资工具管理办法》（中国人民银行令〔2008〕第 1 号）第 8 条规定，企业发行债务融资工具应由金融机构承销。企业可自主选择主承销商。需要组织承销团的，由主承销商组织承销团。2021 年 9 月 26 日银行间交易商协会公布的最新一期《非金融企业债务融资工具承销机构名单》显示，[1]承销机构分为银行类和非银行类承销机构类型，又可以划分为主承销商和承销商两大类，其中银行类 A 类主承销商共 31 家，银行类 B 类主承销商共 25 家，非银行类主承销商（均为证券公司）共 18 家，承销商共 69 家，含银行、证券公司、保险资管公司、财务公司、信托公司等。根据《全国银行间债券市场金融债券发行管理办法》（中国人民银行令〔2005〕第 1 号）第 16 条及第 17 条[2]的规定，金融债券发行也必须由金融机构承销。因此，银行间市场无论是非金融企业债务融资工具抑或金融债发行，都必须由金融机构承销。

根据新《证券法》第 26 条的规定，证券承销业务采取代销或者包销方式。证券代销，顾名思义，证券公司代理销售，未销售的部分返还给发行人；证券包销包括全额包销和余额包销两种，前者是指证券公司先行全部购入发行人证券，后者是指证券公司先行代理对外销售，未销售部分自行购入。

---

〔1〕 参见《非金融企业债务融资工具承销机构名单》，载中国银行间市场交易商协会网，http://www.nafmii.org.cn/hygl/hygl/cxhy/201909/t20190927_80787.html，2021 年 8 月 1 日访问。

〔2〕《全国银行间债券市场金融债券发行管理办法》（中国人民银行令〔2005〕第 1 号）第 16 条规定，发行金融债券时，发行人应组建承销团，承销人可在发行期内向其他投资者分销其所承销的金融债券。发行人和承销人应在承销协议中明确双方的权利与义务并加以披露。第 17 条规定，发行金融债券的承销可采用协议承销、招标承销等方式。承销人应为金融机构。

二、债券承销商与相邻主体职责的界析

（一）不同角色承销商之间的核心承销职责归属

在我国，国家对承销业务的实施及承销资格的认定均有明确的规定。2014 年《证券法》第 32 条规定，向不特定对象公开发行 5000 万元以上的证券，需要由主承销商和参与承销的证券公司组成的承销团承销。2018 年 6 月 15 日发布的《证券发行与承销管理办法》（证监会令〔2018〕年第 144 号，已被修改）第 22 条规定，按照规定需要组成承销团的承销商应当共同签订承销团协议，由主承销商负责组织承销工作。所有主承销商（如超过 2 家）应当共同承担主承销责任，履行相关义务。副主承销商协助主承销商组织承销活动。承销团成员应当按照承销团协议及承销协议的规定进行承销活动。故，由此产生了主承销商、联合主承销商、副主承销商以及承销团的概念。

主承销商是承销总干事、整个 IPO 项目的总协调人，系承销团中负责全面事务、承担主要职责并代表承销团与发行公司签署承销协议书的承销商，负责协调项目各方，包括企业、会计师事务所、律所、评估师、公关公司等机构，管理它们在项目中各自的进程。在中国，主承销商负责就发行公司的股票发行事务与证监会进行联系，如上报送审材料、报告承销情况等。在股票的国际性发行中，主承销商有时称为“全球协调人”“国际协调人”，并进一步分为地区主承销商（如亚洲地区主承销商、欧洲地区主承销商等）。国际上，主承销商一般是由信誉卓著、实力雄厚的商人银行（英国）、投资银行（美国）及大的证券公司担任。在我国，一般由具有资格的证券公司担任。

从监管规定来看，所有担任主承销商的证券公司应当共同承担主承销责任，履行相关义务，并不因主承销商、联合主承销商而承担不同的权利义务，其履行的均为主承销商责任。《证券发行与承销管理办法》均对以“主承销商”的概念对其权利义务进行具体规定。副主承销商是副承销总干事，是承销团中负责协助主承销商做好全面事务的承销商。从承销商权力的大小看，主承销商在承销团中权力最大，副主承销商在承销商团中权力第二，仅次于主承销商。

在主承销商、联席主承销商以及其他承销商的职责方面，从《证券发行与承销管理办法》的条款来看，所有的承销职责基本上均使用“主承销商”的概念，包括定价与配售环节中网下报价投资者、网下询价投资者等条件的设置与核查、中止发行相关事项的约定、战略投资者和超额配售选择权等相关配售事项，聘请会计师事务所、律师事务所分别对募集资金到账事项出具验资报告、对承销相关事项进行见证并出具法律意见书，向证监会报送承销总结报告等事项，以及信息披露环节中的信息披露文件的编制及信息义务的履行、向网下投资

者进行推介和询价等职责。上述部门规章除了在罚则中提及承销商或证券公司外，其他部分仅有 3 处使用了“承销商”的概念，一是第 17 条规定的所有承销商在定价与配售环节的禁止性行为〔1〕；二是第 28 条规定了所有承销在发行过程中披露信息真实、准确、完整、及时的要求；〔2〕三是第 31 条规定了承销商在承销过程中的资料保存义务。综上所述，基本上所有的债券承销职责均由主承销商履行，主承销商负责组织承销工作，承担主承销责任，履行相关义务，并未对其他非主承销商提出过多职责要求。〔3〕但是，法规也规定，联席（或者联合）主承销商应当与主承销商共同承担主承销责任。笔者认为，法规规定副主承销商可以协助主承销商开展承销活动，可以看出副主承销商的地位和职责内涵应当弱于主承销商或者联合主承销商。

值得注意的是，2019 年新《证券法》第 30 条规定，向不特定对象发行证券聘请承销团承销的，承销团应当由主承销和参与承销的证券公司组成。对比之前的规定可以看出，目前，证券法律已不再强制要求公开发行证券达到一定金额以上的必须要由组成承销团承销，而是将选择权交给市场主体，由其自愿商定是否选择多家证券公司承销其发行的证券，体现了资本市场市场化的过程。

（二）承销商与债券辅导人：承销职责的向前延伸

债券辅导人，是指在债券承销业务中，对债券发行人财务、税收工商合法性、公司治理合规性等方面进行辅导规范，督促债券发行人规范运作，知悉信息披露和履行承诺等方面的责任和义务，以期能够在报告中符合债券发行注册条件。《公司债券承销业务尽职调查指引》（以下简称《尽调指引》，中证协发〔2020〕12 号）第 24 条第 2 款规定，承销机构应就本次债券发行对发行人进行必要的培训〔4〕。《公司债券承销业务规范》第 10 条规定了承销机构具体的培训内容，如债券市场的法律法规、基础知识培训及相关信息披露和承诺的责任和义务。〔5〕另外，上海证券交易所将非公开发行公司债券的发行人信息披露的辅导、督促和检查

〔1〕《证券发行与承销管理办法》第 17 条规定，发行人和承销商及相关人员不得泄露询价和定价信息；不得以任何方式操纵发行定价；不得劝诱网下投资者抬高报价，不得干扰网下投资者正常报价和申购；不得以提供透支、回扣或者中国证监会认定的其他不正当手段诱使他人申购股票；不得以代持、信托持股等方式谋取不正当利益或向其他相关利益主体输送利益；不得直接或通过其利益相关方向参与认购的投资者提供财务资助或者补偿；不得以自有资金或者变相通过自有资金参与网下配售；不得与网下投资者互相串通，协商报价和配售；不得收取网下投资者回扣或其他相关利益。

〔2〕《证券发行与承销管理办法》第 28 条规定，发行人和主承销商在发行过程中，应当按照中国证监会规定的要求编制信息披露文件，履行信息披露义务。发行人和承销商在发行过程中披露的信息，应当真实、准确、完整、及时，不得有虚假记载、误导性陈述或者重大遗漏。

〔3〕《证券发行与承销管理办法》第 31 条第 2 款规定，承销商应当保留推介、定价、配售等承销过程中的相关资料至少三年并存档备查，包括推介宣传材料、路演现场录音等，如实、全面反映询价、定价和配售过程。

〔4〕《尽调指引》第 24 条第 2 款规定，承销机构应就本次债券发行对发行人进行必要的培训。

〔5〕《公司债券承销业务规范》第 10 条规定，承销机构应当向发行人进行有关债券市场的法律法规、基础知识培训，使其掌握公司债券申报发行等方面的法律法规和规则，知悉信息披露和履行承诺等方面的责任和义务，树立进入债券市场的法制意识、诚信意识和自律意识。

发行人信息披露的义务赋予了承销商，[1] 深圳证券交易所还将非公开发行公司债券的发行人信息披露的辅导、督促和检查义务赋予了受托管理人。[2] 笔者认为，上交所将辅导义务赋予承销商，侧重于要求承销商督促发行人建立完备的信息披露制度，承销机构在债券发行前应当确保债券发行人对债券发行法律法规有清晰明确的认知并自觉遵从，深交所更多的是强调债券发行后的信息披露义务须由受托管理人进行督促、约束。

对券商 IPO 保荐业务，法律规定在向交易所或证监会提交发行审核前，发行人聘请的证券公司作为 IPO 辅导人，必须向发行人所在地派出机构进行辅导备案，派出机构将辅导情况进行公示，在辅导期内，辅导人证券公司须完成对发行人 IPO 上市发行相关法律法规的培训、完善公司治理，规范运作，并签署相关信息披露真实、准确完整的承诺，派出机构会对证券公司辅导情况进行验收，验收通过后，发行人才能向交易所或证监会提交发行审核文件。

相对于券商 IPO 辅导备案，债券发行辅导过程的时间相对较短、工作量相对较小，且不具有强制性，无须交易所、证券业协会等监管部门进行报备验收。笔者认为，因为债券发行相对于股票发行而言，本身是债务凭证，风险远远低于股权投资，而且部分还具有担保结构，其有明确的期限结构，发行人在短期内出现破产、资不抵债情况的概率较低，因此法规对债券辅导环节并未进行严格要求和约束。

根据《公司债券承销义务规范》第 2 条的规定，债券承销业务活动包括债券项目的承接、发行定价和信息披露等业务。综上，在债券发行时，法规规定了债券辅导人对债券发行人的培训等辅导义务，但未明确提及“债券辅导人”的概念，而是将相关辅导义务统一归到承销机构的承销义务中，视为债券承销环节的向前延伸，债券辅导系债券承销的职责之一。

（三）承销商与债券销售机构：真实销售为核心但非唯一职责

债券销售机构，是指为债券发行提供销售服务的中介机构。债券承销商（包括承销团所有成员）均为债券销售机构。《公司债券发行与交易管理办法》第 39 条规定，发行公司债券应当由具有证券承销业务资格的证券公司承销。该法第 42 条规定，承销机构承销公司债券，应当依照《证券法》相关规定采用包销或者代销方式。因此，承销商当然是债券销售机构。

当然，除了由承销商承销外，鉴于承销资格证券公司的专业性，以及部分特殊金融机构，法律允许部分金融机构可以自行销售非公开发行的债券。《公司债券发行与交易管理办法》第 39 条第 2 款规定，取得证券承销业务资格的证券公司、中国证券金融股份有限公司

---

〔1〕 参见《上海证券交易所非公开发行公司债券业务管理暂行办法》（上证发〔2015〕50 号）4.1：发行人及其他信息披露义务人应当制定信息披露事务管理制度，并指定专人负责信息披露事务，按照规定或约定履行信息披露义务。承销机构（如有）应当指定专人辅导、督促和检查发行人的信息披露情况。

〔2〕 参见《深圳证券交易所非公开发行公司债券业务管理暂行办法》（深证上〔2015〕240 号）第 41 条规定，信息披露义务人应当指定至少一名信息披露联络人负责信息披露事务。受托管理人应当指定专人辅导、督促和检查信息披露义务人的信息披露情况。

非公开发行公司债券可以自行销售。因此，债券销售机构或者承销商并不是必须的债券中介机构。在非公开发行债券业务中，法律规定了承销机构或自行销售的发行人的事后报备义务[1]及相关罚则，[2]以便于监管机构及时掌握非公开债券发行情况；同时，事后报备义务的规定界分了债券非公开发行的合法与非法的界限，规范债券发行秩序。

另外，从承销商的法定职责可以看出，承销商的职责远不止销售债券这一职责。鉴于承销商信托受托人的法定地位，为了保护中小投资者的合法权益，维持证券市场秩序，减少发行人与投资者信息不对称的程度，法律要求承销商在销售债券的同时，必须履行核查债券募集说明书信息披露内容真实、准确、完整性的义务。综上，承销商的职责除包括债券销售机构的职责外，还包括法律赋予其的其他核查信息披露文件的职责、受托管理职责等。

（四）承销商与债券后续管理人：承销职责的向后延伸

债券后续管理人，顾名思义，即在债券发行后在债券存续期内履行债券风险监测，核查发行人信用事项等相关重大事项变化，督促发行人及时履行信息披露义务以及债券还本付息义务等职责的机构。

在银行间债券市场，相关法规明确部分债券后续管理工作由承销商担任，即承销商即为债券后续管理人，履行部分债券后续管理职责。《银行间债券市场非金融企业债务融资工具主承销商后续管理工作指引》对承销商后续管理工作的职责内容进行了明确，即主承销商对发行人和信用增进服务机构进行跟踪、监测、调查，及时准确地掌握其风险状况及偿债能力，持续督导其履行信息披露、还本付息等义务。笔者认为，按照现有法律法规及自律规则，主承销商承担后续管理职责即债券发行后的后续管理人无须再行签署其他协议文件，无须债券认购人或持有人额外同意授权行使，主承销商承担后续管理义务是主承销商承销债券职责在存续期管理阶段的自然延伸，不具有独立的法律地位及其相匹配的职责。此外，银行间市场还同时规定了债券受托管理人，其需要履行债券受托管理职责，因此银行间市场区分了债券受托管理人的受托管理职责与承销商履行的债券后续管理职责。关于上述两者的差异，笔者将在本文的后续部分予以论述。

但是在交易所债券市场，笔者认为监管部门及相关法规并未对受托管理职责与承销商履行的债券后续管理职责予以再行区分，而是将债券的后续管理职责统计归入债券受托管理人职责中。在交易所债券市场，《公司债券发行与交易管理办法》（证监会令〔2021〕第 180

[1]《公司债券发行与交易管理办法》第 36 条第 1 款规定："非公开发行公司债券，承销机构或依照本办法第三十九条规定自行销售的发行人应当在每次发行完成后五个工作日内向中国证券业协会报备。"

[2]《公司债券发行与交易管理办法》第 72 条规定："除中国证监会另有规定外，承销或自行销售非公开发行公司债券未按规定进行报备的，中国证监会可以对承销机构及其直接负责的主管人员和其他直接责任人员采取本办法第六十九条规定的相关监管措施；情节严重的，处以警告、罚款。"

号，已失效）第57条[1]规定公开发行公司债券的发行人必须为债券聘请受托管理人，并在募集说明书中明确，投资者购买本期债券视为同意发行人为其聘请的受托管理人履行债券受托管理工作。受托管理人既可以是本次债券的承销机构，也可以是其他经中国证监会认可的机构专业机构，可以为律所、银行等，但目前交易所债券市场尚无聘请律所及银行担任受托管理人的先例。根据《公司债券发行与交易管理办法》第59条[2]的规定，受托管理人的职责相当全面、详细，包括持续关注发行人、保证人的信用状况及保障措施变化情况、监督发行人募集资金使用、披露受托管理事务报告、持续督导发行人履行信息披露义务、特定条件下要求发行人追加担保并可以依法申请法定机关采取财产保全措施，取得担保的权利证明或其他有关文件，债券违约时接受债券持有人委托以自己名义代表债券持有人提起、参加民事诉讼或者破产等法律程序等职责。

需要说明的是，证监会于2021年2月26日对《公司债券发行与交易管理办法》（证监会令〔2015〕第113号）中受托管理聘请规则进行了修订，不再要求所有债券必须全部聘请受托管理人，而是针对公开发行债券投资者保护的重要性、影响程度、公开性等因素，仅强制要求公开发行债券的才需要聘请受托管理人，未公开发行的由发行人在募集说明书中自行约定相关债券受托管理事项。笔者认为该条规则授予了发行人聘请受托管理人以及聘请后关于具体受托管理人履行职责的事项的自主决定权。

（五）承销商与受托管理人：受托管理独立于承销行为

在交易所市场，受托管理人具有独立的法律地位，其本身与承销商的法律地位并不冲突和重叠，只是受托管理人一般均由该期债券的主承销商担任，当然法律并未强制必须由主承销商担任，发行人可以依法聘请其他证券公司、律师、会计师担任受托管理人履行受托管理职责。在银行间市场，根据上述内容的分析，债券承销商需要履行债券存续期内的部分后续管理职责，近年来银行间市场才逐步引入债券受托管理人制度，且与交易所债券市场的受托

---

〔1〕《公司债券发行与交易管理办法》第57条规定，公开发行公司债券的，发行人应当为债券持有人聘请债券受托管理人，并订立债券受托管理协议；非公开发行公司债券的，发行人应当在募集说明书中约定债券受托管理事项。在债券存续期限内，由债券受托管理人按照规定或协议的约定维护债券持有人的利益。发行人应当在债券募集说明书中约定，投资者认购或持有本期公司债券视作同意债券受托管理协议、债券持有人会议规则及债券募集说明书中其他有关发行人、债券持有人权利义务的相关约定。

〔2〕《公司债券发行与交易管理办法》第59条规定：“公开发行公司债券的受托管理人应当按规定或约定履行下列职责：（一）持续关注发行人和保证人的资信状况、担保物状况、增信措施及偿债保障措施的实施情况，出现可能影响债券持有人重大权益的事项时，召集债券持有人会议；（二）在债券存续期内监督发行人募集资金的使用情况；（三）对发行人的偿债能力和增信措施的有效性进行全面调查和持续关注，并至少每年向市场公告一次受托管理事务报告；（四）在债券存续期内持续督导发行人履行信息披露义务；（五）预计发行人不能偿还债务时，要求发行人追加担保，并可以依法申请法定机关采取财产保全措施；（六）在债券存续期内勤勉处理债券持有人与发行人之间的谈判或者诉讼事务；（七）发行人为债券设定担保的，债券受托管理人应在债券发行前或债券募集说明书约定的时间内取得担保的权利证明或其他有关文件，并在增信措施有效期内妥善保管；（八）发行人不能按期兑付债券本息或出现募集说明书约定的其他违约事件的，可以接受全部或部分债券持有人的委托，以自己名义代表债券持有人提起、参加民事诉讼或者破产等法律程序，或者代表债券持有人申请处置抵质押物。”

管理人制度设计有所不同。

1. 不同债券市场受托管理人制度差异存在的合理性

新《证券法》首次明确了债券持有人会议制度和受托管理人制度，强化了债券治理的有效性，虽并未将银行间市场非金融企业债务融资工具等明确纳入"证券"范畴，但具有明显的制度设计指引和导向作用。同时，中国人民银行、国家发改委、证监会三部委于 2020 年 6 月 15 日联合发布《关于公司信用类债券违约处置有关事宜的通知》，最高法院于 2020 年 7 月 15 日发布《关于审理债券纠纷相关案件的座谈会纪要》（以下简称《纠纷纪要》）等，明确提出包括公司债券、企业债和非金融企业债务融资工具等所有信用类债券均要建立健全债券受托管理人制度，充分发挥受托管理人在违约处置中的核心作用，由此也为统一债券受托管理人的行为规范奠定了坚实的基础。2019 年 12 月 27 日，中国银行间市场交易商协会发布《非金融企业债务融资工具受托管理人业务指引（试行）》（以下简称《受托指引》），自 2020 年 7 月 1 日起开始在银行间市场实行受托管理人制度。

虽然银行间市场也实行债券受托人管理制度，但与交易所市场受托管理人制度的设计存在较大的差异。主要表现在如下方面：其一，受托管理职责的内涵不同。交易所市场的债券自发行后主承销商即不再履行受托管理阶段的事务，受托管理人承担所有受托管理阶段的债券风险监测常规管理、预计违约处置和实质违约处置阶段的事务，受托管理人的职责较为全面。银行间市场的受托管理人仅承担违约及风险处置阶段的相关工作，基本不涉及存续期的常规监测和督导，主承销商仍有一定的后续管理义务，包括对发行人和提供信用增进的服务机构进行动态监测，督导发行人合规使用募集资金、披露信息等。[1]其二，受托管理人职责履行的主动性地位不同。如在履职费用的收取方面，交易所债券市场上受托管理人履职费用收取并非履行职责的先决条件，而银行间市场上受托管理人可以在与持有人就履职费用协商达成一致意见后才积极履行相关职责，[2]费用收取达成合意可以是受托管理人履行职责的前提要件。实践中，很多发行人违约兑付后债券本息受偿率较低，但履职费用的成本并不低廉，导致受托管理人承担的履职费用很少能够收回。且《纠纷纪要》规定如果因受托管理人怠于行使职责导致持有人权益受到损失的，应当承担赔偿责任，此时可以看出履职费用收取是否是履行职责的前提条件成为怠于行使职责而承担责任的关键因素。

银行间市场债券受托管理人制度有别于交易所债券市场，具有自己的特色，从银行间市场债券承销的实践来看，具有一定的合理性。其一，银行间市场债券的主承销商主要是银行，通常也是发行人的（主要）贷款银行，其在贷款业务中与发行人的联系更为紧密，有利于监测发行人日常经营、风险信息等重大变动情况。另外，一旦发行人的债券违约，银行也

---

〔1〕 参见《受托义务指引》第 10 条、《银行间债券市场非金融企业债务融资工具主承销商后续管理工作指引》第 2 条。

〔2〕 参见《受托义务指引》第 15 条。

是金融机构债权人委员会的主席，此时银行具有多重角色。因此，在债券存续阶段，让主承销商继续承担日常风险监测等职责有利于其更好地履行该部分的受托管理职责。其二，该项制度设计也是对交易所债券市场上证券公司作为受托管理人承担较大责任和压力客观情况的一种修正。交易所债券市场上，证券公司作为主承销商的勤勉尽责义务标准的宽泛、承担过错连带责任的法律后果，以及受托履职情况关系到债券违约后可能暴露出来的持有人对承销商未能勤勉尽责义务的责任追究，使得证券公司在受托管理阶段会尽最大努力避免债券发行人违约或者在债券存在潜在违约风险后积极履职，甚至不惜冒着先行垫付履职费用且无法收回的风险，客观上证券公司的受托履职压力较大。为了既提高违约债券的处置效率，又吸引承销银行积极参与银行间债券市场对制度设计进行修正，一方面在制度设计上限缩了受托管理人承担的受托职责范围，另一方面也使受托管理人在与持有人协商的主动性地位上有所提高，受托管理人在履职费用收取上未达成合意的情况下可以不进行履职，在一定程度上减轻了受托管理人的压力。[1]

总体来看，银行间市场相关规则对受托管理人较为友好，受托管理人制度差异具有一定的合理性，但也面临利益冲突、信息沟通渠道的畅通与共享、职责履行范围、责任认定标准、履职保障措施等问题的挑战，制度设计的优劣也有待在实践中进一步检验和评判，但制度设计的初衷应该都是始终以保护投资者的利益为宗旨。

2. 银行间市场债券受托管理人与主承销商后续管理的性质区别

《受托指引》第 4 条规定，受托管理人应当依照本指引规定和受托协议约定公正履行受托管理职责，忠实守信、勤勉尽责，切实维护持有人利益。《业务指引》第 10 条还详细规定了受托管理人的职责范围，包括管理及处置担保物，代表持有人参与债务重组，代表持有人申请财产保全、提起诉讼或仲裁，代表持有人参与破产程序以及受托协议中约定的其他职责。《受托指引》第 11 条对同一家机构作为受托管理人和主承销商分别应当履行的受托管理职责、主承销商的后续管理职责进行了明确区分。笔者认为，其一，受托管理人的地位首先是法定的，根据《受托指引》的规定，非金融机构债务融资工具的发行必须依法聘请受托管理人，签订受托管理协议，明确受托管理人的法定职责，当然也可以根据合同约定其他职责，但发行人和主承销商不能根据意思自治排除受托管理人的制度设计安排，包括其是否聘请以及法定的职责范围；其二，受托管理人的职责集中在信用增进安排的实施以及债券出现风险后的司法处置程序；其三，受托管理职责的履行须以签署受托管理协议为前提，投资人认购或持有本期债务融资工具视为同意受托协议。基于上述因素，受托管理人具有独立的法律地位，并匹配了相应的职责范畴。根据本章节相关论述内容，银行间市场的主承销商承担后续管理义务是主承销商承销债券职责在存续期管理阶段的自然延伸，不具有独立的法律地

〔1〕 参见北京市金融服务法学研究会债券市场法治专业委员会：《银行间市场与交易所市场债券受托管理人制度差异及原因分析》，载《债券》2020 年第 4 期。

位及其相匹配的职责，此系两者的区别所在。

（六）承销商与资金监管人：引入第三方资金监管银行

资金监管人，主要指债券资金募集前，发行人应当指定专项账户用于公司债券募集资金的接收、存储、划转与本息偿付，受托管理人应当对募集资金专项账户的使用情况进行监督，受托管理人为了履行该项职责，需要与发行人一致同意聘请商业银行担任债券募集资金监管银行，三方共同签署募集资金监管协议，此种的资金监管银行即为资金监管人。[1] 相关协议一般会约定，商业银行须对募集资金的使用去向与债券募集说明书的资金使用用途的一致性进行对比，出现不一致的情况的，应当及时报告受托管理人，受托管理人会相应履行自己的受托管理职责，包括核查验证发行人对募集资金的使用合法合规性，发现问题后需要及时督促发行人予以更正。[2] 在实践中，部分受托管理机构会要求资金监管银行在按照发行人的资金划拨指令划拨资金前，应当向其事前告知，在征得其同意后，资金监管银行才能划转相关资金。综上所述，资金监管人主要为受托管理人、发行人共同聘请的债券募集资金监管银行。

在债券资金到账前，发行人、受托管理人以及商业银行必须签订并完成三方资金监管协议，才能完成债券的最终发行。因此，资金监管人的聘请是债券发行的必要条件，更好地保障了募集资金在存续期的合法合规使用，或者利用受托管理人（一般均为主承销商）履行相关受托管理职责。

三、债券承销商的法律地位辨析及认定

（一）代理商：不同销售方式掺杂的委托代理或买卖关系

1. 委托代理理论

代理指一人代替另一人做出法律行为，其所产生的法律效果直接归属于所代替的另一人的法律制度，包括委托代理和法定代理。其中，委托代理是一方授权他人以委托人的名义处理其事务的行为。在证券市场“看门人”机制中，委托代理理论主要体现在以下两个方面。

第一，证券监管部门与中介机构的委托代理关系。中介机构需要受到证券监管部门的监管，有学者将其定义为委托代理关系。[3] 首先，证券监管部门规定或创设了中介机构的各项业务牌照或业务资格，中介机构从事每项业务均需要其从业人员具备相应的证券从业资格

---

〔1〕《公司债券受托管理人执业行为准则》第 13 条规定，受托管理人应当对发行人指定专项账户用于公司债券募集资金的接收、存储、划转与本息偿付情况进行监督。受托管理人应当在募集资金到位后一个月内与发行人以及存放募集资金的银行订立监管协议。

〔2〕《公司债券受托管理人执业行为准则》第 14 条规定，在公司债券存续期内，受托管理人应当持续监督并定期检查发行人募集资金的使用情况是否与公司债券募集说明书约定一致。

〔3〕 参见王建平：《民法总论》，四川大学出版社 2017 年版，第 247 ~248 页。

（如证券保荐人资格、证券投资咨询业务资格、证券资管业务资格等），而上述资格均由证券监管部门授予，实质上也是一种委托；其次，证券监管部门（含行政监管部门及其管理的证券交易场所）对证券中介机构在进行证券发行上市申报审核时，规定了各项尽调核查和信息披露职责，并根据证券监管部门的反馈要求再行核查说明，部分发行要经过反馈核查数轮，整个审核反馈核查机制可以视为证券中介机构在代理证券监管部门履行一定程度的审查工作。

第二，发行人与中介机构的委托代理关系。发行人在发行债券时，按照法规及交易所的相关规定，需要由承销商、律师、会计师分别出具债券募集说明书、法律意见书以及审计报告，因此，发行人需要签署合同聘请相关中介机构提供上述中介服务，签署委托代理合同是上述中介机构履行相应尽调及出具相关审核文件等职责的前提，本身也形成了一种合同关系。从实践看来，证券发行的大部分工作均由上述中介机构协助完成或者交由它们处理，但中介机构仅是收取承销费用或者保荐费（涉及股票保荐项目）以及相关的法律服务费用、审计服务费用，而发行人因债券发行或股票发行筹集到资本以及后续资金使用的利得等收益权均由发行人享有。由此看出，发行人与上述中介机构之间分别通过书面合同约定直接形成了委托代理关系。

综上所述，在委托代理理论的框架下，承销商一方面作为证券监管部门的委托代理人，证券监管部门委托其对发行人履行尽职调查和信息披露等审查职责；另一方面，承销商也作为发行人的委托代理人，委托承销商及相关中介机构代理销售发行人发行的股票或债券，并根据相关发行证券法律法规及合同规定提供发行上市服务。

2. 承销商与发行人的法律关系

债券承销商系证券代理商法律地位的理论基础即为前述委托代理理论。代理商一般是长期地接受委托人的委托而代理其从事商事事务。在证券公司代销时，证券公司代理发行人发售证券，显然与证券发行人构成民事委托代理关系，委托人系证券发行人，代理人为代销商证券公司，代销行为的法律后果由委托人证券发行人承担。

证券公司包销证券分为全额包销和余额包销两种。在全额包销情况下，证券发行人与承销商证券公司成立买卖关系，发行人（卖方）将自身发行的证券出售给承销商（买方）。余额包销情况下，流程分为两步，第一步是承销期内，承销商证券公司尽可能地对外销售证券，此时与代销法律关系类似，双方成立委托代理关系；第二步是承销期结束后，如证券对外未全部销售则余下部分由代销商证券公司全部自行购入，此时与全额包销类似，双方成立买卖关系，但因附加购买条件，则成立附条件的买卖关系。值得注意的是，在包销关系中风险和所有权转移的情况，即一旦证券公司作为承销商自行购入证券后，在其对外销售给其他投资者之前，其享有该证券项下的所有权利，风险和所有权均进行了转移，一旦发行人此时意外破产，则证券公司享有破产债权的请求权。

有一种观点认为，在采取包销方式时，证券发行人与承销商之间产生的是《民法典》第7章第2节所规定的委托代理关系。但根据上述分析，全额包销情况下，其产生了证券所有权的流转，后续的销售方已转为包销方证券公司，而在委托代理关系中上述所有权流转关系并不会在委托人和代理人之间产生，所有法律上的销售主体均应为证券发行人，因此两者不完全相同。在代销模式下，承销商与发行人之间并不会发生发行标的（股票或债券）的所有权流转。

因此，证券包销分为两种，一种是全额包销下证券发行人与承销商证券公司之间成立的买卖法律关系；另一种是余额包销下证券发行人与承销商证券公司成立的委托代理与附条件买卖的混合关系。[1]

此外，证券公司除了代理发行人销售证券外，根据前述委托代理理论，证券发行人与承销商证券公司也成立委托代理关系，证券发行人委托聘请证券中介机构提供证券发行文件出具及核查服务，代理其向证券监管部门申报证券发行申报文件。

3. 承销商与投资者的法律关系

第一，证券公司作为代销商时与投资者形成委托代理法律关系。证券公司作为代销商，在代理发行人销售证券时，其权利义务归属于被代理人即证券发行人，证券公司并不与投资者直接产生法律关系。当然，在实践中，证券公司因有投行业务、经纪业务等多种业务部门从而可能扮演多种角色，因此会与投资者构成不同的法律关系。比如，证券公司经纪商的角色当中，同一家证券公司还要代理其经纪业务客户即投资者申购自己承销的证券，并向投资者收取一定的经纪佣金，双方之间也成立一种委托代理关系，当然这种扮演多重角色的法律关系不是本文讨论的范畴。因此，作为投行业务角色的证券公司作为代销商时，不与投资者直接形成法律关系。

第二，证券公司作为包销商时与投资者形成买卖或委托代理法律关系。采取全额包销方式时，证券公司首先将发行人的证券按照协议全部购入，然后再将其卖给投资者。因此，全额包销时证券公司与投资者之间的法律关系为买卖对手方的关系。采取余额包销方式时，证券公司先行代理证券发行人销售证券，在承销结束后将所有剩余证券全部以自己名义购入。与代销方式一样，证券公司作为余额包销商，在承销期结束前代理发行人发售证券时，与投资者不直接形成法律关系，而是在包销后才与投资者成立买卖对手方的关系。

4. 承销商与证券监管部门的法律关系

根据前述委托代理理论及分析内容，证券监管部门与中介机构之间成立委托代理关系，此处不再赘述。

5. 小结

从上述分析看出，因承销商与发行人之间的证券销售方式涉及代销和包销，包销方式下

〔1〕 参见李君临：《从一则案例解析证券承销中的法律关系》，载《企业家日报》2010年11月30日。

还涉及余额包销、全额包销，而在上述每一种代理方式下，首先，承销商与证券发行人以及与投资者之间的法律关系要予以区分分析，证券发行人与投资者的关于证券销售行为可能会处在割裂的法律关系当中（仅代销模式除外）；其次，在上述区分割裂的法律关系当中，因涉及上述不同的证券销售方式，从而会产生单纯委托代理法律关系、单纯买卖法律关系、委托代理及附条件买卖混合法律关系。因此，承销商法律地位被认定为代理商的情形下，承销商证券销售法律关系较为复杂，而且可能会导致证券发行人与投资者之间法律关系的割裂，不容易建立投资者与发行人之间的相当程度的信赖关系。此外，代理商模式下承销商承担的《证券法》规定的“勤勉尽责核查职责”具有不独立性、依附性，会影响中介机构承担证券发行人信息披露虚假陈述的过错连带责任认定。因此，上述承销商代理商法律地位的认定，不利于证券信息披露制度的建立以及证券市场公开、公平、公正秩序的维护，如果在资本市场中再用传统的民事法律关系产生的合同义务进行阐释则不易于解决资本市场特定的信赖义务及其信赖义务违反后的责任问题。

（二）行纪商：不完全契合的“介入权”和“占有权”

行纪起源于欧洲中世纪，是满足商业繁荣发展的需要而逐步发展起来的，在西方国家视为商业代理的一种。在大陆法系国家，行纪商是一个独立的商主体，它是指以自己的名义为委托人购买或销售货物、有价证券，并以其作为职业性经营的人。行纪商与代理商不同，其不是长期地接受委托人的委托，他们仅仅根据单独委托或个别委托而为委托人的利益处理委托事务。在学理上，行纪被称为间接代理，但其并非法律意义上的代理制度。

我国《民法典》中关于行纪的定义与大陆法系中关于行纪的定义基本相同。但是，我们对行纪的研究主要局限于对行纪行为的研究，还很少对行纪主体即行纪商进行研究。按照《民法典》第三编合同第二分编典型合同第二十五章行纪合同规定，行纪合同是行纪人以自己的名义为委托人从事贸易活动，委托人支付报酬的合同。从事交易的交易对方称为行纪行为的相对人。行纪和委托两者有共通之处，如均系委托他人处理事务。我国《民法典》第960条明确规定，本章（行纪合同）没有规定的，参照适用委托合同的有关规定。

有观点认为，证券发行人与承销商证券公司双方系行纪法律关系，更符合行纪关系的特点，而非委托代理关系，主要原因在于证券公司对外推介销售证券行为系以自己名义进行的持牌金融活动，而非以发行人名义。[1]笔者也倾向于认为承销商作为持牌的金融机构，并不因为与发行人签订了承销协议后而当然获得代理销售证券的权限，而是因为证券监管机构先赋予证券公司证券承销的金融牌照，证券公司才具有承销的法定资格，因此，笔者认为承销商是以自己的名义进行销售证券。但上述理由不足以认定承销商与发行人之间成立行纪法律关系，也不足以否定上述法律关系非一般委托代理的性质。

---

〔1〕 参见李君临：《从一则案例解析证券承销中的法律关系》，载《企业家日报》2010年11月30日。

《民法典》第 958 条规定："行纪人与第三人订立合同的，行纪人对该合同直接享有权利、承担义务。"所以，行纪人与第三人之间的民事行为并不能直接对委托人发生效力。在代销模式下，承销商代理销售发行人债券给投资者，承销商在债券销售的法律关系中不直接享有权利、承担义务。即使实践中承销商代理投资者（第三人）买入或申购特定股票，在承销商与投资者的此种委托代理合同关系下，投资者也是直接从债券发行人处享有债券的购买权和购买后的所有权，而不是从债券承销商手中购买。因此代销模式下，不具有行纪法律关系的特征。

根据《民法典》第 956 条的规定，[1]行纪人享有介入权，可以直接以委托人相对人的身份和名义与委托人达成交易。在委托代理情况下，受托人原则上并没有这种介入权，除非取得被代理人同意或者追认。[2]笔者认为，根据上述行纪合同法律规定，在代销或余额包销模式下，行纪人不具有当然的介入权，直接可以以自己名义购买发行人的股票或债券，而且有义务优先向投资者进行销售，余下的计入未发行完成部分或者才能以自己的名义购入。在全额包销模式下，可以理解为承销商具有介入权，可以直接以相对人的身份与委托人达成相关股票或债券的交易，但该"介入权"并不是承销商当然所有，而是因为销售模式发生了本质上的变化，由代销模式改为包销模式。因此，承销商在销售债券的过程中也不当然具有介入权。

此外，行纪人可以在取得委托人同意或双方事先约定的情况下，为了赚取除行纪佣金之外的额外费用，其可以以低于或高于委托人指定的价格买进或卖出委托人指定的商品或有价证券。根据境外承销商的实践，承销商可以低价从发行人处购买股票或债券，再以高价卖给投资者，从而赚取中间差价，本质上也具有行纪人的上述特征。但目前国内法律法规并不允许承销商享有此项权利。

根据《民法典》的有关规定，在行纪关系中，委托人虽将标的物交付与行纪人，也非为所有权之转移，而仅为占有权（第 953 条、第 957 条）和处分权（第 954 条、第 955 条）之转移。在代销模式下，承销商与发行人之间并不会发生发行标的所有权流转的情况。但在全额包销模式下，承销商行使介入权，向发行人直接全额购买此次发行的股票或债券，当然发生了所有权的转移。

综上所述，笔者认为债券承销商销售债券的行为，并不能认定承销商系行纪商的法律地位。

（三）信托受托人的合理性认定：独立的守门人和受托责任承担

在前述的代理商理论下，证券监管部门委托承销商对发行人证券的发行活动进行尽调核

---

〔1〕《民法典》第 956 条第 1 款规定："行纪人卖出或者买入具有市场定价的商品，除委托人有相反的意思表示外，行纪人自己可以作为买受人或者出卖人。"

〔2〕《民法典》第 168 条第 1 款规定："代理人不得以被代理人的名义与自己实施民事法律行为，但是被代理人同意或者追认的除外。"

查并出具相关审核文件，并在证券发行人聘请承销商等中介机构的前提下才能履职。但笔者认为，不宜认定为承销商系代理证券监管部门进行一定程度的审查工作。证券监管部门对资本市场债券发行行为的合法合规性依法进行监督检查，维护公开、公平和公正的市场秩序。为了履行此项监督维护职责，证券监管部门授予承销商等中介机构股票和债券承销牌照，授予律所、会计师承担证券服务机构牌照，证券监管部门委托承销商对债券发行人进行尽职调查和信息披露，承销商受托承担债券发行销售环节的事务性管理工作。因此，债券承销商是事务管理型信托的受托管理人，证券监管部门作为委托人，承销商作为受托人，受益人即是资本市场上不特定的投资者，承销商承担忠诚和勤勉的受托义务。

发行人中介是证券市场的“看门人”,〔1〕对发行人信息进行核实、验证与加工，缓解直接融资中投融资双方的信息不对称，也出借自身声誉为发行人提供证券质量担保。〔2〕这一职责与承销商对发行人的咨询服务、发行成功的准担保人、信息沟通中介等职责不同，是各国证券监管部门为了维护证券市场秩序和防止资本市场欺诈行为而赋予承销商证券公司的职责。“守门人”职责的理论基础是，声誉卓著的中介机构会小心地保护自己最重要的资产——声誉。在 Ronald Gilson 和 Reinier Kraakman 教授的经典论文中，其认为“声誉卓著的中介”作为守门人，具有独立性和一定的职业道德，可以通过为证券投资者提供验证和认证服务来阻止证券发行人的错误行为，并通过勤勉的执业行为向投资者提供质地较好的证券标的，从而逐步积累自己良好的声誉。结果就是，声誉越高的中介机构验证能力越强，阻止证券发行人进行财务造假等违法行为的效果就越好。〔3〕美国《1933 年证券法》对承销商的角色定位也是典型的“守门人”，其职责就是要保护投资者免受注册声明中重大不准确的损害。事实上，SEC 也清楚地将承销商描述为“独立的守门人”。〔4〕根据上述信托理论，承销商对发行人的审查职责系其完全独立的受托义务，与证券监管部门作为委托人完全分离，职责不具有重合性，一旦承销商未履行好承销职责，则系独立承担违反受托义务的法律责任，证券监管部门无须为其背书。证券监管部门独立承担其对债券发行注册环节的审核行政责任。该种制度安排，具有理论的合理性，且符合实践需求。

四、结论

承销商应当被认为系信托受托人的法律地位，这种认定更加契合承销商中介机构制度设

---

〔1〕［美］约翰·C. 科菲：《看门人机制：市场中介与公司治理》，黄辉、王长河等译，北京大学出版社 2011 年版，第 3 页。

〔2〕参见周淳：《证券发行虚假陈述：中介机构过错责任认定与反思》，载《证券市场导报》2021 年第 7 期。

〔3〕参见赵英杰、杨卓：《美国证券发行承销商法律责任研究——以承销商职责界定和判断其是否尽职为视角》，载《证券法苑》2015 年第 3 期。

〔4〕Joseph K. Leahy, *The Irrepressible Myths of Barchris*, Delaware Journal of Corporate Law, Vol. 37, 2012.

计的初衷以及承销商实际承担的工作职责内容。此外，明确债券承销商信托受托人的法律地位，即承销商与投资者之间的信托法律关系，可以明晰承销商对证券监管部门和投资者直接负有信托义务，不再需要通过承销商与委托人建立的委托合同法律关系为基础或前提去推演承销商与投资者之间的信赖义务，也不再需要认为承销商与投资者之间在法律关系的形成上具有间接性，更有助于建立和提升投资者对证券市场信息披露的合理信赖，而且在明确信托人的法律地位后，可以更为清晰地阐释承销商的法定信托义务，勤勉尽责核查及忠诚守信义务是承销商对投资者和证券监管部门负有的信托义务的必然内涵和体现，相关义务相较于委托代理商法律地位下的合同义务更具有独立性、法定性，更有利于投资者对承销商违反信托义务后的虚假陈述侵权行为的责任追究。

当然，单纯从债券销售行为本身来看，代销模式下承销商是委托代理人，余额包销模式下承销商兼具有委托代理人和买卖商的法律地位；在全额包销模式下，承销商处于买卖商的法律地位，当然此时也可以理解为具有行纪商的法律的特征。但上述单纯就销售行为过程的理解，都不足以涵盖债券承销商中介机构的全部承销职责，比如其承担的勤勉尽责的核查职责及其相关信息披露的保证义务。

虚假申报操纵行为主观意图认定研究

——以《证券法》第五十五条第四项为视角

杨宏芹　杨　斌　吕敬平 *

操纵市场行为伴随证券市场的肇始而生，是一种历史悠长并不断变化的不正当交易行为，具有鲜明的类型化特点，很难用一个确切的定义概括。2019 年新修订的《证券法》第 55 条以“列举 + 兜底”的方式归纳了操纵市场的行为类型，并将“意图影响”的行为增列为规制对象，这意味着立法肯定了“主观意图”是虚假申报操纵行为的构成要件。

虚假申报操纵行为是指“不以成交为目的，频繁或者大量申买申卖的行为”，[1]属于操纵市场行为的一种子类型。[2]2007 年 3 月发布的《证券市场操纵行为认定指引（试行）》（以下简称《指引》）首次对虚假申报操纵进行明文规制，将其表述为“行为人做出不以成交为目的的频繁申报和撤销申报，误导其他投资者，影响证券交易价格或交易量”，《证券法》第 55 条第 4 项则更为简单地将其表述为“不以成交为目的，频繁或者大量申报并撤销申报”。虚假申报操纵行为会扭曲正常的证券价格，诱使处于信息劣势的投资者跟风买入，造成市场秩序混乱，应属故意侵权行为，其归责原则应采过错责任。[3]以高频交易为代表的证券交易技术加快了证券市场的发展，行为人可以通过算法程序做出申报并撤单的交易选择，

---

* 杨宏芹，上海对外经贸大学副教授；杨斌，上海对外经贸大学法律硕士生；吕敬平，华东政法大学国际法专业学生。

〔1〕 顾功耘主编：《证券法学》，高等教育出版社 2021 年版，第 395 页。

〔2〕 参见夏中宝：《算法交易对虚假申报操纵法律认定逻辑的新挑战》，载《证券市场导报》2017 年第 10 期。

〔3〕 参见朱亚芬：《操纵市场行为的法律规制》，载《财经问题研究》2003 年第 9 期。

在此过程中程序化交易则会导致特定时段内突现大量且频繁的报撤单交易，造成虚假的市场繁荣。就本质而言，报撤单交易行为和算法技术呈现价值中立性，只有在行为人具有“不以成交为目的”的主观意图时，其行为才具可非难性，而主观意图内藏于行为人的内心，故对虚假申报操纵行为主观意图的认定既是虚假申报操纵行为认定的关键，亦是行政执法的难点。

一、虚假申报操纵行为的主观意图问题

“不以成交为目的”是虚假申报操纵行为的主观意图，是界分合法与非法的重要标准。中国证券监督管理委员会（以下简称证监会）对虚假申报操纵行为的主观意图的证成主要采取的是“高度盖然性”的间接标准，即通过行为人的行为、事后状态等客观情况综合推定。〔1〕其基本的推定逻辑是通过相关行为的特征判断是否存在法律上的禁止行为，再判断该行为是否具备经济合理性，并且由行为人承担正当交易目的的举证责任。〔2〕这样的推定方式固然降低了执法难度，但结合《证券法》第 55 条第 4 项的文义表述与执法实践来看仍然存在如下问题。

（一）以“不以成交为目的”作为主观要件可操作性差

有学者认为“行为人不管采用什么手法，也不问其主观动机是什么，只要客观上造成了操纵证券、期货市场的结果，且操纵者也因此获利或者转嫁风险，这种行为就属于操纵证券、期货市场的行为”。〔3〕其观点显属客观主义的立法模式，即只要行为人存在相关行为就会被认定为操纵市场，无论其主观意图。但是如前所述，主观意图才是行为具备可非难性的关键，只有明确了行为人的主观意图才能将合法的操作行为与违法的操纵行为进行区分。〔4〕行为人的主观意图在行为之初并不确定，需要用连续的眼光进行观察，常见的例子如探测市场水深的探测订单，以及形成价格优势的瞬时订单，这些操作都可能仅是行为人出于交易策略的一种考量。有学者指出，只有恶意诱导投资者并使证券价格偏离正常区间的主观意图才能被认定为操纵意图，不宜仅从报撤单的外观判断其主观意图。〔5〕因此，有必要明确行为人主观意图的特定目的，而不能统统将其装入“不以成交为目的”的大网之中，否则容易“殃及池鱼”，打击市场热情。

---

〔1〕参见顾功耘主编：《证券法学》，高等教育出版社 2021 年版，第 394 页。

〔2〕参见张兵：《虚假申报操纵问题实证研究》，载黄红元总编，蔡建春、卢文道主编：《证券法苑》2020 年第 30 卷，法律出版社 2021 年版，第 371 页。

〔3〕曾静音主编：《刑法历次修正背景释义应用》，中国法制出版社 2006 年版，第 199 页。

〔4〕参见陈晨：《操纵证券市场犯罪要素认定的司法观察》，载《证券法苑》2017 年第 3 期。

〔5〕参见顾功耘主编：《证券法学》，高等教育出版社 2021 年版，第 395 页。

（二）以“大量”“频繁”的标准推定主观意图过于简单

2007 年《指引》未明确“不以成交为目的”的认定方式，仅规定了频繁撤单中所谓“频繁”的认定标准，借以判断何谓“不以成交为目的”。[1]《证券法》第 55 条第 4 项规定“大量”或“频繁”申报并撤单的行为同属推定行为人具有操纵意图的主要依据，依文义解释可得“频繁”与“大量”是并列的处罚条件，满足二者其一即可能构成虚假申报操纵。但需要诘问的是从“频繁”或“大量”申报并撤单的行为中一定能推出操纵意图吗？实践中，过于简单的标准使得执法部门对于“大量”或“频繁”的认定具有一个相对波动较大的裁量空间。[2]有学者指出，类似于刑法对故意杀人罪的犯罪故意的认定并不是从片面的杀人行为得知的，而是从其预谋、准备、实施行动等行为中推定而来一样，[3]执法部门也不能简单将“大量”或“频繁”申报并撤单的行为认定构成虚假申报操纵行为。

算法技术的更新导致某种程度上“大量”或“频繁”申报并撤单仅仅是算法交易的伴生现象，很难谈得上是人为行动，更遑论通过上述标准探究行为人报撤单时的主观意图。“大量”或“频繁”的操作属于必要的交易行为，而必要的交易行为又是正常的市场操作和异常的市场操纵的共同做法。[4]然而“大量”或“频繁”报撤单行为本身并不足以推定出行为人在报撤单之时已经具有非法目的。考虑到目前虚假申报操纵行为越发智能化、隐蔽化等特征，仅参照“频繁”或“大量”的标准判断行为人是否具有“不以成交为目的”的主观意图过于简单，[5]可能会导致虚假申报操纵行为的认定失去可预测性。

（三）以客观行为认定主观意图会造成主观要件过于表象化

实践中，考察行为人的客观行为更多是为主观意图的证明提供客观情势证据，证监会亦形成了一套证明标准体系，但是更多的是从行为本身是否具备异常性、违法性着手的，一定程度上造成了客观行为与主观意图认定的竞合，因此如何通过行为人的主观意图直接认定构成操纵市场还有待完善。[6]比如，是否具备相应行为特征的行为都可以被归为虚假申报操纵行为呢？答案显然是不能的。类似于前文所述我国“大量”或“频繁”的标准一样，两者并非构成要件，只是符合操纵市场行为的部分特征，这样的规定会导致其涵摄的边界过于宽泛，让执法部门享有过大的自由裁量权。通过客观情势证据的证明区分虚假申报操纵行为与正常交易操作行为，实际上使区分标准又一次回到了对客观行为的界别。

---

〔1〕 黄丹越、吴则涛、金宇：《操纵市场行为认定及其民事赔偿责任》（上），中银律师事务所。

〔2〕 “吴峻乐”案中以 566 笔报撤单行为而被认定为虚假申报操纵，而“马永威”案中仅 6 笔则被认定为虚假申报操纵。

〔3〕 参见郑彧：《从“结果主义”转向“行为主义”——论连续交易型市场操纵的认定》，载《证券法苑》2019 年第 1 期。

〔4〕 参见钟维：《欺诈理论与期货市场操纵二元规制体系》，载《清华法学》2021 年第 3 期。

〔5〕 参见商浩文：《大数据时代证券市场虚假申报操纵犯罪的司法认定》，载《中国刑事法杂志》2020 年第 6 期。

〔6〕 参见汤欣、高海涛：《操纵市场行政处罚案例全景观察》，载《证券法苑》2016 年第 18 卷。

值得研究的是，我国证券市场现行规制框架是一种以单一的价格操纵条款为核心的反操纵立法体系。价格的“人为性”是价格操纵路径下判断操纵行为的核心，可是很难在浩如烟海的市场价格影响因素中证明恰恰是行为人的操纵行为导致了价格的波动，而非其他偶然因素。[1]因为虽然通过欺诈市场理论我们可以在人为价格和欺诈之间建立推定关系，但是这种推定关系是一个可被反驳的推定，只要能够证明市场参与者确实不是因为受到人为价格的误导才参与交易的，就可以推翻该推定。算法技术的发展又为行为人提供了更多的隐蔽空间，故仅凭客观情势证据很难完成对行为人具有“不以成交为目的”这一主观意图的论证，因此需要完善主观意图的认定方式与标准，避免过度依赖以客观行为认定主观意图的认定方式，导致主观意图要件的架空和表象化。

二、域外虚假申报操纵认定的主观主义立法例借鉴

主观主义立法例是世界的主流选择，美国是其典型代表，其立法将虚假申报操纵行为称为“幌骗”。美国原《商品交易法》（Commodity Exchange Act，CEA）并未明确规制“幌骗”行为，直到美国《多德—弗兰克法案》（Dodd Frank Act）出台后，才对“幌骗”行为以专门规范进行规制，改变了幌骗犯罪的规范适用和认定规则。美国在行政执法中逐渐确定了规制“幌骗”行为的法律标准，并逐步厘清“幌骗”行为与正常交易的区别。下文结合世界主要的主观主义立法例以及“柯西亚案”中认定幌骗行为主观意图的司法要点进行讨论。

（一）主观主义立法例

美国《证券交易法》（SecuritiesExchangeAct，SEA）第 9a 条款规定操纵市场应当出于特定目的，用第 10b 条款进行兜底。1976 年，最高法院通过 Ernst & Ernstv. Hochfelder 等案件明确了《证券交易法》第 10b 条款下操纵行为中对主观意图要件的要求。美国的司法实践着重于依据订单的存续时间、实际交易的数据统计等证据证明行为人“不以成交为目的”的主观意图。CFTC（美国商品期货交易委员会）根据《商品交易法》第 6 条（c）款和第 9（a）（2）款将“幌骗”行为认定为操纵市场，实践中主要通过证明行为人具有操纵能力、人为价格、操纵行为与人为价格之间的因果关系以及行为人的主观意图进行认定，其中操纵能力和主观意图亦主要通过客观情势证据进行间接证明。

2010《多德—弗兰克法案》以第 747 条 4c（a）（5）（C）修正了《商品交易法》第 4c（a）条，以专门规定“幌骗”行为，凡是具有“幌骗”特征或被认定“幌骗”的交易行为

---

〔1〕 价格与欺诈理论之间的连接点是欺诈市场理论，该理论认为，操纵和欺诈的对象是整个市场，投资者因为信赖市场的真实性而交易，故只要存在人为价格，就说明相应投资者的损失即与该操纵和欺诈行为存在因果关系。

都是违法的，并且有必要证明行为人在报撤单完成之前“不以成交为目的”的主观意图业已存在，以此论证行为人构成“幌骗”。CFTC 在《“禁止扰乱市场行为”解释指引和政策说明》中进一步表明了对于合法报撤单和“幌骗”间的界限需要综合评价市场环境、交易方式等客观因素予以区分。现美国的行政执法实践更倾向于根据诸多客观情势证据进行推论，而非直接证明操纵的主观意图来认定行为人行为的违法性。[1]

日本借鉴美国法规定，采用了主观主义立法例。欧盟早期《关于内幕交易和市场操纵的第2003/6/EC号指令》采取客观主义立法，但2014年在《市场滥用指令实施守则》（Regulation（EU）No. 596/2014）中也引入了主观意图要件，从而转向主观主义立法例，该守则第15条规定“个人不得从事或意图从事操纵证券市场”，第12（b）款进一步规定了“适用虚假方式或者其他欺诈性手段从事交易、下单或者其他任何活动和行为，以影响或很可能影响……”的操纵市场行为。由此可见，采取主观主义立法例规制虚假申报操纵行为应是未来的主流趋向。

（二）“柯西亚案”中主观意图的认定

“柯西亚案”是美国首例“幌骗”刑事定罪案件，柯西亚利用高频交易程序大量下单并在订单成交前迅速撤回。柯西亚反复操作，从而赚取差价获利。对于该案主观过错的认定，法院认为主观意图要件的证明至关重要，CFTC 认为对行为人的“幌骗”行为进行刑事指控，其主观上应当达到“明知”的程度，而认定是否构成“幌骗”的关键是对其成交前“意图取消”的主观目的的认定。[2]柯西亚辩称证券市场瞬息万变，高频交易策略只是一种正常的交易手段，其主观上并不存在欺诈或操纵市场价格的主观意图。对此，美国联邦第七巡回法院认为，“提供被告主观意图的直接证据通常是困难的或不可能的，我们允许通过客观情势证据来证明犯罪意图”。根据客观情势证据的推断，比如交易行为的数据分析、高频软件的使用策略、订单的存续时间、大额订单与小额订单的实际成交量考量并推定行为人在报单时即存在在实际成交之前取消交易的意图。

柯西亚的交易历史清楚地表明，其取消了绝大部分大订单，站在一般理性人的角度，并结合客观情势证据可以推断，柯西亚在下单时已经意图取消大订单。首先，柯西亚在利用高频软件进行交易期间撤回了绝大多数的订单，只有极少部分的大订单成交，其交易数据即呈现出异常性。其次，为柯西亚开发涉案的交易软件电脑软件工程师出庭作证说明柯西亚使用的高频交易软件本身就自带在成交前及时撤回大额的“报价单”以避免大订单被成交的功能，而“报价单”只为“拉动市场的期货价格”之用。再次，柯西亚只有0.57%的大订单在市场上停留超过一秒，而一般高频交易者的65%的大订单在市场上将会停留超过一秒钟，

---

〔1〕 参见商浩文：《美国首例“幌骗”型高频交易刑事定罪案及其借鉴》，载《华东政法大学学报》2019年第2期。

〔2〕 参见肖凯：《从柯西亚案看幌骗型高频交易的司法认定》，载《检察风云》2017年第4期。

所以其多数订单在极短的时间内被取消，订单停留的时间过短，明显呈现出异常性。最后，柯西亚的订单的实际成交率仅为 1.592%，而其他正常的市场参与者的交易比率在 91% ~ 264%。上述客观情势证据表明，柯西亚的报价单不是为了实际交易，而是为了操纵市场价格以使小额订单以不正当的价格成交。据此，法院认定，柯西亚在报单时就具备了在实际成交之前取消交易的意图。换言之，这些客观情势证据足以推定柯西亚下单时具备“意图取消”的主观意图，因此其行为会受到质疑。

三、虚假申报操纵行为主观意图认定的建议

《证券法》第 55 条第 4 项规定了构成虚假申报操纵需要行为人具备“不以成交为目的”的主观意图，结合执法实践可以看出我国的对“不以成交为目的”的证明方式与美国运用“客观情势证据”认定行为人主观意图的做法十分相似，即以客观情势证据为支撑，适用推定原则，从其客观行为推定其主观意图。尽管我国证券期货市场程序化交易技术尚未全面铺开发展，但参考世界各国的主流立法趋势，实有必要完善规制虚假申报操纵行为。特别是在直接证明虚假申报操纵行为人主观意图困难的情况下，可以结合我国已有的规范，借鉴美国的司法经验，完善各种客观情势证据的推定标准，具体建议如下。

1. 限缩主观意图为特定目的范围

既然行为人的主观意图是区分合法与非法的“标尺”，那么当然需要明确特定目的的“刻度”才能精确区别虚假申报操纵行为与正常的申报并撤单行为。实践中，存在两条路径判断行为人的主观意图，第一，在业已形成的判断标准下，对行为人的撤单比例、挂单时间等分析对比；第二，在具体案件中综合各类因素判断行为人是否具备操纵意图，[1] 两条路径本质上都要考察行为人是否具备可非难的主观意图。

虚假申报操纵行为并非直接影响市场价格机制，而是通过释放虚假信号，引诱其他市场参与者跟风操作，从而间接影响市场价格。但是市场的本质就是逐利，很难说正常的交易操作不具备这样的引诱性，所以应当将具备“正当交易目的”的行为排除在规制范围外。行为人“不以成交为目的，频繁或者大量申报并撤销申报”表明行为人须具有不正当的交易目的，有观点认为这一目的仅代表了市场所不欲行为人追求的目的，那么具有正当交易目的的行为，尽管客观上符合第 55 条第 4 项，却不当然构成虚假申报操纵行为。参考美国的司法经验，行为人如果是故意将交易价格导向不正常的交易方向，其主观意图应当被认定为不具有正当的交易目的，但是如果其认为交易价格原本就应该向此方向而进行操作，那么其行为就具有正当的交易目的。那么哪些交易目的具备正当性呢？这一点无法穷尽，应当在具体的

[1] 参见汤欣、高海涛:《证券市场操纵行为认定研究——行政处罚案例的视角》，载《当代法学》2016 年第 4 期。

案件中具体分析。举例予以说明，比如上述典型的试单行为外观上具备频繁报撤单的特征，目的在于通过小额挂单探测市场深度，的确是“不以成交为目的”，因此符合虚假申报操纵的构成要件，但是该行为并不意在影响市场行情或诱导其他投资者，仅是为了了解市场交易意向、探测市场深度，增加成交可能性。如果试单行为具备正当交易目的，未侵害市场价格形成机制，同时又对市场带来更大正向价值时，那么当然没有必要将其归为虚假申报操纵行为。

2. 构建“不以成交为目的”的判断标准

其一，存在异常的交易价格。过低档位的申报明显具有异常性，相比一般撤单行为更加凸显“不以成交为目的”的主观意图。由于“价格优先”，这些申报价格将长期处于较低档位，成交可能性较低，却能影响其他交易者的决策。在卢道军案[1]中，行为人故意以低于市场成交价的价格报单，按照“价格优先”的规则，由于其申报档位较低，不能被立刻交易，同时期又增加了委托数量，给市场参与者释放出虚假信号，在其他参与者跟风买入后立即撤单。又如，行为人在市场价格可能到达涨停板的情况下仍大量申报，使大部分挂单难以成交。在临近收市期间，行为人明知大量申买可能无法全部成交，仍故意拉抬收盘价格的行为。

其二，存在异常的成交委托比。在市场买卖申报量已经严重失衡的情况下继续进行申报，或买卖申报量显著大于对方前五档申报总量，使大部分申报难以成交。在穗富投资案[2]中，行为人辩称其撤单操作不存在“不以成交为目的”而误导其他投资者，执法部门则认为其撤单比例过高，挂单时间过短，因此认定其具备“不以成交为目的”的主观意图。此类行为外观上不符合正常的商业逻辑，不具有经济合理性。[3]但仍需要注意的是交易量之“频繁”与否只是体现交易异常的一种虚假表面，应结合当时案件中具体的交易活跃程度进行实质判断。

其三，存在异常的挂单时间。行为人若基于真实交易目的，则通常申报挂单会维持较长的存续时间；反之，则行为人的申报挂单时间会过于短暂。证监会依据行为人挂单的平均驻留时间和最短驻留时间进行比较，并结合其他客观情势证据认定行为人“不以成交为目的”。在上述卢道军案中，证监会就通过对比正常的订单平均驻留时间和最短驻留时间等标准对比卢道军的挂单时间进而认定其“不以成交为目的”的主观意图。

其四，存在异常的交易逻辑。实践中，证监会打破了《指引》以撤销申报为必要条件的固有思路，认定堆单行为的违法性。同时，反向交易虽不再为必要要件，但行为人反向交易

---

〔1〕 中国证监会行政处罚决定书〔2009〕37号。
〔2〕 中国证监会行政处罚决定书〔2017〕92号。
〔3〕 参见商浩文：《大数据时代证券市场虚假申报操纵犯罪的司法认定》，载《中国刑事法杂志》2020年第6期。

的行为确实可以在一定程度上反映出行为人的真实目的，是判断行为人是否具备“不以成交为目的”的主观意图的重要考量。类似地，其他存在异常的交易逻辑的行为，如利用行情波动低价定向增发、股权激励、低价回购还券、撤单后以同价再次低价申报等行为中都可以推断行为人没有真实成交之目的。在刘长鸿案〔1〕中，行为人在股票涨停期间，仍大量申报买入，又如徐国新案〔2〕中，在其大量订单已经明显无法成交的情况下，行为人仍继续堆单，使股价锁定在涨停价位，误导其他投资者对股票走势的判断，行为人的异常交易逻辑可以印证其“不以成交为目的”的主观意图。

综上所述，行政执法实践中对上述标准的运用宜采谨慎态度，结合市场环境采取更高的标准予以审查，要尽可能地参考更多的客观标准，考察行为人的交易逻辑，不能仅从简单片面的客观行为外观上进行判断。随着证券品种的更新和证券市场的不断发展，虚假申报操纵行为的行为模式也在日新月异，因此相应的标准也应当不断更新以精确划定执法范围。

3. 避免依赖主观意图认定客观化

理论上，行政执法对虚假申报操纵行为的认定是刑事上认定虚假申报操纵行为的前置程序，两者紧密相关，故可以尝试运用有关“犯罪过失的客观化”的概念定义虚假申报操纵行为主观意图认定的客观化。〔3〕所谓主观意图认定的客观化，是指不探究行为人的主观意图，而是通过将行为人的客观行为与事先归纳的行为标准进行比较而推定其主观意图的认定方式。固然行为人的主观意图很难不通过客观行为才能探明，但对行为人行为的规范评价也不能不在未探明行为人的主观意图的前提下进行，而主观意图认定的客观化的弊端正在于其转换了证明内容，略过了探寻行为人主观意图的步骤。无论如何，程序化交易技术究其本质只是一种交易工具，行为人基于何种主观意图使用这种工具才是判断其行为性质的关键所在。虚假申报操纵行为的成立以行为具备可非难性为前提，而主观意图的客观化却可能会使行为主观意图上缺乏可非难性的行为人在法律上受到处罚。〔4〕实践中，证监会关于主观意图认定的基本思路是通过与正常市场参与者的行为基准相比较进行推定，这种推定具有高度盖然性，可能会被推翻，故而有可能使得虚假申报操纵行为的成立范围不当扩张。所以应当给予行为人更大的抗辩空间，避免认定失误，比如可以允许行为人以实际履行强制平仓义务或者提供交易算法等理由自证其真实交易意图。

综上所述，查明客观事实当然必不可少，而结合证据规则和生活常识判断行为人的主观意图并对主观意图进行规范评价的过程亦不可或缺。客观事实是认定行为人主观心态的判断依据，但不能用对客观事实的查明代替对主观心态的认定。“不以成交为目的”的判断不仅

〔1〕 中国证监会行政处罚决定书（刘长鸿、冯文渊）2015 年 58 号。

〔2〕 中国证监会行政处罚决定书（徐国新）2011 年 18 号。

〔3〕 参见田宏杰：《我国犯罪过失客观化思潮的反思》，载《中国刑事法杂志》2023 年第 2 期。

〔4〕 参见胡雪梅：《“过错”的死亡——中英侵权法宏观比较研究及思考》（第 2 版），中国政法大学出版社 2009 年版，第 87 页。

是一种心理状态，也是一种规范评价，故而主观意图认定的规范化是正当且必要的，这种规范评价并非直接评价客观事实，而是对行为人主观心态的评价，所以有必要保持主观意图要件的独立性，避免将主观意图的证明内容全部转化为客观证据事实，导致主观意图要件的表象化。

四、结语

算法技术的发展会催生越来越多的交易手段，不可避免地会增加虚假申报操纵行为主观意图认定的难度，我国行政执法必须及时予以回应。报撤单交易行为和算法技术的存在本身就可能会给市场带来一定的风险，但只有在行为人具有“不以成交为目的”的主观意图时，其行为才具可非难性，我们不能够因噎废食，否定正常的交易行为和算法技术的发展。《证券法》第 55 条第 4 项对虚假申报操纵行为的规定看似简单，实际却缺乏指向。我国行政执法在认定虚假申报操纵行为时必须要探明行为人的主观意图，限缩“不以成交为目的”的认定范围，精细化虚假申报操纵行为主观意图认定的判断标准，灵活适用相关规范，在精确划定行政执法的打击范围的同时也要着重避免行为人披着“正当交易目的”“算法技术”的外衣行违法之实。

私募基金等资产管理纠纷裁判的法理与实务

——会议综述

沈 沁 王 琦*

在中国法学会银行法学研究会2022年年会“中国式现代化建设中的金融法治”第三单元“金融机构资产管理业务的法理与实务”研讨中，西北政法大学强力教授、浙江大学法学院黄韬研究员、上海市高级人民法院金融庭单素华庭长、上海仲裁委陆春玮副主任等众多专家学者就金融资管纠纷解决的法律问题作了深入探讨分析，提出了许多富有建设性的观点和建议。

一、私募股权投资基金助力经济高质量发展的金融法路径

有学者指出，私募基金是指在中国境内以非公开方式向合格投资者募集资金设立的投资基金，包括契约型基金或者资产由基金管理人或普通合伙人管理的、以投资活动为目的设立的公司或者合伙企业。国家市场监督管理总局登记注册局于2021年1月15日发布的《关于做好私募基金管理人经营范围登记工作的通知》，明确了相关私募基金管理人在办理经营范围登记时，统一使用“私募证券投资基金管理服务”或“私募股权投资基金管理服务”、“创业投资基金管理服务”的表述办理经营范围的登记。因此，应当将私募基金先分为私募证券和私募股权两个大类。在私募股权中，又分成私募股权投资基金和创业投资基金。

专家分别从资本市场各类主体、法学学者和法律工作者的角度出发，探讨了

---

* 沈沁、王琦，华东政法大学法律硕士研究生。

社会各界人士对私募股权基金的认知。

在资本市场中，投资者认为私募股权投资基金就是一类投资对象，是金融商品，是投资以获取收益的工具；从业者认为私募股权投资基金就是一类产品，是其发行和管理、运营和服务并收费的对象；监管者认为私募股权投资基金就是一类金融机构、一种金融产品；政府认为私募股权投资基金是地方经济发展的要素和资源，是资本市场的有机组成部分。需要特别注意的是，2022 年 4 月发布的《中共中央 国务院关于加快建设全国统一大市场的意见》中，提到要发展要素和资源市场，而资本市场就是一个重要的要素资源市场。所以，从中央政府到地方政府都在积极争取资源，如金融招商，就提出了“基金招商”这样一个口号。

在法学理论界，民商法学者认为私募股权投资基金就是信托、契约、合伙、公司，就是一系列的法律架构和权利义务关系的集合体；行政法学者认为私募股权投资基金涉及金融行政监管法律关系；刑法学者则会关注私募股权基金是否涉及非法集资或者集资诈骗。而经济法学者和金融法学者看到的不仅是以上民商、行政和刑法学者所能看到的，更能看到在一个国民经济社会发展的体系、一个大市场中的基金。在这个大市场中，包括资源市场和要素市场，涉及直接融资，资本市场、宏观调控、市场规制、金融稳定、金融安全和金融交易。

在法律实务界，法官认为私募股权投资基金属于金融司法审判的一个专业类的案件；警官和检察官认为私募股权投资基金涉及金融犯罪的侦查与监察；仲裁者和调解者认为私募股权投资基金是资本市场上的一个民商事纠纷的专业案件，涉及金融仲裁和金融纠纷调解；律师认为私募股权投资基金属于新型资本市场中有关证券和基金的法律服务业务。

进一步从时代背景、理论逻辑和实践印证三个维度阐述了发展私募股权投资基金的重要性和必然性。

从历史逻辑来看，当前中国进入了一个新时代。在党的二十大报告中，提到了高质量发展是全面建设社会主义现代化国家的首要任务，同时又提出要健全资本市场功能，提高直接融资比重。资本市场作为现代金融体系的重要组成部分，是市场化配置资源的主战场，需要更好地发挥枢纽作用，担当历史使命，服务实体经济发展。中央早在 2017 年的第五次全国金融工作会议上就提出：金融是国家重要的核心竞争力；金融安全是国家安全的重要组成部分；金融制度是经济社会发展中重要的基础性制度。

结合私募股权投资基金的特点、优势和功能作用，我们可以得知私募股权投资基金的资金来源广泛，包括政府资金、市场资金和外来资金，且投资者的门槛比较高；投资期限较长，作为直接融资工具，为经济发展提供了长期、稳定的风险资本金；能够优化金融资源配置，化解分散金融风险，提供价值增值服务；可以降低信息和代理成本，决策效率高；有助于中小企业、高新技术企业融资，且可以避免双重纳税。因此，私募股权投资基金能够承担提高直接融资比例、健全资本市场功能的责任。

从实践论证来看，美国学者戈登所著《伟大的博弈》中提出资本市场博弈决定大国兴衰的观点。到现在为止，西方国家的大型资本投资中私募股权的配置一般在 15% 左右，且年化回报率一般要高于证券市场的平均收益率。据统计，大多数私募股权基金的年化回报率在 20% 左右。中国的私募股权基金从 20 世纪 80 年代中期，由国家设立的中国创业风险投资公司开始，共经历了 4 个阶段，即萌芽阶段、外资风投主导阶段、内资私募崛起阶段和规范发展阶段。2022 年 10 月，中国基金业协会在《中国金融》发文称，10 年来，中国私募基金发展十分迅速，私募中的股权创投基金增长了 14.1 倍，规模达到 13.7 万亿元，稳居世界第二位。私募股权、创业投资基金管理人达到 14,726 家。此外，股权创投基金累计投资境内未上市企业股权、新三板挂牌企业股权等项目超过了 16 万家次，形成股权资本金 10 万亿元。2021 年股权创投基金投向境内未上市未挂牌企业股权的本金新增超过 8000 亿元，相当于同期新增社会融资规模的 27%，成为长期资本形成的重要载体。截至 2022 年第二季度末，科创板、创业板注册制上市企业上市前，私募股权投资基金和私募创业投资基金渗透率分别为 88% 和 58%。由此可见，私募股权基金的投资能够极大地推动创新企业的发展。因此，必须要大力地发展私募股权基金。

近 10 年来，我国私募股权投资市场规模不断扩大，是资本市场上的重要机构投资者，私募基金已成为我国直接融资体系中的重要力量。同时，存在一些不利因素制约了行业发展，主要包括：第一，法律法规及政策不尽完善。我国现行法律法规为私募股权行业提供了初步的法律依据，但法律规范位阶不高，针对性不强。第二，行业管理和服务规范性不强。我国私募股权投资行业的专业性尚嫌不足，在组织形式、市场定位以及投资制度等方面还有待细化、完善。现实中，存在大量的非法集资等“伪私募”和非法侵占等“乱私募”现象。第三，风控能力和合规意识有待提升。有些机构缺乏足够的人才储备、资本金等企业运营的基本条件，盲目扩展业务；有的脱离自身实际，过度使用杠杆，风险超出管控能力；有的甚至涉及非法集资等问题。第四，对投资者利益保护程度不够。有些机构没有尽到了解客户、提示风险等义务；有的甚至鼓励客户从事高风险投资，最终导致客户损失。第五，缺乏完善的退出机制。第六，监管体制与监管规则有待加强。私募监管中，行政监管与自律监管、中央监管与地方监管、私募规则与公募规则边界不够清晰。

专家建议，针对私募股权投资基金的不足之处从多个方面进行规制，主要包括：第一，加快推进科学立法，充分发挥金融法的规制和保障机能，尤其是地方政府可以制定符合本地区金融发展现状的有关私募股权基金的金融监管条例。第二，完善行政执法体制与机制。证监会、地方金融监管局、中国基金业协会与地方协会应加强统一协调。第三，提升司法审判的专业能力，如已经建立了上海金融法院、北京金融法院和成渝金融法院。第四，政府部门和党政机关要在金融法治的理念和指导之下制定各种各样的规范以促进私募基金的发展，包括激励、奖励以及各种优惠政策。如陕西省地方金融监管局、省发展改革委等八部门联合发布《关于促进私募股权投资行业高质量发展的若干措施》，共计 12 条，包含从准入到退出的整个过程中的服务、激励、奖励、人才等。第五，恪守诚信和契约至上的理念。完善私募基金管理公司的治理结构和治理机制，核心在于信义义务。要义就是勤勉忠实。严格执行合格投资者制度、适当性制度和信息披露制度。

二、资产管理案件的纠纷类型

从私募基金等资管业务的募、投、管、退 4 个阶段分析资管纠纷中的主要问题。

第一，在募集阶段，争议主要集中在 4 个方面，包括投资者适格性、告知说明义务、管理人未登记以及产品未备案。其中，投资者适格性问题与告知说明义务问题最为突出。针对投资者适格性问题，《全国法院民商事审判工作会议纪要》出台之后，对投资者适格性问题中的审理规则、举证义务和法律后果作了一些比较明确的规范。但是，在司法审判实践中，我们还是会发现在全国范围内对投资者适格性义务的把握或者司法原则的掌握上，仍然存在不统一的现象。其中可能涉及两个方面，一方面是投资者适格性义务的法律性质的判定存在分歧。也就是说，对于投资者适格性的评估义务究竟是一个侵权法意义上的侵权责任，还是合同法意义上的一个合同责任。虽然无论是侵权责任，还是合同义务，最终都不会影响法律责任的承担，但是这方面的法律逻辑论证还需要进一步探讨和研究。另一方面是违反投资者适格性义务的赔偿范围在全国司法实践中的标准和尺度也不是很统一。例如，有些法院对违反投资者适格性义务的赔偿责任判得比较重，其中包括本金和利息的赔付；有些法院则是通过认定过错大小进行责任分担。因此，我们只有确定了适格性义务背后的法理逻辑，才能明确界定赔偿范围。

通过一个实际案例阐释司法实践中违反风险揭示和信息披露义务的认定标准。如某基金公司将所募集的资金投资一家上市公司的股票，在实际投资过程中的交易结构安排中存在优先、劣后级的区别，涉案基金是作为一个劣后级投资者参与到投资过程中。结果因为要保障优先级投资者的投资收益，涉案基金的投资者最后遭受非常严重的损失。法院在审理该案件时认为，虽然募集资金时的投资方向没有问题，但是在具体的投资结构安排上存在信息披露义务未履行到位问题，因为这样一个投资结构的安排，实际上的投资风险超出了投资者在投资前对投资方向的正常预期。可见在司法审判实践中，对于告知说明义务，需结合具体个案的审理，创设出一些认定的标准和原则。在这些标准和原则的背后存在一个底层逻辑，就是从保护投资者的知情权和决策权的角度出发，界定基金管理人是否切实履行了信息披露义务。

第二，在投资阶段，争议主要集中在 4 个方面：投资方向不符合约定、未履行尽职调查义务、管理人实施关联交易以及涉嫌刑事犯罪。其中，最为突出的问题是未履行尽职调查义务。在大量的司法审判实践中发现，很多管理人在参与诉讼的过程中，不仅没有尽到合理的举证责任，而且缺乏积极的举证意识。更有甚者，有些管理人拒绝向法院提交相关证明材料。如在很多投资标的公司或者投资标的已经产生重大风险的情况下，管理人仍然是将投资资金投入这些标的公司，最终结果是这些标的公司很快就处于一个停产或停业的状态，进而导致投资者损失惨重。在这种情况下，管理人负有举证责任，需要进行一个合理的说明。

第三，在管理阶段，产生的争议主要是未及时披露投资风险和收益情况，以及未及时采取措施防止损失扩大。针对及时披露投资风险和收益情况，需要结合个案进行综合判断。例如，在组合性投资的争议中，在对投资标的风险等级有特别要求的情况下，这些投资标的的风险发生了重大变化时，作为管理人应当有一个及时披露的义务。但是，发现很多的管理人对该信息披露义务，认为是不适当的且是不应当履行的。最终投资者因管理人没有及时披露相关信息，做出了不当决策，进而引发了相关的争议。

第四，在退出阶段，争议产生最为集中，也是目前司法实践中如何更加充分地保障投资者的权益方面最为困惑所在。原因既有执法理念问题，也有法律论证还不充分，相关的配套机制不够完善问题。退出阶段产生争议主要包括：（1）多层嵌套产生的退出困难，也就是说在初始的投资人投资之后，因为管理人的多层嵌套的投资模式，最终使得初始投资人和底层资产，甚至是第一层的管理人和底层资产之间已经脱离了控制关系。最终导致在多层嵌套下，初始投资人的投资无法及时退出，也无法对底层资产进行及时的清算。当然这是《关于规范金融机构资产管理业务的指导意见》出台之前的遗留问题，后续这方面的问题不会特别突出。（2）短资长投是非常普遍的现象，所谓短资长投，即私募产品管理人与投资者之间所约定的投资管理期限与投资标的期限之间产生了期限的错配，进而导致私募投资管理的期限届满之后，由于投资标的还未进入清算期，最终导致初始投资者的收益或者资金回收无法及时得到满足。（3）怠于清算也是目前资管纠纷中普遍存在的问题，在怠于清算且投资管理人又有过错的情况下，如何合理地保障投资人的权益是非常棘手的一个问题。如根据一般的损害赔偿基本原则，应该是在确定损失之后明确赔偿的范围，确定赔偿金额。但是，在资产管理中确实存在特殊性，确定损失的责任主体、清算责任主体和赔付责任主体是同一主体，会存在利益冲突。（4）刚性兑付现象普遍存在。刚性兑付的识别标准是：一是承诺主体，包括管理人与销售机构，还有管理人的关联方或其指定的第三方。认定管理人的关联方或其指定的第三方是否构成刚性兑付存在较大的争议。二是承诺时间，有的投资机构在募集过程中直接做出了兑付承诺，这毫无疑问是构成了刚性兑付。在司法实践中，争议较大的是在管理期限届满之后，管理人再出具对投资人的投资损失进行保证兑付的承诺是否构成刚性兑付的问题。有的认为管理期限届满之后，只要没有其他法律禁止性规定，应该是允许的；但另外一种意见认为无论是募集中的还是期限届满之后的，只要最后的投资风险是由管理人承担的，那么就构成应当禁止的刚性兑付。三是变相刚兑，发现通过交易结构的设计，最后也会产生由管理人承担风险的结果。例如，委托人将他的收益权先转让，回购义务主体是管理人，通过这样一个交易结构的设计，最终风险是由管理人承担。四是投资者之间优先劣后级安排的效力。目前上海地方司法实践中还没有否定这种投资者之间的优先劣后级安排的效力，但如果是合伙制基金，根据《合伙企业法》的规定，优先劣后级的安排实际上违反了共享收益与共担风险的原则。此外，现在的合伙企业形式的私募基金与《合伙企业法》中的合伙企业仍有不同，也就是私募基金虽然有，但本质上仍然属于金融产品，而不是实体的合伙企业。

随着资本市场规模的快速扩大和发展模式的创新，在一些金融机构资管风险处置的过程中，原本隐性的法律问题逐渐显性化。虽然一些资管方面的问题如刚性兑付，由金融市场的自愈能力未经司法审判就得到了解决，但现在这些问题都暴露出来了，仍希望法学界给予法律理论和逻辑上的阐释。

三、资产管理纠纷案件的裁判实践

有专家结合金融司法实践阐述了私募基金等资管业务纠纷诉讼的特点。第一，案件数量逐年增加。随着《关于规范金融机构资产管理业务的指导意见》的出台，前几年快速发展的金融资管业务到了一个期限届满且需要进一步清算退出的阶段，基于投资损失会产生大量的纠纷。第二，纠纷类型日趋复杂。包括原告、被告主体资格，及其涉及的一些法律问题。第三，展业不规范问题突出。其中涉及关于管理人的信义义务应当如何规制和界定的问题。在很多的案件中确实反映出来，目前的资管行业领域管理人的信义义务还需要进一步的规范和强化。第四，投资者保护规范缺失。第五，群体性维权事件频发。如一个资管产品爆雷之后，可能会涉及众多的投资者向法院起诉，引发一些群体性的事件。第六，刑民交叉情况时有发生，在资管业务中发生的一些道德风险，最终可能会引发犯罪。

有专家结合资管仲裁案件的具体情况，分析了资管案件的基本情况、案件特点、焦点问题以及相应裁判考量因素。资管案件具有内部纠纷居多，投资者启动仲裁程序占比较大、主体众多，分布广种类多、请求权基础多样、关联案件众多、审理周期较长、调解率低等特点。

资管案件裁判中需解决的争议焦点往往集中于以下 6 个问题。

第一，合同性质。当事人对合同性质会产生不同的理解，其法律关系是信托法律关系、委托理财关系还是纯粹保本保收益的借贷关系存在争议。对此，有观点认为对合同性质的确定可以从其缔约过程、合同内容、合同履行情况等方面进行考量。

第二，合同效力的确认。效力的判断标准可以依据《民法典》第 153 条、第 146 条，《全国法院民商事审判工作会议纪要》第 30 条、第 31 条等规定，从是否违反强制性规定、是否违反规章、合同性质以及合同整体或部分无效等角度对合同效力作出判断。在私募基金案件当中，资管案件中最主要的问题是兑付承诺的效力判断。在兑付承诺的效力判断过程中，需将包括承诺主体、时间节点、具体内容，是否影响投资人缔约决策、投资人自身经验、公平原则等众多因素纳入考量的范围，尽可能全面衡量以作出判断。

第三，合同解除权。对于约定解除权，实务中无法证明确实存在可以行使约定解除权的情况时，应当依据《全国法院民商事审判工作会议纪要》第 47 条的规定，对约定解除权作相应的限缩解释，审查违约方的违约程度是否显著轻微，是否影响守约方合同目的的实现，并同时考虑申请人的后续行为。对于法定解除权，则应聚焦于对合同违约的判断，考量是否存在包括募集未达到成立标准或未登记备案、管理人自始无资质或失联、严重违反适当性义务、严重违反受托人信义义务，包括投资方向严重不符或者放任风险扩大、拒绝投资人赎回、欺诈或不实披露、警戒线或止损线怠于告知及止损、履行阶段和违约叠加等情况。但对于资管类案件而言，合同解除后是否能够完全恢复原状仍存疑，基金份额是否能够恢复至之前的状况，其处理效果值得斟酌。

第四，管理人是否履行了适当性义务。对此往往通过是否影响或支配投资人作出缔约决策、投资人自身经验、判断能力、各方过错程度、投资风险和因果关系等因素予以衡量。

第五，清算僵局。在实务中，许多案件存在合同已过终止期但未清算的情况。清算问题的处理难点主要有三点：判断是否违反清算义务；损失的规定是否需要以清算为前提；损失金额无法确定时的裁判问题。

第六，托管人责任。虽然实务中判决托管人承担责任的案件非常少，但越来越多案件开始主张托管人责任，针对托管人责任，实务中主要通过考量请求权基础，合同义务及连带责任情形、过错表现、审核形式与边界、因果关系等因素作出判断。

有专家指出，基于资管法律关系复杂的特点，在裁判过程中法官、裁判者将面临巨大挑战，在对责任定性、定量的过程中需要做到权衡利益，综合考量多种因素，如金融市场的稳定，对金融行业秩序的影响，对资管机构、投资人等的影响等。

也有专家建议充分重视与发挥公证在解决资管纠纷中的作用。在金融纠纷案件中，关于适当性义务审查、适格性审查、是否尽到告知说明义务等方面的裁判，可以充分发挥公证等第三方在证据体系方面的作用。在事先建立规则制度，让公证机构或者第三方机构介入资管交易与服务中，建立前期的制度规则，尽量避免事后的纠纷。

公司法修订中的金融法问题

公司法修订引入公司型基金制度的思考

江翔宇 *

一、引言

对公司型基金的内涵并无权威的法律界定。一般认为，公司型基金是投资者通过出资形成一个独立的法律实体——基金公司，基金投资者是基金份额持有人，也是基金公司的股东，然后由基金公司将基金财产委托给基金管理人运作，基金保管人保管基金财产的法律制度。从世界范围来看，投资基金的组织形式一般认为包括契约型基金、合伙型基金、公司型基金三种类型，三种组织形式对应在私募股权投资和证券投资领域均有存在。此外，私募股权投资和公募证券投资领域虽然都有公司型基金组织形式，但是两者的内涵、运行机制差别较大。

在我国的实践中公司型基金并未得到普遍和实质的市场认可，在立法上也缺乏基于投资基金特点的专门法律制度供给。2012 年修订的《证券投资基金法》第 154 条进一步明确规定，“公开或者非公开募集资金，以进行证券投资活动为目的设立的公司或者合伙企业，资产由基金管理人或者普通合伙人管理的，其证券投资活动适用本法”。但是该条规定的立法意图更多在于将公司、合伙企业等形式的基金纳入《证券投资基金法》的适用范围，以防范监管套利和监管空白，而非为公司型基金提供制度供给，引入并发展公司型基金这一组织形式，也未对公司型基金如何适用《公司法》作出特殊安排。由于公司型基金需要同时符合《证券投

* 江翔宇，上海市协力律师事务所高级合伙人、法学博士；协力律师事务所张玉燕律师亦参与了本文部分内容的写作。

资基金法》和《公司法》，投资基金在运作特点和制度需求上与一般的实体公司存在较大差异，因此目前国内所有的公募基金和绝大部分私募证券基金依然都是契约型基金，私募股权基金则大部分是有限合伙型基金。

国内近 20 年一直有很多希望引入公司型基金模式的呼吁，尤以原全国人大财经委副主任吴晓灵女士最为积极，她提出了很多具体建议。但是目前我国基金法没有解决引入公司型基金的制度供给问题，国内公司型基金的组织形式外观是公司，需同一般公司一样满足《公司法》的全部法律要求。如果在基金法中不能豁免公司型基金适用公司法，则必须在公司法中对以公司组织形式构建投资基金的情况予以关注。本文以此次公司法修改为契机，再次审视我国完善公司型基金法律制度供给的规则空间和路径，试图为中国基金市场的未来广阔发展提供更多可供选择的组织形式。

二、国内各类组织形式基金的发展现状概述

（一）私募基金各组织形式的基本情况

实践中，由于募集形式和投资范围不同，我国不同类型基金在组织形式的选择上存在一定差异。目前公募基金全部为契约型，尚未出现公司型或合伙型的公募基金；私募证券基金绝大多数采用契约型，极少部分采用合伙型或公司型；私募股权基金（含创投基金）以合伙型为主，契约型数量占比约为一成，公司型的数量更少。

截至 2022 年年末，各类组织形式私募基金的数量及规模情况见表 1。其中，私募股权基金中公司型基金的数量占比仅为 1.66%，但规模占比超过 11%，说明公司型私募股权基金的平均规模大于合伙型和契约型。私募股权基金的平均规模为 3.5 亿元，而其中公司型基金的平均规模高达 24.90 亿元，是总平均规模的 7.1 倍，这也从侧面印证了公司制在基金做大做强做久方面的优势。

表 1　私募基金详情

私募基金类型	数量/规模	总量	契约型	合伙型	公司型
私募证券基金	数量	88, 719	88, 268	441	10
	数量占比	100%	99.49%	0.50%	0.01%
	规模/亿元	50, 376.48	49, 899.56	465.80	11.12
	规模占比	100%	99.05%	0.92%	0.02%
私募股权基金	数量	31, 514	4, 625	26, 367	522
	数量占比	100%	14.67%	83.64%	1.66%
	规模/亿元	111, 091.68	7811.05	90, 280.20	13, 000.43
	规模占比	100%	7.03%	81.25%	11.70%

续表

私募基金类型	数量/规模	总量	契约型	合伙型	公司型
创业投资基金	数量	19, 332	412	18, 389	531
	数量占比	100%	2. 13%	95. 02%	2. 74%
	规模/亿元	28, 968. 66	432. 28	26, 665. 90	1, 870. 48
	规模占比	100%	1. 49%	91. 88%	6. 44%

（二）公司型基金与契约型基金、合伙型基金的比较

1. 在概念界定方面的差异性

按照组织形式划分，投资基金主要分为公司型基金、契约型基金和合伙型基金。如上所述，公司型基金在国际上是一种比较普遍的基金组织形式。

契约型基金的基础是信托制度，基金本身不是一个独立的主体。投资者通过缔结基金合同购买基金份额，获取基金凭证，享有基金投资收益；基金管理人依据法律、法规和基金合同对基金进行经营和管理；基金托管人负责保管基金财产，对基金财产的运用情况进行监督。投资者是委托人，基金管理人和基金托管人为受托人。

合伙型基金是由投资管理公司和一部分合格投资者共同成立一个有限合伙企业作为基金主体，投资者以出资额为限承担有限责任，投资管理公司为基金管理人也需要有一定比例的出资，并承担无限连带责任。合伙型基金在企业登记机关取得营业执照后，成为我国《民法典》《合伙企业法》规定的非法人组织和民事主体，在基金业协会办理产品备案手续后即成为可以募集并投资运作的基金。因而，合伙型私募基金既是《民法典》《合伙企业法》调整的市场主体，也是《证券投资基金法》确认的私募基金产品，其虽登记为合伙企业并开展对外投资，但核心本质仍是基金产品投资管理，而非传统的实体企业或活跃的经营者。同样，有限合伙型私募基金投资人的法律角色，既是有限合伙人，也是通过合伙企业对底层资产投资获利的基金份额持有人。

公司型基金与契约型基金、合伙型基金在概念界定方面的比较见表2。

表2　概念界定的相关比较

异同点	公司型基金	契约型基金	合伙型基金
主要法律关系	股权、信托	信托	合伙、信托
性质	企业法人	金融工具	商事主体、非法人组织
设立管理	工商登记（企业法人）	注册或备案（金融产品）	工商登记（商事主体）

续表

异同点	公司型基金	契约型基金	合伙型基金
投资方（出资人）	股东	基金份额持有人（委托人）	普通合伙人、有限合伙人
管理方（经营方）	管理层（高级管理人员等）	基金管理人（受托人）	普通合伙人、执行事务合伙人
与财产支配者的关系	公司章程，主要股东，通过收益分配或股权转让获益	基金合同，根据委托管理处分财产；通过收取报酬获益	合伙协议，普通合伙人，通过合伙企业利润分配获益；执行事务合伙人可以要求在合伙协议中确定处理事务的报酬
责任承担	公司对其债务以其拥有的资产独立承担责任，其股东只承担出资额范围内的有限责任	基金财产的债务由基金财产本身承担，基金份额持有人以其出资为限对基金财产的债务承担责任，但基金合同另有约定的从其约定	普通合伙人对合伙债务须承担连带无限责任，有限合伙人以其出资为限对合伙企业债务承担有限责任

2. 在出资要求方面的差异性

契约型基金相较于公司型基金、合伙型基金来说，对出资人人数、出资期限及比例、出资程序等事项规定得较为宽松，契约型基金更强调基金财产的独立性，防止基金财产与基金管理人、基金托管人的自有财产发生混同。

公司型基金与契约型基金、合伙型基金在出资要求方面的比较见表 3。

表 3　出资要求的相关比较

异同点	公司型基金	契约型基金	合伙型基金
出资人人数	有限责任公司 2 ~ 50 人，非公开发行的股份有限公司 200 人以下，公开发行的公司无限制	私募基金 200 人以下，公募基金无限制	普通合伙企业应有 2 个以上合伙人，有限合伙企业应有 2 ~ 50 个合伙人
出资方式	货币出资	货币出资	货币出资
出资期限及比例限制	出资可以分期交付；募集设立股份有限公司的，发起人认购的股份不得少于公司股份总数的 35%	契约型基金不存在“出资期限”概念，其基金份额的认购和投资者的出资同时完成	合伙人应当按照合伙协议约定的出资方式、数额和交付期限，履行出资义务
出资程序	认缴出资或认购股份后，依照法律规定或约定的程序、期间履行出资义务	投资者按照规定认购、申购基金即可，无须烦琐程序	合伙协议约定

续表

异同点	公司型基金	契约型基金	合伙型基金
财产独立性	公司的全部财产属于公司所有，投资者因向公司投资而丧失对出资财产的所有权；应遵循资本维持原则；股东不得随意抽逃出资、虚假出资	基金财产的独立性一直是基金运作中的重要特点，基金财产不得与基金管理人、基金托管人的自有资产混同	合伙企业的财产属于合伙人共有，由全体合伙人共同管理和使用；合伙企业的实缴出资可以随时抽回、也可以随时缴付，但相关法律也因此没有明确合伙企业财产独立于出资人的个人财产，可能发生混同

3. 在资本变动方面的差异性

公司型基金、合伙型基金对企业增资、减资都规定了严格的程序，如公司增资、减资需要履行表决、公告、变更登记等程序，合伙企业要经过全体合伙人的一致同意，“人合”的属性较强，契约型基金的投资者只需按照规定申购、赎回，无须烦琐程序。对于出资人份额的出质和转让，公司型基金、合伙型基金也有一系列要求，对契约型基金特别是公募基金来说，转让基金份额或者以基金份额出质按照约定进行即可，无须经他人同意，“资合”的属性较强。

公司型基金与契约型基金、合伙型基金在资本变动方面的比较见表4。

表4 资本变动的相关比较

异同点	公司型基金	契约型基金	合伙型基金
增资和减资程序	增资、减资须经代表2/3以上表决权的股东通过股东大会决议，修改公司章程并经工商变更登记；公司自作出减少注册资本决议之日起10日内通知债权人，并于30日内在报纸上公告，债权人有权要求公司清偿债务或者提供相应的担保	投资者按照规定申购、赎回，无须烦琐程序	除合伙协议另有约定外，入伙、退伙全体合伙人一致同意
出资人份额出质或者转让	有限责任公司股权转让应当通知其他股东，其他股东享有优先购买权；股份有限公司股东可以依法转让股份，但《非上市公众公司监督管理办法》对公众公司股份转让方式、程序方面有严格规定	私募基金的基金份额向合格投资者转让；公募基金可以按照约定转让基金份额或者以基金份额出质	普通合伙人向合伙人以外的人转让份额，应经全体合伙人一致同意，其他合伙人享有优先购买权，除非合伙协议另有约定。有限合伙人可以按照合伙协议约定转让财产份额，但应当提前30日通知其他合伙人。 普通合伙人以其在合伙企业中的财产份额出质的，须经其他合伙人一致同意，否则无效。有限合伙人可以以其财产份额出质，但合伙协议另有约定的除外

4. 在内部治理结构方面的差异性

公司型基金往往采用股东会、董事会、监事会的完整结构。合伙型基金、契约型基金对基金治理结构和运作方式的规定较为灵活。公司型基金、合伙型基金对营业场所的要求也相较于契约型基金也更为细化。

公司型基金与契约型基金、合伙型基金在内部治理结构方面的比较见表 5。

表 5　内部治理结构的相关比较

异同点	公司型基金	契约型基金	合伙型基金
内部治理结构	股东会、董事会、监事会。股东会为公司的权力机构，董事会由股东会选举产生，行使经营决策权和管理权，监事会为监督机关，监督董事会、董事和经理的经营行为	基金份额持有人大会行使决定基金管理人、基金托管人等职权，基金管理人负责实际经营管理，治理结构更加灵活	普通合伙人执行合伙事务，有限合伙人不执行合伙事务，不得对外代表合伙企业
营业场所	有限责任公司和股份有限公司的设立必须有公司住所，公司营业执照、公司章程中应当载明公司名称和住所	金融产品，信托财产，对营业场所无强制性要求	合伙企业设立必须有生产经营场所，合伙协议中应当载明合伙企业主要经营场所的地点

5. 在清算退出和投资者权利保障方面的差异性

公司型、合伙型基金同时适用《证券投资基金法》《公司法》《合伙企业法》等规定，投资者作为股东、合伙人，在基金清算、行权维权等方面具有更多的路径选择和程序保障；而契约型基金未采用企业的组织形式，难以直接适用强制清算、代位诉讼等程序，在基金管理人失联失能、怠于履职等情况下，投资者自主行权和诉讼维权难度较大。另外，由于受到基金法规范和组织法规范的同时规制，公司型、合伙型基金的投资者在退出时，可能也面临更多的程序性要求，具体可参见前述关于减资和份额转让的差异。

公司型基金与契约型基金、合伙型基金在清算退出和投资者权利保障方面的比较见表 6。

表 6　权利保障的相关比较

异同点	公司型基金	契约型基金	合伙型基金
一般的清算流程	除履行契约型基金的清算流程外，还需通知债权人并公告，并到工商及税务部门完成主体注销工作	基金合同终止时，基金管理人应当组织清算组进行清算。实践中，一般包括向基金业协会报告、发起清算通知、确定清算人/清算组、制定清算方案、清理基金财产、开展清算审计、制作清算结束报告、办理中基协基金备案注销手续等程序	除履行契约型基金的清算流程外，还需通知债权人并公告，并到工商及税务部门完成主体注销工作

续表

异同点	公司型基金	契约型基金	合伙型基金
强制清算	根据《公司法》和相关司法解释，公司如存在逾期不成立清算组进行清算、故意拖延清算、违法清算、清算僵局等情形的，债权人、股东、董事或其他利害关系人即可向人民法院申请强制清算	无相应制度安排	根据《民法典》的相关规定，对合伙企业的清算没有规定的，可参照适用《公司法》，司法实践中，已有法院参照适用《公司法》进行有限合伙型私募基金的强制清算
代位诉讼	根据《公司法》第 151 条的规定，在满足相应条件的情况下，股东有权为了公司的利益以自己的名义直接向人民法院提起诉讼	无相应制度安排	根据《合伙企业法》第 68 条的规定，执行事务合伙人怠于行使权利时，有限合伙人可以督促其行使权利或者为了本企业的利益以自己的名义提起诉讼

三、国内公司型基金发展面临的法律障碍和立法重点问题

（一）公司法的法律障碍

公司型基金具有其独特优势，引入公司型基金的新的基金组织形式能够为基金业增加市场的活力，尤其为证券投资基金市场的发展带来新的道路。但是公司型基金制度与传统的公司制度并不完全相同，与我国公司法律制度也并不完全吻合。私募基金引入公司型基金的法律障碍相对较小，甚至完全在现行公司法框架下运行也无大的问题，但是在公募基金领域作为公司型基金的发起人，基金管理公司未必有设计、发起设立公司型基金的冲动，契约型基金中基金管理公司的投资主动权和投资决策权较大，而在公司型基金中却要由一个具有法律主体地位的基金公司的董事会决定，基金管理公司受到基金公司董事会的严格监督。因此，公募基金中引入公司型基金的源动力可能主要不是来自市场的推动，而是监管层在评估和确信公司型基金具有现实意义后的主动积极推动，而推动的关键问题是如何排除和解决法律上的障碍。

1. 公司资本制度的限制

我国的公司法以“资本确定、资本维持、资本不变”资本三原则为基础，资本确定原则，即要求公司在设立时，必须在章程中对公司的资本总额作出明确的规定，并须由股东全部认足，否则公司就不能成立；资本维持原则，即要求公司在其存续过程中，应经常保持与

其资本相当的资产；资本不变原则，即要求公司的资本一经确定，即不得随意更改，如要改变须经严格的程序。根据我国现行《公司法》的规定，对公司增加或者减少注册资本作出决议为股东（大）会职权，无论管理人进行参股跟投的股权通常是否足以达到就前述事项做出决议的标准。

在公募基金领域，开放式公司型投资基金的特点在于成立初期招募获得的资本，在其后还可以连续追加发行股份，而且这种追加发行并无定量的限制，只要有需求，发行的额度原则上不受限制；另外，投资者可以随时根据招募说明书的规定赎回股份，这样基金公司的资产规模就经常处于不确定的状态，与“资本三原则”相冲突。

在私募基金领域，资本原则与公司型基金运行的矛盾性没有公募基金那么突出，目前大多数私募基金采用合伙企业的组织形态设立，其变更合伙企业出资额或合伙人退伙同样也需要决议并进行变更登记。但是，这并不意味着公司法规则在公募基金领域的不适应性在私募基金领域不存在，私募基金若进行基金扩募、权益转让、减资退出，其程序要求仍受限于公司法复杂的程序性规定，与私募基金行业的特点不完全匹配。

此外，《公司法》要求股份有限公司发起人之间就出资义务承担连带责任，股份有限公司成立后，发起人未按照公司章程的规定缴足出资的，应当补缴，其他发起人承担连带责任。该条要求无论是公募基金还是私募基金都与基金投资的性质相悖。

2. 公司股东人数的限制

《公司法》规定有限责任公司由 50 个以下股东出资设立，非公开发行的股份有限公司股东人数应为 2 人以上 200 以下，其中须有半数以上的发起人在中国境内有住所，这与公开募集的证券投资基金的特征与商业逻辑相悖。

私募基金方面，基于私募基金非公开发行募集的要求，投资人人数要求与公司股东人数限制并无冲突。

3. 公司治理结构的限制

根据《公司法》的规定，除国有独资有限责任公司外，公司都必须设立股东会、董事会（执行董事）和监事会（执行监事），而投资人担任股东的基金公司在某种程度上是一个虚壳公司，其只有股东会和董事会，并不设监事会，且董事会的职能也与《公司法》的规定大相径庭。由于公司型基金资产管理的职能由外部基金管理公司承担，因此其董事会主要并非《公司法》中的决策执行机构，而是一个对基金管理人的监督机构。

在私募股权基金方面，实务中公司型基金基本都会设立三会，公司三会治理结构对私募股权基金的限制并未太凸显。公司三会或多或少履行着投资决策的职责，公司三会与管理人投委会的关系在实务中大概有三种类型：公司的股东会和董事会实质上是履行了投委会的职责、公司的股东会和董事会仅履行公司法下的基本法定职责、公司的股东会董事会和投决会分层履行投资决策职能。

4. 收益分配的限制

根据《公司法》的规定，公司制需在弥补亏损后提取当年税后利润的10%作为法定公积金，且仅在法定公积金累计达到公司注册资本的50%后可以不再提取，在公司弥补亏损和提取法定公积金之前向股东分配利润的，股东必须将违反规定分配的利润退还公司。通常情况下，公司制基金的注册资本等同于投资人的投资金额，若以此为基准计提公积金，将导致公司制基金的相当一部分资金作为法定公积金进行留存，且法定公积金提取的要求将导致投资者难以通过利润分配完整取得其应得的投资收益。对于分级基金及结构化基金，公司的收益分配原则也较难操作。

5. 双重征税的问题

按照我国现有的税法，无论公司型基金采用“基金为公司制、管理人采用有限合伙制”还是“基金和基金管理企业均采用公司制”的构造，都存在双重纳税的问题。[1]公司本身和公司股东都需要纳税，公司为企业所得税的纳税主体，需缴纳增值税和企业所得税，投资人作为公司股东需缴纳企业所得税（针对居民企业的非股息红利收入而言，如股权转让所得）或缴纳个人所得税。换言之，即使公司型基金投资取得基金分配收益与契约型基金投资者一样免收个人所得税，但由于公司型基金自身因公司身份而需缴纳企业所得税，同等收益条件下公司型基金分得的收益较契约型基金少，公司型基金的税费负担较契约型重，投资者自然不会将公司型基金作为税收角度的优选。

（二）立法重点问题

为了避免滥用公司型基金或造成制度套利，对公司型基金在以下方面应考虑施加特别规制：其一，对这类“基金公司”的设立进行事前备案，并严格限定用于指定的业务范围，保证其仅用于相关法律、行政法规规定的特定领域和目的。其二，可将发起人范围限制于经备案登记的基金管理人，并且设定正常经营、三年内无重大违规行为、信用良好等要求。其三，要求基金公司在名称中标明“投资基金”等字样，以信息披露的方式彰显其特殊性，提示利益相关者予以充分注意。其四，明确章程的必备条款，包括公司目的、资本、资产管理计划、公司治理机构、投资者权利保护的具体措施、解散事由等事项。

四、公司型基金制度的关键设计与价值优势——以境外立法为借鉴

（一）公募基金

1. 美国

美国的公司型基金与普通的公司或者商业信托相比，都是具有独立法人人格的主体，都

---

〔1〕 参见何艳春:《新〈基金法〉关于基金组织形式规定的评析》，载《证券法苑》2013年第2期。

需要依州公司法或者州信托法设立，办理工商登记手续，都可以对外独立主张权利、承担义务。但仍有其鲜明的特点：一是既适用注册地所在州的公司法或者信托法，又适用《投资公司法》。二是公司型基金所形成的基金财产，须委托他人（一般是投资顾问）进行管理处分。三是公司型基金不进行实体经营，因而不需要设立总经理等机构，通常没有自己的雇员，也没有固定的营业场所要求，但必须设立董事会（信托为理事会）。董事会由基金投资者选举产生，负责基金的全面管理并对投资顾问进行监督。为了保证基金董事会的相对独立性和权威性，董事会必须由 40% 以上的非利害关系董事（独立董事）组成。

美国公司型基金法律关系中，主要包括投资者、投资公司（investment company）、基金管理人和基金托管人四方法律关系主体。投资者是基金公司的股东，分享投资收益，有权通过股东大会行使股东权利，并对基金公司进行监督；股东大会每年定期召开，决定重大投资政策。投资公司即为基金公司，设立董事会，包括关联董事和独立董事，负责决定公司的经营目标、制定投资政策和监督资金的各项运作。董事会委托专业的投资顾问即基金管理人负责具体经营和管理基金资产，同时委托基金托管人保管基金资产。

美国公司型基金的特色是其独立董事制度。董事会成员一般由关联董事和独立董事组成，独立董事享有与其他董事一样的权力，但还拥有一些特殊的职能，如批准投资顾问合同，选择独立会计师和律师，批准主承销合同，选举和提名新的独立董事等。董事会是美国公司型基金最重要的内部约束机制。董事会承担着维护股东利益，对基金和基金服务提供者的运作表现进行监督管理的职责，包括对投资顾问、托管人、主承销商和其他服务机构的表现进行评估等重大事项。董事会通过设立下属专业委员会，如审计委员会、薪酬委员会等，实现对投资顾问的专业监督，其职能主要体现在资产组合管理（如合同订立、费用核定、业绩评估和投资组合管理）、股份销售（如批准承销合同）、监督关联交易等方面。2003 年美国共同基金丑闻爆发后，美国全国证券交易委员会（SEC）于 2004 年通过了一项新的规则——投资公司治理结构。该修正案的目的在于通过加强基金董事会，尤其是独立董事的独立性和有效性，提高其保护基金和股东利益的能力，并且有效地监督基金的经营管理行为。修正案主要包括：董事会中独立董事的比例不得低于 75%，董事会主席由独立董事担任，董事会每年至少进行一次自我评定，独立董事每季度至少单独举行一次会议，独立董事有权自行聘任工作人员，基金必须保留董事会在批准投资顾问合同时所提交的书面材料的复印件。美国法律还对独立董事的监督职能作了许多制度安排。所有这些制度安排都是为了加强独立董事的独立性，确保独立董事在保持良好的独立性基础上履行独立的监督职能的有效性，最终保护基金投资人的根本利益。

2. 卢森堡

卢森堡的公募基金主要为面向零售投资者发售的开放式基金，为可转让证券集合投资计划（Undertakings for Collective Investment in Transferable Securities，UCITS），由卢森堡金融监管委员会（CSSF）对 UCITS 以及管理公司等机构的注册与准入进行审核，经批准的 UCITS 将被列入 UCITS 清单，经批准和监管的机构将被列入监督机构名录，并在 CSSF 的网站上进行公示。UCITS 可以采用契约型和公司型两种法律结构，契约型（FCP）不具备法人人格，份额持有人以认缴金额为限承担有限责任，公司型可分为拥有可变资本的可变资本投资公司（SICAV）或拥有固定资本的固定资本投资公司（SICAF），SICAV 是卢森堡 UCITS 最常用的形式，采用公众有限公司的形式，公司资本会持续变化并始终等于 UCITS 的资产净值。UCITS 的主要适用法律为由《欧盟 UCITS 指令》转化的《2010 年法案》（Law of 17 December 2010 relating to undertakings for collective investment）。

（二）私募基金

1. 开曼群岛

开曼群岛作为主流的基金设立地之一，在开曼发起设立的投资基金常见的组织形式包括豁免有限公司（exempted company）、豁免有限合伙企业（exempted limited partnership, ELP）、有限责任公司（limited liability company，LLC）以及单位信托（unit trust）等；其中 ELP 和豁免有限公司下属类别的独立投资组合公司（segregated portfolio company，SPC）是实践中较为常见的私募基金组织形式。

ELP 与中国境内的合伙企业类似，但其本身并无独立的法人资格，因此投资的基金财产都作为信托财产挂在 GP 的名下，在这种情况下如果发生纠纷一般是起诉 GP 而不是起诉 ELP。独立投资组合公司 SPC 本质上为拥有独立法人资格的公司实体，属于豁免有限公司的一种特殊形式，但特别之处在于，SPC 可以在下设一个或多个独立投资组合（Segregated Portfolio，SP），下设的 SP 为独立的基金但并不具有独立法人资格，不同的 SP 之间以及 SP 与 SPC 之间的资产与负债相互隔离，某一 SP 的投资者或债权人对该 SP 财产主张权利只能追索该特定 SP 的资产，SP 之间的相对独立使某一 SP 的资产不受另一 SP 的负债的影响。[1]

除此之外，LLC 也会被用于设立投资基金。2016 年 7 月 8 日生效的《有限责任公司法》创设了一种新的法律组织形式——开曼 LLC。开曼群岛的 LLC 在公司注册、公司管理等方面同时借鉴了特拉华州对这类公司管理的经验；同时，凭借开曼自身的优势，又能够让 LLC 享有和开曼群岛豁免有限公司和豁免有限合伙一样的税收优惠。开曼 LLC 是具有独立的法人资格的公司实体。LLC 成员之间需要签署一份 LLC 协议，该协议给开曼 LLC 成员之间关系的调整提供了较大的灵活性（包括利润分配和亏损承担的约定）。此外，对于开曼 LLC 的成员并无开曼群岛居民身份的要求。开曼 LLC 受法律默认的有限责任保护，但 LLC 协议可以对成员的有限责任进行其他约定。根据《有限责任公司法》，除非 LLC 协议或其他协议另有约定外，开曼 LLC 各成员无须以个人名义承担开曼 LLC 的任何债务、义务或责任。实

〔1〕 参见郑屹磊、吴佳颖：《开曼私募基金合规指引》，载威科先行·法律信息库，2021 年 9 月 7 日。

践中，相较于豁免有限合伙和 SPC，目前采用 LLC 的形式在开曼设立基金的情况依然不是非常普遍。2020 年以来，开曼群岛颁布了一系列关于私募基金的法案，包括最新于 2021 年 2 月 19 日修订的《私募基金法案》（Private Funds Law）、《私募基金条例》（Private Funds Regulations），弥补了之前私募基金领域的若干监管空白，对开曼私募基金提出了前置注册要求，同时对基金审计、估值、财产安全保管、现金监督等日常运营提出了多方面的监管要求。[1]

2. 新加坡

新加坡常见的基金架构主要有：有限责任合伙（limited liability partnership）、有限合伙（limited partnership）以及私人股份有限公司（private company limited by shares），2018 年新加坡政府通过颁布《可变资本公司法》（Variable Capital Companies Act 2018）创建了可变资本公司（"VCC"）这一新型基金结构，该法案于2020 年1 月15 日正式生效。VCC 的推出为新加坡基金提供了更具吸引力的结构方案，其主要特点包括：一是可以作为单体公司基金，也可以作为伞形基金结构，在后者情形下子基金之间的资产和负债相互隔离；二是可以同时发行封闭式基金（如私募股权基金）和开放式基金（如对冲基金）；三是必须由新加坡持牌/注册基金管理公司担任管理人；四是 VCC 的董事数量取决于该 VCC 是否属于新加坡金融管理局授权的《集体投资计划》，若 VCC 不属于《集体投资计划》，则其为不可以向新加坡境内散户投资者发售的 VCC，非散户 VCC 中必须有至少一名董事；若 VCC 属于《集体投资计划》，则其为可以向新加坡境内散户投资者发售的 VCC，散户 VCC 中则必须有至少三名董事；五是有新加坡境内的注册地址，且必须委聘新加坡境内的秘书公司；六是强制审计要求，且必须委聘新加坡境内的审计师；七是无须召开年度股东大会，且无须公开股东名册；八是允许现有新加坡境外的公司制基金可以转移至新加坡并注册为 VCC；九是 VCC 在股份的发行和赎回时具有灵活性，不需要获得其股东的批准，也无须满足偿债能力测试，可以根据不同的架构以较高的频次完成股份的发行和赎回，频率可以为每月甚至是每天；十是在股息分配的方面，《新加坡公司法》下注册的普通公司仅能通过利润进行股息分派，而 VCC 则可以允许使用基金或是自己的资本在没有盈利的情况下进行分红。VCC 的形式与开曼群岛的 SPC 有相似之处，目前在实践中也逐渐被基金管理人接受和采用。

（三）对我国的启示

通过对域外典型国家的公司型基金制度及目前我国基金业现状的分析可知，公募基金与私募基金对公司组织形态的选择较为不同，公募基金的公司型基金主要采用股份有限公司的组织形式，私募基金则可能出于国别制度的不同考虑不同投资需求而作出不同选择。

作为公司型基金的实体化设立与运行所产生的特有当事人，基金公司是公司型基金制度

---

〔1〕 参见郑屹磊、吴佳颖：《开曼私募基金合规指引》，载威科先行 · 法律信息库，2021 年 9 月 7 日。

设计的关键之处。“基金公司”实际上扮演了委托人的角色，与契约型基金下的分散投资者具有相同的性质，所不同的是“基金公司”以公司法人的形式把分散的投资者组织起来，以机构投资者的面目出现。“基金公司”只是公司型基金财产运作的一个环节，其所担任的角色相当于契约型基金中的委托人和受益人，提供财产并对管理人的运作进行监督。美国学者称为“公司变体”（corporate anomaly），[1]是指由基金投资者出资形成的一个独立法律实体，是按照公司法的基本原理组成的具有独立法律人格的基金组织，基金持有人的财产集合为基金公司的财产，基金公司的财产完全独立于基金持有人、基金保管人和基金管理人的财产。基金公司与普通公司不同的是，它只是设立一个绝大多数是独立董事的董事会，而不具有完整的经营机构，因为经营管理的职责已经分离出去由基金管理人承担。基金公司在法律上是基金持有人利益的代表者，独立董事则承担了具体的守护股东（基金持有人）利益的职责。

基金公司与普通公司相比，不同之处主要表现在：（1）经营范围与方式不同。基金公司不直接参与具体业务的经营，而主要是通过基金管理公司的专家管理进行组合投资获利。基金公司从事以具有高度流动性的金融资产为对象的金融中介业务，而非一般营业公司。（2）治理结构不同。基金公司均为外部管理，几乎没有自己的雇员，不具有完整的经营机构，无论是美国还是其他国家的公司型基金运作，基金公司都是委托外部的投资顾问即基金管理人对基金财产进行管理，其主要的机构是由大量独立董事充任的董事会，公司股东通过董事会对外部的基金管理人和保管人进行监督和制约，因此就其本质而言，基金公司不过是投资基金法律关系下投资者身份和财产的集合，更多地强调投资者的个体利益和作为整体对基金管理公司的制衡功能。独立董事则承担了具体的守护股东（基金持有人）利益的职责。（3）董事功能不同。一般公司的董事直接参与公司业务的经营管理，而基金公司中典型的情况则是董事不参与基金的运作，而只负责监督基金管理公司的管理运作行为。董事会仅仅是为了股东的利益对投资顾问的活动进行监督。（4）资本制度不同。依据公司法上的资本维持原则，一般公司的投资者在向公司出资后不得随意抽回出资。而在开放式基金的基金公司中，基金份额具有可赎回性，投资者可在发行期结束后随时要求按照基金净值赎回出资；在满足法定的条件下，基金公司可以持续地向社会公众销售股份。（5）税收模式不同。一般公司通常是两重税负，即公司缴纳企业所得税且投资者分得利润后再缴纳个人所得税；而对于基金公司及其投资者的税负政策，各国通常采取一级税负[2]或减免，延迟纳税等其他方式征税。（6）股东（投资者）控制权不同。根据一般的公司法原理，股东投资组成公司，成立股东大会，作

---

〔1〕 See Leland E · Modesitt, *The Mutual Fund – A Corporate Anomaly*, UCLA. Law Rev, Vo1. 14, 1967, p. 1252.

〔2〕 美国的《国内收入条例》规定了投资公司的税收穿过待遇，即投资公司不支付公司税而由投资者按其取得投资收益的一定比例缴税。参见王韬光：《共同基金理论运作设计》，北京大学出版社 2001 年版，第 70 页。

为股东的意思表达机关，也就是公司的最高权力机构，公司的合并、分立、解散、重大投资等重大事项，都要经过股东大会决议通过。而在公司型证券投资基金中大大限制了基金公司股东对基金业务经营的控制权。可见，基金公司股东控制权弱于一般公司。

五、我国引入公司型基金的法律修改建议

（一）修法路径选择

公司法作为商事主体法与商事行为法的结合体，是商事领域立法的基石，其功能与地位决定了公司法的条文具有普适性与基础性。而目前我国基金领域的立法主要是根据基金的投资方向与募资性质进行适用范围的区分，包括《证券投资基金法》《私募投资基金监督管理条例》《公开募集证券投资基金运作管理办法》《私募投资基金监督管理暂行办法》《关于加强私募投资基金监管的若干规定》等法律法规规章，规范证券投资基金（包括私募、公募）、股权投资基金（私募）等不同类型的基金，其中部分法规涉及基金公司的主体准入规则，但更多的是基金投资领域的行为规范法则。

因此，就立法逻辑及适用性而言，公司法与基金领域明显不同。考虑到公司型基金的设计逻辑与普通商事公司主体存在差异性，直接将公司型基金相关规范要求内化为公司法的具体条文并非一条容易实现的路径，修改成本较高，立法审读时也较难达成共识。此外，公募证券投资基金引入公司型基金组织形式相较于私募股权基金，前者对法律修改的要求远远大于后者，目前国内公司制的私募股权基金在运行中并未有根本性的障碍。具体而言，公司法上的障碍主要体现于资本制度与股东中心主义的调整。但是，不同于英美法系国家，资本三原则与股东中心主义系我国公司法的立法基石，为了发展公司型基金而调整全部商事公司主体的制度设计存在因小失大之嫌。

因此，建议在公司法的具体条款中采用“例外 + 授权”的形式，引入基金类公司的设立，并于基金法或单独立法中对基金类公司作出具体的制度设计。同时，为了避免滥用基金类公司的主体地位，也为保持公司型基金与契约型基金制度优势的一致性，该等基金类公司在初期试行阶段仍考虑采纳核准制或备案制的市场准入制度，先行经主管部门批准或备案后（按现行监管体制，基金类公司的监管主管部门应为证监会或中基协），再办理商事设立登记。

具体来说，为了避免《公司法》成为引入公司型基金的法律障碍，可以在《公司法》第二条增加一款：“其他法律、行政法规对于以投资（发行证券投资基金、资产支持证券、股权投资活动等）、金融风险处置等活动为目的设立的特殊目的公司另有规定，从其规定。”在基金法或单独立法中规定基金类公司的具体建议如下。

不适用资本认缴制度，豁免股东出资义务连带责任。

允许基金类公司灵活调整注册资本，豁免适用公司法减资的程序要求。

如为公募基金，对基金类公司的股东人数不予以限制。

不强制要求提取法定公积金。

对基金类公司的名称进行特殊标识。

允许基金类公司章程约定股东会、董事会及其组成人员的职权，豁免监事会或监事的设置要求（见表7）。

表7　设置要求

法律法规之相关条文	修改建议和说明
《公司法》 第八条　依照本法设立的有限责任公司，必须在公司名称中标明有限责任公司或者有限公司字样。 依照本法设立的股份有限公司，必须在公司名称中标明股份有限公司或者股份公司字样。 《关于加强私募投资基金监管的若干规定》 第三条　未经登记，任何单位或者个人不得使用“基金”或者“基金管理”字样或者近似名称进行私募基金业务活动，法律、行政法规另有规定的除外。 私募基金管理人应当在名称中标明“私募基金”“私募基金管理”“创业投资”字样，并在经营范围中标明“私募投资基金管理”“私募证券投资基金管理”“私募股权投资基金管理”“创业投资基金管理”等体现受托管理私募基金特点的字样。 《公开募集证券投资基金运作管理办法》 第七条　申请募集基金，拟募集的基金应当具备下列条件： （一）有明确、合法的投资方向； （二）有明确的基金运作方式； （三）符合中国证监会关于基金品种的规定； （四）基金合同、招募说明书等法律文件草案符合法律、行政法规和中国证监会的规定； （五）基金名称表明基金的类别和投资特征，不存在损害国家利益、社会公共利益，欺诈、误导投资者，或者其他侵犯他人合法权益的内容； （六）招募说明书真实、准确、完整地披露了投资者做出投资决策所需的重要信息，不存在虚假记载、误导性陈述或者重大遗漏，语言简明、易懂、实用，符合投资者的理解能力。 （七）有符合基金特征的投资者适当性管理制度，有明确的投资者定位、识别和评估等落实投资者适当性安排的方法，有清晰的风险警示内容； （八）基金的投资管理、销售、登记和估值等业务环节制度健全，行为规范，技术系统准备充分，不存在影响基金正常运作、损害或者可能损害基金份额持有人合法权益、可能引发系统性风险的情形； （九）中国证监会规定的其他条件。	目前基金方面限制主体名称的法规为证监会《关于加强私募投资基金监管的若干规定》，其中对管理人的名称限制及基金业协会对私募投资基金命名指引，证监会对公募基金命名规定正向指引，表明类别和投资特征。 目前公司法及修订草案仅针对公司类型对应的名称作出规定，与公司型基金并不冲突，不宜直接修订公司法原文。 建议在基金法或涉及公司型基金的单独立法中增加基金类公司的名称限制，如，基金管理人设立基金类公司的，应带有公司制基金字样。

续表

法律法规之相关条文	修改建议和说明
《私募投资基金命名指引》 第七条　私募投资基金名称应当列明体现基金业务类别的字样，且应当与基金合同、合伙协议或者公司章程约定的基金投资范围、投资方向和风险收益特征保持一致。 私募证券投资基金名称中可以使用“股票投资”、“混合投资”、“固定收益投资”、“期货投资”或者其他体现具体投资领域特点的字样。如未体现具体投资领域特点，则应当使用“证券投资”字样。 私募股权投资基金名称中可以使用“创业投资”、“并购投资”、“基础设施投资”或者其他体现具体投资领域特点的字样。如未体现具体投资领域特点，则应当使用“股权投资”字样。 第八条　契约型私募投资基金名称中应当包含“私募”及“基金”字样，避免与公开募集投资基金混淆。	
《公司法》 第三条第二款　有限责任公司的股东以其认缴的出资额为限对公司承担责任；股份有限公司的股东以其认购的股份为限对公司承担责任。 第二十三条　设立有限责任公司，应当具备下列条件： （一）股东符合法定人数； （二）有符合公司章程规定的全体股东认缴的出资额； （三）股东共同制定公司章程； （四）有公司名称，建立符合有限责任公司要求的组织机构； （五）有公司住所。 第二十六条　有限责任公司的注册资本为在公司登记机关登记的全体股东认缴的出资额。 法律、行政法规以及国务院决定对有限责任公司注册资本实缴、注册资本最低限额另有规定的，从其规定。 第二十七条　股东可以用货币出资，也可以用实物、知识产权、土地使用权等可以用货币估价并可以依法转让的非货币财产作价出资；但是，法律、行政法规规定不得作为出资的财产除外。 对作为出资的非货币财产应当评估作价，核实财产，不得高估或者低估作价。法律、行政法规对评估作价有规定的，从其规定。 第八十二条　发起人的出资方式，适用本法第二十七条的规定。 第八十三条　以发起设立方式设立股份有限公司的，发起人应当书面认足公司章程规定其认购的股份，并按照公司章程规定缴纳出资。以非货币财产出资的，应当依法办理其财产权的转移手续。	我国公司实行认缴资本制，股东可在章程中约定认缴或认购的股权或股份数额及期限，且股东可以以非货币财产出资。 基于基金募集投资的特征，基金类公司应不适用公司的资本认缴制度及非货币出资，建议在《公司法》中增加“法律另有规定除外”的除外条款，并在基金法或涉及公司型基金的单独立法中明确货币出资 + 实缴的要求。

续表

法律法规之相关条文	修改建议和说明
《公司法》 第六条第三款　公众可以向公司登记机关申请查询公司登记事项，公司登记机关应当提供查询服务。 第三十二条第三款　公司应当将股东的姓名或者名称向公司登记机关登记；登记事项发生变更的，应当办理变更登记。未经登记或者变更登记的，不得对抗第三人。	基金份额登记无须公示，建议在《公司法》中增加“法律另有规定除外”的除外条款，并在基金法或涉及公司型基金的单独立法中明确基金类公司无须在工商部门进行股东登记与公示，股东变更自然也无须进行变更登记。
《公司法》 第四十四条第一、二款　有限责任公司设董事会，其成员为三人至十三人；但是，本法第五十条另有规定的除外。 两个以上的国有企业或者两个以上的其他国有投资主体投资设立的有限责任公司，其董事会成员中应当有公司职工代表；其他有限责任公司董事会成员中可以有公司职工代表。董事会中的职工代表由公司职工通过职工代表大会、职工大会或者其他形式民主选举产生。	国有基金类公司董事会无须强制设置职工代表董事。建议在《公司法》中增加“基金类公司除外”的除外条款。
《公司法》 第五十一条　有限责任公司设监事会，其成员不得少于三人。股东人数较少或者规模较小的有限责任公司，可以设一至二名监事，不设监事会。 监事会应当包括股东代表和适当比例的公司职工代表，其中职工代表的比例不得低于三分之一，具体比例由公司章程规定。监事会中的职工代表由公司职工通过职工代表大会、职工大会或者其他形式民主选举产生。 第一百一十七条第一款　股份有限公司设监事会，其成员不得少于三人。	基金类公司无须监事会或监事对公司经营管理决策行为进行监督，建议在《公司法》中增加“法律另有规定除外”的除外条款，并在基金法或涉及公司型基金的单独立法中明确基金类公司的内部组织结构为股东（大）会、董事会（包括一定数量的独立董事）。
《公司法》 第一百六十六条　公司分配当年税后利润时，应当提取利润的百分之十列入公司法定公积金。公司法定公积金累计额为公司注册资本的百分之五十以上的，可以不再提取。 公司的法定公积金不足以弥补以前年度亏损的，在依照前款规定提取法定公积金之前，应当先用当年利润弥补亏损。 公司从税后利润中提取法定公积金后，经股东会或者股东大会决议，还可以从税后利润中提取任意公积金。 …… 股东会、股东大会或者董事会违反前款规定，在公司弥补亏损和提取法定公积金之前向股东分配利润的，股东必须将违反规定分配的利润退还公司。	考虑到公司的持续经营能力、风险管理能力及公司股东利润分配，我国公司法要求公司计提法定公积金。但基金类公司仅从事股权或证券投资行为，在基金不进行扩募的情况下也不再存在增资的情况，因此计提公积金以补亏的规则不适用于基金类公司。建议在《公司法》中增加“基金类公司除外”的除外条款。

续表

法律法规之相关条文	修改建议和说明
公司持有的本公司股份不得分配利润。 第一百六十八条　公司的公积金用于弥补公司的亏损、扩大公司生产经营或者转为增加公司资本。但是，资本公积金不得用于弥补公司的亏损。 法定公积金转为资本时，所留存的该项公积金不得少于转增前公司注册资本的百分之二十五。	
《公司法》 第一百七十七条　公司需要减少注册资本时，必须编制资产负债表及财产清单。 公司应当自作出减少注册资本决议之日起十日内通知债权人，并于三十日内在报纸上公告。债权人自接到通知书之日起三十日内，未接到通知书的自公告之日起四十五日内，有权要求公司清偿债务或者提供相应的担保。	出于保护债权人利益的考虑，公司减少注册资本作为公司影响股东、债权人的重大变更事项，需要通知债权人并公告。基金类公司本质上仍是基金，很少存在外部债权人，是否减资取决于基金是否封闭运作，因此公司减资程序对基金类公司而言存在的意义不大，且构成基金运作效率的障碍。建议在《公司法》中增加“法律另有规定除外”的除外条款，豁免减资程序，在基金法或涉及公司型基金的单独立法中明确基金类公司注册资本简易登记要求。
《公司法》 第一百八十五条　清算组应当自成立之日起十日内通知债权人，并于六十日内在报纸上公告。债权人应当自接到通知书之日起三十日内，未接到通知书的自公告之日起四十五日内，向清算组申报其债权。 债权人申报债权，应当说明债权的有关事项，并提供证明材料。清算组应当对债权进行登记。 在申报债权期间，清算组不得对债权人进行清偿。	基金清算如同基金投资者登记，无须公示，建议在《公司法》中增加“基金类公司除外”的除外条款。

（二）引入公司型基金其他需配套调整的法律制度

上述的修改建议主要针对现行公司法中与引入公司型基金的不适应之处，并建议仅在公司法修改中作例外条款规定，主要在基金法或单独立法中加以具体规定。对于本就非公司法条款中的与引入公司型基金相关制度，亦有调整之必要。

1. 公司型基金托管人的职责设计

在契约型基金下，基金托管人的职责主要包括基金资产保管和对基金管理人监督两项。

但是，在公司型基金下，托管人主要履行基金财产保管职责，并未赋予基金托管人监督权，托管人不参与基金的管理和投资工作，也不向基金提供任何咨询，更不会参与基金对其股份的买卖。

目前在契约型基金实践中，托管人较难完全实现对管理人的监督职能，且目前由基金管理人选任托管人，托管人往往不具有独立的监管地位，对基金管理人并无监督的动力，托管人在基金运行中财产保护的角色地位决定了其难以反向监督管理人行为的结果，实践中私募股权投资基金的托管人也难以具备监督管理人处置所投股权行为的能力。根据银行业协会《商业银行资产托管业务指引》，银行业协会对托管人的职责更强调商业银行作为托管人的主要的财产保管义务。在公司型基金中，托管人对同为受托人的基金管理人的监督能力仍弱于基金公司董事会对管理人的监督，因此，是否让托管人的职责回归本位值得斟酌，此点建议在基金法中加以明确。

2. 税收中性待遇或税收穿透设计

税收作为投资人投资选择的重要因素，将影响投资人对产品的选择偏好，而想要为公司型基金在我国的发展提供可能性，其中重要问题之一即为双重征税问题。特别是对于私募股权基金，选择公司型基金较少的核心原因就是税收相对高于有限合伙型基金。基金作为一种投资工具，通过架构设计可以实现有限责任与无限责任的结合与平衡，保持基金的税收中性是最有利于基金行业以及资本市场创新发展的政策选择。因此，基金管理层面一般应无须纳税。国际上的通行做法是将基金财产的税收列入所得税或资本利得税，在资金退出端征税，并对长期投资者实施税收减免或递延政策。从实质公平的角度，似应无论何种基金的组织形式，只要是备案为基金，对投资人应当适用同等的税收待遇。此点建议在税收法律制度中加以明确。

3. 公司型基金独立董事制度

基金治理结构解决的中心问题是基金运作中利益冲突和基金管理人的道德风险行为。一个有效的基金治理结构应当通过对基金参与人的行为进行必要的激励和约束，使基金能够以最小的成本获取相应的投资回报，或者在一定的成本下为投资者获取较高的投资回报。公司型基金与契约型基金相比，更加强调基金的内部治理，通过设计基金公司这个特殊主体，赋予基金公司董事会较大的权力，以解决利益冲突和基金管理人的道德风险。我国在设计公司型基金制度的过程中，对基金公司的治理结构可以以美国的独立董事模式为蓝本。虽然独立董事制度也受到一些质疑，但是这一制度本身并不存在本质的缺陷，其在防止基金欺诈和基金管理人明显的违法行为方面是一种低成本的监控者。我国独立董事制度的设计应当体现以下原则。

绝对多数原则。在基金公司的董事会组成中，独立董事只有占据多数，才有充当股东利益看护者的可能性。

独立董事的自我任命原则。基金公司成立后的独立董事补缺应当由在任独立董事进行，董事会的主席应当由独立董事担任。独立董事的这种自我繁衍机制，有利于形成一个具有独立意志的董事会，确保董事会可以优先考虑基金投资人的利益，防止独立董事与董事会共进退而成为一个利益交换的俱乐部和一个自我永存的团体。

信息获得充分原则。在独立董事能够确保独立性的基础上，独立董事作用的发挥取决因素之一是独立董事能否获得充分和正确的信息。基金管理人可能会通过歪曲的信息披露或者非欺骗性、非完全性的信息误导独立董事的决策，因此必须有良好的制度安排以确保独立董事得到必要的所有信息。

独立董事的职业化原则。独立董事是否具有履行职责的能力是其作用发挥的另一重要因素。为达到这一目标，独立董事必须具备相应的专业知识，但是更需要有相当的董事会工作经验。而要达到这一目标，必须逐步实现独立董事的职业化，而不是兼职的独立董事，利用业余时间履行监督基金管理人的义务。

鉴于现行公司法并未对董事会的具体组成作出具体的规定，独立董事制度的建立似无须对《公司法》作出直接修改。证监会对上市公司独立董事制度制定了《上市公司独立董事规则》，就公司型基金的独立董事制度，建议可以在基金法中对独立董事制度作出特别安排。

《公司法》中公司债券制度的完善

吴　弘　郭宇航*

现代公司的主要融资工具是公司债券与股票，二者都属于有价证券。公司债券具有“还本付息”的核心特质，可以促进公司融资渠道的多样化。实践中，还出现了“可转换公司债券”和“优先股”等兼具债券和股票特点的有价证券。根据“位序理论”，因为信息不对称和交易成本的存在，公司融资首先选择内部的留存资本，其次是债权融资，最后是股权融资。[1]公司债券和股票的融资组合可以满足现代企业在全生命周期融资的战略需求，对于公司而言，公司债券有助于优化公司的融资结构、降低融资成本、减少财务风险；对于投资者来说，公司债券拓宽了融资渠道，丰富了资管产品、满足了投资需求。随着对债券认识的提高和对“重股轻债”思想的克服，我国公司债券制度在《公司法》中逐步得到加强，此次修订亦不例外。

一、公司债券的蓬勃发展与制度供给失衡

（一）我国公司债券的蓬勃发展

从规模上看，中国债券市场自2016年起持续稳居世界第二大债市。当前，国际三大主流债券指数彭博巴克莱、摩根大通和富时罗素均已纳入中国债券。截至2023年11月末，债券市场托管余额为156.9万亿元。其中，银行间市场托管余额139.2万亿元，交易所市场托管余额20.8万亿元。分券种来看，国债托管余额

---

* 吴弘，华东政法大学教授；郭宇航，华东政法大学经济法学硕士生。

〔1〕 See SC Myer, *The Capital Structure Puzzle*, 39 Journal of Finance 575 (1984).

28.5 万亿元，地方政府债券托管余额 40.4 万亿元，金融债券托管余额 37.9 万亿元，公司信用类债券[1]托管余额 32.4 万亿元。[2]金融市场按照信用风险的大小，常把国债和地方政府债等信用风险较小的债券分类为利率债，金融债券和公司信用类债券因信用风险较大被称为信用债。

公司债券作为公司信用债的一种，其概念具有复杂性。根据《公司法》《证券法》的规定，公司债券是指公司发行的约定按期还本付息的有价证券。然而实践中还存在“企业债券”和“债务融资工具”的概念。企业债券首次出现于 1987 年国务院颁布的《企业债券管理暂行条例》（已失效），企业债券是企业依照法定程序发行、约定在一定期限内还本付息的有价证券。该条例适用于中国境内具有法人资格的全民所有制企业在境内发行的债券。1993 年颁布的《企业债券管理条例》，该法的适用范围排除了金融债券和外币债券。债务融资工具的概念最早出现于 2008 年中国人民银行发布的《银行间债券市场金融企业非金融企业债务融资工具管理办法》，非金融企业债务融资工具（以下简称债务融资工具）是指具有法人资格的非金融企业在银行间债券市场发行的，约定在一定期限内还本付息的有价证券。企业发行债务融资工具应在中国银行间市场交易商协会（以下简称交易商协会）注册。

实际上，公司债券、企业债券和债务融资工具都属于公司基于自身信用发行的有价证券，公司债、企业债与债务融资工具分别立法是由三者在不同的债券市场交易导致的，而交易所债券市场与银行间债券市场分立是由我国证券发展的特殊历史阶段造成的。1997 年大量商业银行资金通过债券回购进入股票市场引发市场过热，为防止过度的资产泡沫，商业银行被要求退出证券交易所市场，人民银行为退出交易所的银行专门设立了全国银行间债券市场并推出新的债券品种——债务融资工具，至此形成了债券交易的“两分市场”。[3]虽然债务融资工具的产生有特殊的历史原因，其发行主体、监管部门与企业债、公司债确有差异，但就其记载的权利义务关系而言，均未脱离发行人与投资者之间的债权债务关系，三种债券记载的法律关系具有同质性。

（二）公司债券快速发展中的制度失衡

1. 注册制改革背景下债券市场的统一监管问题

我国公司债券市场分为银行间市场和交易所市场两大市场。自 2008 年起，我国银行间债券市场率先实行了债券发行“注册制”。2015 年，交易所债券市场紧随其后，取消私募公司债券的行政审批，简化向合格机构投资者公开发行债券的审批程序。2020 年，新修订的

---

〔1〕 根据《关于推动公司信用类债券市场改革开放高质量发展的指导意见》，公司信用类债券包括非金融企业债务融资工具、资产支持票据、企业债券、公司债券、交易所资产支持证券等。

〔2〕 中国人民银行官网，http://www.pbc.gov.cn/goutongjiaoliu/113456/113469/5181704/index.html，2024 年 1 月 10 日访问。

〔3〕 参见田春雷：《新〈证券法〉视角下公司债券持有人保护困局的突破》，载《北京联合大学学报（人文社会科学版）》2022 年第 1 期。

《证券法》正式实施，公司债券和企业债券的发行全面实施“注册制”。这是我国债券市场发展的重要里程碑，标志着我国债券市场进入了全面注册制时代。2023 年 3 月，党和国务院印发《党和国家机构改革方案》，将发改委的企业债券发行审核职责划入证监会，由证监会统一负责公司（企业）债券发行审核工作，我国债券市场完成了公司债与企业债的进一步统一。2023 年 6 月，证监会发布了《关于深化债券注册制改革的指导意见》和《关于注册制下提高中介机构债券业务执业质量的指导意见》，标志着债券注册制改革全面落地，国内信用债发行管理部门，从国家发展改革委、证监会、交易商协会三大机构，演变到证券交易所和交易商协会两大机构，证监会和中国人民银行按照两大机构的审核意见分别进行注册程序。

注册制改革加速了我国债券市场的统一，银行间公司债券市场理论上也应适用《公司法》，实现了公司债、企业债、金融债的统一。但是，面对交易所市场和银行间市场的固有监管体系，我国债券市场要实现真正的统一监管还有很长的路要走。银行间债券市场虽然形成最晚，但经过多年的发展，截至 2023 年，银行间债券市场已经成为我国债券市场的“主板”，债券托管量占比达 86%。[1] 根据 2003 年修订的《中国人民银行法》，央行对银行间债券市场具有监管权。银行间债券并非法律范畴内的概念，而是对在银行间债券市场上发行和交易的各种债券类型的概括。根据品种差异，银行间债券涵盖政府债券、央行票据、金融债券、非金融企业债务融资工具、部分银行间交易的企业债券以及境外债券。针对金融债券和非金融企业债务融资工具这类银行间债券，若以公司为发行主体，则视为公司债券；若发行主体为非公司制企业，则划归企业债券范畴，但无论哪种情况这类银行间债券均具有“还本付息”和“有价证券”的属性，故应适用《公司法》的债券制度规则。[2]

尽管在国家和市场层面，普遍认同交易所市场与银行间市场的统一互联至关重要，且债券市场制度变革所带来的收益优于成本。然而，成本的分担在各个利益集团之间的分布并不均衡，在证券市场规则调整的过程中，涉及对原有政府各部门间权责的重新分配，这也将反过来影响相关政府部门对市场规则变动的自我利益考量。[3]

2. 非公开发行公司债券的法律适用问题

在 2018 年的《公司法》中，公司债券既可以公开发行，也可以非公开发行。根据上海证券交易所的数据统计，2023 年公开发行公司债券（含企业债券）共计 8.9 万亿元，非公开发行公司债券（含企业债券）共计 8.2 万亿元。[4] 可见，非公开发行与公开发行并重，都是我国公司债券的重要发行方式。非公开发行方式由于不涉及公众投资者，故不需要履行强制信息披露义务，也不必像公开发行一样经过相关机构的审批或注册，具有一定优势。但是由

---

〔1〕 中国人民银行官网，http://www.pbc.gov.cn/goutongjiaoliu/113456/113469/5181704/index.html，2024 年 1 月 10 日访问。

〔2〕 参见李曙光、刘欣东：《〈公司法〉修订中债券制度的改革与重构》，载《中国应用法学》2023 年第 1 期。

〔3〕 参见李敏：《我国债券市场监管分割及统一路径》，载《中国政法大学学报》2021 年第 2 期。

〔4〕 上海证券交易所，http://www.sse.com.cn/market/bonddata/overview/yearly/，2024 年 1 月 10 日访问。

于 2018 年的《公司法》和现行的《证券法》“重公开发行，轻非公开发行”的立法理念，法律对债券非公开发行的规则供给不足。如果适用《民法典》的合同规则，则会忽视公司债券有价证券的属性，如果要求非公开发行和公开发行一样履行信息披露义务和实行注册制或审批制，则不利于发挥公司债券非公开发行的优势。

3. 公司债券发行中的代理成本问题

公司债券与股票同为有价证券，会吸引大量的公众投资者，在债权融资的各主体之间就会产生各种利益纠纷，产生债券融资中的“代理成本”问题。根据詹森和梅克林的理论，不同于股权代理成本，债权代理成本产生的原因是企业资产使用权和所有权分离，债权代理成本包括抑制公司投资的机会成本、债权人对公司股东和经营者的监督成本以及破产和重整成本等。[1]第一，公司股东能够分享公司未来成长的收益，倾向于公司进一步扩张和投资。相反，公司的债权人的核心诉求是还本付息，债券持有人往往要求在债券募集说明书中加入限制性条款，限制公司进行大规模的投资活动，期望公司保持现金流的稳定。第二，债权人作为公司外部人，由于知情权的限制，无法第一时间知晓公司的内部信息和投融资决策，监督公司股东和经营者的成本更高，同时，债券违约后，债券持有人很难举证让管理层承担民事责任，赔偿损失。第三，由于债券持有人众多，一旦公司破产和重整，由于债券投资者投资回报预期的不同，受制于“集体行动困境”，债券持有人之间很难达成一致意见。[2]第四，实践中受托管理人经常存在利益冲突问题。受托管理人通常由负责本次承销的证券公司担任。在债券的发行和后续管理期间，证券公司需要兼顾承销商和受托管理人的双重角色。作为承销商，证券公司需要为发行人谋求利益，并尽力争取承销费用；而作为受托管理人，证券公司则需要勤勉尽责地监督发行人，以保障债券持有人的权益。然而，在实际操作中，如果债券受托管理人与发行人受同一实际控制人控制，或者受托管理人持有发行人发行的债券股票等情况出现，受托管理人的自身利益可能会与其职责发生冲突。

二、《公司法》公司债券制度修订的进展与空间

（一）《公司法》修订回应债券市场发展的亮点

1. 变更公司债券发行的内部决策机制

《公司法》修订案[3]增加了“股东会可以授权董事会对发行公司债券作出决议”，之前发行公司债券需要由股东会作出决议，本次则增加了股东会可授权董事会作出决议。同时，

---

〔1〕 See Michaele. Jensen and Willian H. Meckling, *Theory of the Firm: Managerial Behavior*, Agency Costs and Ownership Structure, 3J. Fin. Econ (1976).

〔2〕 参见叶林：《公司债券的私法本质及规则展开》，载《清华法学》2022 年第 2 期。

〔3〕 2023 年 12 月 29 日第十四届全国人大常委会第七次会议第二次修订的《公司法》中已正式规定，下同。

新《公司法》删除了“国有独资公司发行公司债券必须由国有资产监督管理机构决定”的规定。一是因为董事会决策更加贴近实务情况，股东会召开的成本较高，紧急情况如果需要股东会进行决策容易错过公司发展中转瞬即逝的融资机会。二是银行信贷、公司债券和非标融资都属于公司债权融资的渠道，逻辑上应采用相对一致的决策机制，而银行信贷、非标融资并不需要由股东会作出决议，公司债券也应采用相同的规则。

2. 修改公司债券的基本规则增加与监管法的制度衔接

《公司法》修订案规定：“公司债券可以公开发行，也可以非公开发行。公司债券的发行和交易应当符合《中华人民共和国证券法》等法律、行政法规的规定。”本条作为公司债券的基本规则，直接回应了实践需求，明确了公司债券可以非公开发行，并将公司债券的交易纳入《证券法》等法律、行政法规的调整范围，进一步明确公司债券发行和交易需遵循的依据范围不仅包括《证券法》，为银行间债券市场的债券交易法律适用留足了解释空间。新《公司法》明确了其作为统领多层次债券市场发展的基础性法律的地位，并与《证券法》当中的修改进一步匹配，更好地与下位监管法律进行衔接。

3. 取消无记名公司债券回应无纸化实践

《公司法》修订案删除了关于无记名公司债券的相关规定，并且将债券存根簿统一修改为债券持有人名册。该修改一方面是为了适应公司债券电子化受理、备案、交易和记账的需要，无记名公司债券容易丢失损毁，实践中市场交易已经很少使用。而记名债券电子化后的记账成本也大幅降低，既有助于提升交易安全，也促进了交易效率的提高。另一方面，这一修改能够保障《公司法》新增设的债券持有人会议能有效召开，无记名债券对债券持有人会议的召开过程会产生较大不确定性，修改为记名公司债券后有助于保证会议顺利举行，促使债券持有人会议作出有效决议。

4. 扩大可转债发行主体满足股份公司融资需要

《公司法》修订案规定，“股份有限公司经股东会决议，或者经公司章程、股东会授权由董事会决议，可以发行可转换为股票的公司债券，并规定具体的转换办法”，本条将股份有限公司纳入发行可转换为股票的公司债券的主体将为还未上市的股份有限公司融资提供一定支持。可转换公司债券的发行主体在各个国家都有一定限制，国外公司法一般将可转换公司债券的发行主体限制为股份公司，[1]我国之前只允许上市公司在审批制的基础上发行可转换公司债券，过于严苛。此次修改有助于拓宽未上市的股份有限公司的融资渠道，促进债券市场发展，激发经济活力。

5. 新增公司债券治理机制应对公司债券组织法缺位

《公司法》修订新增了债券持有人会议和受托管理人制度的具体规定。第一，债券持有

---

〔1〕 参见李建伟：《公司法学》（第4版），中国人民大学出版社2018年版，第194页。

人会议制度方面，与三审稿相比，《公司法》最终删除了“债券持有人会议决议应当经出席债券持有人会议且有表决权的持有人所持表决权的过半数通过”的规定，增加了“在债券募集办法中对债券持有人会议的召集程序、会议规则和其他重要事项作出规定”，与《证券法》保持一致。债券持有人会议的决议内容由《证券法》中“改变资金用途”扩展至《公司法》中的“有利害关系的事项”，此条从原则上界定了债券持有人会议的决议范围。第二，受托管理人制度方面，《公司法》修订放开了对债券受托管理人资格的限制，未吸纳《证券法》第 92 条“受托管理人应当由本次发行的承销机构或者其他经国务院证券监督管理机构认可的机构担任”和《公司债券发行与交易管理办法》第 58 条“债券受托管理人由本次发行的承销机构或其他经中国证监会认可的机构担任。债券受托管理人应当为中国证券业协会会员。为本次发行提供担保的机构不得担任本次债券发行的受托管理人”的规定。这表明《公司法》修订拓展了受托管理人的资格范围。在受托管理人赔偿责任方面，《公司法》修订明确了受托管理人的赔偿责任。第三，在受托管理人与债券持有人存在利益冲突可能损害债券持有人利益时，《公司法》修订还赋予了债券持有人会议决议变更债券受托管理人的权力，这意味着我国在债券持有人会议与受托管理人存在利益冲突时，采取了以债券持有人会议为主的立法模式。

（二）《公司法》修订中债券制度的不足与改进

1. 公司债券非公开发行制度的粗疏与制度构建

我国《公司法》和《证券法》对公司债券发行分类为公开发行和非公开发行。然而，这种二分法的划分标准存在一定的不足，其结果可能并不完全准确。面对债券市场的复杂性和多变性，这种划分方式可能会使监管效果偏离监管目标，难以满足市场的实际需求。

公司法对公司债券非公开发行的界定不清。《公司法》修订虽然规定了公司债券可以非公开发行，但并没有界定非公开发行的含义，实践中常采用“大公募”、“小公募”和“私募”等表述，部分学者直接将非公开发行等同于“私募”，实际上，大公募是指债券的公开发行，私募则是合格投资者人数不超过 200 人的非公开发行，而小公募则位于大公募与私募之间的特殊发行范畴。[1]我国《证券法》采取二分法界定公开发行与非公开发行，公司债券的公开发行可分为三类：第一类是向不特定对象发行；第二类是向特定对象发行，其人数累计超过 200 人；第三类是根据法律、行政法规规定的其他发行行为。在现行法律中，关于对象的“特定性”和“不得超过 200 人”的规定是界定非公开发行的两大主要标准。第三类情况因我国尚未以法律或行政法规的形式予以规定，因此在公司债券发行过程中尚未实施。

“特定对象标准”和“不得超过 200 人”不宜成为界定债券融资非公开发行的标准。首先，特定对象一般是指合格投资者或专业投资者，根据《证券法》第 89 条的规定，判断特

〔1〕 参见叶林：《公司债券非公开发行的规范模式》，载《法学研究》2021 年第 3 期。

定投资者需要结合“财产状况、金融资产状况、投资知识和经验、专业能力等因素”，由于判断标准需要考量的因素较多，实务认定中仍然存在难以操作的问题。其次，不得超过200人对于股票来说可以适用，但是由于债券存在多期轮发、转售和代持的问题，实际的投资者人数难以界定，若仅仅按照债券持有人名册中形式上的数字予以界定会失去该标准的实质意义。

公司债券非公开发行的实现机制欠缺。有学者指出，我国债券规则可采取“证券发行注册+豁免清单”的模式，根据美国《1993年证券法》第3~5条的规定，各类证券发行均需遵循美国证监会的监管规定，除非该发行事项已列入法定豁免清单。因此，可以理解为“须进行注册的证券发行数量=证券发行注册的总和—豁免清单中的数量”。豁免清单详尽地列出了各类可豁免注册的事由，对于未包含在该清单中的证券发行，发行方需进行注册。这种立法方式基本消除了公开发行与非公开发行之间的模糊地带。此外，由于豁免清单已明确各类豁免情形，理论上，发行公司只需对照法定豁免清单，便可确定是否需要进行注册，甚至无须征求美国证监会的意见。这为公司的融资活动提供了便利，同时也有助于明确证券监管部门注册职责的界限，并切实保障公众投资者的合法权益。

我国的债券发行制度已经进行了全面注册制改革，存在适用“证券发行注册+豁免清单”模式的制度基础。为了保障公众投资者的权益并规范公司债券的融资行为，我国可以在二分法的基础上考虑引入注册豁免的规定。通过发展豁免事由，引入转售控制的规定，能够降低变相公开发行的可能性，从而增强非公开发行规则的可行性和有效性，防止监管套利。

2. 公司债券治理机制的疏漏与规则填补

《公司法》修订虽然新增了债券持有人会议制度与受托管理人制度，有意解决债券持有人知情权受限，无法参与公司治理的困局，然而，《公司法》修订的相关规定仍较为模糊，对债券持有人会议的议事规则采取了由“债券募集办法对债券持有人会议的召集程序、会议规则和其他重要事项作出规定”的表述，对债券持有人会议的职权描述过于泛泛，会议表决方式及决议效力方面的规定亟待进一步细化与完善。受托管理人是否采用信托关系构造，如何落实受托管理人损害债券持有人利益时的赔偿责任仍需相关法律、行政法规进行规定。

债券持有人会议的权限问题。首先，关于债券持有人会议的权限，新《公司法》采“利益相关者理论”,[1]将债券持有人会议的决议内容由《证券法》中“改变资金用途”扩展至《公司法》中的“有利害关系的事项”，但是这一规定过于笼统，利害关系的判断标准并不清楚，为避免造成持有人会议过度干预公司正常经营的问题，法国的做法值得借鉴：在持有人会议未审议通过某一议案时，发行公司之权力需根据议案内容加以区分。若议案涉及公司的经营策略，如分立、合并、形式变更、对外提供担保等，公司有权继续执行该议案，但须

〔1〕 该理论认为公司的发展并不仅仅依赖于其所有者，还包括那些以各种方式为公司提供专用性资产的参与者。这些资产的价值与公司的经营状况密切相关，如果某个资产的价值突然下降，就可能会对整个公司产生负面影响。

向持有人提前清偿债务或提供充分保障。若议案涉及债券契约内容，如利率、还款期限等条款的变更，一旦会议否决，公司即不得从事相应行为。〔1〕唯有如此，方能找到平衡公司债券持有人会议与公司经营的分界点。

债券持有人会议的召集程序、议事规则问题。《公司法》修订的议事规则采取了由“债券募集办法”规定的立法思路，在投资者认购债券之前，会议规则已事先制定完毕。鉴于此时尚无实质意义上的持有人，实际操作中通常由未来的受托人（多为保荐人）代表投资者与发行公司协商制定。由于债券具有证券化的属性，如若由发行公司、保荐人商定债券持有人会议的议事规则，恐怕分散的债券持有人很难有动力修改议事规则，立法者或许想践行“买者自负其责”的理念，但是未考虑到债券持有人的谈判能力，债券限制性条款在实际应用中仅零星采用，由于条款表述含混不清及配套制度衔接不畅，限制性条款的保护作用因而大打折扣。〔2〕针对有问题的债券募集办法中的会议规则债券持有人很难纠偏，容易使债券持有人会议制度无法发挥作用。域外商法常将债券持有人会议的议事规则准用股东会规则，如《日本商法典》第 339 条明确要求债权人会议的召集、表决、延期准用股东会的规定。股东会和债券持有人会议在议事规则方面存在较大的相似性，我国《公司法》修订中曾规定了“债券持有人会议决议应当经出席债券持有人会议且有表决权的持有人所持表决权的过半数通过”，我国公司法应留用该条款或直接准用股东会的召集程序和议事规则，或者将来出台相关指引，利用软法约束发行人和保荐人制定的“债券募集办法”。

异议持有人的救济制度。《公司法》修订没有规定在债券持有人大会存在瑕疵或无效的情形下，异议债券持有人的救济制度。我国可以参考公司法律对股东权益保护的措施：首先，根据《公司法》关于股东（大）会决议效力的具体条款，制定决议无效和撤销的纠错机制，允许对持有人会议的程序和内容持有异议的持有人提起诉讼，以从根本上否定决议的有效性或将其撤销。其次，允许异议持有人要求公司回购其债券，因为法律对公司持有自有债券的规定相较于股份更为宽松，因此在法律衔接方面不存在明显障碍。

受托管理人的信义义务与赔偿责任问题。《公司法》修订删去了“委托”字样，但也并没有直接采用信托法律关系加以界定。关于债券持有人与受托管理人之间的特定财产信托关系，法律条文并未给出明确的定义。这种情况直接影响到管理人的权力行使以及相关财产的财产独立性问题，给债券市场的参与者带来了相当大的不确定性。我国证监会于 2007 年发布的《公司债券发行试点办法》第 25 条第 2 项规定：“公司为债券设定担保的，债券受托管理协议应当约定担保财产为信托财产”，这一规定在一定程度上明确了债券持有人与受托管理人之间的财产信托关系。然而，随着市场的发展和法律法规的不断完善，2015 年的《公司债券发行与交易管理办法》却没有再沿用这一规定。这使得原本已经明确的债券持有人与受

---

〔1〕 参见［法］伊夫·居荣：《法国商法》第 1 卷，罗结珍、赵海峰译，法律出版社 2004 年版，第 824 页。

〔2〕 参见冯果、阎维博：《论债券限制性条款及其对债券持有人利益之保护》，载《现代法学》2017 年第 4 期。

托管理人之间的财产信托关系再次变得模糊。《公司法》修订虽然没有明确采用信托法律关系，但是规定了受托管理人的“勤勉尽责”义务，实际上是借抽象的信义义务确定受托管理人的职责。但是，如果不明确债券持有人会议与受托管理人的信托法律关系，将无法承认信托财产的独立性，也无法确定受托管理人何时属于违反债券持有人利益的情形，进而影响受托管理人赔偿责任的范围认定。

三、我国《公司法》中公司债券制度的展望

（一）公司债券的含义应实现包容统一

2020 年，中国人民银行、国家发展和改革委员会以及中国证券监督管理委员会联合发布了《公司信用类债券信息披露管理办法》，该办法明确规定了公司债券、企业债券以及债务融资工具三种债券品种需遵循相同的信息披露准则。然而，此“债券信息披露管理办法”在法律依据上并不充分。公司债券作为公司法和证券法中的专业术语，已被广泛接受，而创设“公司信用类债券”的概念，更多的是对业务实践的概括描述，并非法律范畴。

公司债券的概念应当具备广泛的包容性，既包括现有各类同质异名债券，也应预留未来新型债券的纳入空间。不必在公司债券之上增设“公司信用类债券”的称谓，亦无须沿袭企业债券这一历史概念。在实现公司债券的全面和深度整合过程中，可考虑继续采用公司法中的“公司债券”一词，并将其内涵分为狭义与广义两层：狭义上的公司债券，指的是遵循公司法及证券法规定的“公司债券”；而广义上的公司债券，则扩展至股份有限公司和有限责任公司发行的企业债券及债务融资工具，甚至进一步涵盖非公司企业法人发行的债券品种。未来公司债券的定义可设定为：各类公司企业发行的按照约定在特定期限内偿还本金并支付利息的有价证券，进一步细分可分为交易所市场公司债券、银行间市场公司债券等，并对不同层次市场的公司债券赋予相应的二级名称。

我国应在《公司法》框架下明确承认多层次市场的客观存在及其合理性，暂时维持各层次市场监管者的稳定性。允许各监管机构根据《公司法》制定相应下位法规，同时在统一法律规则调整债券基本事务的基础上，针对分层次市场的差异化需求制定具体交易规则，并推动多层次市场间的互联互通。

（二）公司债券制度应更多体现社会责任

首先，为了减少债券违约，强化发行人的社会责任，我国法律、行政规章一方面应针对公司债券的约束问责和违约处置的内容作出一致规范，作为各层次市场普遍适用的基本依据和基础制度，也作为司法与监管的法律标准。如要求公司应根据生产经营需要，考虑融资成本，择机发行债券；发行人应基于自身信用和真实财务状况融资用资，对融资行为负责，承担融资风险。另一方面，我国应加强债券合同限制性条款的规范性引导，增加条款类型，出

台相关指引，例如，限制发行人的资本性交易行为，避免发行人通过利润分配、减资行为、股份回购、股份注销等方式违背资本充实责任，限制发行人不正当的经营性行为，通过限制过度负债、稀释债权等行为维持债券持有人的利益。[1]

其次，随着我国绿色债券的快速发展，越来越多的企业和投资者开始关注债券市场上公司的社会责任表现。为了适应这一趋势，推动绿色债券市场的健康发展，我国公司债券规则体系应在上交所发布的《债券自律监管规则适用指引第1号——公司债券持续信息披露（2023年修订）》的基础上，提高立法层级，进一步强化公司债券规则的社会责任。一是强化绿色债券发行人的社会责任披露要求，增加绿色债券发行人在发行阶段和存续阶段的环境、社会和治理（ESG）信息披露内容，要求发行人充分披露绿色项目的发展情况、环境效益以及绿色债券资金的使用情况等，以便投资者全面了解绿色债券的可持续发展能力。二是增强债券发行人的社会责任意识，要求发行人在债券发行过程中，充分考虑社会责任因素，关注绿色产业的发展，积极参与绿色项目的建设。同时，发行人应定期评估绿色债券项目的实施效果，确保绿色资金的合理使用，为实现我国绿色发展战略贡献力量。通过以上两个方面的改革举措，我国绿色债券市场将更加注重社会责任表现，在新的发展阶段，公司债券市场将继续发挥资源配置的作用，为绿色产业提供有力支持，助力实现我国绿色发展战略目标。

《公司法》对公司债券制度的修改无疑是值得肯定的，也拥有诸多亮点，但是学术界仍希望清晰表明公司债券制度主要作用于债券非公开发行，另外诸如债券持有人会议和受托管理人制度的细化、债券市场统一监管等方面仍存在许多完善空间，以及需要学术界进一步研究的空间，供立法者参考。通过公司债券制度的进一步完善，促进我国公司债券市场的多层次发展，满足公司融资、投资者投资的需要，促进金融市场繁荣，助力经济发展。

---

〔1〕参见南玉梅：《公司债券内部增信的规则构建——以限制条款为核心》，载《法商研究》，2017年第6期。

破产重整程序中可转换公司债券的处置

郑建军　万　江　王成杰 *

2023 年 9 月公布的十四届全国人大常委会第五次会议审议的《公司法（修订草案三次审议稿）》将可转债的发行主体扩大到了所有股份有限公司。一旦《公司法》及配套法律修订完成，未来可转债市场将进一步扩大。

一、作为特殊债券的可转债

（一）可转债及市场发展情况

可转换公司债券，是指公司依法发行、在一定期间内依据约定的条件可以转换成上市公司股票（或非上市公司股权）的公司债券，简称“可转债”，是一种介于债券和股票之间的特殊金融产品，同时具有股权性和债权性。可转债为投资者同时提供两种选择：投资者可以像普通债券一样持有可转债，并按设定的票面利率获得固定利息，到期后返还本金；投资者也可以按事先约定的转股价格，将可转债转换为公司股权，从而成为股东并享有企业的利润分配。可转债具有较为灵活的选择性，其利率一般低于普通公司债券，发行成本也相对较低。而投资者选择转股或继续持有债券，往往取决于其对企业未来发展的预期。

20 世纪 90 年代起，随着沪深两市交易所的建立，我国企业也陆续开始发行可转债。中国第一只上市公司发行的可转债是 1992 年 11 月由深圳宝安集团公开发行的“宝安转债”，但后续转股失败，宝安集团到期时赎回可转债也支付了大量

---

* 郑建军，上海锦天城律师事务所高级合伙人；万江，上海锦天城（北京）律师事务所合伙人；王成杰，锦天城律师事务所律师。

现金。此后直到 1997 年都没有可转债发行。[1] 因此，尽管可转债出现时间很早，但由于整体可转债市场参与主体少，配套制度不完善，整体市场规模较小。2017 年以后，上市公司定向增发政策收紧，但将可转债的再融资排除在限制之外，明确可转债和优先股可以单独排队，享受绿色通道，[2] 且同年可转债信用申购新规落地，可转债的申购不占用资金、申购和发行更加规范，可转债市场整体规模大幅度扩大。2023 年 6 月末，存量规模达到了 8600 亿元。[3]

（二）可转债重点条款

《上市公司证券发行注册管理办法》第 18 条、第 19 条规定了可转债发行的必要事项。在可转债《募集说明书》中，除了常规的关于债券发行方信息、市场风险、债券期限、债券利率、支付频率、是否有担保等事项的常规条款外，应重点关注如下条款。

1. 转股权条款

转股权条款是可转债区别于普通公司债券的主要条款。根据《可转换公司债券管理办法》（以下简称《可转债管理办法》）第 8 条的规定，发行后 6 个月，债券持有人就可行使转股权利，转股次日即可成为公司股东。[4] 可转债的转股价格会在《募集说明书》中事先约定，一张可转债可转股的数量 = 可转债的票面价格/约定的转股价格，转股数量以去尾法取一股的整数倍。

2. 转股价格调整条款

可转债发行人也可主动调整转股价格。《募集说明书》中常见的向下修正转股价格条款如下：如在任意 30 个交易日内有超过 15 个交易日的股票收盘价格低于转股价格的特定比例（一般为 70% 或 80%），则发行人有权下调转股价格。《可转债管理办法》规定，修改后的转股价格，不得低于股东大会召开日前 20 个交易日内的平均交易价格和前一个交易日价格，[5] 大多数《募集说明书》中也会约定转股价格不得低于最近一期经审计的每股净资产和面值。[6] 不同可转债约定的下修转股价格调整方式并不相同，有些采用自动修正，有些则约定需要通过董

---

〔1〕 参见海通国际：《债权专题：可转债市场介绍与投资分析》，载发现报告网，https://www.fxbaogao.com/detail/3816518，2023 年 7 月 28 日访问。

〔2〕 参见光年不易：《一文速览：三十年可转债发展简史（修订版）》，微信公众号 “万亿光年”，2022 年 10 月20 日。

〔3〕 参见《年内可转债市场持续扩容 存量规模超 8600 亿元》，载《证券日报》2023 年 6 月 28 日。

〔4〕《可转换公司债券管理办法》（中国证券监督管理委员会令第 178 号）第 8 条规定，“可转债自发行结束之日起不少于六个月后方可转换为公司股票，转股期限由公司根据可转债的存续期限及公司财务状况确定。可转债持有人对转股或者不转股有选择权，并于转股的次日成为发行人股东。”

〔5〕《可转换公司债券管理办法》第 9 条规定：“上市公司向不特定对象发行可转债的转股价格应当不低于募集说明书公告日前二十个交易日发行人股票交易均价和前一个交易日均价，且不得向上修正。上市公司向特定对象发行可转债的转股价格应当不低于认购邀请书发出前二十个交易日发行人股票交易均价和前一个交易日均价，且不得向下修正。”

〔6〕 如果《募集说明书》中没有作此类约定，则转股价格可以低于每股净资产，如 2019 年 2 月 2 日，湖北广电发布了 “关于董事会提议向下修正可转换公司债券转股价格的公告”，2 月 21 日发布了 “关于向下修正‘湖广转债’转股价格的公告”，转股价由 10.16 元/股下修至 7.92 元/股，而当时湖北广电最近一期每股净资产为 9.45 元。

事会提案，并经过股东大会表决通过后修正。转股价格向上修正同理，但目前实践中向上修正的案例较少。[1]

3. 回售条款

回售条款指的是在正股价格的市场价格下跌至转股价格的一定比例（如当期转股价格的70%），且持续一段时间后（一般为30个交易日中有15个或20个交易日满足情形），投资者就有权要求发行人按照《募集说明书》中约定的价格回售投资者所持有可转债的条款。此类约定本质上增加了可转债的期权价值，是对投资者的托底保障，可以避免因正股价格连续下跌造成投资者的大幅损失。也正因为回售条款的约定，可转债往往被市场认为有“下有保底、上不封顶”的特性。

除上述回售条款外，部分可转债也会有附加回售条款。附加回售条款指的是如果发行人没有按照《募集说明书》中约定的资金用途使用资金，就会视为改变募集资金用途，此时出于对投资者的保护，监管规则同样赋予投资者行使回售的权利，可转债持有人可以按照票面价值加上应计利息的价格回售给发行人。

当然，由于回售条款一般只在可转债到期前两年才发挥作用，部分金融机构发行的可转债并没有回售条款。[2]

4. 赎回条款

赎回条款指的是在正股价格上涨达到一定程度（一般是当期转股价格的125%～130%），且持续一段时间后（一般为30个交易日中有15个或20个交易日满足情形），发行人有权按照可转债的票面金额加上当期应付利息赎回未转股可转债的条款。发行人宣布执行赎回条款，大多数情况是为了加速可转债转股，以此遏制可转债脱离正股价格暴涨的趋势。由于强制赎回可能让高位买入的投资者蒙受损失，投资者一般并不愿意接受强制赎回。实践中，发行人强制赎回的比例相对也少。除此之外，部分可转债的《募集说明书》中也会规定在可转债剩余未转股数量不足特定金额时，发行人有权按照债券面值加当期应计利息额价格赎回。

（三）可转债现行监管规则体系

目前，可转债的发行主体主要是上市公司。除了《证券法》《公司法》外，证券监管部门的规章、规范是可转债发行、交易的主要规则依据，以《可转债管理办法》为核心，包括《上市公司证券发行注册管理办法》《关于完善可转换公司债券投资者适当性管理相关事项的通知》《退市公司可转换公司债券管理规定》等。

此外，沪深两市交易所也先后发布了《上海证券交易所上市公司自律监管指引第12号——可转换公司债券》《深圳证券交易所上市公司自律监管指引第15号——可转换公司债券》

---

〔1〕 如九丰能源（SH. 605090）发行的定向可转债九丰定01（SH. 110815）等。
〔2〕 如国泰君安（SH. 601211）发行的国君转债（SH. 113013）等。

《上海证券交易所可转换公司债券交易实施细则》《深圳证券交易所可转换公司债券交易实施细则》《上海证券交易所关于可转换公司债券适当性管理相关事项的通知》《深圳证券交易所关于可转换公司债券适当性管理相关事项的通知》等专门规范可转债的文件。对于非上市公司，则主要有《非上市公司非公开发行可转换公司债券业务实施办法》等。

然而，现有专门针对可转债的规范体系中，很少有涉及企业破产重整情形下的可转债处置规则。事实上，直到最近才真正出现若干在破产重整程序中需要处置可转债违约风险的实践案例，从而令实务从业者不得不在规则空白、不见先例的情况下探索创新开展破产重整程序中的可转债风险的处置工作。

二、作为破产债权的可转债

（一）可转债成为破产债权的前提

可转债是否属于破产债权是发行人破产重整中面临的首要问题。2002 年《最高人民法院关于审理企业破产案件若干问题的规定》第 55 条第 7 项规定，债务人发行债券形成的债权属于破产债权。在破产程序中，应当根据可转债是否最终转为公司股权或股份界定其权利属性。法院裁定进入破产程序后，可转债持有人所持的债券应被认定为破产债权。因此，在企业进入正式破产重整程序后，未完成转股的可转债应被认定为债权，属于债务人的破产债权。此前完成转股的可转债则转变为公司股权，持有人也成为债务人出资人。若以债务人特定财产为可转债设定担保权利（包括抵押权、质权或留置权及发生公示效力的非典型担保），则可转债债权属于有财产担保的优先债权；否则可转债债权属于普通债权。

但伴随《公司法》的修订及监管口径的进一步放开，目前可转债市场较为少见的强制转股条款、公司经营决策参与权条款等，未来均可能出现在可转债募集说明书中，[1]由此未来可转债是否为破产债权的定性，必将引起进一步的争议。尤其考虑到可转债的股债双性，许多监管规则中仍将其视为股权予以处置。例如在我国沪深两市交易规则中，都将可转债归类为“上市公司股票衍生物”，并参照股票进行监管。在域外的司法实践中，也有律师认为到

[1] 在可转债早期，如境内发行的南化转债（SH. 100001）、丝绸转债（SZ. 125301），以及境外发行的庆铃汽车转债等，均有到期强制转股的约定，甚至南化转债还设置了随时间推移条件越来越宽松的有条件提前强制转股条款。如此设定的原因主要是当时大多数可转债都会转股失败需要到期还钱，部分发行主体为了减少开支才采取此策略。但后续可转债发行中此类条款并不多。究其原因，除了此类制度安排会消解可转债的债性，使其更像是股权投资外，更重要的是在可转债到期日时，有可能出现溢价转股，投资者由此将被迫承担损失。境外司法实践中，也有观点认为到期强制转股的条款使可转债应认定为股权而非债权，如在 SGM Webtech Private Ltd. v. Boulevard Projects Private Ltd.，REED 2020 NCLT New Delhi 01641 一案中，破产专业管理人（resolution professional，印度破产程序中类似于中国《企业破产法》下管理人的角色）就认为，因为可转债发行人存在到期强制转股的约定，无须偿还债券面额，且对公司的经营决策享有投票权，同时根据印度当地的《外汇管理法》，无担保的可转债应认定为一项资本性投入，因此可转债应属于股权而非债权。但该案中德里公司法庭（national company law tribunal Dehli）最终没有采纳该观点。

期强制转股的可转债，应被认定为股权。[1]

从域外经验来看，美国联邦上诉法院在决定是否应对债权重新定性时一般有三种方式，分别是：（1）通过本身原则判定（per se rule）；（2）通过多种因素判定（multi - factor test）；（3）通过当事人主观意图判定（intent of parties）。[2]第一种方式下，如该笔债权满足债务人没有足够资本支撑其业务、同等条件下无其他贷款人愿意提供贷款这两个条件，则该笔债权存在被重新定性的风险。[3]第二种方式提到的多种因素包括债权的到期时间及利率是否确定、是否有担保等。[4]第三种方式则需证明在涉案交易完成时，即某笔交易形式上是债权交易，但其主观意图乃是股权交易。[5]这三种判断方式的侧重点并不相同。第一种方式更侧重于通过交易内容等考察交易背景，而第二种和第三种方式则更强调对交易实质的考察，直接依据当事人的交易目的等对交易进行定性。对于第一种方式，由于并不着眼于交易实质，且债务人公司资金充足性与贷款能力与债权股权之间的界限关联性并不充分，使用并不普遍。Duke & King Mo. , LLC v. Nath Cos. 一案中，法官指出："这种认定方式过于严格，与衡平法的本质相冲突，所以不应成为一种被采用的方法。"[6]与之对应，美国法院对破产程序中的债权认定，更多地采用第二种和第三种方式，着眼于交易方的真实目的以及条款当中约定的实质内容。[7]类似逻辑与方法在判断可转债在破产重整程序中的性质时也应当适用，而这也恰恰是加拿大法院所采取的方式。

加拿大在股权债权区分问题上的一个指导性案例是 Canada Deposit Insurance Corp. v. Canadian Commercial Bank（CDIC v. CCB），[8]该案中，Jacobucci 大法官明确指出，在认定一项混合性投资（hybrid investment）的性质时，应考虑该交易的实质性内容。[9]可转债属于典型的混合性投资，因此上述标准也应适用。同时，Jacobucci 大法官还指出，在判断时应关

---

〔1〕 See Nsh Kumar Arora, Position of compulsorily convertible debentures during insolvency proceedings, REEDLAW, https://www.reedlaw.in/articles/position - of - compulsorily - convertible - debentures - during - insolvency - proceedings.

〔2〕 参见 Curran Bryan C Curran, 'The State of Federal Bankruptcy Law: The Ninth Circuit's Debt Recharacterization Analysis in in Re Fitness Holdings International' (2014) 55 Boston College Law Review 47, 47. 53. 在美国联邦上诉法院的判例当中，这三种方式都出现过。例如，在 N & D Props. , Inc. , 799 F. 2d 726, 733（11th Cir 1986）一案中法庭适用了本身违法原则的判断方式；在 Autostyle Plastics, 269 F. 3d at 749 -50 一案中，法庭适用了多因素判断的方式；而在 Re Submicron Sys. Corp. , 432 F. 3d 448, 455 -56（3rd Cir 2006）案中，法庭则适用了当事人主观意图的判断方式。

〔3〕 See In re N & D Props. , 799 F. 2d at 733.

〔4〕 See In re Dornier Aviation, Inc. , 453 F. 3d at 233 -34.

〔5〕 See In re Submicron Sys. Corp. , 432 F. 3d at 455 -56.

〔6〕 See Duke & King Mo. , LLC v. Nath Cos. , (In re Duke & King Acquisition Corp.), 508 B. R. 107, 158 (Bankr. D. Minn. 2014).

〔7〕 从美国的诸多判例来看，大多数案件当中美国法院选择将可转债的一部分定性为债权，其余部分仍以股权论处。

〔8〕 See (1992), 97 D. L. R. (4th) 385, [1992] 3 S. C. R. 558 (S. C. C.),

〔9〕 See (1992), 97 D. L. R. (4th) 385, [1992] 3 S. C. R. 558 (S. C. C.), para 55.

注的实质性内容是影响投资的重要方面，而非细枝末节。具体而言，应当在界定所涉交易性质时考虑当事人意图以及其他交易的实质性内容。[1]由该案所确立的界定原则后来也被加拿大法院适用于其他破产案件如 Central Capital Corp. 案。[2]

2009 年，加拿大《破产法》（Bankruptcy and Insolvency Act）和《公司债权安排法》（Companies' Credits Arrangement Act）修订时增加了“股权主张”（equity claim）的概念，且具体规定了股权主张包含的情形，包括股息、股本返还、赎回义务和由于拥有、购买和出售股权利益产生的经济损失等。[3]该次修订后，加拿大法院在区分股权和债权时，除了依“股权主张”的概念划定涉案权利是否与之相符之外，仍然依据 CDIC v. CCB 确定原则评估交易的实质内容，进而得出审查结论。[4]法院对该标准的坚持，无疑表明包括当事人意图在内的交易实质性内容，是判断可转债性质不可或缺的审查要素。另外，有学者还进一步区分了能够揭示当事人希望获得股权或债权的交易意图所包含的情形——可转债持有人可能享有在某些事项上与股东权利类似的批准权等权利，或其享有转股权的触发条件非常简单，则其可能想获得股权；可转债持有人可能会获得定期的偿付，或与公司约定其权利在破产程序当中应当排在股权之前，又或其转股权的触发条件十分苛刻等，则其可能想获得债权。[5]

笔者认为，对是否破产债权的判断，应回归交易本身，从投资者的投资目的、实际权利义务等因素综合分析判断。如投资者仅仅为了获取固定收益，并不参与公司经营，则应认定为破产债权；若投资者已在破产受理前行使转股权，或其虽然没有行使转股权，但参与可转债投资的目的在于取得股权，并参与公司生产经营的决策，则应慎重考虑是否将该笔债权列为破产债权。[6]

（二）集体行动逻辑下的可转债申报与审查

可转债持有人原则上通过债券持有人会议统一行使权利，以此提高决策效率，降低维权成本，保障可转债持有人的利益。《全国法院审理债券纠纷案件座谈会纪要》（以下简称《债券纠纷纪要》）和《可转债管理办法》是可转债持有人行使权利的主要依据。《可转债管理办法》规定，在募集说明书中应当约定可转债持有人会议规则，并通过该会议形成对全体债券持有人有约束力的决议。《债券纠纷纪要》则考虑到同期发行债券的持有人利益诉求高度同质化且往往人数众多的特质，设置了遴选受托管理人或其他债券代表人统一行使权利的制度

---

〔1〕 See (1992), 97 D. L. R. (4th) 385, [1992] 3 S. C. R. 558 (S. C. C.), para 52.

〔2〕 See (1996), 132 D. L. R. (4th) 223, 27 O. R. (3rd) 494 (Ont. C. A.).

〔3〕 加拿大《破产法》第二章节；《公司债权安排法》第二章节。

〔4〕 See Nelson Financial Group Lid., Re (2010), 75 B. L. R. (4th) 302, 2010 ONSC 6229 (Ont. S. C. J. [Commercial List]).

〔5〕 See Stephanie Ben - Ishai, Debt or Equity: A Puzzle for Canadian Bankruptcy Law, (2012) 53 Canadian Business Law Journal 416 - 417. para 428.

〔6〕 最高院在郭明星、张鹏等股东出资纠纷一案中［（2021）最高法民终 35 号］对于如何认定股权或债权也有较为详细的论述。

安排。受托管理人通过持有人会议取得债券持有人的授权后，集中代表持有人行使权利。

发行人进入破产重整或预重整程序，可转债持有人申报债权时，原则上任一可转债持有人都有权自行申报债权，但依据上述规定以及《募集说明书》的约定，考虑到公司债券持有人往往人数众多，具有分散与相互陌生性，同时又具有基于同一债券发行而共享对发行人债权的集合性与利益诉求同质性特点，从债权申报和审查效率的角度考虑，实务中应当鼓励债券持有人通过持有人会议委托授权受托管理人代表债券持有人申报债权。否则，无论是管理人还是法院都无法逐一应对成千上万的债券持有人的申报进行审查。

当然，在集体申报模式下，受托管理人作为受委托人，负责沟通债务人、管理人及债券持有人，需要承担大量的债权初步审查确认、梳理以及债权异议等工作。

（三）股债一体思路下可转债债权额的认定

《企业破产法》第46条规定，在破产启动后未到期债权加速到期，同时利息停止计算。可转债债权的金额认定也应参照上述规定，依据票面金额与加速到期的票面利息确定。利息计算应截止到债务人破产重整申请正式受理之日。可转债《募集说明书》中约定的违约金，司法实践中一般也参照上述停止计息的规则处理。[1]

有观点认为，可转债所对应的票面金额不仅包括票据本身的价值，还包括转股权对应的价值，因此在计算破产债权时应扣除相应金额。例如，在美国司法实践中，除了个别案例将可转债在转换前视作完全的债权之外，[2]法院似乎并不纠结于对可转债做出单一定性，而是倾向于对可转债做出切割，将其中债权的部分视作破产债权，并将其股权部分从破产债权金额中剔除。美国涉及可转债的破产案件当中，主要的争议部分也是债权金额的认定。如在Bridge Information Systems，Inc破产案中，法官认为转股权独立于票据本身享有价值，因可转债赋予了当事人以特定价格换取普通股的权利，转股权从功能上等同于对债务人股权的看涨期权。转换权利的授予因此构成了价值的转移，因这种转移：（1）剥夺了债务人的某项价值，因为出售普通股是公司筹集资金的手段之一；（2）给予了受让人某项价值，因为以特定价格购买普通股的权利是一种可出售给他人的权利。[3]在Sonicblue案中，债权人购买了票面金额为7500万美元的可转债，管理人在确认债权时，认为转股权在破产受理时尚未实现，因此构成《美国破产法典》第502（b）（2）条规定不应认定为债权的未到期利息，进而将根据Black－Scholes模型计算出价值出转股权的价值，在破产债权中予以扣除。不过，该案最终以和解结案，因此法院态度尚不明确。[4]

---

〔1〕 参见乌鲁木齐银行股份有限公司与洛娃科技实业集团有限公司破产债权确认纠纷一案，案号为（2019）新01民初126号。

〔2〕 See Calpine，2007 U. S. Dist. Lexis 86514（S. D. N. Y. Dec. 4，2007）.

〔3〕 See Bridge Information Systems，Inc，311 B，R，781－792.

〔4〕 See SONICblue Inc.，Case No. 03 － 51775 （MM） （Bankr. N. D. Cal. Nov. 14 （2007） [Docket No. 2559].

笔者认为，可转债的转股权利，不宜割裂出来单独判断价值。首先，可转债的股性和债性相互关联，转股权的价值也一定程度上取决于债权的价值；其次，转股权的价值也可能伴随着股票价格、可转债二级市场价格，转股价格、发行人信用水平、可转债交易期限等因素实时变动，任一要素变动都可能导致转股权评估价值的偏移；最后，可转债投资者的预期不明，骤然核减其债权，可能引发较大异议，既不利于稳定市场情绪，也不利于重整程序的推进。据此，仍应以票面金额及应付利息确定可转债的债权金额。当然，对于可转债债权的认定，仍需结合具体案件的可转债条款设定、权利行使情况、监管意见等情况因素，由管理人综合判断确认。

（四）从权利保障出发规制可转债持有人的分组与参与表决

我国《企业破产法》对重整中是否可设置可转债债权组别没有规定。是否单独设置可转债组别，要根据重整程序中对债权人权益保护的需要予以确定。无担保的可转债债权本质上属于普通债权，当债券持有人的利益通过债券持有人会议机制以及单独申报机制可以得到充分保护时，可以不设置专门组别。

就债权人分组表决问题，有部分学者提出是否采用更适合我国民商事权利类型多样化和开放性的需求而使用“任意性分组”，〔1〕司法实践中也出现了变通做法，如在深圳市中级人民法院审理的深圳市鹏桑普太阳能股份有限公司破产重整一案中，根据实际情况，将普通债权组中的普通债权分为民间借贷和非民间借贷债权两类，并另设小额债权组，且三个分组的偿债方案有所不同。〔2〕《美国破产法典》第 1122 条规定，若债权或利益“与该类别当中的其他债权或利益实质上相似”，则享有此类债权或利益的债权人就能够被归到一个类别当中；反之，则应当设置不同分组，根据优先级先后依次考虑各组别的利益。〔3〕在美国的司法案例中，确实也有将可转债债权单独分组的情形。〔4〕考虑到法律规则设置的明显不同，在我国现阶段《企业破产法》的框架下，可转债债权原则上不应另行分组，但如出现多只债券同时存续，或大量债券持有人自行申报债权的情况下，则也应根据债券发行数量、规模等因素，考

〔1〕 参见徐阳光、韩玥：《重整计划中的债权分组规制研究》，载《法治研究》2022 年第 4 期。

〔2〕《破产重整计划草案债权分组规则刍议》，载搜狐网，https://www.sohu.com/a/346065087_100015913，2023 年 9 月 1 日访问。

〔3〕 11 USC Sec. 1122 Classification of claims or interests （a） Except as provided in subsection （b） of this section, a plan may place a claim or an interest in a particular class only if such claim or interest is substantially similar to the other claims or interests of such class. （b） A plan may designate a separate class of claims consisting only of every unsecured claim that is less than or reduced to an amount that the court approves as reasonable and necessary for administrative convenience.

〔4〕 例如 In re Charter Communications，Inc.，449 B. R. 14 （S. D. N. Y. 2011），该案涉及的破产企业 Charter Communication，Inc. （以下简称 CCI 公司） 是一家美国的有线电视和宽带服务提供商。CCI 公司由于 2008 年金融危机引发信贷市场收紧，电缆行业公司估值较低等原因，无法偿还到期债务，总计负债约 220 亿美元，进而在 2009 年申请了破产保护。该案中，可转债的债券持有人被单独分为一组，且清偿率只有约 32.7%，而普通债权人组的清偿率为 100%，故可转债持有人提起诉讼。法院审理后认为，CCI 公司的重整方案符合衡平法的原则，不构成对可转债持有人的不公平待遇，因此驳回了可转债持有人的诉讼请求。

虑是否单独设置表决组。[1]

破产重整程序中需债权人会议决议事项，普通事项要求同意票占出席人数、债权总额双半数同意，重整计划或和解协议等重大事项则需要每个分组的同意票占出席人数过半数、债权额超过该分组的2/3。由此，可转债受托管理人行使表决权时按一票或按实际代表人数票数计算，可能对投票产生重大影响。司法实践中对债券持有人的投票权认定并不统一，有将每一个债券投资者视为一票，[2]也有将每只债券整体视为一票的处理方式。[3]

可转债债权人向管理人申报债权时，可能出现三种不同情形：第一种，由受托管理人统一申报；第二种，由债券持有人单独申报；第三种，由受托管理人申报和债券持有人申报相结合的混合模式。有观点认为，考虑到债权额数量的增大可以增加话语权、统一行使权利可以充分发挥债券受托管理人应有职能、与债券持有人会议运行机制相协调，应由受托管理人统一行使职能，在重整中视为一票。[4]也有观点认为，考虑到债券集体行动的逻辑要求，债券受托管理人作为单一主体参与重整程序的表决并记为一票，有利于违约债券的持续交易，可以分散并缓释风险，最终有利于破产程序的顺利推进。[5]但笔者认为，若将整只债券整体视为单一债权人，不仅会剥夺债券持有人作为一个整体在重整投票中的影响力，弱化其话语权，也可能对单个债券持有人的偿债资源产生重大影响，实质性剥夺债券持有人的利益。尤其目前发行人重整程序中，多采“小额现金清偿+其他偿债资源（如上市公司股票、信托受益权份额等）”的偿债方式，若将整只债券整体视为一个债权人，将使单个债券持有人享有的现金清偿资源总额锐减。此外，若出现异议债券持有人独立享有表决权的情形，将实质架空受托管理人的权限，造成表决票的计算混乱。事实上，《债券纠纷纪要》中对于重大事项允许债券持有人自行申报债权并履行权利的规定，也可解读为隐含着债券持有人“一人一票”的要求。

三、可转债在上市公司重整程序中的特别处置

（一）弹性空间：重整程序对可转债转股权利存续的影响

可转债的转股权利是否因法院受理重整而消灭，也是重整程序中的重要问题。首先，

---

〔1〕 参见曹明哲：《论破产重整中债券持有人的权益保护》，载《福建金融管理干部学院学报》2020年第3期。

〔2〕 例如在康美药业股份有限公司（SH. 600518）、云南云维股份有限公司（SH. 600725）等公司的重整程序中，每个债券投资者均视为一票。

〔3〕 例如在洛娃科技实业集团有限公司的重整程序中，15洛娃01、16洛娃01两只债券合计金额约20亿元，占债权总额81亿元的比例超过25%，但管理人在重整计划投票时分别只给了各自一票，该做法也遭到了外界的质疑。载雪球网，https://xueqiu.com/8286985086/176766011，2023年9月1日访问。

〔4〕 参见曹明哲：《论破产重整中债券持有人的权益保护》，载《福建金融管理干部学院学报》2020年第3期。

〔5〕 债券集体行动机制与破产程序表决规则的衔接，载新浪财经，https://finance.sina.com.cn/roll/2020-09-09/doc-iivhvpwy5665937.shtml，2023年9月1日访问。

转股权不会受《企业破产法》禁止个别清偿规定的影响，因可转债持有人行使转股权所获得的股权并不属于破产财产。此类股权由全体股东在发行可转债时同意出让的剩余资本公积转换形成，其本质是股东所享有的剩余价值，而非债务人的财产。其次，转股权受《企业破产法》未到期债权加速到期规定的影响，因而也将受到限制。《可转债管理办法》《上市公司证券发行管理办法》均规定，可转债的转股期限根据可转债的存续期间及公司财务情况金额决定。[1]换言之，可转债存续期间的缩短，将直接导致转股权行使期间的缩短，可转债的转股权利伴随着债券的加速到期而加速到期。最后，目前监管规则为到期可转债的转股权延期留有空间。上述规则中“可转债停复牌、暂停或者恢复转股”属单独申请事项，转股期限届满后的可转债，仍可能额外创设转股权利期间。考虑到可转债“具有股权性质的证券”的金融工具本质，为可转债持有人提供了程序选择权，提供了“股债双向”的权利保障，也可有效保护债券持有人的合理预期与合法权益。

（二）基于发行人实际需要对可转债转股价格的调整

发行人是否下修可转债的转股价格，涉及多方面考虑，既包括公司财务状况、市场盈利预期、正股价格、整体经济和股票/债券市场趋势，也包括公司策略性增加或降低转股可能性、降低市场负面预期等各种需要的考虑。

由于发行人进入重整程序后，可转债的转股价格修正不仅会涉及发行人、公司其他股东的利益，还会涉及可转债持有人、其他债权人与利益相关者的权益，特别是转股价格调整会影响重整债务人破产债权的范围和价值，若可转债还存在担保，还涉及担保人利益和担保财产价值的调整。因此，发行人公司在原有治理结构仍然存续状态下，可转债转股价格的修正需履行董事会与股东会程序。同时，此种事项的最终效力需要根据《企业破产法》的规定，由管理人提请债权人会议决议、债权人委员会或人民法院的最终决定。

（三）稳定性要求下的可转债到期本息偿付和撤销审查

《企业破产法》第 31 条和第 32 条通过列举方式规定了可撤销的情形。若企业在已具备破产情形条件下仍进行个别清偿的，管理人有权要求法院予以撤销。[2]由于债券具有定期支付利息、到期还本付息的特征，且可转债还存在回售条款及赎回条款，相关支付行为均可能

---

〔1〕《可转换公司债券管理办法》第 8 条规定；《上市公司证券发行管理办法》第 21 条规定，“可转换公司债自发行结束之日起六个月后方可转换为公司股票，转股期限由公司根据可转债的存续期限及公司财务状况确定”。《可转债指引》第 7 条规定：“可转债自发行结束之日起不少于 6 个月后方可转换为上市公司股票，转股期限由公司根据可转债的存续期限及公司财务状况确定。可转债持有人对转股或者不转股有选择权，并于转股的次日成为上市公司股东。”

〔2〕《企业破产法》第 31 条规定：“人民法院受理破产申请前一年内，涉及债务人财产的下列行为，管理人有权请求人民法院予以撤销：（一）无偿转让财产的；（二）以明显不合理的价格进行交易的；（三）对没有财产担保的债务提供财产担保的；（四）对未到期的债务提前清偿的；（五）放弃债权的。”第 32 条规定：“人民法院受理破产申请前六个月内，债务人有本法第二条第一款规定的情形，仍对个别债权人进行清偿的，管理人有权请求人民法院予以撤销。但是，个别清偿使债务人财产受益的除外。”

落入破产可撤销审查范围。目前司法实践中重整前的预重整阶段已具有普遍性，在预重整阶段是否允许对可转债到期本金或利息进行偿付，或对可转债赎回、回售，将同样影响到可转债持有人及其他债权人的利益。

笔者认为，该问题的讨论需结合具体案件情况进行分析。首先，若可转债债权属于有财产担保债权，则可转债持有人属于有财产担保的债权人，在担保财产价值范围内享有优先受偿权，在此情况下清偿债券持有人，并不会使债券持有人较之获得更多利益，其他债权人也并不因此减少债务清偿。〔1〕其次，若可转债债权属于普通债权，则应进一步判断清偿、赎回、回售是否落入“使债务人受益”情形。对可转债到期本息的清偿，不能仅仅考虑债务人本身市场信誉的维护，还应考虑整体证券市场的稳定性、重整程序的整体效率、债权清偿存在的较强涉众属性等要素，尤其如可转债处置不当，可能引发市场对发行人信用评级的迅速降低，进而增加债务人发行人破产的风险。因此，目前阶段可转债在重整前6个月内对于到期本金或利息的清偿或回售或赎回，原则上不应予以撤销。我国司法实践中，也已有法院认为债券（该案中为中期票据）兑付不构成偏颇性清偿。〔2〕仅在债权人和债务人存在恶意串通，例如通过私下协议约定向特定债权人优先清偿债务，或通过支付到期利息的方式转移破产财产逃避破产程序的监督和分配，进而对其他债权人平等分享破产资产构成侵害时，才应予以撤销。除上述理由外，可转债定期付息的做法，也可构成债券市场中的惯常交易，其有助于使债务人继续日常经营，从而对债务人财产有益，因此也应不予撤销。〔3〕当然，若债务人已启动预重整程序，应充分考虑预重整协商机构形成的意见，也可在预重整阶段由临时债权人会议或临时债权人委员会作出同意决议，以此保证对可转债清偿行为的合法性。

（四）在法益平衡中保障可转债持有人意思自治

我国破产程序中的债券转让经历了逐渐放开的过程。2015年《关于调整银行间债券市场债券交易流通有关管理政策的公告》规定“债券到期前一个工作日，交易流通终止”，〔4〕但2020年中国人民银行发布了《关于银行间债券市场到期违约债券转让有关事宜的公告》，允

---

〔1〕 参见胡利玲：《如何理解破产临界期内个别清偿使债务人财产受益——对我国偏颇清偿例外的重释与情形补足》，载《人民司法》2019年第22期。

〔2〕 在山东胜通集团股份有限公司管理人诉第一创业证券股份有限公司请求撤销个别清偿行为案（案号为（2020）鲁05民初104号）中，管理人基于《最高人民法院关于适用〈中华人民共和国企业破产法〉若干问题的规定（二）》第15条的规定，主张撤销在破产受理前半年内兑付“15胜通MTN001”中期票据共计4240万元的行为。东营中院审理后认为，“如果该兑付行为被撤销，债券市场投资者的投资风险将被无限、不可预期地放大，债券市场投资者将无法信任债券市场多年来的交易规则和公序良俗，对金融市场和直接融资市场的交易规则和交易秩序造成冲击，严重损害债券市场的公信力。”同时，无法查明兑付票据存在与投资者恶意串通损害其他债权人利益的行为，因此审理后认为不予撤销。

〔3〕 参见许德风：《论偏颇清偿撤销的例外》，载《政治与法律》2013年第2期。

〔4〕《关于调整银行间债券市场债券交易流通有关管理政策的公告》第15条规定：“发生以下情形的，债券交易流通终止：（一）发行人提前全额赎回债券；（二）发行人依法解散、被责令关闭或者被宣布破产；（三）债券到期日前一个工作日；（四）其他导致债权债务关系灭失的情形。”

许因破产加速到期违约债券的转让。后续，北京金融资产交易所发布《银行间市场到期违约债券转让业务操作指南》，中国外汇交易中心暨全国银行间同业拆借中心发布《全国银行间同业拆借中心银行间市场到期违约债券转让操作指引》，在交易所层面允许违约债券转让。目前，债券转让已经呈现出转让平台多元（上交所、深交所、中国外汇交易中心暨全国银行间同业拆借中心、北京金融资产交易所等），且登记结算机构相对集中，由中国结算与上海清算所负责债券交易与协议交易登记。[1]

法律逻辑上，只要不存在《民法典》第 545 条规定不得转让的情形，[2] 破产债权转让就属于债权人自由处分的权利，具有合法性。深圳市中级人民法院印发的《破产案件债权审核认定指引》第 31 条同样规定："债权人可以在破产案件受理后转让债权。债权人在破产案件受理后转让债权的，应当通知管理人。"可转债债权作为破产债权，转让自然具有合法性。

但在重整程序中可转债的转让，需进一步考虑不同法益之间的平衡，并视实际情况决定是否限缩。一方面，破产重整程序的平衡性和有效性要求充分保障债权人的合法权益，应充分尊重债券持有人的转让意愿，促使资产在流通中体现价值；另一方面，重整程序的效率性和公平性要求，又应避免过度频繁的转让导致债权的不稳定和混乱，影响重整计划的实施和债权人权益的保护。因为在重整程序的债权表编制、债权人投票和统计、重整计划执行等各个阶段，都需要相对确定的债权人名单。如可转债连续多次转让，不仅会增加个体破产程序的管理成本，而且可能导致法院需要反复出具裁定，浪费了司法资源。出于上述两个方面的考虑，在适当情况下，管理人可征询监管部门的意见后，通过债券持有人会议决议，将可转债的转让权利限制在特定的时间段内，在充分保障债券持有人交易权利的同时，增加重整程序债权人名单的确定性，避免对破产重整程序产生不利影响。

（五）机构可转债持有人的重点关注及应对方案

我国可转债市场投资者多为机构投资者，包括各类量化基金、私募证券投资基金、资管计划、信托计划等，此类机构投资者一般拥有较为成熟的交易策略，对重整程序也相对了解，参与意愿和能力较强，因此也应予以特殊关注。尤其此类机构投资者对重整程序中各类可能影响其权利的信息相对敏感，甚至能快速将信息转化为市场决策，并进一步影响二级市场的交易。

为此，在破产重整程序与机构可转债持有人的沟通中，除了应主动了解机构投资者的反馈和意见外，笔者认为应考虑采用如下方式做好进一步应对：第一，设置专门沟通团队，负责与重点机构投资者接洽，以保证信息传递的准确性及一致性，也可限定信息传播范围；第二，形成固定沟通机制，通过定期或不定期会议，由管理人及时向机构投资者更新重整进

〔1〕 参见贺丹：《破产重整中违约债券转让的法律规制》，载《金融市场研究》2020 年第 4 期。

〔2〕《民法典》第 545 条规定："债权人可以将债权的全部或者部分转让给第三人，但是有下列情形之一的除外：（一）根据债权性质不得转让；（二）按照当事人约定不得转让；（三）依照法律规定不得转让。当事人约定非金钱债权不得转让的，不得对抗善意第三人。当事人约定金钱债权不得转让的，不得对抗第三人。"

展、债务人运营情况、重整计划制定情况等，解答机构投资者的疑惑，在必要时，也可由管理人形成书面汇报，机构投资者可以此进一步向底层投资者反馈信息或取得进一步的指示意见；第三，基于机构投资者大量资金、高频交易、广泛投资的特征，也应做好信息保密工作，应由管理人或债务人与机构投资者签署保密协议，确保保密和敏感信息不会被不当泄露。通过上述处置方式，达到债权人知情权和内幕信息保密的平衡。

（六）重整程序中可转债交易的信息披露制度——尚付阙如

正如上交所和中登公司联合发布的《关于为上市期间特定债券提供转让结算服务有关事项的通知》（上证发〔2019〕59号）第10条第3款的规定："特定债券发行人或受托管理人应当至少在启动特定债券信用风险化解处置、达成资产处置或债务重组、进入破产程序及信用风险化解处置的其他重要节点，及时披露有关处置工作相关安排、进展情况及其对特定债券偿付可能产生的影响。"原则上，可转债的处置也应当及时进行信息披露，充分保障债券持有人的知情权和选择权。

现实情况是，在破产重整程序中允许可转债交易，将不可避免地面临信息披露与内幕信息保密的风险。禁止内幕交易的本质是防止获知非公开信息的行为人进行不公正的证券交易，〔1〕而重整程序中涉及大量清偿率数据、偿债方式、债务人资产处置方案、债券交易限制等信息的传递，在允许可转债交易的情况下，上述信息均可能对债券持有人的权益产生影响。尤其在债券持有人或受托管理人因担任债权人委员会等情形，将必然接触大量内幕信息。然而，我国目前债券的信息披露制度并不完善，债券发行人在重整期间的信息披露基本也按照股票市场信息披露制度完成，即使上市公司按照沪深两市的《破产重整信息披露指引》披露信息，债券相关的内幕信息仍可能给司法实践造成困扰。

笔者认为，未来《企业破产法》修订时，应关注到涉及可转债等公开市场债券发行主体的破产重整情形，并在《证券法》信息披露规则外，建立专门的破产法信息披露制度，以达到保护利益相关方的目的。例如，可考虑基于破产程序的不同阶段，向利害关系人分批披露债务人的经营情况、业务情况、资产负债情况、基于诉讼产生的或有负债、重整计划草案等信息，并采用原则性标准，以保证信息披露的全面、真实、充足。〔2〕而对于可转债赎回、回售或个别债券持有人谈判事项，可借鉴《欧盟市场滥用条例》的规定，与监管部门沟通对特定事项延迟披露，〔3〕另外，也可暂时允许通过签订大男孩信函〔4〕或安慰

〔1〕参见贺丹：《破产重整中违约债券转让的法律规制》，载《金融市场研究》2020年第4期。

〔2〕参见高丝敏：《论破产重整中信息披露制度的建构》，载《山西大学学报（哲学社会科学版）》2021年第3期。

〔3〕参见贺丹、俞雪雷：《完善债券违约风险处置规则——债券发行人破产背景下的讨论》，载《金融市场研究》2022年第5期。

〔4〕即big boy letter，美国证券法中的一个非正式术语，用于描述一种特定的书面协议。在这种协议中，一方（通常是证券的买方）明确表示，他们已经意识到卖方可能拥有某些未公开的、重要的非公开信息，但仍然希望进行交易。买方在此信件中通常会放弃因后续公开的非公开信息而对卖方提出的任何索赔。

令[1]等方式对诉权予以豁免，以对内幕交易风险进行限制。

在现有法律框架下，为避免内幕信息对可转债转让的影响，也可参照如下思路对内幕信息进行限制：第一种是建立各种各样的信息隔离机制，如管理人内部、债权人委员会内部、金融债委会等，由专人负责证券的相关事务，将信息限定在知情人的范围内；第二种思路则是允许交易，但交易仅限于非公开信息知情人的范围；第三种是经债务人许可，由于债权人委员会通过决议的方式向交易对手披露内幕信息，但这种方式需在债权人委员会与债务人的保密协议中明确约定其他债权人委员会成员知悉。对于内幕交易产生的后果，出于市场效率的考虑，不再撤销，而是通过民事、行政、刑事手段追究内幕交易者的责任。[2]同时，也可考虑对涉破产重整事项的内幕交易参与人专门制定规则，施加额外的处罚措施。

四、关于破产重整程序处理可转债的建议

（一）在遵循监管规则的前提下推进重整中的可转债处置

可转债作为一种特殊的证券，有自己独特的属性和机制。债券持有人作为债权人，不仅应当遵守企业破产重整程序的规则制约，也应积极运用债券受托管理人制度、债券持有人会议制度、退市可转债交易制度等监管规则实现权利。尤其是在涉及债券持有人会议与破产重整债权人会议中可能存在的利益不一致情形时，更考验管理人利益平衡与妥协的技巧。因此，在处理破产重整程序中的可转债时，应及时向监管部门进行汇报，并针对可转债的特殊性制定妥当的处理方案。

（二）做好破产重整中可转债的多方面评估，提前做好方案设计

可转债在二级市场的流通性、转股权行使的便捷性，以及可转债债权人数量，都将影响重整程序的推进。笔者认为，应从多方面做好重整程序中可转债处理的风险评估和预判，并提前设计兼顾可转债处置的重整方案。至少应当考虑如下几点：第一，可转债处置方案对二级市场产生的影响；第二，可转债债权人在重整程序中申报债权和行使权利的方式；第三，可转债转股及交易权利的保留和限制；第四，监管部门和法院对可转债处置方案的意见。在做好内幕信息管理工作的前提下，破产管理人也应注重与受托管理人的沟通，在综合考虑各方诉求的前提下设计重整方案。

（三）做好可转债持有人会议机制与重整程序的衔接

如前所述，可转债持有人可通过可转债持有人会议机制委托受托管理人参与重整程序，

---

〔1〕 即 comfort order 或 trading order，指在重整程序中由破产法官出具的文书，明确知晓内幕信息的债权人可以在特定情况下进行交易而不用承担内幕交易的责任。

〔2〕 参见贺丹：《破产重整中违约债券转让的法律规制》，载《金融市场研究》2020 年第 4 期。

而可转债持有人会议与重整程序中的债权人会议机制需做到充分衔接。第一，可转债持有人会议需要选定可转债受托管理人/代表人/代理人，参与后续重整程序中的债权申报、沟通对接、重整计划（草案）表决等工作；第二，可转债持有人会议应审议同意可转债的处理方案（包括对交易期间及转股权的限缩或延长）；第三，可转债停止转股后，受托管理人代表可转债持有人申报债权；第四，债券持有人会议审议重整计划草案并授权受托管理人在债权人会议上统一表决。以上至少涉及可转债的停牌、退市与发行人重整受理程序，可转债持有人会议选定受托管理人与债权申报程序，可转债持有人会议审议重整计划草案与受托管理人受托参与债权人会议程序等之间的衔接，可转债持有人会议机制、发行人重整中的债权申报审查与债权人会议机制、发行人的信息披露机制等都需有机融合在一起，才能保障可转债债权在发行人重整程序中的妥善处理。

（四）利用预重整程序为可转债的破产处置做好准备工作

预重整程序作为一种正式重整前的庭外重组谈判制度，可以较为灵活地为重整程序中需要处理的事项做好准备工作。可转债的处置方案，恰好可以在预重整阶段提前谋划、准备，以保证进入正式重整程序后的有序推进。

具体而言，预重整阶段可提前完成的工作包括：第一，完整、准确地排摸与可转债相关的所有重要信息，仔细审阅《募集说明书》中条款设定和权利义务，确定履行付款义务的时间节点；第二，结合债务人的财务情况，明确公司在正式进入重整前是否有能力及必要下修转股价格、履行到期付款义务，或采用强制赎回的方式提前解决可转债；第三，结合债务人的整体情况，初步确定重整程序中可转债的处置方案；第四，在不违反信息披露的前提下，提前与监管部门、法院、受托管理人、重点债券持有人等各方沟通，了解各方的关切和期望，为正式重整做好准备。若受托管理人尚不存在，则需与公司进一步确定、提前召开债券持有人会议选出受托管理人；第五，做好信息披露工作，同时密切关注市场反应，做好应急预案。

相信在不远的未来，可转债发行主体的破产重整案件将会越来越多，并将成为企业破产重整中处理的常规事项。希望未来可转债的监管制度以及破产重整制度均能不断细化完善，并形成有机衔接，在法律层面形成统一高效的制度安排，从而助力我国商业市场的有序发展和风险出清。

域外金融法制

日本“消费者金融”制度借鉴的思考

杨为乔*

近年来，“消费金融”已经成为金融理论以及金融法制领域内的热点话题。消费金融现象与当代“消费主义”哲学思潮之间存在“扯不断、理还乱”的观念纠结，亦与所谓“轻文明”之间的文明归位交错，反映出“消费金融”在价值选择与价值判断方面与当下时代和既往历史的双向格格不入：它既不是历史的，也不是未来的。

在日本，“消费金融”被称为“消费者金融”。这“者”字的一字之差，无论在观念还是规则层面都衍生出对消费金融及其法制问题的不同思考和解读。倒不是说日语中的“消费者金融”或者体现了立法者的某种法律本位思考，抑或是凸显了消费者在此类金融业务中的核心地位，[1]而是说这一用法是在提醒人们注意“消费者”在消费金融中的地位和保护问题，而不仅被看作业务对象，甚至“韭菜”。换句话说，消费金融与传统商业金融或许就在这部分存在差异：消费金融中的“公益性”问题，或者消费金融的“普惠”问题。考察分析对比日本“消费者金融”理论与制度规则，或将对我国消费金融立法有所借鉴或提示。

一、日本消费金融的历史展开与复归

（一）日本消费金融的初创

日本的“消费者金融”业务，被认为始于1929年日本昼夜银行[2]向个人提

* 杨为乔，西北政法大学经济法学院副教授。

〔1〕 实际上恰恰相反，在日本“消费者金融”所引发的社会问题同样严峻，颇值得反思，详见后文所述。

〔2〕 日本昼夜银行原为浅野财阀系下属银行，1922年归入安田财阀旗下运营；1943年被安田银行吸收合并。

供的小额贷款业务。后来，因为太平洋战争的爆发，此类业务就被迫中断。

不过，考察当时日本昼夜银行的小额贷款业务，不难发现，该业务已经具备了消费金融的基本特征。

第一，借款人资格条件。“借款人必须是 25 周岁以上的已婚人士，并且在东京附近的政府机关或者公司银行连续工作两年以上，并且预计将来会继续工作。”与现在消费金融借款人的资格条件比较，这一条件还是比较严格的，不过考虑到当时的社会经济环境，当时的借款人资格要求，与日本昼夜银行的经营状况与风险防控状况相当。不过，如果结合浅野财阀的没落和此后国家进入战时统制经济的历史现实，也就不能奢求日本昼夜银行能够开出多好的消费金融贷款条件了。

第二，借款金额、贷款期限、还款方式与现代消费金融类产品相近。按照日本昼夜银行的规定，个人小额贷款的金额为“50 日元至 1000 日元”，贷款期限为一年，每月还款；体现出小额、短期贷款的特点。

第三，贷款年利率为 8%；借贷金额不足 200 日元的，每笔收取 1 日元手续费。当时《利息限制法》关于法定利息的规定，这一利息在纸面上并不显得有多高。这也从另一个方面显示出《利息限制法》对小额贷款业务的某种干预或者影响。当然，这不是市场干预意义上的影响，更多的是稳定市场预期的公平性的体现。

第四，借款用途的“多样”与“良善”。按照日本昼夜银行当时对借款资金用途的规定，其中包括子女教育费、保险费、税金、通勤票购买、保证金和搬家费、生育费、医疗费、丧葬费、应急衣物费、紧急赎回旧债以及其他家庭经济促进费等。上述资金用途可谓多样，涵盖了公、私多个领域，间接反映出特定社会经济背景下公私领域的人为混杂，以及假借公权力名义对普通民众的残酷盘剥与压榨。

第五，保证人。保证人包括两个以上的雇主、上司、资深同事，年满 25 岁且拥有可观资产的亲属，保证形式为连带保证责任，借款人与保证人之间不可相互担保。

值得反思的是，在当时日本战时背景下出现的“消费者金融”与和平时代社会经济条件下的“消费金融”是否具有同样的含义？例如，前文提到当时日本昼夜银行提供个人信贷时对信贷资金用途的限制，在现代金融伦理与法律秩序中，是否还是同一术语？是否具备金融伦理上的正当性？这些前提性问题，必须明辨。

（二）战后日本消费金融的复归

“二战”后，随着日本社会经济的重建，资金被集中到急需重建的经济领域。直到战后 10 多年，才逐渐恢复对个人的直接贷款。20 世纪 50 年代中期以后，以信用合作社（信用金库）为代表的中小金融机构开始向消费者发放贷款。

20 世纪 60 年代，城市银行也开始进入消费金融业务领域。但当时银行提供的消费金融产品的条件较为苛刻。例如，对借款人资格多有限制（主要是因为个人征信体系尚未建立）；

同时，要求借款人必须提供抵押或者保证；对贷款资金的使用（借款目的）也严加限制。在此情形下，日本信贩[1]的“连锁信用”业务（1956年推出，最初只面向日本信贩会员，后来也向非会员开放）、三洋商事（现SMBC消费金融）、关西金融（SMBC Consumer Finance）等都开始为上班族提供小额贷款业务，这也是日本人将“消费者金融”又称为“上班族金融”的原因所在。

随着人们消费意识的变化和对未来经济发展信心的不断提升，日本消费金融市场开始成长和发展。1967年，日本网球俱乐部开始提供信用卡现金透支服务。1972年，商业银行开始提供信用卡贷款（亦称“平民贷款”或“市民贷款”）。至此，日本“消费者金融”又回到了正常的市场经济轨道。

20世纪70年代左右，工薪族成为“消费者金融”业务的目标和对象，因此这类业务常被称为“サラきん”。[2]同时，由于这些贷款机构常常在城市街道上设置众多的营业场所，所以又被人们称为“街金”（まちきん）。不过，人们在使用“街金”这一称谓时，不仅指那些合法的小规模放贷人，有时候也指黑市和部分非法的黑市资金借贷经营活动。[3]

到了20世纪80年代，“サラきん”“街金”等词汇逐渐消失。“消费者金融”一词开始被频繁使用。这是因为此类资金借贷的借款人从原来的工薪族开始向女性、家庭主妇和个体经营者过渡。借款人人群特征的变化，一方面反映出日本女性在社会经济中的角色和地位的变化；另一方面也潜移默化地改变了“サラきん”“街金”等词汇的使用环境和文化背景，也是语汇本身社会属性的一种体现。

（三）日本传统消费金融行业的没落

从20世纪80年代开始，一方面由于过度放贷、高利率、暴力催收以及苛刻交易等社会化问题相伴而生，“消费者金融”又被冠以“サラ金地狱”（或许可以意译为“工薪族贷款地狱”“消费信贷地狱”等）称谓，派生大量“次生灾害”：自杀、家庭破裂以及财产犯罪现象不断增加。消费金融产品以及消费金融行业在社会公众心目中的形象日趋恶化和负面，“消费者金融”的派生灾害问题逐渐成为日本社会的难题。

另一方面，随着消费金融市场的竞争，消费金融机构的不断整合，传统的大型专业消费金融机构不断减少；消费金融业务也与其他金融机构的业务不断套嵌、融合，使整个传统消费金融行业开始出现没落的现象。

---

〔1〕 原为1951年6月7日设立的消费信贷公司——“日本信用贩卖”，后更名为“日本信贩”。2005年10月1日，成为UFJ银行（后三菱UFJ银行）的子公司，并与UFJ银行卡合并。

〔2〕 日语“サラリーマン金融”的缩写，即“上班族金融”，同英文“Salary man Finance”。

〔3〕 据统计，截至2023年2月7日，日本有22家消费者金融公司，其中包括13家大型消费金融公司和9家新设立的小型卡贷公司。参见Kana Money官方主页，“消費者金融おすすめ22選”https：//media. kanaloco. jp/finance/syohisyakinyu. html，2023年2月19日访问。

二、日本消费金融机构及其业务

在日本，从事“消费者金融”业务的金融机构都具备一个共同的身份底色——放贷人，又称为放债人，受到《贷款业法》（日语写作：《貸金業法》）的规范与调整。主要有以下几类。

（一）大型专业消费金融机构

“大型专业消费金融机构”，是指以消费金融产品和服务为主业，资产、贷款量规模大的专业放贷公司。例如，人们常常将公司单独或其母公司（控股公司）是否能够在证券交易所上市，作为判断公司规模的重要标准。在日本，公认的专业消费金融机构主要有武富士（Takefuji）、Acom、SMBC Consumer Finance、Aiful、Lake Arsa 以及已经消失了的三洋信贩（Sanyo Shinpan）等。1997 年 2 月，武富士、Acom、Promise、Aiful、三洋信贩等公司设立组成“消费金融五社联络委员会”。同年 5 月，更名为消费金融联络委员会（并以上述公司首字母：Takefuji · Acom · Promise · Aiful · Lake · Sanyo，略称为 TAPALS）“消费者金融”联络委员会于 2009 年 4 月 30 日关闭了官方网站（homepage）。

消费金融机构之间联络委员会的设立反映了行业初创时期抱团取暖的共同需要；而此后的关闭与落寞，也反映出此后，外部市场环境与内部企业经营的某些深刻变化。例如，“Lake”的母公司的股权结构变动，导致其成为新生银行附属公司。自 2011 年 10 月 1 日起，新生银行更是接管了“Lake”商标和门店网络，将其转型为银行卡贷款机构，虽然仍属于消费金融的范畴，但早已不是初创时期的专业消费金融机构了。2010 年三洋信贩被 Promise 吸收合并，法人地位消失，企业成为历史。著名的武富士的命运也令人唏嘘：2012 年 3 月 1 日，公司将其业务转移至日本信托（J Trust 的子公司 Lopro），公司更名为 TFK 株式会社。2017 年 3 月 17 日，TFK 株式会社被清算，法人地位消失。

目前，Aiful 是日本唯一一家尚在独立运营的专业消费金融公司。

（二）银行附属消费金融机构

银行附属消费金融机构是设立时主要由商业银行与专业消费金融公司（包括部分信贷公司）联手成立的合资企业。这类消费金融机构在 2000 ~ 2002 年前后设立，业务对象主要是工薪族、公务员等收入稳定，但难以获得银行卡贷款以及从专业消费金融机构获得贷款的人群。

此类消费金融机构拥有银行的资金支持，在《利息限制法》规定的范围内确定相关产品的利率标准，与专业消费金融机构不同，银行附属的消费金融机构采用直营方式，不设立专人值守的分支机构。业务便捷是它们的优势和特色，客户（借款人）可以通过邮寄、电话、网络等方式提出借贷申请，消费金融机构在较短的时间内（约 1 小时）即可决定是否批准发放相应的贷款，极为便利。有意思的是，可能是出于国民性或者日本人的性格使然，很多借款人其实都比较抵触“消费者金融”或者“消费金融”的用语，为此，此类消费金融机构在推广业务之初，便有意识地强调“某某银行集团”或者“个人贷款公司”这样的表达方式。

之前，与专业消费金融机构相比，银行附属消费金融机构的宣传利率相对较低，大概比专业消费金融机构的贷款利率低10%，业务宣传中也强调“银行系”的特征。不过，随着大型专业消费金融机构与大型银行集团的日渐融合，2007年以后，两类消费金融机构消费贷款的利率差异不再明显。不仅业务差异在减少，随着业务的同质化，两类机构本身的差异也在减少，这也从另一个角度对前一标题（一）中提到的大型专业消费金融机构的日渐消弭的现象，给出了答案。同时，各大专业消费金融公司与银行的合作也在不断深化，除了前面提到的二者在股权结构方面的不断融合之外，在业务方面也出现了业务相互套嵌的现象：由消费金融公司推出针对个人银行贷款的担保业务，为个人的银行贷款提供担保，并获得大银行（包括控股公司）的资本参与。

除合资设立消费金融机构外，银行还常常通过投资、收购等资本运作方式，介入消费金融领域，拥有自己的消费金融机构。例如前述新生金融于2011年10月并入新生银行，成为银行卡贷款（Shinsei Bank Card Loan Lake）机构，就是典型例子。

（三）地方专业消费金融机构

在日本，所谓中型专业消费金融机构，通常是指地方性或者区域性的消费金融机构，它们拥有独立资本，不属于大型专业消费金融机构子公司，在业务上具有一定的规模。这类机构类似于我国的地方小额贷款公司。需要说明的是，在大型专业消费金融机构都难以生存的今天，其实很多地方专业消费金融机构的生存空间更为狭窄，许多公司因资金、业务、管理的薄弱，而常常面临被吃掉（收购）的风险。例如，关东地区的Eiwa（エイワ）、欧力士信贷（オリックス・クレジット），北海道的RH Insigno（RHインシグノ，现已破产），东海地方的Credia（クレディア），福冈地区的Shinwa（しんわ，2007年11月末已经退出消费金融业务）等。上述地方消费金融机构虽未全军覆没，但也基本上可谓惨淡经营。日本的例子表明，至少在传统银行业务不断发展，制度环境日渐宽松的背景下，消费金融很难与传统金融进行竞争。

（四）信用卡发卡机构

一方面，随着金融科学技术的不断发展，信用卡业务、信用卡机构与消费金融业务以及消费金融机构之间的界限日渐模糊。甚至是否有必要刻意区分二者的差异，都成为是否顺应潮流，所谓“世界大潮顺之者昌”的世界格局问题。同时，信用卡业务的消费金融业务收入已经高于信用卡其他业务收入。另一方面，近年来，信用卡业务中的消费金融业务收益日渐恶化。出现物极必反现象的原因，人们通常归因于《贷金业法》的修订，以及恶意透支等现象的蔓延加大。

（五）其他系别消费金融机构

外资系，即国外资本控制的日本消费金融机构，曾经有一家外资控制的 CFJ（Consumer Finance of Japan），但 2008 年 11 月 28 日起该公司暂停业务，到 2016 年 8 月，已经完全关闭。

控股公司系，即通过收购一家相对弱小的消费金融机构，尤其是地方性消费金融公司，将其纳入控股公司集团。但此种“控股”的目的已经不再是通过控股消费金融公司获取消费金融市场份额和利益，往往已经演变成纯粹的资本游戏，获利点就在于低价收购本身。

交通卡系，这是指以 JR 东日本铁道发行的 SIUCA 为代表的日本各地铁道公司发行的各类交通卡。这些交通卡不仅具有预付交通费的功能，同时也具有在相应特约商店进行消费的功能，也在一定程度上蚕食了传统消费金融市场和业务。

独立系，是指金融系统以外公司旗下从事“消费者金融”业务的消费金融机构，典型代表是 SBI 卡（SBIカード）。

三、日本“消费者金融”法制的基本框架与评价

在日本的法制语境中并不存在“消费者金融”这样的概念，我们只不过是从比较法治的角度对日本的此类法律制度加以归纳梳理，而采用的简捷便利表述。同时，由于“消费者金融”业务从来也不曾成为传统金融机构的主体业务，似乎也从未获得立法者的格外关注；在业务上，也仅仅被当作主营业务的从属——一种特殊的小额贷款业务而看待。不过，随着消费主义思潮的传播，以及移动支付、互联网金融业务的不断发展，消费金融开始迎来新的发展机会，与此相适应“消费者金融”背后的金融法学理论与金融法制问题才被人们开始重新认识和反思。

综观日本消费金融机构及其运作，它们并没有严格按照“消费金融”的狭义理解划分归类产品和服务的具体类型。可能的原因有：第一，从事何种具体的“消费者金融”业务，当属企业自主决定的事项，而不宜由法律直接规定；第二，消费者融产品和服务的展开，受到《贷金业法》《出资法》《利息限制法》的规制，如果存在某种程度上的业务套嵌，也有可能属于《金融商品交易法》中关于“短期流动性存款”的范畴，进而受到《金融商品交易法》的规制。总体来讲，以下法律规则构成了日本消费金融法制体系的主干与框架。

（一）日本“消费者金融”法制的基本框架

1.《利息限制法》

1866 年，日本颁布了《利息限制法》。该法确立了根据借款金额的不同来确定利率上限的基本规则框架，规定最高的借款利率为 20%。2006 年，日本重新颁布的《利息限制法》规定，贷款额 10 万日元以下的年利率上限为 20%，100 万日元以下的年利率上限为 18%，

超过100万日元的年利率上限是15%。根据借款本金大小适用不同利率上限的做法，客观上鼓励人们将大额本金拆分出借。一方面，避免了与传统金融机构的业务竞争；另一方面，也有助于中小企业通过民间借贷融资，通过利息立法实际引导资金市场的分流。

从2010年6月18日起全面实施的《利息限制法》还规定，借款人的贷款余额不得超过年总收入的1/3，否则新的借款将被禁止。这一规定被看作应对民间借贷市场金融风险的有效举措。此外，该法还规定：全部超出《利息限制法》限制的利息均为无效，由此多出的利息，应全部退给借款者。这一规定，在延续区分资金市场，鼓励多元资金市场分流发展作用的同时，也被看作对借款人的保护措施。在笔者看来，这一规定体现了立法在鼓励保障社会生产资金供应源头的同时，兼顾资金使用者的资金使用成本，在实现社会资金配置效率的同时，对由此而生的社会正义与公平的一种兼顾。

2.《出资法》/《贷金业法》

日本法律对非银行消费金融机构全面实施备案制管理，并要求在其业务活动中禁止过度借贷、禁止夸大性广告，采取规范合同条款与交付流程、完善贷款客户档案管理、规范催收行为等一系列措施。主要有以下限制措施。

（1）对职业放贷人资格的限制。在日本的金融法制背景下，放贷人是指银行、信用金库、信用组合、劳动金库等金融机构以外的，从事贷款业务并在财务局或都道府县登记注册者，包括消费金融公司、信用卡公司等。但如果存在《贷金业法》规定的17种情形时，[1]内阁总理大臣或者都道府县知事可以不予批准登记注册。此外，具有前述17种情形者，也不得担任借贷业公司的负责人。

（2）对利息上限的限制。《贷金业法》中明确规定，利息除借贷双方约定的外，还包括与金钱贷款有关的债权人所接受的本金以外的礼金、折扣金、手续费、调查费等一切费用，这些费用与约定利息之和不得超过法律规定的利率上限。修订后的《贷金业法》下调了《出资法》中29.2%的利率上限，与《利息限制法》中规定的利率上限保持了一致。即借贷金

[1] 具体有以下17种情形：（1）在登记申请书或者其附件中对重要事项有虚假记载，或者缺少重要事实的记载时；（2）内阁府政令规定的不适合从事借贷业务的身心障碍者；（3）收到破产程序开始决定尚未恢复权利者；（4）根据《贷金业法》或其他相关金融法律法规的规定被注销登记者，自被注销之日起未满5年者（被注销者为法人的情况下，注销日前30日以内担任该法人的董事自注销之日起未满5年的，也不得进行登记注册）；（5）被判处监禁以上刑罚，自刑罚执行完毕之日起未超过5年者；（6）违反《贷金业法》《出资法》《暴力团伙不当行为法》以及其他金融法律法规的规定，或者因暴力行为受到刑事处罚者，自刑罚执行完毕之日起未满5年者；（7）《防止黑社会成员（暴力团伙成员）不当行为法》第2条第6号中规定的黑社会成员（暴力团伙成员），自其脱离黑社会或暴力团伙之日起未满5年者；（8）内阁府政令有充分的理由，认定其在借贷业务中可能存在不正当或不诚实行为者；（9）未成年人从事借贷业务的，其法定代理人符合前述第2~8种情形的任何一种的；（10）法人的董事或法定代表人符合前述第2~8种情形的任何一种的；（11）个人从事借贷业务的，符合前述第2~8种情形中的任何一种的；（12）借贷业务被黑社会成员或暴力团伙成员实际控制的；（13）有可能使用黑社会成员或暴力团伙成员等从事该业务或者作为辅助该业务者；（14）未按照《贷金业法》第12条之三规定设置营业场所和相关负责人的；（15）净资产额不符合政令规定的为适当实施借贷业务所需金额者；（16）不具备切实执行借贷业务所需的完备制度者；（17）经营的其他业务被认定为违反公共利益者。

额不满 10 万日元的，利率上限为 20%；借贷金额为 10 万日元以上未满 100 万日元的，利率上限为 18%；借贷金额超过 100 万日元的，利率上限为 15%。放贷人超过《利息限制法》利率上限规定的借贷合同超出的利息约定无效，并会受到行政处罚；超过《出资法》20% 利率上限规定的借贷合同，是刑事处罚的对象。相关法律条款的统一与整合，在促成法律制度完整统一性的同时。显然更有利于对资金市场的统一规制与约束。

（3）对借贷中介及保证人费用的限制。首先，日本《出资法》规定，金融机构（银行、信托公司、保险公司、信用金库、信用金库联合会、劳动金库、劳动金库联合会、农林中央金库、株式会社商工组合中央金库、株式会社日本政策投资银行以及信用合作社及农业合作社、水产业合作社及其他接受存款的组合）的董事、职员及其他从业人员不得利用其地位，为本人或该金融机构以外的第三者谋取利益，进行金钱的借贷、金钱借贷的媒介或债务的保证。其次，从事金钱借贷中介服务和担保服务者，其提供中介服务或担保服务的费用不得超过该笔借款金额的 5%。此外，《贷金业法》规定，为金钱借贷提供中介服务者，在收取了中介费的情况下，如该合同有更新不得再次收取或要求支付中介费。限制金融机构的董监高从事资金中介服务，主要是基于董监高的信义义务。对其他中介服务者收取中介费的限制，不仅有出于控制资金使用成本，限制炒作的理由；更在于平衡实体经济与金融服务市场之间的利润平衡，不至于出现二者收益关系的“倒挂”。

（4）对放贷人债权转让对象的限制。《贷金业法》第 24 条对放贷人债权的转让进行了限制，要求放贷人不得对下列人员进行基于贷款合同的债权转让或委托收款：①黑社会成员或暴力团伙成员；②黑社会成员或暴力团伙成员控制支配其经营的法人、其他组织或者该法人、其他组织的成员；③根据贷款合同受让债权后，有可能采取威胁或其他暴力犯罪行为催收借款的人。此外，放贷人不得与前述三类涉黑人员签订与贷款相关担保合同（防止担保人对债务人进行暴力催收）。

（5）对借款人贷款额度的限制。为了防止过度借贷，日本《贷金业法》对放贷人科以审查借款人资产状况的义务，并对借款人的借款额度总量进行限制。该法第 13 条规定，放贷人在签订贷款合同时，必须对借款人的收入或收益及其他资本、信用、借款状况、偿还计划及其他有关偿还能力的事项进行调查，该调查必须使用指定信用信息机构持有的信用信息。放贷人必须提交或提供内阁府政令规定的记载或记录该借款人的收入或收益等其他资产事项的书面或电磁记录。该法第 13 条之二规定，借款人从放贷人处所借款项总额超过其年收入 1/3 的情况下，不能再进行新的借款。贷款人一般通过要求借款人提供“年收入证明文件”把握贷款的额度。

需要注意的是，面向法人的贷款不在总量限制的对象之内。另外，个人经营者如果提交了其营业、收支、资金使用计划等，放贷人认定其有偿还能力，即使其贷款总量超过年收入的 1/3，也可以申请新的贷款。放贷人可能会要求借款人提交追加的资料，最终是否发放贷款取决于放贷人的判断。

另外，住房贷款、汽车贷款和银行贷款被排除在借款总量限制之外。因此，即使借款人从银行贷款的额度超过了年收入的1/3，也不会违反总量限制的规定。

（6）对放贷人催收行为的限制。日本《贷金业法》第21条对放贷人催收行为进行的限制，要求放贷人无正当理由，不得在不适当的时段拨打债务人电话或发传真资料给债务人或至债务人住所、工作单位；不得要求债务人以外之人代替债务人清偿债务；不得使用张贴传单、宣传栏或其他任何方法，向债务人以外的人透露与债务人借款相关的事实或与债务人私生活相关的事实；在债务人以外之人拒绝告知债务人的居所和联系方式，或者拒绝其他对债权催收的协助后，不得仍要求其协助催收。

小结一下，“暴力催收”几乎是消费金融行业的典型寄生现象，而前述限制放贷人债权转让、限制借款人贷款额度以及限制放贷人催收行为等措施，有助于减少暴力催收，从民商事规则角度，祛除了暴力催收的合法性前提，值得我们借鉴吸收。

3.《分期付款贩卖法》

1961年，日本颁布《分期付款买卖法》，该法是专门针对分数次支付商品价款的交易方式进行规制的法律，嗣后历经多次修订。[1]2016年12月9日，《分期付款销售法》再次修订。本次修订侧重对加盟店的监管，主要措施有：强化加盟店的管理；强化信用卡信息适当管理义务等。

4.《个人信息保护法》

2005年颁布，该法律为保护个人的权利和利益，规定了社会各界在对待个人信息时需要注意的规则。特别规定在获得个人信息的时候，必须明确告知本人如何利用个人信息。在《个人信息保护法》的约束下，任何组织在使用个人信息之前，都必须要和本人签署合约，限定信息使用的时间、空间范围，甚至到期时的处分方式。

随着《个人信息保护法》的实施，拥有5000条个人信息的企业都被要求建立个人信息数据库，成为信息处理机构，需要向主管大臣报告有关情况，如果没有根据新法律采取有效的改善措施，就要受到刑事处罚。

5. 对非法放贷行为的刑事处罚

（1）《贷金业法》对未经登记注册放贷行为、违法催收行为以及高利放贷等行为都进行

[1] 1968年进行第一次大修订。修订重点在于强化对预付式分期付款经营者的规制。具体内容为：（1）将此前采用的经营者登记制改为许可制；（2）强化营业保证金的提存义务，将相当于消费者预付款的1/3作为营业保证金进行提存，以充当消费者的优先偿还费用；（3）可对经营者发出业务改善命令或发布契约条款变更命令。1972年进行了第二次修订，以加强对消费者的保护，修订内容为：（1）制定了关于分期款付款销售条件的表示及书面交付义务（为保护消费者，制定了交易条件的明示规则及冷静期制度）；（2）再次对预付金的保全进行强化，将提存比例由1/3提高至1/2；（3）扩大了该法的适用范围。通过此次修订，使日本在该领域的立法达到了国际先进水平。1984年再次进行修订，侧重点依旧为保护消费者利益。2004年的主要修订点集中在信用中介销售方面。

了刑事规制。如该法第 11 条第 2 款、第 47 条之三规定，未登记者不得发布职业放贷广告；不得以从事职业放贷为目的，劝诱他人缔结借贷合同，违反上述规定的，构成犯罪，处以两年以下有期徒刑或 300 万日元以下罚金，或者并科。

该法第 48 条规定，违法催债犯罪的法定刑上限为两年以下有期徒刑或 300 万日元以下罚金，或者并科。如果催债手段升级，就会涉及数罪的问题。例如，日本最大的工商信贷经营者“日荣”的原社员恐吓连带担保人，让其“卖一个肾抵债”，该社员以恐吓和催债犯罪被追究刑事责任。

（2）《贷金业法》规定职业放贷人有义务使用指定信用情报机关所提供的信用情报，调查借款人从其他职业放贷人处的借款情况，以便了解其清偿能力。该法第 48 条规定，对不使用指定信用情报机关掌握的信用情报进行调查，就与单个的顾客签订借贷合同的放贷人，处以一年以下有期徒刑或 300 万日元以下罚金，或者并科。

（3）高利贷犯罪。日本法律规定了“订立高利贷合同的犯罪”“取得高利的犯罪”和“索取高利的犯罪”三个具体罪名。量刑为 5 年以下有期徒刑或 1000 万日元以下罚金，或者并科。立法者将缔结合同、取得和索要三个关联行为切割开来分别规制，而不以手段和结果的牵连认定，使法网非常严密。一般而言，缔结高利贷合同之后，随着合同的履行，放贷人会取得高利。不过，有的情况下，是否缔结了合同难以立证，但如果能够证明获得了高利，就可以依刑法处理。有的放贷人会利用自己所掌握的老客户或现客户的银行账号和电话号码，未经客户同意擅自给其汇款，要求对方支付高额的利息，即使没有缔结高利贷合同，最终也没有实际取得高利，也可以处罚。

（二）对日本“消费者金融”法制框架的思考评价

梳理思考日本前述“消费者金融”法制框架，或有以下几点值得思考与归纳。

1. 消费金融业务开展的前提——利息限制规则

日本《利息限制法》的存在是消费金融业务——小额、短期消费信贷业务得以开展的基本前提，它的存在，厘清了合法消费金融与非法资金借贷之间的法律界限。

相对于《利息限制法》及其位阶效力，我国现行《民法典》中并未明确规定“法定利率”和“利息限制”规则；而最高人民法院关于“同期利率不得超过 LPR 利率四倍”的司法解释，不仅效力偏低，而且与法院裁判职能目标之间存在罅隙。

2. 市场准入与消费金融机构主体规则——《贷金业法》

日本消费金融机构的设立、运行，离不开市场主体法——《贷金业法》。通常，一个行业之所以可以被称为“行业”，不仅是市场选择的结果——客观物质基础；更是社会选择的结果——通过颁布法律达成社会共识，授予权利或者限制自由。

3. 消费金融业务管制法——《出资法》

《出资法》的全称是《关于接受投资、存款和利率等的管制法》（日文：《出資の受入れ、預り金及び金利等の取締りに関する法律》)，“出资法”“出资管制法”都是其简称。该法对放债、放债的中介费和利率等问题进行专门规定，是消费金融机构从事相关消费信贷业务的基本守则，也是金融厅对行业进行监管的主要法律依据。显然，我国并无系统、全面的消费金融业务管理规则，欠缺上位法的基础。

4. 无人契约与自动缔约规则

日本大量的街头无人契约店的存在，都依赖于所谓“无人契约”服务，即自助式的缔约机制和法律保障。近年来，随着网络技术的发展，在店头进行的（线下）无人签约缔结的数量有所减少，但线上（通过网络）申请，经消费金融机构端筛选审核后完成的无人契约数量有所增加。

我国《民法典》合同编对合同订立的规定，仍然主要基于线下场景，对于类似无人契约店缔结资金借贷合同的规制，相当原则，宜进一步结合线上、线下不同场景，加以细化。

四、由“消费者金融”衍生的日本社会问题

其实，日本的“消费者金融”自20世纪70年代后期开始就麻烦不断。首先是70年代后期到80年代初期的“工薪族贷款”问题；其次是20世纪90年代初，泡沫经济破灭后的家庭消费金融问题；[1]还有自1993年起出现的无人契约机；以及消费金融产品广告的泛滥等问题。这些问题不仅存在诸多法律理论与实践中的热点、难点问题，而且逐渐演变成为日本社会特有的“消费者金融”社会化问题，即所谓次生性[2]社会灾害。

（一）借款人自杀

一般推测，[3]随着社会上自杀总人数的攀升，由于消费金融而发生的自杀总数也会随之增加。例如所谓“工薪族贷款地狱”现象：借款人长期生活在债务压力之下，即使不断还款，也存在难以清偿全部债务的情形。这一现象的影响是多方面的，不仅是持续的偿债压力，更是一种精神折磨，会让借款人对自己清偿债务的未来丧失信心，并将此视为一种“社会不公”。[4]据日本警察厅统计，在2006年自杀的32，155人中，约有8000人是因背负多

---

〔1〕 20世纪90年代日本消费金融增长的主要原因就是经济泡沫破灭后，就业率下降、经济困难家庭数量增加，进而导致“消费者金融”的“繁荣”。在日本，消费金融既无法做到“锦上添花”，更无法做到“雪中送炭”。所以不得不令人们思考：消费金融的最终目的是什么，其金融伦理的基础是什么，其正当性与合理性的界限在哪里等问题。从目前来看，“绿色”“普惠”或可成为消费金融重要的发展出口，但考虑到各国金融市场、消费习惯以及国民特性等因素的综合影响，还难以定论。

〔2〕 这里的“次生性”，是指相关社会负面现象（社会灾害）的产生，并非由相应的消费金融业务或者产品直接导致，在灾害后果与消费金融业务之间并不存在法律上的因果关系，也无法用合同、侵权等救济规则追究相关消费金融业务提供者的责任，但是谁都知道消费金融在这些社会负面现象背后所起到的潜移默化的推动作用。

〔3〕 这是因为很多自杀案件中，陨殁者的自杀原因是多重的，也很难事后验证。

〔4〕 这些债务人的感受或许类似于我国商品房购房贷款者的“房奴”，或者汽车消费贷款中的“车奴”般的感受。一旦房价或者车价下跌，借款人往往会产生“断供”的冲动。

重债务等经济困难而自杀的。[1] 此外，2005 年，五大消费金融公司的用户中有 3649 人自杀。[2] 为此，2006 年 8 月，包括 5 家主要消费金融公司在内的 10 家公司决定向借款人提供贷款，以防他们因死亡或严重残疾而无力还款，从而将还款风险降至最低。此外，消费金融机构也通过投保人寿保险（消费信贷团体人寿保险）并将自己作为保险受益人，这种做法虽然可以在一定程度上防控由于借款人自杀而给消费金融机构带来的还款风险，但终究无法挽回那些走上绝路的还款人的生命。在人的生命和商业利益之间的冷漠取舍，也成为人们批评的重点。

（二）暴力催收

暴力催收的表现形式多样，主要表现为对借款人及其家庭成员的恐吓、胁迫、纠缠、勒索等行为，其中诸多行为或已涉嫌刑事犯罪行为。从民事责任的承担角度来看，暴力催收也导致除连带保证人之外的家庭成员等（在法律上没有还款义务的人）被卷入个人债务，被迫承担还款义务的情况。这既无民事法律的明确规定，也没有合同约定，完全缺乏对被催收人进行催收的合法前提，在此情形下，暴力催收对民事责任承担制度的冲击和破坏性影响可想而知。同时，暴力催收往往也与有组织犯罪、团伙犯罪紧密相连，对正常的社会生活秩序构成威胁，助长了社会不安定因素。

（三）消费主义

消费金融也在一定程度上助长了“享乐主义”“消费主义”思潮的蔓延，相对于传统保守的东方文化而言，无论是“消费主义”还是“享乐主义”所提倡的“及时行乐”的价值观都与东方“细水长流”“节衣缩食”的消费观格格不入。享乐主义与消费主义观念通过铺天盖地的消费广告宣传、便利的消费信贷手续，导致人们对高息消费借贷抵抗力的下降，并最终落入个人债务陷阱。

（四）城市形象

在消费金融业务扩张时期，城市繁华地段和车站附近的黄金地段，往往都会聚集大量的消费金融机构网点、大型广告看板等，不仅破坏了城市独特的自然文化景观，更突显出金钱社会的庸俗氛围，受到市民的批评。随着这些消费金融机构及其广告在全国各地的推进，也导致不同城市的街道景观和周围环境更为千篇一律，毫无特点。地域文化多样性的减损，不仅减损了各地城市的自然风貌，也减少了它们各自的独特魅力和对游客、投资者的吸引力。

---

〔1〕 参见《多重债务有救济之策吗?》，载《读卖新闻》2008 年 3 月 19 日。

〔2〕 参见《消费金融、人寿保险追债，10% 自杀》，载《每日新闻》2006 年 9 月 6 日。为此，2006 年日本制定《自杀对策基本法》，以应对每年自杀人数超过 3 万人的情况。

五、对我国消费金融立法的具体建议

我国现行与消费金融相关的法律有《银行业监督管理法》《商业银行法》《反洗钱法》《消费者权益保护法》《数据安全法》以及制定中的《金融稳定法》(草案建议稿)等，其中《银行业监督管理法》《商业银行法》也已颁布修订意见，并向社会公众征求意见建议。但是，我国消费金融法律制度还需要具体规范。

(一) 消费金融业务制度

目前，我国消费金融业务规范的针对性不强，尤其针对具体业务的法律法规并不完善、全面。目前，亟待解决的问题如下。

一是明确消金公司（持牌）的经营范围，产品种类以及自主拓展业务类型的法律边界；以及银行、消金公司的资本充足率等；

二是明确互联网小贷平台和小贷公司的主体资格，及其开展的业务范围，杠杆率。同时，由于互联网金融的特殊性，建议规定互联网平台参与，经营范围、参与借贷界限（如之前的不能发放贷款，仅撮合贷款，不经批准不得进行消金产品销售沟通等)；

三是对汽车消费金融公司等专项消费类金融机构的业务范围、风险管控等进行规定，防止相应的风险漏网和监管空白；

四是严格限定消费信贷利率定价，加强对高利贷行为的管控。最高人民法院出台不高于4倍LPR，后又指出持牌机构可不参考。消金公司接到的窗口指导是不超过24%，客户承担的所有成本（包括逾期费用、如有担保费等）不超24%。有些地方监管局窗口指导只能按照利率收取，但银行信用卡分期是费用形式，可否在法律上统一要求。

(二) 消费金融机构制度

建议及时通过类似日本的《贷金业法》，制定“放贷人条例”，明确可以开展消费信贷的主体（不只有放贷人）和业务范围。同时，考虑不同参与主体之间的差异，制定可以兼容不同主体不同情况的法律法规。主要问题如下。

一是区域性商业银行是否要限制地域，尤其是在线上业务日渐普及的情形下，如何进行有效规制与发展；建议规定商业银行的互联网贷款占比，防控风险和业务合规；

二是明确担保公司介入消费金融业务时的担保限额（每家)、杠杆率等，以及担保公司的杠杆率等；

三是明确规定保险公司提供履约险的限制、约定等；

四是明确征信公司、数据公司、催收公司的法律地位和从事相应的消费金融业务时的管理规则。

（三）消费金融监管制度

一是明确监管机构。银保监（央行）统一监管，对所有消费金融市场参与主体进行监管，不同主体适用不同的监管职责，如央行可进行逆周期调控（如流动性调节）和征信数据使用。

二是客户的准入及贷款限额，防范陷入债务陷阱。（1）开展针对借贷者的偿还能力审查；（2）充分借鉴限制贷款额度和贷款展期次数，日本规定个人信贷总额限制为年收入的 1/3 以下；（3）为防止客户冲动借贷，可专门设置贷款“冷静期”，在此期间禁止向其贷款。

三是征信机构（征信）数据使用报送。规范商业银行等金融机构的信用信息收集规则（如仅允许收集欠费、逾期等负面信息），逐步完善危机前片面不全的社会征信。

四是信息披露与消费者权益保护。（1）明确消费信贷平台需如实披露产品信息，有利于保障金融消费者的“知悉权”（此前央行要求必须明示贷款利率，可写进法律），禁止欺诈性销售行为、误导性广告、捆绑销售行为。（2）对到期贷款、逾期上征信等提前告知。（3）切实保护消费者个人（数据）隐私，保护消费者的信息安全。（4）严格规范催收行为。在已有的《消费者权益保护法》的基础上，根据消费金融的特点，明确条款。

（四）完善与消费金融有关的法律法规

一是数据立法。我国消费金融是大数据驱动，数据非常关键。2021 年 9 月，我国颁布了《数据安全法》，该法的颁布实施将促进以数据为关键要素的数字经济发展，在未来消费金融立法中应当继续明确。

二是多元化纠纷解决机制完善。因消费金融小额分散，案件众多，法院有速裁庭，批量解决，对容错率可否适当放宽。

日本的“消费者金融”法制，或许可以给我们提供以下可资思考的问题。

第一，消费金融立法应当体现“人民性”的消费金融观，同时坚持消费金融的商业金融属性；

第二，消费金融立法的上位法/部门法应包括个人信用法律、放贷人法律、利息法律等；

第三，互联网经济一方面有助于拓展推广消费金融模式，另一方面也将科技风险、网络风险以及金融市场传统固有风险凝聚起来；

第四，消费金融机构风险防控与日常监督管理具有独特属性，难以套用传统金融监管模式，须构建全新的金融监管制度框架。

就此而言，我国消费金融立法还任重道远。

2022年度金融法制报告（续）

2022 年度证券市场投资者保护报告

戴颖洁　王　琦*

2022 年，国民经济持续恢复，资本市场以注册制牵引全面深化改革，北交所成立一周年取得重大成果，科创板和创业板改革创新持续推进，展现较好韧性与活力。双向开放举措渐次落地，跨境投资渠道不断拓展，国际投资者参与中国市场的便利性显著提高。资本市场在助力经济稳定、服务实体经济、促进“科技—产业—金融”良性循环方面发挥了重要作用，交出了提升直接融资比重的新答卷。我国还将加强中国特色现代资本市场的制度供给，引导、促进规范健康发展，推进重点领域风险化解处置，证券法治建设和投资者保护进一步完善。

一、资本市场与投资者保护同步发展

（一）沪深交易所召开投资者大会

2022 年 11 月 9 日，2022 年上海证券交易所国际投资者大会在沪开幕。上海证券交易所股票市场规模达 49 万亿元，10 年来增长近 2 倍，从全球第七位跃居第三位；债券市场累计融资近 34 万亿元，成为全球最大的交易所债券市场。本次大会以“开放、创新与可持续”为主题，汇聚近百位全球投资机构嘉宾与逾千位国际投资者，共同分享投资中国市场经验、传递长期看好中国理念。这是上交所连续第四年举办国际投资者大会，配套活动“国际投资者走进沪市公司”也同步启动。作为我国资本市场高水平对外开放和上海国际金融中心建设中的标志性品牌活动，

* 戴颖洁、王琦，华东政法大学硕士研究生。

上交所 3 年间充分发挥国际投资者大会投资促进、开放合作、路演推介和成果展现的平台枢纽功能，为国际投资者近距离感受中国经济发展、挖掘 A 股市场投资价值提供了有效渠道。

2022 年 5 月 24 日，为期 4 天的深交所 2022 年全球投资者大会在线上开幕。本次大会以“共享高质量发展 推进高水平双向开放”为主题，约 200 名业内专家、境内外投资机构代表参会。围绕资本市场制度型开放、服务实体经济发展、完善互联互通机制、支持低碳可持续发展、服务“双区”建设等主题，面向国际投资者开展多场主题演讲及圆桌讨论。与会嘉宾就强化境内优质资产配置、长期投资中国市场、支持经济创新转型发展进行深入研讨。深交所已连续三年举办全球投资者服务活动。在前期基础上，本次全球投资者大会针对服务境外中长期投资者信息需求，并特别设置深沪京交易所联合推介环节和境外投资者线上走进上市公司专场，进一步提升境外投资者了解、参与中国资本市场的广度和深度。

（二）证券交易市场在改革中新增长

1. 北交所强化融资交易功能

财政部在北交所首次发行国债。2022 年 9 月 2 日，国债发行业务在北交所顺利启动，财政部在北交所首次发行国债，计划发行 600 亿元，实际发行 603 亿元。本次国债的成功发行，标志着北交所政府债券业务迈入新阶段。在前期地方政府债券成功发行的基础上，北交所引入信用等级更高、影响力更强的国债，是进一步完善市场功能、推动高质量建设北交所的重要举措，是完善我国债券市场基础设施布局、提升整体活力、韧性和抗风险能力的有益探索，有利于更好地发挥资本市场服务实体经济的功能。

北交所辽宁基地揭牌。2022 年 8 月 15 日，全国股转系统、北京证券交易所辽宁服务基地揭牌暨辽宁股权交易中心“专精特新”专板启动仪式在沈阳举行。北交所辽宁基地旨在加强交流合作，联合推动辽宁创新型中小企业，尤其是“专精特新”企业在北交所上市、全国股转系统挂牌，支持企业利用北交所和全国股转系统发行融资、并购重组等功能做优做强，促进辽宁产业转型升级和经济高质量发展。北交所辽宁基地共建方签署了《战略合作协议》，明确在推动创新型中小企业上市挂牌、构建企业上市挂牌培育梯次格局、资本市场风险防范和处置等方面加强合作交流，发挥各自优势推进辽宁资本市场发展。

2. 广州期货交易所首个品种上市

2022 年 12 月 22 日，我国资本市场翻开新的一页——广州期货交易所（以下简称广期所）首个产品正式上市。工业硅期货和期权，不仅是广期所挂牌交易的首个品种，也是我国首个新能源金属品种，还是全球首个工业硅期货。工业硅作为光伏产业的重要原料，2021 年，我国工业硅产能 499 万吨，产量 321 万吨，分别占全球工业硅产能和产量的 79% 和 78%；工业硅消费量 313.2 万吨（含出口），其中国内消费量 235.8 万吨，占全球消费总量的 56%。同年，我国多晶硅产能 62.3 万吨，电池片年总产能达 360.6GW，在世界产能中占比分别为 80%、85.1%。随着光伏产业的迅速发展，工业硅受到市场更多关注，价格大幅上涨，2021 年内涨幅高达 50%，实体企业的成本压力凸显，避险需求强烈。

3. 境内外市场互联互通机制强化

内地香港 ETF 互联互通正式开闸。2022 年 7 月 4 日，ETF 纳入内地与香港股票市场交易互联互通机制正式启动。上海证券交易所、深圳证券交易所、香港交易及结算所有限公司、中国证券登记结算有限责任公司以线上方式举办开通仪式。根据沪深港交易所公告，首批纳入 ETF 互联互通的符合资格标的共 87 只，其中包括 53 只沪股通 ETF、30 只深股通 ETF 及 4 只港股通 ETF。作为两地互联互通升级的又一标志性成果，此举掀开了内地与香港资本市场同频共振、同向聚力的新篇章，在服务资本市场制度型双向开放上迈出了新步伐。

深新 ETF 互通成功开通。2022 年 12 月 30 日，深圳证券交易所和新加坡交易所集团共同举行深交所 - 新交所 ETF 互通（以下简称深新 ETF 互通）开通仪式，首对深新 ETF 互通双向产品在深新两所成功上市。12 月 30 日登陆深新两所的首对深新 ETF 互通双向产品为南方基金南方东英银河联昌富时亚太低碳精选 ETF（以下简称亚太低碳 ETF）、南方东英南方中证科创创业 50 指数 ETF（以下简称双创 50ETF）。双创 50ETF 将为新加坡投资者解锁创业板和科创板中最具增长潜力的 50 家公司的投资机会，亚太低碳 ETF 则将为内地投资者带来投资亚太地区 11 个经济体的 200 多只股票的机会。首对 ETF 互通双向产品通过投资对方市场特色 ETF 产品，有效引导各类资源要素向科技创新、绿色低碳等重点领域聚集。

二、资本市场法律制度进一步完善

（一）《最高人民法院关于审理证券市场虚假陈述侵权民事赔偿案件的若干规定》发布

最高人民法院 2022 年 1 月 1 日发布《最高人民法院关丁审理证券市场虚假陈述侵权民事赔偿案件的若干规定》（以下简称《若干规定》）。为了推动《若干规定》稳妥有效实施，最高法院和证监会还专门发布了《关于适用〈最高人民法院关于审理证券市场虚假陈述侵权民事赔偿案件的若干规定〉有关问题的通知》（以下简称《通知》），将积极配合，稳步有序做好《若干规定》和《通知》的实施工作，以全市场注册制改革为牵引，统筹推进提高上市公司质量，压实中介机构责任，不断提高投资者保护工作的质效。同时，证监会将继续落实“零容忍”工作要求，优化资本市场执法司法协作机制，强化资本市场违法违规行为打击力度，推动资本市场高质量发展。

《若干规定》从正反两个角度明确了取消前置程序的安排，降低了投资者起诉门槛，及时、充分保障受损投资者的诉权。按照《若干规定》，原告提起证券虚假陈述侵权民事赔偿诉讼，只要符合《民事诉讼法》第一百二十二条规定并提交相应证据，人民法院就应当予以受理。人民法院在案件受理后，不得仅以虚假陈述未经监管部门行政处罚，或人民法院生效刑事判决认定为由，裁定不予受理。

为避免个别不诚信公司利用自愿披露前瞻性信息进行虚假陈述，厘清自愿的预测性信息披露与虚假陈述的界限，《若干规定》结合证券法以及境外制度经验，建立了“预测性信息安全港”制度，进一步督促上市公司提高信息披露质量。《若干规定》还优化了“三日一价”（实施日、揭露日、基准日和基准价）的认定标准，增强司法实践的操作性。以实施日为例，《若干规定》区分了积极的虚假陈述和消极的虚假陈述，以应当披露相关信息期限届满后的第一个交易日为实施日。

《若干规定》进一步优化了“重大性”的认定标准，除列举明确以证券法和监管部门的规章和规范性文件相关规定为依据外，还将证券交易量和交易价格的明显变化，作为虚假陈述内容具有重大性的认定标准；还明确了交易因果关系的认定标准，以及不具有因果关系的情形，为司法实践提供明确指引。

值得注意的是，《若干规定》专门增补了“诱多型虚假陈述”的损失计算条款，增加了“诱空型虚假陈述”的相关内容，包括明确“诱空型虚假陈述”的相关交易因果关系如何认定，以及在相关条文表述上，以“交易”替代原司法解释中的“买入”，意在涵盖“诱空型虚假陈述”。

根据《若干规定》，应在考察上市公司董事、监事、高级管理人员和其他直接责任人员的地位、作用、勤勉尽责的程度等因素的基础上，认定其是否存在过错。为了回应市场关切，《若干规定》还专门列举规定了独立董事的免责抗辩事由，以打消勤勉尽责者的后顾之忧，避免“寒蝉效应”。独立董事只要能够证明已按规定采取了相应措施，即可免责。《若干规定》还明确了中介机构的“审慎核查”与“合理信赖”原则。就保荐承销机构而言，《若干规定》强调，保荐承销机构负有对信息披露文件审慎核查验证的义务，对于证券服务机构出具的专业意见，在审慎核查和必要的调查、复核的基础上，如果有合理理由排除职业怀疑，可以主张“合理信赖”。

（二）《期货和衍生品法》施行

2022 年 8 月 1 日，《期货和衍生品法》正式施行。在业界看来，这部期货行业“基本法”的颁布实施，对整个行业发展具有鲜明的指引作用，将给期货行业带来更广阔的发展空间。

期货和衍生品法的出台是我国期货和衍生品市场进一步发展的必然结果。经过 30 多年的探索发展，中国期货市场从生根萌芽，到蓬勃壮大，已成为中国国民经济高质量发展重要的“稳定器”，在服务实体经济和国家战略中发挥着重要作用。截至 2021 年底，我国上市期货期权品种数量已达 94 个。中国期货业协会数据显示，2021 年全市场累计成交量、成交额均创下历史新高，分别为 75.14 亿手、581.20 万亿元。我国商品期货的交易规模已连续多年位居全球第一，是全球最大的农产品、有色金属、焦炭、动力煤和黑色建材期货市场。

2022 年 4 月 20 日，十三届全国人大常委会第三十四次会议表决通过《期货和衍生品法》，自 8 月 1 日起施行。期货和衍生品法的颁布实施无疑是我国期货业发展史上的一个里程碑事件。中国证监会表示实施期货和衍生品法，要以服务实体经济、防控金融风险、深化金融改革为出发点和落脚点。该法律全面系统规定了期货市场和衍生品市场各项基础制度，具有重要而深远的意义。

（三）《公司法（修订草案二次审议稿）》公布

公司法修订草案 2022 年 12 月 27 日提请十三届全国人大常委会第三十八次会议审议，这是全国人大常委会会议对该项法律草案的第二次审议。与草案一审稿相比，草案二审稿进一步强化了股东的出资责任。一是完善失权股权处理规定。二是明确公司不能清偿到期债务的，公司或者已到期债权的债权人有权要求已认缴出资但未届缴资期限的股东提前缴纳出资。三是明确股东转让已认缴出资但未届缴资期限的股权的，由受让人承担缴纳该出资的义务；受让人未按期足额缴纳出资的，出让人对受让人未按期缴纳的出资承担补充责任。

草案二审稿在立法目的中增加“完善中国特色现代企业制度，弘扬企业家精神”的内容；进一步完善公司组织机构设置及其职权相关规定，提升公司治理效果；进一步完善董事责任的相关规定，增加关于董事责任保险的规定；进一步完善上市公司组织机构的相关规定，强化上市公司治理；对关于国家出资公司的规定进行修改完善，并与企业国有资产法做好衔接；根据地方实践经验，增加强制注销的内容等。

三、监管与自律保障资本市场有序运行

（一）一体推进金融反腐和金融风险处置

2022 年 3 月 22 日，证监会召开全面从严治党暨纪检监察工作会议，对全力推进巡视整改进行再动员、再部署，明确了 2022 年的重点任务安排。会议指出，保持经济金融健康稳定发展十分重要，要切实提高政治站位，认真落实中央要求，不断增强自我革命的自觉，增强金融报国的情怀和担当，坚定不移推动全面从严治党、党风廉政建设和金融反腐斗争向纵深发展，加快形成严的氛围，振奋精神、锻造队伍。

2022 年 8 月起，证监会对“12386”中国证监会服务热线进行优化升级，设立 12386 网络平台，和 12386 热线电话共同构成中国证监会 12386 服务平台，接收投资者投诉、举报、咨询、意见建议 4 类事项。目前，12386 网络平台已上线，投资者可通过证监会网站“互动交流”栏目进行访问。原举报电话、网络举报系统并入 12386 服务平台。12386 服务平台接收投诉、举报、咨询、意见建议 4 类诉求事项，并依据投资者选择的诉求类别进行处理。投诉转证券期货市场经营主体办理，或者转证券期货调解组织提供调解服务；举报转证监会及派出机构、交易场所、行业协会等单位办理。加强了对投资者身份信息的保护，并明确建立回访机制，通过电话、网络等方式对投资者进行回访。此外，证监会及派出机构将证券期货市场经营主体的投诉处理情况，纳入日常监管工作，作为衡量合规管理水平的重要内容。

（二）自律防范紧盯“关键少数”

北交所开市以来累计采取自律监管措施 68 项，类型包括“口头警告”“约见谈话”“要求提交书面承诺”等。公司违规事由主要集中在“信息披露违规”，占比超过三成；违规所涉及对象多为实际控制人、董监高等“关键少数”人员，占比达 74%。实控人、董监高这类“关键少数”人员在企业经营治理方面往往发挥着重要的作用，是决定公司未来发展走向的因素之一，若存在资金占用、内幕交易等违规行为，不仅有损企业健康发展，还侵害了投资者利益。北交所一直在针对“关键少数”人员的违规行为进行事前规范，如开展合规培训、组织上市公司“关键少数”签署规范运作承诺书等，不断向“关键少数”传递强监管的理念要求，让此类群体充分认识到违规的风险与害处，从而保证企业自身的长远发展。

（三）强化证券业务的监管

1. 资产支持证券挂牌条件出台

2022 年 12 月 30 日，上交所发布《上海证券交易所资产支持证券挂牌条件确认规则适用指引第 1 号——申请文件及编制》《上海证券交易所资产支持证券挂牌条件确认规则适用指引第 2 号——大类基础资产》《上海证券交易所资产支持证券挂牌条件确认规则适用指引第 3 号——分类审核》《上海证券交易所资产支持证券挂牌条件确认规则适用指引第 4 号——特定品种资产支持证券》（分别简称《指引 1 号》《指引 2 号》《指引 3 号》和《指引 4 号》）。这是上交所在中国证监会指导下，构建“简明友好”规则体系，建立公开、透明、可预期的制度机制，提升债券市场服务实体经济能力的重要举措，旨在强化市场内生约束，提高审核工作制度化、规范化和透明化，为市场主体提供稳定预期。

同日，深交所发布《资产支持证券挂牌条件确认业务指引第 2 号——分类审核》（简称《分类审核指引》）和《资产支持证券挂牌条件确认业务指引第 3 号——特定品种》（简称《特定品种指引》），明确资产支持证券优化审核与重点审核的适用标准和审核措施，规范特定品种资产支持证券的标识使用、信息披露要求等，进一步完善审核机制，提升债券市场的直接融资能力，更好地服务实体经济与国家战略。

2. 发布施行科创板做市交易业务细则

根据 2022 年 5 月中国证监会发布的《证券公司科创板股票做市交易业务试点规定》，上交所制定了《上海证券交易所科创板股票做市交易业务实施细则》（以下简称《实施细则》）和《上海证券交易所证券交易业务指南第 8 号——科创板股票做市》，向市场公开征求意见，2022 年 7 月 15 日正式发布并施行。《实施细则》共 5 章 28 条，主要内容包括三个方面：一是明确做市服务申请与终止；二是明确做市商的权利与义务；三是明确做市商的监督管理，对科创板做市交易业务作出更加具体细化的交易和监管安排。

科创板做市商机制的推出是持续完善资本市场基础制度、进一步发挥科创板改革“试验田”作用的重要举措。科创板开市即将满三周年，市场运行平稳，当前引入做市商机制有助于进一步提升科创板股票流动性、增强市场韧性，更好推进板块建设。科创板股票做市交易业务是指符合条件的证券公司，按照细则规定和做市协议约定，为科创板股票提供双边持续报价、双边回应报价等流动性服务的业务。关于做市商提供双边回应报价的业务暂不实施，具体实施时间另行通知。

3. 发布可转债交易细则及自律监管指引

2022 年 7 月 29 日，沪深交易所正式发布《可转换公司债券交易实施细则》（以下称《交易细则》），以及《自律监管指引》。《交易细则》主要内容包括 5 个方面：一是明确涨跌幅限制；二是增加异常波动和严重异常波动标准；三是强化交易监管；四是新增特别标识；五是根据债券交易规则对相关表述进行调整，如将"竞价交易"改为"匹配成交"。《自律监管指引》坚持以信息披露为核心，进一步完善可转债上市与挂牌、转股、赎回、回售等业务和信息披露行为，对实践中出现的新情况、新问题进行针对性、系统性规范，多举措保护投资者利益。

在强化信息披露要求方面，规定公司在预计触发赎回或转股价格修正条件的 5 个交易日前进行预披露，并且在触发当日召开董事会，第一时间对是否赎回或修正转股价格作出回应。未按规定履行审议程序和披露义务的，视为不行使赎回权或不修正转股价格，以明确投资者预期。

在优化赎回、回售实施期限方面，限定回售业务准备时间不超过 15 个交易日，加快投资者资金回笼。要求公司决定赎回后留出足够时间供投资者交易和转股，并在可转债停止交易后留出 3 个交易日供投资者继续转股，帮助投资者减少不必要的损失。

四、深化投资者保护的监管与司法协作

（一）最高人民检察院、证监会签署协作意见

2022 年 9 月 16 日，最高人民检察院、证监会签署《关于建立健全资本市场行政执法与检察履职衔接协作机制的意见》（以下简称《协作意见》）。旨在强化工作协同，进一步加强资本市场法治和基础制度建设，完善证券执法司法体制机制，依法从严打击证券违法活动，有效维护市场秩序，保护投资者合法权益。

2022 年 8 月，为进一步建立健全上海证券期货领域执法司法体制机制，上海市人民检察院与上海证监局签署了《关于加强资本市场执法司法协作、完善资本市场法治建设的协作意见》（以下简称《意见》），确立了包括案件查办协作、人才交流培养、公益诉讼、联合检查培训等新机制在内的 12 个方面的行政与司法协作机制，共计 14 项工作措施。《意见》具有以下特点：一是探索联合办案等执法与司法协作新方式。对当事人相同、事实相关等关联案件，尝试协助问询、分工取证，探索联合办理，监管机构可以借助检察院反洗钱工作从资金

流转渠道上遏制证券期货犯罪，检察院可以通过引导侦查等方式提前介入监管机构与公安机关联合调查的涉刑案件。二是探索证券民事公益诉讼等投资者保护的新路径。双方将积极推动建立与全面注册制改革相适应的证券民事公益诉讼制度，建立信息沟通、协同调查和线索共同研判机制，选取合适案例开展公益诉讼实践。三是探索人才深度交流等证券执法司法队伍建设新优势。确立双方互派业务骨干到对方业务部门挂职交流的机制。四是探索联合检查培训等防范风险合作新领域。双方拟联合对资本市场相关主体进行专项检查。

（二）金融法院审理证券虚假陈述责任案增长

据上海金融法院发布的《上海金融法院审判工作情况通报（2018—2021）》，2018 年 8 月 20 日至 2021 年 12 月 31 日，金融法院受理各类金融案件 23,456 件、审结各类金融案件 22,033 件，收案数、结案数均连年增长。同期共受理涉外、涉港澳台案件 285 件，占总收案量的 1.2%；审结涉外、涉港澳台案件 231 件，收结比为 81.05%。金融法院的收案类型中，证券虚假陈述责任纠纷、金融借款合同纠纷、融资租赁合同纠纷是排名前三位的案件案由。其中，证券虚假陈述责任纠纷 12,003 件，占总收案量的 51.17%，2018 ~ 2021 年分别为 1259 件、3030 件、3336 件、4378 件。

（三）保持执法严查严惩态势

2022 年证监会共办理案件 603 件，其中重大案件 136 件，向公安机关移送涉嫌犯罪案件和通报线索 123 件，案件查实率达到 90%。2022 年案发数量持续下降，办案质效提升，“严”的监管氛围进一步巩固，市场生态进一步净化。

一是内幕交易多发势头得到遏制，但知情人违规交易仍时有发生。全年办理内幕交易案件 170 件，同比下降 15%，并购重组、实际控制人变更等重大事件仍是内幕交易的高发领域。“靠内部消息炒股获利”的市场陋习仍未根除，内幕信息知情人直接交易仍占 40%。此外，部分案件违法交易金额较大，内幕交易“窝案”、避损型交易时有发生。

二是操纵市场案发总量下降，组织化、团伙化特征更趋明显。全年新增操纵市场案件 78 件，同比下降 30%，案发数量逐年下降。但上市公司内部人联手操纵团伙炒作本公司股价的现象仍然存在，新模式、新技术增加了操纵行为的隐蔽性，惯犯累犯问题依然突出。

三是财务造假仍有发生，违规手法隐蔽复杂。全年新增信息披露违法案件 203 件，其中，涉及财务造假 94 件，占比 46%。主板、创业板、科创板、可转债等领域均有因财务造假导致欺诈发行的案件，有的在发行审核环节企图“带病闯关”，有的在 IPO 前后连续多年造假。同时，造假手段隐秘性增强。有的实际控制人组织上市公司高管、员工按预定目标全环节实施造假。有的引入知名企业子公司充当客户，开展虚假贸易，为造假业务“增信”。有的通过市场掮客牵线搭桥，聘请“专业”团队为其量身定制造假方案。

四是中介机构违法案件保持高位，部分主体失职缺位问题突出。个别从业人员严重违反执业规定，有的签字会计师未实际参与审计工作，甘当“橡皮图章”；有的协助上市公司伪造协议虚增收入，沦为造假“帮凶”。

五是特定领域案件仍然易发，违法行为打击效果显著。证监会 2022 年办理资金占用、违规担保案件 64 件，向公安机关移送涉嫌背信损害上市公司利益案件 15 件，还办理了 5 件债券信息披露违法案件、20 件私募机构违法违规案件。

五、持续建设投资者保护文化

（一）推动投资者教育纳入国民教育体系

2022 年 1 月，上交所推出财经素养系列网课，面向大、中、小学生群体，设计录制了 3 个系列、30 节网络课程，普及证券期货基础知识，助力国民财经素养提升。

在定位上体现差异性，大学生网课重在增进对资本市场基础知识的了解和投融资实务的认知；中学生网课重在普及金融基础知识和金融工具的日常应用；小学生网课重在财经素养启蒙，普及基本金融常识。

在内容上突出层次性：大学生网课采用“7 + 3”课程体系，包括多层次资本市场、科创板与注册制、股票、债券、基金、衍生品、国际化 7 类资本市场业务内容和证券发行承销、投资分析、资产管理 3 类证券行业实务内容；中小学生网课采用“5 + 5”课程体系，以货币、信用教育、存款贷款、投资理财和风险防控 5 个模块为基础，融入资本市场发展史、股票、债券、基金及衍生品 5 个特色模块。

在形式上注重趣味性，系列网课注重在讲解基本知识的基础上，更多通过案例、故事、动画、问答等方式，增强课程的趣味性，提升课程的吸引力和接受度。大学生课程以案例结合为主，中学生课程融入了故事讲解，小学生课程穿插了系列动画，使课程清晰易懂、生动有趣。

（二）证监会召开 2022 年投资者保护工作会议

2022 年 2 月 24 日，证监会召开了 2022 年投资者保护工作会议。会议认真落实年初证监会系统工作会议安排，总结了近年来投资者保护工作，研判当前形势，部署了 2022 年投资者保护重点任务。

会议指出，近年来，在各方大力支持下，证监会系统坚决贯彻落实“建制度、不干预、零容忍”的方针，坚持“四个敬畏、一个合力”，围绕投资者保护基础制度建设、体制机制创新、理念文化培育、依法维权救济等方面开展了大量工作，取得了积极成效。

会议认为，资本市场深化改革发展，为投资者保护工作带来了新的机遇。证监会系统要进一步强化政治意识，站稳人民立场，履行好监管的根本使命；更加突出围绕中心、服务大局，找准投保工作切入点、结合点；更加突出依法依规、合理公正，着力构建投融资良性互动、各方归位尽责的市场生态；更加突出求真务实、开拓创新，不断增强投资者获得感；更加突出统筹协调、形成合力，构建互促共进、齐抓共管的“大投保”格局。

会议要求，2022 年投保工作要围绕“稳增长、防风险、促改革”的目标，进一步健全投资者保护的制度机制、监管体系，以更加精准务实的举措，不断提升投资者权益保护的有效性，更好服务资本市场高质量发展；进一步畅通投资者依法维权追偿渠道，完善投资者保护的基础制度，引导督促市场经营机构主动做好投保工作，培育理性投资者队伍，夯实投保工作基础保障。

（三）私募基金投资者保护展

2022 年 5 月 15 日，由中国证券投资基金业协会、北京证监局、北京证券交易所、北京基金小镇、北京银行共同举办，为期 1 个月的“私募基金投资者保护展”在线上开幕。主办方同时发布《私募基金行业诚信自律倡议书》，倡导从业者守法守信，心存敬畏；合规经营，恪守原则；专业审慎，投资者至上；忠诚尽责，加强内控；诚实信用，谨慎勤勉；以人为本，服务社会。

本次私募基金投资者保护展，以案例形式呈现了伪私募、非法集资等违法违规行为特征，帮助投资者认识投资风险，同时呼吁私募基金管理人提高合规运营意识，构建良性行业发展生态。投资者可通过主办方的投教网站、微信公众号等新媒体平台线上观展。此外，在首都国际机场及全国 10 余个城市高铁站也可观看相关展览。

为号召从业者坚守执业底线，本次投资者保护展还发布了《私募基金行业诚信自律倡议书》。该倡议书从 6 个方面入手，呼吁私募基金管理人保护投资者合法权益。一是守法守信，心存敬畏。自觉遵守法律法规、自律规则及职业道德规范，敬畏市场、敬畏法治、敬畏专业、敬畏风险。二是合规经营，恪守原则。立足私募基金“非公开募集”本质，坚守“合格投资者”底线，严格履行投资者适当性管理义务。三是专业审慎，投资者至上。不断提升专业素养和职业水平，秉承投资者合法利益优先原则，独立、客观、审慎开展业务，公平对待基金持有人。四是忠诚尽责，加强内控。遵循“利益共享、风险共担”原则，聚焦投资管理主业，加强内部控制，有效防范风险。五是诚实信用，谨慎勤勉。主动履行登记、备案及信息披露等义务，自觉接受监管机构、自律组织、投资者和社会公众监督，共建公平竞争环境。六是以人为本，服务社会。积极回应投资者关切，加强投资者教育，弘扬理性投资、价值投资、长期投资理念，更好服务社会发展。

（四）首次券商投教工作评估

2022 年 7 月 27 日，首次证券公司投资者教育评估工作结果出炉。102 家具有证券经纪业务资格的证券公司参与了评估，共评出 A 等次公司 30 家，B 等次公司 41 家，占参评公司总数的近 70%。

中国证券业协会、上海证券交易所、深圳证券交易所、全国股转公司（以下简称四家单位）发布《证券公司投资者教育工作评估指南》，并于 22 年 3 月启动首次证券公司投资者教育评估工作。投资者教育评估内容主要包括证券公司落实投教工作要求、建立投教工作体系、开展日常投教工作以及参与或配合四家单位开展投教工作等方面。

投教体系建设进一步完善，投教工作基础更加夯实。2021 年，证券公司总部面向分支机构开展的投教培训超 3000 场，平均每家公司组织培训逾 30 场；在制作投教产品、举办投教活动、开展投教培训及建设运行投教基地等方面的经费支出达 6.07 亿元，较上年同比上升 10.36%；及时发布或修订公司内部与投教相关的制度或细则等 400 余部。

投教工作内容与形式不断创新，投教服务方式更加丰富。同时，投资者教育纳入国民教育得到更多维度践行。2021 年证券公司在校开展投教知识讲座或活动 6000 余场，覆盖学生超 100 万人次。

（五）全国首家法院系统投教基地在沪揭牌

2022 年 11 月 17 日，随着上海金融法院投资者教育基地揭牌暨投资者司法保护综合平台上线仪式落幕，全国法院系统设立的首家投教基地正式落地。

投教基地的揭牌和投保平台的上线是上海金融法院立足司法职能、坚持司法为民、满足人民群众司法需求的阶段性成果。上海金融法院将持续提升金融审判专业水平，创设投资者教育特色品牌，加强金融司法改革创新力度，为金融高质量发展营造更加公正、高效、便利的法治环境。

有别于高校、券商等机构设立的投教基地，上海金融法院投资者教育基地以“司法为民、审教相融”为建设理念，突出司法特色，聚焦典型案例，普及法律知识，揭示投资风险，以线上线下相结合的方式，为中小投资者提供常态化、公益性教育服务。

该投教基地还结合法院工作特点，推出法官讲法、庭审旁听、诉讼服务等特色投教产品，打造体系化、智能化、场景化的投教平台，让证券期货投资者都“学有所思、学有所悟、学有所得”，切实发挥投资者权益保障功能。

六、典型案例

（一）阿波罗：首例涉新三板操纵证券交易市场案宣判

8 月 5 日，就原告上海朱雀珠玉橙投资中心（有限合伙）（以下简称上海朱雀投资）诉被告新三板公司上海阿波罗机械股份有限公司（以下简称阿波罗）及其前实际控制人邵某操纵证券交易市场责任纠纷一案，上海金融法院作出一审判决并公开宣判。上海金融法院认定，原告上海朱雀投资的投资差额损失为 318 万元，判令被告邵某承担赔偿责任，阿波罗因并非操纵市场行为人而不承担共同侵权责任。

该案系全国首例新三板操纵证券交易市场责任纠纷，也是首例涉交易型操纵证券交易市场行为的民事赔偿责任案。

上海朱雀投资分别由海南平安私募基金管理有限公司和上海朱雀资产管理有限公司持有 96.59% 和 3.41% 的股份，其中后者为上海朱雀投资执行事务合伙人；阿波罗于 2015 年在新三板挂牌交易。

2015 年 8 月 3 日，阿波罗在新三板市场的股票转让方式由协议转让变更为做市转让。两年多以后，阿波罗公告称，因涉嫌证券市场操纵，证监会决定对阿波罗实际控制人进行立案调查。

证监会于 2020 年 9 月 7 日发布的《行政处罚决定书》显示，2015 年 8 月 7 日至 9 月 30 日，新三板市场做市指数从 1515.4 点跌至 1322.15 点，跌幅为 12.75%。同期，阿波罗股价从 20.26 元/股涨至 30.79 元/股，涨幅为 51.97%。阿波罗之所以涨势较好，并非公司本身被市场看好，而是来自包括"当家人"在内的多名人员的违法操纵。公开信息显示，在上述时间段内，邵某通过其控制的证券账户连续买入，主动与做市商成交，大量买卖阿波罗股票，使做市商不断提高双向报价中枢，推动成交价格不断上升，其成交量占同期市场交易量的比率为 54.03%。这些交易行为影响了该股交易量，也对其价格走势产生了重大影响。

《行政处罚决定书》认定，邵某等从 2015 年 9 月 14 日开始，连续 8 个交易日进行了尾盘操纵。对此，证监会对邵某处以 150 万元的罚款，并对其他案外人亦有相应处罚。2015 年 9 月 17 日，原告上海朱雀投资作为定增意向投资者参加了阿波罗组织召开的定增投融资对接会。通过线上线下多轮谈判，2015 年 11 月，原告上海朱雀投资与阿波罗签订《股票发行认购协议》，以 20 元/股的价格，购入阿波罗发行的股份 150 万股，共计投资 3000 万元。就在上海朱雀投资参与定增后，阿波罗股票在 2015 年 10 月 8 日至 2018 年 11 月 13 日两次停牌。其间，阿波罗试图"转战"A 股，但上市申请被证监会受理后，又于 2018 年 8 月 20 日被撤回。与此同时，2017 年 8 月，阿波罗的股票转让方式也由做市转让变更为协议转让。几番操作过后，阿波罗的股价大幅下跌。2018 年 11 月 14 日，再次复牌后，阿波罗第一个交易日的股票价格跌至 2.4 元/股。2020 年 9 月 17 日，即《行政处罚决定书》公告之日，阿波罗股价为 5 元/股。

因参与阿波罗定增投资产生巨额亏损，上海朱雀投资起诉阿波罗及前实际控制人邵某，要求两被告承担操纵证券交易市场民事赔偿责任，并赔偿经济损失 2259.88 万元。

在庭审现场，投资损失与操纵证券交易市场行为是否存在因果关系、投资损失应当如何认定，以及阿波罗是否需要承担共同赔偿责任等问题，成为原被告双方的辩论焦点。

经审理，上海金融法院认为，上海朱雀投资通过其定增投资与操纵行为高度关联等具体事实，证明了邵某操纵市场行为对投资者的诱导是导致原告最终决定投资的重要因素之一，邵某拉升股价的行为影响了原告参与投资的定价。上海金融法院认定，行为人实施的操纵证券交易市场行为与其遭受的损失之间的因果关系成立。就投资损失认定方面，法院充分考虑了阿波罗当年的盈利能力、行业前景、管理水平、竞争优势等情况，并对比参照同行业公司的财务指标和非财务指标，最终还原阿波罗合理的股权价值为 17.88 元/股。

上海金融法院认定，原告上海朱雀投资的投资差额损失为 318 万元，判令被告邵某承担赔偿责任，阿波罗因并非操纵市场行为人而不承担共同侵权责任。

（二）厦华电子：“退市新规”行政诉讼第一案

因不满被判定退市，厦门华侨电子股份有限公司（以下简称厦华电子）一纸诉状把交易所告上公堂。9 月 9 日上午，上海金融法院对该案进行公开审理，并当庭作出一审判决。上海金融法院判决认为，上交所认定厦华电子 2021 年度营业收入在扣除与主营业务无关或不具备商业实质的收入后的金额为 0 元，并据此作出《终止上市决定》，认定事实清楚、适用法律正确、程序正当，驳回原告厦华电子的诉讼请求。

据悉，本案是全国首例因不服依退市新规作出的终止上市决定而诉请撤销的案件，也是上交所首例因退市决定被诉的行政案件。

作为老牌彩电龙头企业，厦华电子于 1995 年在上交所上市。巅峰时期的厦华电子年营业额达到 30 亿元，是当时全国电子百强企业之一，曾将 TCL、创维、长虹、海尔、海信、康佳等彩电品牌甩在身后。2016 年，被厦门“当代系”王春芳、王玲玲家族纳入麾下后，厦华电子转型大数据无果，多年来一直挣扎在盈亏平衡线上，后来主业变为农产品供应链。因公司 2020 年度扣非净利润为负值且营业收入低于 1 亿元，公司股票于 2021 年 5 月 6 日起被实施退市风险警示。试图保壳的厦华电子，不断使出各种“花招”。但在上交所多次问询后，其伎俩逐渐显露原形。公司 2021 年年报显示：公司营业收入扣除情况表中“营业收入扣除后金额”13, 394. 56 万元属于“与主营业务无关的业务收入”，应予以扣除，营业收入扣除后金额为零元，厦华电子因此触及退市红线。

2023 年 5 月 25 日，上交所根据相关规定对厦华电子作出《终止上市决定》，并在退市整理期届满后 5 个交易日内，对厦华电子股票予以摘牌，股票终止上市。随后，对此不服的厦华电子向上海金融法院提起行政诉讼。

就关于双方争论焦点——“主营业务收入”的认定问题，上海金融法院认为，“主营业务收入”是证券交易所为实施证券监管，依照法律规定在业务规则中确立的监管标准。同时，《上海证券交易所股票上市规则》和上交所监管指南中对“主营业务收入”的认定标准作了相应规定。在本案中，审计机构依据《上海证券交易所股票上市规则》等规范所确立的标准出具专项核查意见，对核查过程予以明确说明，上交所结合厦华电子在公开市场的披露文件，认定厦华电子 2021 年度营业收入在扣除与主营业务无关或不具备商业实质的收入后的金额为 0 元，并据此作出《终止上市决定》，认定事实清楚、适用法律正确、程序正当。

上海金融法院认为，本案作为“退市新规”实施后首例行政判决，既通过司法裁判有力保障了退市新规的实施，推动形成进退有序、优胜劣汰的上市公司市场生态，也通过司法审查进一步确保了资本市场改革在市场化、法治化的轨道上行稳致远。

2022 年度票据市场法制报告

伍　坚等 *

2022 年，国际国内持续巨变，全球经济遭受下行压力，国内经济面临需求收缩、供给冲击、预期转弱三重压力。我国有序统筹大局，加大宏观调控力度，推动了经济稳步复苏。随着金融发展的质效提升，票据市场稳健运行；同时金融和科技持续深度融合，新一代票据业务系统上线，供应链票据、票付通等创新服务相继应用，票据信息披露机制得以推进，为我国票据市场提供了良好的发展与制度环境。〔1〕

一、票据市场实践与制度建设

（一）2022 年票据市场稳中求进

2022 年票据市场在推动经济稳步复苏，支持实体经济平稳运行，支持金融调控，降低企业融资成本等方面发挥了重要的作用。〔2〕

票据业务量总体呈下降趋势，但商业汇票业务量保持增长。2022 年，全国共发生票据业务 1. 01 亿笔，金额 98. 14 万亿元，同比分别下降 26. 34% 和 12. 88% 。

---

* 伍坚，华东政法大学经济法学院教授；参与本文写作的还有华东政法大学经济法学硕士研究生杨亦好、李从众、王雨恒、景怡、杨卓凡、边家鸿。

〔1〕 参见江西财经大学九银票据研究院：《中国票据市场 2022 年回顾与 2023 年展望》，载百度百家号，https://baijiahao. baidu. com/s? id = 1753366306482450390&wfr = spider&for = pc，2023 年 3 月 12 日访问。

〔2〕 参见普兰金服数据服务中心发布的《2022 年票据市场回顾》，载 https://www. sohu. com/a/624801002_429505，2023 年 3 月 8 日访问。

其中，支票业务7232.82万笔，金额73.55万亿元，同比分别下降34.10%和18.18%；实际结算商业汇票业务2812.42万笔，金额24.23万亿元，同比分别增长5.54%和8.82%；银行汇票业务13.04万笔，金额1106.12亿元，同比分别下降4.84%和20.62%；银行本票业务16.59万笔，金额2536.88亿元，同比分别下降31.52%和28.64%。

票据承兑和贴现发生额同比增长显著。2022年票据市场累计承兑发生额27.39万亿元，同比上涨13.40%，日均发生额为1104亿元，单张票面金额为97万元；累计贴现发生额19.46万亿元，同比上涨29.62%，日均发生额为785亿元，单张票面金额为175万元；贴现承兑比为71.06%，同比上涨14.30%。为增强金融服务实体经济能力，金融机构加大信贷投放力度，增加票据贴现额度，票据贴现业务明显增长。2022年贴现发生额的涨幅较2021年增速较明显。

票据交易额明显提振，质押式回购成交量占比月均维持在24%以上。2022年票据市场累计交易发生额88.11万亿元，同比上涨26.02%，日均发生额为3552.79亿元，单笔交易金额为1.13亿元。根据票交所公布的数据可知，全市场转贴现交易量为58.21万亿元，同比增长24.02%；全市场回购交易量为29.90万亿元，同比增长30.11%。质押式回购业务占比月均31.70%左右，较2021年提升约0.36个百分点，表明票据资产的质押融资功能在继续增强。

票据利率“缓步下行”，波幅显著“超乎预期水平”，四度爆发“探底回升行情”。

票据交易所成立6年来，票据市场蓬勃发展，市场规范性继续提升，创新产品不断涌现，基础设施建设持续加强，票据生态发生巨大变化，进一步支持实体经济发展。2022年6月，上海票据交易所新一代票据业务系统在上海疫情封控解除后的第一时间顺利投产上线。8月，上海票据交易所组织申报首批投产上线的市场成员实施票据业务系统投产上线工作，23家商业银行、18家村镇银行、10家财务公司等51家首批机构投产新一代票据业务系统全流程业务功能。

（二）票据市场制度建设稳步推进

2022年1月，为进一步规范商业汇票承兑、贴现与再贴现行为，中国人民银行会同银保监会修订《商业汇票承兑、贴现与再贴现管理暂行办法》，向社会公开征求意见。2022年11月，《商业汇票承兑、贴现与再贴现管理办法》发布，自2023年1月1日起施行。新办法重新定义了商业汇票的内涵及期限，明确相关票据的性质与分类，强化信息披露及信用约束机制，明确基础设施、电票及供应链票据定位，拓宽了票据发展空间，回归真实交易；并对银行承兑汇票和财务公司承兑汇票的比例限额要求设置1年过渡期，将商业汇票最长期限由1年调整至6个月。票交所依据新办法制定了《商业汇票信息披露操作细则》，经中国人民银行备案，并公布施行，使票据业务的可操作性、适用性、规范性得到加强。随着票据市场制度建设的深入发展，票据法的修改也提上日程。

在民间贴现风险提示问题上，上交所多次就企业用票、票据数据信息安全、民间贴现等内容进行风险提示，与中国互联网金融协会联合发布《关于依法合规使用票据、防范民间贴现风险的倡议》，并开展多轮防范民间贴现风险的宣传教育，引导客户通过正规渠道办理票据贴现业务。

票据市场金融风险防治水平显著提升。2022 年以来，票据市场建设注重风险监测和防范，提升市场综合防治水平。在信息披露方面，优化票据信息披露机制，实现对银票、商票及财务公司承兑票据的信息披露全覆盖，明确逾期风险控制手段，进一步加强承兑信息披露、信用信息查询等信用约束机制。在风险监测方面，加强市场监测体系建设，建立业务监测平台，及时跟踪分析市场风险迹象，完善风险票据应急处置机制，票据市场风险案件大幅下降。完善商票主动账户管理功能，防止不法分子冒用企业名义开立账户，进而签发虚假商票的情况，有效防范了伪假商票风险。加强企业身份校验与管控，新一代票据业务系统强化企业身份校验与管控，通过引入企业信息报备、账户主动管理等功能，将风险关口前移，有效防范票据市场风险。此外，市场主体也积极加强风险防范和内部控制管理，制定了一些内部风控和内控制度。

（三）票据市场存在的短板〔1〕

企业信用领域基础设施建设不足。票交所的成立一定程度上缓解了票据市场基础设施缺乏的问题，但票交所数据的广度与深度不足，无法解决企业信用领域的深层次问题。仍需进一步充实完善企业信用信息及数据交易等市场基础设施。

票据市场应对技术风险能力不足。一方面，新技术应用不足，各金融机构票据业务相关系统已运行多年，部分金融机构的系统架构、硬件配置仍维持原有模式，难以支撑新技术、新功能的应用；另一方面，金融机构技术水平良莠不齐，主要体现在中小金融机构科技实力不足，难以跟上票据市场的创新节奏，也难以应对系统中可能出现的技术风险及挑战。

制度建设尚不适应票据市场的新发展。随着金融产品创新，票据创新产品不断涌现，我国现行的票据法律法规和监管政策还不适应票据市场的创新发展。一方面，对于电子票据、票据资产转让、票据存托、票据 ABS 等票据创新产品，《票据法》受限于制定时的经济环境，并没有对这类票据创新产品的规制提供明确的法律支持；《票据法》所规定的挂失止付、公示催告、票据瑕疵等制度也难以实现对票据创新产品的有效规制。另一方面，票据市场的现有监管政策对中介平台、类中介平台监管不足，对类票据业务产品（电子债权凭证）也缺乏监管。

〔1〕 参见肖小和：《数字经济背景下票据市场发展的再思考》，载《新金融》2022 年第 6 期。

二、票据市场监管规范频出

2022 年 1 月 10 日，上海票据交易所发布《票交所关于规范电子商业承兑汇票提示付款应答的通知》（票交所发〔2022〕2 号）。该通知规定，票据到期日在 2022 年 3 月 21 日及之后的商票，承兑人在收到提示付款请求的次日起第三日仍未应答的，承兑人接入机构也未在下一日代为应答的，电子商业汇票系统将在当日日终时将票据状态“提示付款待签收”和“逾期提示付款待签收”变更为拒付状态。承兑人及银行不处理提示付款的系统将自动进行应答处理，解决票据诉讼中无拒付凭证的难题，以更好地维护持票人的合法权益。

2022 年 2 月 9 日，上海票据交易所发布《关于规范未披露承兑信息商业汇票贴现申请系统控制有关事项的通知》。3 月 9 日，上海票据交易所发布《关于规范未披露承兑信息商业汇票申请质押、保证系统控制有关事项的通知》。对商业承兑汇票申请贴现时的信息披露进行管控，若信息不存在或者票面记载事项与承兑人披露的信息不一致的，金融机构不得办理贴现、质押、保证等业务。这进一步推动了票据市场的信用体系的建设，对促进票据市场健康发展具有重要意义。

2022 年 5 月 9 日，上海票据交易所发布《票据逾期判定及相关注意事项的提醒》，提供票据逾期的具体判定标准，避免非承兑人信用原因而导致票据逾期兑付，构建起良好的票据信用环境。

2022 年 5 月 25 日，国务院国资委印发《关于中央企业助力中小企业纾困解难促进协同发展有关事项的通知》（国资发财评〔2022〕40 号），提出央企应严格票据等非现金支付管理，现金流较为充裕的企业要优先使用现金支付中小企业账款，开具的商业承兑汇票和供应链债务凭证期限原则上不得超过 6 个月。在国家层面落实票据承兑，推动央企及时、足额支付账款，为中小企业纾困解难。

2022 年 6 月 7 日，浙江省财政厅根据《财政部关于修改〈财政票据管理办法〉的决定》（财政部令第 104 号）和《浙江省政府非税收入管理条例》、《财政票据管理办法》（财政部令第 70 号）等规定，结合本省实际制定《浙江省财政票据管理办法》（浙财综〔2022〕20 号），明确电子票据的法律地位，规范票据种类、主管部门与职责、管理要求、监督检查等内容，进一步规范财政票据管理工作，加强政府非税收入征收管理和单位财务监督，维护国家财经秩序。

2022 年 6 月 9 日，上海票据交易所与中国互联网金融协会联合发布《关于依法合规使用票据、防范民间贴现风险的倡议》，进一步加强企业内部管理，确保用票依法合规；避免参与民间贴现或为民间贴现提供服务，引导民众采取正规渠道办理票据贴现业务，积极防范票据的法律风险，更好维护合法权益。

2022 年 6 月 14 日，上海票据交易所发布《关于就票据数据信息安全进行风险提示的通知》（票交所发〔2022〕58 号），指出企业在非正规“票据交易服务平台”办理票据业务时存在信息泄露或滥用的风险，呼吁用票企业提高信息保护意识，审慎与“票据交易服务平台”开展业务合作，采取有效防范措施以避免其权益受损。

2022 年 6 月 17 日，上海票据交易所发布《新“票付通”功能建设工作方案》和《“线上贴现”功能建设工作方案》（票交所发〔2022〕59 号），将依托新一代票据业务系统建设新“票付通”和升级优化“线上贴现”功能，进一步强化票据支付和融资能力，提升票据服务实体经济能力。

2022 年 7 月 11 日，银保监会发布《关于进一步推动金融服务制造业高质量发展的通知》（银保监办发〔2022〕70 号），指出要做好信贷资金用途管理和真实性查验，切实防范发生套取和挪用风险；坚决防止通过票据虚增贷款规模、资金空转。

2022 年 8 月 11 日，上海票据交易所发布《关于票据付款期限调整和信息披露有关事项的提示》，对人民银行、银保监会拟修订的关于票据期限和信息披露两个事项进行提前提示，进一步规范商业汇票承兑、贴现与再贴现行为，促进票据业务健康发展，更好发挥服务实体经济作用。

2022 年 8 月 19 日，上海票据交易所发布《关于组织实施新一代票据业务系统首批金融机构投产上线的通知》（票交所发〔2022〕80 号），新系统建设了统一高效的业务处理平台，打通了原先分散的业务流程，实现了一个业务系统、一套接口功能兼容纸电票据的全生命周期业务，为强化金融风险防控、提高票据市场运行效率提供了重要基础。

2022 年 9 月 16 日，上海票据交易所为便于市场成员理解和参与票据业务，进一步明确业务操作流程，保障业务顺利开展，发布了《上海票据交易所业务指南》。

2022 年 10 月 14 日，银保监会正式下发《企业集团财务公司管理办法》，优化和增加财务公司承兑汇票的监管指标，从财务公司业务范围、监管指标和公司治理等方面防范票据业务风险，贯彻落实强化金融监管、防控金融风险。

2022 年 11 月 7 日，各地人民银行下发关于做好《商业汇票承兑、贴现与再贴现管理办法》平稳落地实施的通知，要求各法人商业银行尽快完成票据信息披露平台注册工作。

2022 年 11 月 14 日，山东省财政厅、人民银行济南分行等 5 部门联合印发《关于进一步强化财政金融政策融合促进供应链金融发展的通知》（鲁财金〔2022〕28 号），加快应付账款票据化，大力发展供应链票据，推动供应链金融产品创新，对供应链票据、供应链金融平台建设给予优先的资金支持，进一步提高金融服务质效。

2022 年 12 月 2 日，银保监会发布《商业银行表外业务风险管理办法》，银票承兑业务、信用证业务作为银行表外担保类业务均纳入监管。

2022 年 12 月 29 日，上海票据交易所发布《关于商业汇票信息披露系统控制相关事项的通知》，自 2023 年 1 月 3 日起，商业汇票承兑人发生承兑人逾期、持续逾期或未按规定披露信息的，票交所将依据规定，暂停提供相关票据业务服务。票据信息披露强约束时代来临。

三、票据司法裁判的典型案例

（一）中信商业保理有限公司深圳分公司与冠福控股股份有限公司票据追索权纠纷

1. 案情与裁判

原告中信商业保理有限公司深圳分公司（以下简称中信公司）与被告冠福控股股份有限公司（以下简称冠福公司）票据追索权纠纷一案，基本案情如下。

2018 年 6 月 1 日，中信公司与案外人 A 公司签订有追索权《保理合同》，合同载明，A 公司将已经发生但尚未到期的应收账款以及截至 2019 年 4 月 16 日将发生的应收账款及相关权益无条件转让给中信公司，中信公司在本合同项下任何权利未充分受偿时，可向 A 公司及付款人分别行使追索权和追偿权。

同日，中信公司与 A 公司、B 公司签订《应收账款转让协议》，协议载明，A 公司作为应收账款转让方，与作为应收账款付款方的 B 公司之间在 2018 年 4 月 8 日、4 月 17 日、3 月 8 日签订过商务合同及相关文件。中信公司与 A 公司已就受让应收账款及所涉融资事宜另行签署了《保理合同》，由中信公司为 A 公司提供保理服务，A 公司转让给中信公司的应收账款包括：因履行商务合同所产生的应收账款 19, 746, 100 元；A 公司与 B 公司共同保证应收账款真实有效，且未被其他融资机构所质押；A 公司与 B 公司确定已完成商务合同义务，并已符合付款条件，B 公司愿意无条件付款；B 公司对保理合同的内容及效力无任何异议，并确认 A 公司已履行完毕商务合同项下的义务且有权将标的应收账款转让给中信公司；标的应收账款以商业承兑汇票支付，B 公司应向 A 公司交付以 A 公司为收款人，冠福公司为出票人/承兑人，付款金额为 17, 000, 000 元的商业承兑汇票，A 公司有权将该汇票背书转让给中信公司。若 B 公司在商业承兑汇票到期日之前 5 日将标的应收账款支付至中信公司指定账户，则中信公司将商业承兑汇票返还 A 公司；若 B 公司在商业承兑汇票到期日之前 3 日仍未支付，则中信公司作为持票人将直接通过向商业承兑汇票记载的付款账号托收相应款项。如前述汇票无法正常使用等，不免除 B 公司在保理合同项下的标的应收账款支付义务，B 公司应将标的应收账款支付至中信公司指定账户；B 公司若未按上述约定回款，应按照应付未付款项的 1‰每日向中信公司支付逾期违约金；标的应收账款到期时，中信公司有权向 A 公司追索。

上述转让协议项下的电子商业汇票即本案涉案汇票票号为 × × × × ×，出票日期 2018 年 6 月 11 日，出票人为 B 公司，收票人为 A 公司，承兑人为冠福公司，票据金额

19, 746, 100 元，汇票到期日 2018 年 12 月 8 日。

2018 年 6 月 11 日，A 公司将上述汇票背书转让给中信公司。同日，涉案应收账款在中国人民银行征信中心进行了动产权属登记。中信公司分别于 2018 年 11 月 28 日、12 月 12 日对上述汇票进行提示付款，均被拒付。中信公司为此将 A 公司、B 公司、林某昌、宋某榕、林某彬及冠福公司诉至广东省深圳市福田区人民法院。该院立以（2018）粤 0304 民初 38092 号案件。该案判决确认《应收账款转让协议》《保理合同》均有效。中信公司与 A 公司之间成立保理合同关系。

一审上海市青浦区人民法院认为，本案存在两个争议焦点。

其一，中信公司在提起保理合同之诉后再提起票据之诉是否构成重复诉讼，是否违反一事不再理原则。中信公司在福田法院就基础关系提起保理合同之诉即前案与本案的票据之诉，系不同的诉讼标的；中信公司在前案中是以保理合同的各当事人即 A 公司、B 公司等为被告，本案冠福公司虽在前案中亦为被告但其应当承担的票据责任在前案中并未处理，中信公司实际在前案中未取得对本案冠福公司的诉讼效果，而本案中信公司仅起诉了作为票据承兑人的冠福公司，两案的诉讼对象不同；在保理合同纠纷案件中，中信公司的诉请为支付应收账款，而在本案则是主张票据款，两案诉请亦不相同，而本案判决结果亦不会否认前案的判决结果；故中信公司就本案提起诉讼不构成重复诉讼，并不违反一事不再理原则。

其二，中信公司在保理合同纠纷一案胜诉后再行提起票据之诉能否获得支持。一审法院认为，前案已确认了《保理合同》项下基础交易合同真实，该《保理合同》合法有效，对各方当事人均有约束力。案外人 A 公司基于《保理合同》《应收账款转让协议》等将债权让与中信公司并将涉案票据背书转让给中信公司，中信公司按保理融资比例支付保理融资款金额 15, 000, 000 元，该金额虽低于涉案票据金额，但依据保理特点，中信公司在取得票据金额后扣除保理合同项下各项债权的剩余部分会按保理合同约定与 A 公司进行结算，因此中信公司支付保理融资款的行为，应视为中信公司已履行支付票据对价义务，故中信公司系该票据的合法持有人，享有票据持有人的各项权利。冠福公司主张中信公司系为担保基础债权而受让票据，但涉案票据并无标记担保等信息，中信公司则主张系基于支付而非担保基础债权而取得票据。另外，冠福公司在前案中也明确表示其不是担保人，而福田法院在前案中也明确，冠福公司是票据承兑人，承担的是票据责任。冠福公司现无证据证明中信公司系为担保基础债权而取得票据，故涉案票据性质并非担保性质。中信公司不因已就基础关系提起诉讼而丧失票据项下的追索权利。前案中各被告均未提出其与中信公司已实际变更支付方式，中信公司应返还票据的抗辩，《保理合同》中也明确约定在汇票无法正常使用等情况下，不免除 B 公司在保理合同项下的标的应收账款支付义务，故中信公司可就保理合同关系和票据关系分别提起诉讼，现中信公司就保理合同关系胜诉后未实际获清偿时，可以以持票人身份向承兑人即冠福公司提起诉讼。涉案票据背书连续，中信公司作为票据持有人在票据到期日提示付款被拒后可依法向其前手、出票人、承兑人等票据义务人进行追索。中信公司在本案电子商业承兑汇票拒付后未在电子商业汇票结算系统规定的时间内发起追索，中信公司已无法将该电子票据返还其前手，而冠福公司为票据承兑人，系涉案票据支付义务的最终承担者，故票据即使无法回转也不影响票据关系中其他各方的权利。现中信公司以诉讼方式在票据法规定的期限内向票据承兑人进行追索，基于票据无因性及法律相关规定，应对中信公司要求冠福公司支付涉案票据款19,746,100元的诉请予以支持，但其通过票据追索权纠纷获得的债权数额超过基础关系的债权数额的，应当返还给基础关系债务人。同时，中信公司在本案中实际获得的票据款亦应在前案各被告支付给中信公司债务中相应扣减，以避免双重受偿。

持票人行使追索权，可以请求被追索人支付自到期日起至清偿日止，按照中国人民银行规定的利率计算的利息。案涉汇票在到期日2018年12月8日未能兑付，中信公司据此要求冠福公司以票据金额19,746,100元为基数，按同期全国银行间同业拆借中心公布的贷款市场报价利率计算，自2018年12月9日起至实际清偿之日止的利息。自2019年8月20日起，全国银行间同业拆借中心公布的贷款市场报价利率取代了原中国人民银行贷款基准利率。一审法院据此确认，冠福公司应付利息以票据金额19,746,100元为基数，从2018年12月9日起至2019年8月19日按照中国人民银行同期贷款基准利率计算，自2019年8月20日起至清偿之日止，按照全国银行间同业拆借中心公布的贷款市场报价利率计算。因前案已就B公司逾期支付保理融资款的行为判决其向中信公司支付违约金，A公司承担补充清偿责任。前案中的逾期付款违约金及本案中的逾期付款利息均因未能按约偿付中信公司在保理合同项下保理融资款，中信公司就前案违约金受偿或本案利息受偿，均可弥补其资金占用期间的损失，故中信公司在本案中所获利息应在前案违约金项中予以扣除。本案票据金额大于保理合同项下的保理融资款。中信公司因本案受偿票据款及利息金额在抵扣前案保理融资款及违约金后，如有剩余，该笔费用实际为保理合同项下的应收账款的回款，应按《保理合同》的约定处理。因本案系票据追索权纠纷，而《保理合同》还涉及B公司、A公司及各保证人，故一审法院未做处理。

据此，上海市青浦区人民法院依照《中华人民共和国票据法》第61条第1款、第62条、第68条、第70条第1款第1、2项，《最高人民法院关于适用〈中华人民共和国民事诉讼法〉的解释》第90条之规定，判决：（1）冠福公司应于判决生效之日起10日内支付中信公司电子商业承兑汇票款19,746,100元；（2）冠福公司应于判决生效之日起10日内支付中信公司以19,746,100元为基数，自2018年12月9日起至2019年8月19日，按照中国人民银行同期贷款基准利率计算，自2019年8月20日起至清偿之日止，按照全国银行间同业拆借中心公布的贷款市场报价利率计算的利息；（3）冠福公司履行上述第1、2项付款义务的金额应相应减少案外人B公司在（2018）粤0304民初38092号案中对中信公司的清偿责任；

（4）驳回中信公司的其他诉讼请求。

冠福公司不服上海市青浦区人民法院（2020）沪 0118 民初 18668 号民事判决，向上海市金融法院提起上诉。

二审法院认为，本案存在三个争议焦点。

其一，中信公司取得案涉票据是否存在真实基础交易关系，是否支付相应对价。二审法院认为，中信公司可以基于保理关系取得应收账款债务人 B 公司签发的案涉票据。根据《保理合同》及《应收账款转让合同》，中信公司受让 A 公司与 B 公司之间《化工品购销合同》项下的应收账款，并已通知应收账款债务人 B 公司，该债权转让对 B 公司发生效力，B 公司应向新债权人中信公司进行清偿。本案中，B 公司于 2018 年 6 月 11 日以 A 公司为收票人签发汇票，该付款方式与《化工品购销合同》所约定的结算方式相符，票据金额与《化工品购销合同》项下应收账款金额一致，且当事人未提供证据证明双方有其他债务关系，应认定该票据是为支付《化工品购销合同》项下应收账款，故中信公司作为应收账款受让人有权取得案涉票据。本案虽不是由 B 公司直接向中信公司签发票据，而是 B 公司向 A 公司签发票据，A 公司再背书转让给中信公司，但不影响中信公司合法取得该票据。A 公司的背书转让实际是履行《保理合同》及《应收账款转让合同》的合同义务，亦符合各方真实的权利义务关系，而中信公司已履行了支付保理融资款的义务，应认定中信公司为取得案涉票据已支付了相应对价。关于冠福公司主张根据《应收账款转让协议》第 5 条约定，A 公司与中信公司之间的票据转让是基于让与担保，故该次转让没有相应对价。二审法院认为，首先，从冠福公司援引的合同约定来看，其中并无明确的担保意思表示，案涉票据也没有关于担保的记载。其次，在应收账款已转让的情况下，若 A 公司不向中信公司背书转让票据，实际将构成不当得利。因此，A 公司的背书转让行为本身属于其应履行的合同义务，中信公司取得票据是基于保理关系，而非担保关系，冠福公司的上述主张不能成立。至于冠福公司认为应收账款转让标的《化工品购销合同》本身虚假，保理人中信公司对此未尽合理的审查义务。二审法院认为，从本案所审查的票据追索权法律关系来看，冠福公司为案涉票据的承兑人，与中信公司之间并非直接前后手，故无权以基础关系为由进行抗辩。

其二，案涉票据是否为有效票据。二审法院认为，案涉票据属于《电子商业汇票业务管理办法》所规定的电子商业汇票，冠福公司关于电子票据未经法律认可的上诉意见，于法无据。案涉票据出票、承兑、背书、提示付款等行为均通过电子商业汇票系统办理，为合法有效票据。从中信公司提交的电子商业汇票系统记录来看，案涉票据必要记载事项齐全，冠福公司关于案涉汇票不符合法定票据形式的意见，没有相应事实依据，不予采纳。关于冠福公司主张票据承兑未经公司决议程序，二审法院认为，汇票经承兑后，承兑人即成为汇票的债务人，票据承兑行为并非担保，不适用《中华人民共和国公司法》第 16 条所规定的公司对外担保决议程序，中信公司亦没有相应的审查义务。冠福公司所称其实际控制人损害公司利益的犯罪行为，仅是公司内部关系，不影响对外票据行为的法律效力。

其三，中信公司已取得保理合同纠纷案件胜诉判决的情况下，是否还有权主张本案票据追索权，是否存在重复受偿的问题。二审法院认为，中信公司在本案中不存在重复起诉或重复受偿的问题。首先，中信公司胜诉判决依据的是保理关系，而本案是票据关系，诉讼标的不同，所涉被告也不同，故不构成重复起诉。其次，中信公司同时具有多项请求权，包括对应收账款债务人 B 公司的付款请求权，对应收账款原债权人 A 公司的保理追索权及相应担保权利，以及对票据承兑人冠福公司的追索权。该等请求权所对应的法律关系不同，各责任人应各自独立向中信公司承担责任。从整体来看，因保理关系、票据关系均是基于应收账款基础关系，当其中部分主体实际承担责任后，中信公司的上述请求权发生整体消灭的法律效果，故可从外部关系上免除其他主体对中信公司的责任。反之，若之前的胜诉判决未能实现中信公司的请求权，中信公司仍可依据其他请求权就其未实现的部分另行提起诉讼。对此，本案一审已查明前案执行情况且明确冠福公司履行义务的金额应相应减少案外人 B 公司对中信公司的清偿责任，故中信公司不存在重复受偿的情况。再者，关于冠福公司主张票据金额超过了中信公司保理融资金额的上诉意见，二审法院认为，从本案“先保理、后票据”的交易关系来看，案涉票据属于应收账款的支付工具，中信公司通过票据追索权获得的款项实际属于保理关系中应收账款的回款。就保理关系而言，若该回款超出保理融资金额，《保理合同》有明确约定的，可按照合同约定清算；合同无明确约定的，则根据《民法典》第 766 条的规定，该回款在扣除保理融资款本息和相关费用后有剩余的，剩余部分应当返还给应收账款债权人。需要明确的是，该清算义务是保理关系中的权利义务，与本案票据追索权的范围无关。一审考虑到本案审查范围为票据追索权关系，而清算义务另涉及《保理合同》的多方主体，故对票据金额超出保理融资金额的部分未作处理，并无不当，相关当事人可另行主张权利。仅就本案票据追索权关系而言，冠福公司作为票据承兑人，应向中信公司承担支付票面金额及相应利息的责任。

综上所述，冠福公司的上诉请求依法不能成立，应予驳回。一审判决认定事实清楚，适用法律正确，应予维持。依照《中华人民共和国民事诉讼法》第 177 条第 1 款第 1 项之规定，判决驳回上诉，维持原判。

2. 法律问题评析

随着经济社会的发展，票据关系引发的纠纷渐渐趋向复杂。现实中的票据关系往往不是单一的，而是与其他法律关系紧密相连。票据保理作为保理业的创新形式，在我国供应链金融实践中，受到供应链上下游企业的青睐。票据支持保理的核心是，在保理法律关系中加入支付票据的要素，票据“无因性”可以使得企业还款义务不受基础交易关系的影响，从而保障债权的实现。但同时，票据保理也面临着合规性风险。

目前，实务中主要存在 3 种票据保理类型，分别是“直接票据保理”、“先保理，后票据”以及“先票据，后保理”。由此而形成的保理关系是票据关系与保理关系的竞合，发生争议时，债权人有权就票据追索权与应收账款债权请求权择一行使。若选择前者，则为票据追索权纠纷，保理商受让的票据到期被拒绝付款且应收账款债务人不能按期还款时，依据《票据法》第 61 条的规定，可以对背书人、出票人以及其他债务人行使追索权；若选择后者，则为合同纠纷，保理商依据《民法典》第 767 条的规定，主张应收账款债权。

本案属于“先保理，后票据”的票据保理类型，也就是说，保理商与债权人签订保理合同受让应收账款，由债务人向保理商签发票据以清偿应收账款。保理关系、票据关系都是基于基础应收账款关系，而票据属于应收账款的支付结算工具。保理合同能否构成票据签发与转让的真实交易关系是这种票据保理类型是否面临非法票据贴现风险的关键。一般观点认为，保理商受让应收账款符合债权让与之规定，票据转让具有真实交易关系和债权债务关系。同时，依据《票据法》第 10 条第 2 款的规定，票据的取得，必须给付票据双方当事人认可的对价，保理商在取得票据的同时支付了保理融资款，就是支付对价的表现。因此，在一般情况下，若保理商持有合法、有效的票据，可以享受票据权利。

囿于“先保理，后票据”的票据保理类型本身不存在合规性风险，实践中，法院在认定这种类型后，主要审查保理商持有的票据是否有效、能否合法享有票据权利。审查要素主要包括：第一，取得案涉票据是否支付相应对价；第二，案涉票据是否为有效票据；第三，案涉票据是否为合法取得；第四，取得票据时主观是否善意。在这些条件都满足时，根据《票据法》第 13 条，票据债务人不得以自己与出票人或者与持票人的前手之间的抗辩事由对抗持票人。也就是说，即使票据债务人以基础交易关系不真实进行抗辩，依据票据行为的无因性，保理商仍有权向票据债务人行使追索权。值得注意的是，保理商虽然负有对保理合同以及相关信息的审查义务，但这种审查义务更多体现为形式审查而非实质审查，只要其表现方式足以让保理商相信债权债务真实存在，即可认定为保理商尽到了“审慎义务”。同时，“审慎义务”属于监管机构对保理商的监管规定与业务指导，即使保理商未尽该义务，也不构成票据法上的重大过失，不影响其享有票据权利。

综上所述，法院在面对“先保理，后票据”的票据保理模式产生的票据追索权纠纷时，一般倾向于保护“善意”保理商的票据权利。在票据到期被拒绝支付时，若票据有效且保理商享有票据权利，即可向出票人、承兑人以及背书人行使票据追索权。因此，一般情况下，“先保理，后票据”的票据保理模式不存在合规性风险，可以在未来金融市场中作为票据支持保理业务的合法形式进一步发展。

（二）山东顺驰钢结构有限公司、潍坊挚诺新材料有限公司等票据追索权纠纷案[1]

1. 案情与裁判

原告潍坊挚诺新材料有限公司（反诉被告，以下简称潍坊挚诺公司）与被告中建二局第三建筑工程有限公司（以下简称中建二局第三公司）、青岛中腾双创置地有限公司（以下简称青岛中腾公司）、山东顺驰钢结构有限公司（反诉原告，以下简称山东顺驰公司）票据追索权纠纷案，基本案情如下。

2021 年 2 月 9 日，青岛中腾公司作为出票人及承兑人出具电子商业承兑汇票两张，其中第一张：票据号码为 230245200002520210209859O5 × × × ×，票面金额：壹拾万元整；第二张：票据号码为 2302452000025202102098590４ × × × ×，票面金额：叁拾万元整。上述两张承兑汇票均记载：收款人为中建二局第三公司，汇票到期日：2022 年 2 月 9 日，票据载明可再转让；出票人承诺：本汇票请予以承兑，到期无条件付款；承兑人承诺：本汇票已经承兑，到期无条件付款；承兑日期：2021 年 2 月 9 日。收款人中建二局第三公司于 2021 年 2 月 23 日将第一张汇票背书转让给山东顺驰公司，山东顺驰公司于 2021 年 2 月 25 日背书转让给潍坊挚诺公司；中建二局第三公司于 2021 年 2 月 10 日将第二张汇票背书转让给山东顺驰公司，山东顺驰公司于 2021 年 2 月 25 日背书转让给潍坊挚诺公司，现潍坊挚诺公司为上述两张汇票的持票人。

上述汇票的背书流转均在电子商业汇票系统中进行。在上述汇票到期日前的 2022 年 2 月 4 日，潍坊挚诺公司在电子商业汇票系统中向承兑人青岛中腾公司发起提示付款，但承兑人未作应答，票据状态显示为“提示付款待签收”。汇票到期后，承兑人也未付款，现票据状态仍为“提示付款待签收”。

2022 年 3 月 1 日，潍坊挚诺公司委托律师向青岛中腾公司邮寄送达律师函，催促其对票据进行处理。青岛中腾公司于 2022 年 3 月 7 日签收该函件。同日，潍坊挚诺公司委托律师向中建二局第三公司、山东顺驰公司发送律师函，认为青岛中腾公司的行为构成实质拒付，要求中建二局第三公司、山东顺驰公司自收到该函件之日起三日内履行付款义务。中建二局第三公司于 2022 年 3 月 4 日签收，山东顺驰公司于 2022 年 3 月 3 日签收。

一审山东省潍坊市潍城区人民法院认为，该案的争议焦点为：（1）潍坊挚诺公司在汇票到期日前提示付款的效力问题；（2）潍坊挚诺公司与山东顺驰公司之间是否具有合法的基础交易关系和债权债务关系，潍坊挚诺公司是否享有票据权利；（3）山东顺驰公司反诉要求潍坊挚诺公司返还票据，有无事实和法律依据。

---

〔1〕 本案案情转引自中国裁判文书网，https://wenshu. court. gov. cn/website/wenshu/181107ANFZ0BXSK4/index. html? docId =baWF8FM0EmMEg1ByTMLmVePEYZSDDAI4DW2Qtyt +Y0b19gQjtlFvu/UKq3u +lEo4 +IggA44nilLUzEL3mjZSQ8Hh27eEo6M3QmXRzDq5UTdDBFOETaOcoSTqoqrFyfoj，2023 年 3 月 12 日访问。判决文书字号为（2022）鲁 07 民终 9171 号。

关于第一个争议焦点，持票人在票据到期日前提示付款，承兑人未予签收，持票人未撤回付款申请，该状态一直持续，承兑人构成实质拒付，视为潍坊挚诺公司已取得拒付证明，该提示付款行为有效。首先，《电子商业汇票业务管理办法》第 5 条规定："电子汇票的出票、承兑、背书、保证、提示付款和追索等业务，必须通过电子商业汇票系统办理。"潍坊挚诺公司在票据到期日前已通过电子商业汇票系统向承兑人提示付款，承兑人并未在到期日前拒付，潍坊挚诺公司也未撤销该次提示付款，因此提示付款在商业汇票系统中呈持续状态，至汇票到期后承兑人仍可以在系统中看到该提示付款申请，因此潍坊挚诺公司期前提示付款的效力亦及于汇票到期后的提示付款期，仍具有法定提示付款期内提示付款的效力。其次，根据电子商业汇票系统的操作规则，期前提示付款，在承兑人不予应答的情况下，持票人需要对第一次提示付款进行撤销后，才能再次提起提示付款。《电子商业汇票业务管理办法》第 23 条规定，"票据当事人通过电子商业汇票系统作出行为申请，行为接收方未签收且未驳回的，票据当事人可撤销该行为申请。……"第 59 条规定："持票人在票据到期日前提示付款的，承兑人可付款或拒绝付款，或于到期日付款。承兑人拒绝付款或未予应答的，持票人可待票据到期后再次提示付款。"上述规定中，持票人期前提示付款对方未应答，持票人到期后再次提示付款处使用的是"可"，而非"应"，说明持票人不是必须在票据到期后再次提示付款。票据法以保障票据的流通性和票据使用的方便、安全、高效为根本宗旨，在承兑人已实时接收付款申请但未处理的情况下，苛求持票人撤销操作之后再次提示付款，有悖于票据法的立法宗旨。综上，承兑人在法定的提示付款期间内能够看到潍坊挚诺公司发起的付款申请，既未予应答，也未付款，构成实质拒付，视为潍坊挚诺公司取得拒付证明，可向所有前手行使追索权。

关于第二个争议焦点，电子票据背书转让是从电子汇票系统进行操作的，要通过输入密码、签章等程序，能够完成背书转让程序的主体必然是经背书人授权或掌握背书人公司签章密码的山东顺驰公司工作人员。山东顺驰公司主张潍坊挚诺公司与山东顺驰公司财务人员官某波串通取得该票据，应当提供证据予以证明，在山东顺驰公司未举证的情况下，该抗辩意见不成立。按照《中华人民共和国票据法》第 10 条的规定，票据的签发、取得和转让，应当遵循诚实信用原则，具有真实的交易关系和债权债务关系，票据的取得，必须给付对价，即应当给付票据双方当事人认可的相对应的对价。从潍坊挚诺公司、山东顺驰公司的陈述及举证情况看，官某红与山东顺驰公司实际控制人刘某之间此前的确存在债权债务关系，而官某红以刘某用电子汇票偿还的借款作为出借给潍坊挚诺公司的款项，潍坊挚诺公司取得山东顺驰公司背书转让的涉案票据，说明双方之间具有真实的债权债务关系。至于山东顺驰公司是否已超额偿还借款，与本案票据纠纷不是同一法律关系，在本案中不予处理，山东顺驰公司可依法另行主张。综上，潍坊挚诺公司系合法持票人，享有票据权利。

关于第三个争议焦点，山东顺驰公司反诉主张潍坊挚诺公司并非合法的票据持有人，要求返还票据，但未举证证明潍坊挚诺公司系通过欺诈、胁迫等非法手段取得票据，或者明知有前列情形，出于恶意取得票据从而不得享有票据权利。且一审山东省潍坊市潍城区人民法院基于对该案第二个争议焦点的认定，潍坊挚诺公司系涉案票据的合法持有人，山东顺驰公司无权要求返还票据。因此，山东顺驰公司的反诉请求，证据不足，不予支持。对于山东顺驰公司要求调取证据的申请，不予处理。

综上所述，潍坊挚诺公司作为涉案票据的合法持有人，在汇票到期日前通过电子商业汇票系统向承兑人提示付款，该提示付款的状态一直持续至票据到期后，承兑人在此期间仍未应答，也未拒付，潍坊挚诺公司提示付款在电子商业汇票系统中呈持续状态，承兑人长期的不签收提示付款信息、不作拒绝付款的网上操作、不实际付款的行为，应视为构成实质拒付，因此，潍坊挚诺公司有权向所有前手行使追索权。故潍坊挚诺公司要求山东顺驰公司、中建二局第三公司、青岛中腾公司连带支付票据款 400, 000 元及利息，合法有据，一审法院予以支持。《中华人民共和国票据法》第 70 条第 1 款规定：“持票人行使追索权，可以请求被追索人支付下列金额和费用：（一）被拒绝付款的汇票金额；（二）汇票金额自到期日或者提示付款日起至清偿日止，按照中国人民银行规定的利率计算的利息；（三）取得有关拒绝证明和发出通知书的费用。”利息的计算应以票据金额为基数，自票据到期日起至实际付清之日止，按全国银行间同业拆借中心公布的贷款市场报价利率计算。对于潍坊挚诺公司主张的公证费、律师代理费、担保费等费用，于法无据，不予支持。

据此，山东省潍坊市潍城区人民法院依据《中华人民共和国票据法》第 10 条、第 37 条、第 61 条、第 68 条、第 70 条之规定，判决：（1）青岛中腾公司、中建二局第三公司、山东顺驰公司于判决生效之日起 10 日内连带支付潍坊挚诺公司票据金额 400, 000 元及利息（利息以 400, 000 元为基数，自 2022 年 2 月 9 日起至实际付清之日止按同期全国银行间同业拆借中心公布的贷款市场报价利率计算）；（2）驳回潍坊挚诺公司其他诉讼请求；（3）驳回山东顺驰公司的反诉请求。如果未按判决指定的期间履行给付金钱义务，应当依照《中华人民共和国民事诉讼法》第 260 条之规定，加倍支付迟延履行期间的债务利息。本诉案件受理费 3650 元（已减半），财产保全费 2520 元，合计 6170 元，由山东顺驰公司、中建二局第三公司、青岛中腾公司连带负担。反诉案件受理费 3650 元，由山东顺驰公司负担。

山东顺驰公司不服山东省潍坊市潍城区人民法院作出的（2022）鲁 07 民终 9171 号民事判决，向山东省潍坊市中级人民法院提起上诉。二审山东省潍坊市中级人民法院认为该案的争议焦点在于潍坊挚诺公司是否享有合法的票据权利，山东顺驰公司反诉要求返还票据的请求能否成立。

《票据法》第 31 条第 1 款规定，以背书转让的汇票，背书应当连续。持票人以背书的连续，证明其汇票权利；非经背书转让，而以其他合法方式取得汇票的，依法举证，证明其汇票权利。该案中，潍坊挚诺公司持有的案涉票据背书转让连续，票据记载事项合法；案涉电子票据的背书转让须通过电子商业汇票系统办理，且需要输入密码、签章等确认程序，案涉票据客观上完成从山东顺驰公司至潍坊挚诺公司的背书转让，山东顺驰公司在该案审理过程对其否定案涉票据背书转让合法性的主张未能作出合理解释；山东顺驰公司虽主张是其公司财务人员与潍坊挚诺公司串通取得票据，但无有效证据予以佐证，其应承担举证不能的法律后果。《票据法》第 10 条规定，票据的签发、取得和转让，应当遵循诚实信用的原则，具有真实的交易关系和债权债务关系。票据的取得，必须给付对价，即应当给付票据双方当事人认可的相对应的代价。对于山东顺驰公司提出的与潍坊挚诺公司之间的基础法律关系抗辩，潍坊挚诺公司陈述其取得票据的原因关系是山东顺驰公司代刘某履行债务的关系，即潍坊挚诺公司与官某红之间存在民间借贷关系，而官某红与刘某之间又存在民间借贷关系，刘某用其作为实际控制人的山东顺驰公司的票据背书转让给潍坊挚诺公司作为偿还官某红的款项，并提供了官某红的银行流水、借款协议等证据予以佐证。山东顺驰公司提交的（2022）鲁 0702 民初 3885 号民事判决书亦认定刘某与官某红之间存在民间借贷关系，该判决书认定刘某的还款数额并未超过官某红出借的数额，且对于未认定的部分告知双方当事人可另行主张权利。再结合当事人的陈述及本案的举证情况，一审法院认定潍坊挚诺公司取得案涉票据系基于真实的债权债务关系并无不当。故综合全案证据，根据票据无因性理论及相关法律规定，潍坊挚诺公司在本案审理过程中已举证证明其业经背书转让、合法取得票据权利，山东顺驰公司主张潍坊挚诺公司取得票据不合法不享有票据权利的依据不足，一审法院未予支持其反诉请求并无不当。

据此，山东省潍坊市中级人民法院认为山东顺驰公司的上诉请求不能成立，应予驳回；一审判决认定事实清楚，适用法律正确，应予维持。依照《中华人民共和国民事诉讼法》第 177 条第一款第一项规定，判决：驳回上诉，维持一审判决。二审案件受理费 7300 元，由上诉人山东顺驰公司负担。

2. 法律问题评析

本案涉及在汇票到期日前提示付款的效力问题，在实践中也是纠纷频发。提示付款的目的是督促持票人及时提示付款。汇票在到期日前经过数次背书转让，谁是最终的票据权利人，付款人并不知情。票据到期后，如果持票人不提示付款，则承兑人就无法主动履行其义务，票据将处于不确定的状态。

根据《电子商业汇票业务管理办法》的相关规定，若持票人在电子商业承兑汇票到期日前提示付款，按照承兑人拒绝付款时间的不同，对追索权有以下影响：（1）持票人在到期日前提示付款，承兑人在票据到期日前拒绝付款，此时持票人不享有追索权；（2）持票人在到期日前提示付款，承兑人在票据到期后提示付款期内拒绝付款，此时持票人的提示行为延续至提示付款期内，持票人在收到拒付通知后可向所有前手拒付追索；（3）票据到期后，如果持票人未在提示付款期内向承兑人发出付款提示，持票人仅可向出票人、承兑人行使追索权。如果承兑人超过提示付款期拒绝付款，持票人在提示付款期内向承兑人发出付款提示的，则持票人在收到拒付通知后可向所有前手拒付追索。

因此，根据《票据法》的规定，持票人应在票据到期起 10 日内提示付款，承兑人应在付款日期到期时支付票据金额。持票人在票据到期日前提示付款，并不产生提示付款的效力，承兑人没有期前签收持票人提示付款请求并支付款项的义务。如果承兑人对期前提示在期前拒付，持票人不能进行拒付追索。持票人为保证其追索权的完整性，应于票据到期后，再次提示付款。

根据电子商业汇票系统的操作规则，期前提示付款，在承兑人不予应答的情况下，持票人需要对第一次提示付款进行撤销后，才能再次提起提示付款。《电子商业汇票业务管理办法》第 23 条规定："票据当事人通过电子商业汇票系统作出行为申请，行为接收方未签收且未驳回的，票据当事人可撤销该行为申请。……"第 59 条规定："持票人在票据到期日前提示付款的，承兑人可付款或拒绝付款，或于到期日付款。承兑人拒绝付款或未予应答的，持票人可待票据到期后再次提示付款。"在本案中，持票人不是必须在票据到期后再次提示付款。票据法以保障票据的流通性和票据使用的方便、安全、高效为根本立法宗旨，在承兑人已实时接收付款申请但未处理的情况下，苛求持票人撤销操作之后再次提示付款，有悖于票据法的立法宗旨。综上，需结合相关法条规定以及票据法的立法宗旨对持票人在票据到期日前提示付款的效力问题作出判断。

四、票据法制理论研究综述

2022 年票据法理论研究亦有新的进展。较重要的论文有 3 篇。其中《数字经济背景下票据市场发展的再思考》一文梳理了票据市场的发展现状及存在的问题，提炼了数字票据的概念及特点，全面分析了发展数字票据的必要性与可行性，并针对问题提出了顶层设计、科技赋能、创新引领、服务实体经济等方面的发展建议。[1]《票据质押效力范畴界分辨析》一文立足于现行法提供的规范资源，将票据质押效力在票据法与物权法之间进行精准界分，既有效地提升了相关制定法的适用效能，也更充分地满足票据质押实践的制度需求。[2]《三方合谋票据贴现中帮助贴现人的法律责任——兼论〈票据法〉第 10 条的法律后果》一文，对三方合谋票据贴现情境下帮助贴现人应当承担的责任形态进行了研究，深入分析了帮助贴现人不承担票据责任及合同责任的理由，并进一步得出了其应当成立侵权责任的观点。[3]

---

〔1〕 参见肖小和：《数字经济背景下票据市场发展的再思考》，载《新金融》2022 年第 6 期。

〔2〕 参见陈甦：《票据质押效力范畴界分辨析》，载《政法论坛》2022 年第 5 期。

〔3〕 参见叶依梦：《三方合谋票据贴现中帮助贴现人的法律责任 ——兼论〈票据法〉第 10 条的法律后果》，载《金融监管研究》2022 年第 10 期。

1. 发展数字票据助推数字经济繁荣

数字票据是数字金融的重要组成部分，是以数据资源为关键要素，以现代信息网络为主要载体，以信息通信技术为票据全生命周期、全要素数字化转型的重要推动力，促进公平与效率更加统一的全新票据生态。

数字票据在票据信息化、数字化的基础上，充分应用大数据、人工智能、区块链、云计算等新型技术手段推动市场发展与创新，科技赋能是数字票据最显著的特点。数字票据的核心在于数据，其不仅包括传统意义上票面及票据生命周期数据，还包括票据信用主体信用信息，货币市场数据、跨境人民币数据、供应链及产业链数据等票据相关领域的数据信息，为服务实体经济奠定了全面的数据基础。数字票据通过大数据、机器学习、虚拟现实、5G 以及开放 API 等技术手段重构了传统票据业务，将高端技术与业务场景进行有机结合，将有力推动产品及服务创新。数字票据标准包括业务标准和技术标准，其贯穿于数字票据的全生命周期，通过统一规范的业务与技术标准，将有效规范票据市场运营。此外，在数字票据时代市场参与者及市场监管部门可利用票据大数据分析业务行为，通过人工智能技术实时监控并干预交易，提升票据市场风险控制的实时性和准确性。

数字票据发展的必要性与可行性。数字票据运用先进技术手段提升企业支付与融资效率，更好地融入供应链、产业链之中，畅通供应链上下游，有利于催生票据新模式、新业态，加快推动区域间及城乡间的协调发展，促进全国统一大市场建设，助力经济高质量发展。加快推进数字票据建设，有利于推动构建金融与科技深度融合、协调发展的新生态；有利于释放数据生产要素价值，优化供应链资金供给，推动实现小微企业融资服务的增量扩面、提质增效。数字票据依托信用信息基础设施收集、分析和监测票据信用主体的信用状况，构建基于信用大数据的信用评级模型，培育专业的票据信用评级机构，披露票据流转、融资所需的相关信用信息，将彻底改变我国商业信用体系基础设施薄弱、信用数据分散、评级可信度较差等关键问题，改善商业信用生态，推动社会信用的良性发展。

票据市场是我国重要的货币子市场，在支持实体经济，尤其在小微企业融资领域成果丰硕，庞大的票据市场为数字票据创新发展提供了市场条件。当前，我国信息基础设施全球领先、产业数字化转型稳步推进，区块链、大数据、人工智能、云服务等新技术已不同程度地在金融领域予以应用；在此背景下，大力推进数字票据发展具备技术可行性。2021 年 12 月，国务院办公厅发布《加强信用信息共享应用促进中小微企业融资实施方案》，企业信用信息是数字票据发展的前提条件，票据市场可以以此为契机，推进数字票据发展规划，打造集数据、交易、信用为一体的数字化交易市场。在市场及基础设施可行性方面，2016 年 12 月票据市场基础设施——上海票据交易所正式成立，全国中小企业融资综合信用服务平台也将成为票据市场融资信用服务的基础设施，这些均为数字票据创新发展搭建了良好的平台。

数字票据的发展建议。首先，发展数字票据应紧紧抓住创新驱动发展战略，以数字经济为着眼点，改变发展理念，树立战略思维，从法律法规、科技赋能、基础设施、业务监管、客户发展、信用提升、系统建设等方面统筹规划，推动构建票据市场新生态。其次，应打造数字票据框架体系，做好涵盖数字票据的组织结构、规章制度、业务规则、基础设施、产品创新、经营管理、风险控制、市场服务、市场监管等各方面的顶层设计。再次，应加快修订《票据法》，明确对数字票据等票据市场新业态、新模式和新产品的法律规定；同时完善市场基础设施，搭建数据共享及交易平台。要夯实科技赋能，推动数字票据软、硬件环境建设，强化技术供给，深化融合应用，持续推动存量票据标准化、规范化改造工作。复次，要严控“脱实向虚”现象，强化数字票据服务实体经济的功能；同时应结合数字票据、供应链金融及信用信息共享等新特点，全方位、多角度评价中小企业的信用风险，完善贷后管理要求，创新中小企业服务模式。最后，应通过建立数字票据风险模型、完善协同治理机制等方式，提升数字化风险管理能力，构建多层次、系统化的数字监管体系。

2. 票据质押效力范畴辨析

针对《票据法》与《民法典》票据质押要件的不同规定，学界就票据质押效力提出了“归一论”与“并行论”两种不同观点。在该背景下，陈甦在《票据质押效力范畴界分辨析》一文中，阐释了民事行为的法律效力须依法律语境而定的认识，消解了票据质押情形中票据法与物权法在观念层面上的所谓“冲突”，为实务上对未经设质背书的票据质押效力提供了更为合理的判定规则，具有丰富当事人交易选择、增加交易机会以及提高票据利用效率的现实意义。[1]

关于票据质押效力的“归一论”与“并行论”。“归一论”是指完全排除了物权法对票据质押效力认定的独立适用效能，即将未作设质背书票据质押的效力判断，归一于票据法的适用效果。[2]“并行论”则认为，在进行票据质押效力判断时，优先适用票据法但并不排除物权法的另行适用，只是将物权法适用置于居次地位。[3]陈甦认为，就现行法建构的票据质押规范体系而言，票据质押可界分为票据法上的质押和物权法上的质押，这不仅有足够的制定法依据，也不存在任何票据法与物权法的规范冲突。物权法关于票据质押的规定，有独立的法律适用价值，并非只是维护质权种类体系性表达的形式化规范。因此，其支持“并行论”观点，主张票据质押效力可在票据法和物权法之间进行有效界分；指出“归一论”所认为的票据质押效力在票据法和物权法之间界分将导致法律冲突与实践混乱的观点，其实并无制定法的支持，并且该观点主要是因持论者语境设置与概念互释不周备所导致的。[4]

关于票据质押效力界分后适用情形的体系化整理。首先，两种票据质押的质权行使对象

---

〔1〕 参见陈甦：《票据质押效力范畴界分辨析》，载《政法论坛》2022 年第 5 期。

〔2〕 参见高圣平：《设质背书的效力研究兼及〈票据法〉与〈物权法〉的冲突及其解决》，载《中外法学》2009 年第 4 期。

〔3〕 参见于莹：《论票据质押的设立与效力》，载《法学评论》2009 年第 1 期。

〔4〕 参见陈甦：《票据质押效力范畴界分辨析》，载《政法论坛》2022 年第 5 期。

不同。票据法上的票据质押，其质权标的是票据权利，因而质权人在行使质权时，可以向任何票据债务人行使。构成物权法上的票据质押，因其质权标的为一般民事债权，其只是付款请求权，而不包括追索权，质权人在行使票据质权时，其主张对象的范围将少于票据法上的票据质押。其次，两种票据质押的债务人抗辩限制不同。在票据法上的票据质押，对其质权实现的抗辩限制与票据抗辩规则无异，在票据债务人行使抗辩权方面，人的抗辩同样被切断，质权人在票据法范畴行使质权所面临的抗辩风险要小得多。在物权法上的票据质押，对其质权实现时的债务人抗辩则无特别限制。而且设质前“票据背书转让次数越多，受让人可能受到的抗辩也就会越多”。[1]最后，两种票据质押的质权实现方式不同。在票据法上的票据质押，因其依设质背书而为持票人，因而质权人可以以持票人身份直接向各票据债务人行使票据权利。在物权法上的票据质押，因质权人并非票据上记载的持票人，质权人必须与出质人达成协议方能实现权利；如果与出质人协议不成，而质权人又非设质票据之持票人，其只能通过民事诉讼程序主张权利。

关于票据质押效力界分的应用情形预设。首先，对票据质押效力进行界分能够最大限度维护票据质押活动中当事人的意思残值。在进行票据质押而设质背书又无效的场合，固然不能构成有效的票据法上的票据质押，但是在当事人意思表示中有足够的另行构成私法效果的内容。其次，在实践中出质人可能出于规避票据法对票据抗辩的限制，以及是回避票据涂销行为等原因提出设立物权法上的票据质押，因此界分票据质押效力能更好地因应当事人对票据质押的特殊需要。最后，在票据使用中，票据当事人经常会出于特定目的而采取限制票据流通的措施，如出票人在票据上记载“不得转让”，其主要是为了“借此保留对收款人的抗辩权”，按照效力界分的观点，将该票据所载财产权利按照一般民事债权转让，既能实现持票人处分票据以实现特定经济意图的愿望，又不影响出票人保留票据抗辩权的期待。

3. 三方合谋票据贴现中帮助贴现人的法律责任

三方合谋票据贴现是指贴现行为了实现向实际用资人融出资金的目的，明知帮助贴现人申请贴现的票据无真实交易背景却仍予以贴现。在这种情况下，当实际用资人无法归还全部款项而给贴现行造成资金损失时，帮助贴现人是否应承担责任以及责任的性质，在理论和实务中都存在分歧。[2]

帮助贴现人不承担票据责任。原因关系虚伪不影响票据行为的真实性，认为通谋虚伪适用于票据行为的观点在法理和必要性上存在缺陷，理由为以下三点。第一，通谋虚伪规则作为法律行为效力障碍制度，不宜对包含多个法律关系的票据活动整体适用，而应对特定法律关系分别适用。如果对票据活动一揽子适用通谋虚伪规则，可能导致一些法律行为的效力被

〔1〕 参见董惠江：《票据法的坚守与发展》，载《中国法学》2010 年第 3 期。

〔2〕 参见叶依梦：《三方合谋票据贴现中帮助贴现人的法律责任——兼论〈票据法〉第 10 条的法律后果》，载《金融监管研究》2022 年第 10 期。

任意否定，甚至造成说理自相矛盾或者同案不同判的后果。第二，通说认为，通谋是意思表示上的虚伪性合意，因此包括票据行为在内的单方法律行为不可能存在通谋，也就不适用通谋虚伪规则。第三，即使通谋虚伪规则适用票据行为这一有相对人的单方法律行为，在三方合谋票据贴现的实务中，通谋必然从原因关系开始，不存在单纯的票据上的通谋，因此构建票据行为虚假规则，不符合实践。另外，我国票据法根据行为人的主观状态确定违反票据真实交易背景规则的法律后果，贴现行的“明知”使其无法主张票据权利，帮助贴现人可以主张恶意抗辩，拒绝履行票据义务。

帮助贴现人不承担合同责任。三方合谋票据贴现中的贴现合同是无效的虚假意思表示，隐藏行为是帮助贴现人提供资金通道/服务合同，该合同有效但并未让帮助贴现人承担还款义务。贴现合同之所以无效，是因为帮助贴现人和贴现行之间合同的合同目的和主合同义务均超出正常贴现合同的范畴，具体包括：贴现行将“贴现款”支付给帮助贴现人，实质是向实际用资人出借一笔款项，帮助贴现人交付无真实交易背景的票据，贴现行对此心知肚明；帮助贴现人负有按指示将“贴现款”转给实际用资人的义务，贴现行也心知肚明。

帮助贴现人需承担侵权责任。首先，在帮助贴现人侵权责任的构成要件方面，贴现行的资金损失在性质上属于纯粹经济损失，其落入《票据法》第 10 条规定的范围，故意背俗侵权规则也可以为贴现行提供兜底保护；贴现行能够主张的损害是其实际融出款项与实际用资人已清偿部分的差额，包括未归还的“贴现款”（所受损害）和相应的银行同期贷款利息（所失利益）；帮助贴现人违反票据真实交易背景原则的行为与贴现行受损害的后果之间存在相当因果关系，如果帮助贴现人没有提供背书、申请贴现和倒打款等帮助行为，无真实交易背景的票据贴现交易根本就不会发生，实际用资人和贴现行之间的借款关系也不会成立，贴现行当然不会遭受资金损失。其次，在责任形态上，由于帮助贴现人对资金损失的发生没有积极原因力，因此应按照过错程度和原因力大小对实际用资人不能清偿的部分承担相应的补充责任。帮助贴现人享有先诉抗辩权，其承担补充责任后，可以向实际用资人追偿。此外，由于贴现行参与虚构交易背景的通谋行为以及信贷风控不审慎，对其资金损失的发生和扩大有过错，即贴现行存在与有过失，因此法院可据此减轻帮助贴现人的赔偿责任。

2022 年度信托市场法制报告

贾希凌等 *

一、2022 年度信托市场运行概览

2022 年是资管新规正式实施的元年，中国信托业在稳固转型成果的基础上加快改革步伐，融资类及通道类业务持续压降，资产投向不断优化。信托公司认真落实监管要求，积极压降传统信托业务，加快培育创新业务，取得了一定成效。

（一）信托资产规模回升

2022 年信托资产规模企稳回升，至 2022 年年末，信托资产规模为 21.14 万亿元，同比增长 5893.44 亿元，增幅为 2.87%；环比增幅为 0.31%；相较于 2017 年第四季度的历史峰值，2022 年第四季度信托资产规模下降 19.46%。

信托资产来源结构方面，至 2022 年年末，集合资金信托规模为 11.01 万亿元，同比增长 4205.94 亿元，增幅为 3.97%；占比达到 52.08%。单一资金信托规模为 4.02 万亿元，同比下降 3940.51 亿元，降幅为 8.92%；占比为 19.03%。管理财产信托规模在年末为 6.11 万亿元，同比增长 5628.06 亿元，增幅为 10.15%；占比为 28.89%。

从信托资产功能分布来看，至 2022 年年末，作为信托业重点转型的投资类信托，规模达到 9.28 万亿元，同比增长 7821.23 亿元，增幅为 9.20%；占比达到 43.92%。监管部门要求压降的融资类信托规模为 3.08 万亿元，同比下降 5047.29

---

* 贾希凌，华东政法大学经济法学院副教授；课题组成员：刘则宇、魏亚楠、陆诗敏、陈佳月，均为华东政法大学经济法学研究生。

亿元，降幅为 14.10%；占比为 14.55%。事务管理类信托规模为 8.78 万亿元，同比增长 3119.55 亿元，增幅为 3.68%；占比为 41.53%，相较于 2017 年第四季度峰值，事务管理类信托降幅达 43.90%，通道类业务压降成果较为显著。

（二）行业实力总体稳定

信托行业资本方面，2022 年年末，信托业固有资产总额为 8742.32 亿元，同比降幅为 0.12%；所有者权益总额达 7178.66 亿元，同比增幅为 2.07%。至 2022 年年末，固有资产投资规模为 7048.31 亿元，占比达到 80.62%，同比增长 0.81 个百分点。货币资产规模为 548.44 亿元，占比为 6.27%，同比下降 1.18 个百分点。固有资产贷款规模为 597.61 亿元，占比为 6.84%，同比下降 0.51 个百分点。[1]

随着资管新规过渡期的结束，信托行业的整改也进入收官阶段，信托行业的资产规模也逐步进入平稳状态。集合资金信托持续上升，管理财产信托长期来看实现规模增长，而以通道类业务为主的单一资金信托则持续压降。资产功能发生了改变，其主要原因在于信托公司回应监管的要求，以及面对经济下行压力的风险下，不断降低融资类信托的规模，以及在推动自身业务转型过程中开始发展的其他类型投资业务。

（三）信托资金结构调整持续优化

至 2022 年年末，资金信托规模为 15.03 万亿元，同比增幅 0.18%，环比增长 0.12%。具体投向工商企业、基础产业、房地产领域的规模和占比进一步下滑。截至 2022 年年末，投向工商企业的资金信托余额为 3.91 万亿元，同比下降 6.09%，环比下降 1.14%；投向基础产业的资金信托余额为 1.59 万亿元，同比下降 5.54%，环比下降 2.07%；投向房地产的资金信托余额为 1.22 万亿元，同比下降 30.52%，环比下降 4.44%。与之相对应，投向证券市场、金融机构的规模和占比持续提升。至 2022 年年末，投向证券市场的资金信托余额为 4.36 万亿元，同比增幅 29.84%，环比增幅 4.21%；证券市场信托资金的占比在 2022 年末升至峰值，为 28.99%，同比上升 6.62 个百分点。[2]

从资金信托的资金运用方式来看，最主要的方式分别为交易性金融资产投资（45.48%）、贷款（23.14%）、可供出售及持有至到期投资（15.26%），三者占比合计超 80%，同比增长 20.43 个百分点；运用方式为贷款的占比下降 3.53 个百分点，反映传统的非标融资业务被进一步压缩；可供出售及持有至到期投资同比下降 11.25%，宏观经济发展受阻引发投资环境恶化，一定程度上导致信托资产信用减值损失加大。此外，长期股权投资的占比下降 3.56 个百分点；买入返售占比、存放同业占比、其他占比分别下降 0.75、0.87、

---

〔1〕 数据均参见翟立宏：《2022 年度中国信托业发展评析》，载中国信托业协会网，http://www.xtxh.net/xtxh/statistics/48366.htm，2023 年 4 月 28 日访问。

〔2〕 参见张陶然：《2022 年信托行业年报分析》，载金融界信托频道，https://trust.jrj.com.cn/2023/05/30131837589013.shtml，2023 年 5 月 12 日访问。

2.20 个百分点。[1]

信托市场资金结构的变化表现在传统信托业务规模进一步下降以及非标转标趋势显著，资金信托运用方式的变化亦反映了信托业务转型的趋势。以往监管模式的弊端将逐步消解，各类型机构间的套利空间将被持续压降。未来在新的信托业务分类指引下，信托资产的投资功能将得到进一步发挥，标品信托、股权投资信托等业务将迎来新的发展空间。

（四）信托业加快转型发展

家族信托在我国起步虽较晚但今年发展较快，多家信托公司将家族信托作为实施战略转型的重点方向，不断提升服务的专业水准。至 2022 年 12 月初，外贸信托、中信信托、中航信托等 17 家信托公司的家族信托业务总规模已经达 5500 亿元，较 2021 年底增长 57.38%。

探索涉众性社会资金受托服务信托，如中航信托与北京小数点科技有限公司作为双受托人的首单房屋交易保障服务信托。[2] 作为信托财产交付给服务信托进行资金监管，如交易顺利，服务信托将交易资金划转至卖方的指定账户，充分体现了信托公司利用自身的专业服务能力拓展市场寻找新出路的思路。

新型风险处置服务信托为破产提供新方案，近些年来，在经济多重因素影响下有一些大型企业面临破产危机，但因其资产体量大、投资者多，在进行破产重整或清算过程中存在着耗时长、需要动用庞大资产的问题。在此过程中引入信托架构，通过信托机构对债权债务的统一管理，平衡各方利益，将破产债权债务重新设计为信托受益权份额，大大加快了资产流转速度，有效地解决了融资困难的问题。

信托转型改革也对配套制度的完善提出要求，尤其是信托登记制度、信托税收制度等，实质是需要加快立法。

二、信托新规陆续出台

（一）信托业务分类规则

中国银保监会于2022 年12 月30 日发布《关于规范信托公司信托业务分类有关事项的通知（征求意见稿）》。主要内容为：信托业务分为资产服务信托、资产管理信托、公益慈善信托三大类25 个业务品种。资产服务信托按照服务具体内容和特点分为财富管理服务信托、行政管理服务信托、资产证券化服务信托、风险处置服务信托、经监管部门认可的新型资产

〔1〕 参见翟立宏：《2022 年度中国信托业发展评析》，载中国信托业协会网，http://www.xtxh.net/xtxh/statistics/48366.htm，2023 年 4 月 28 日访问。

〔2〕 参见樊融杰：《方便双方交易，保障资金安全：首单房屋交易保障服务信托落地》，载中国银行保险报网，http://www.cbimc.cn/content/2022-05/17/content_461352.html，2023 年 4 月 1 日访问。

服务信托 5 小类，共 19 个业务品种。资产管理信托依据资管新规，按照投资性质不同分为固定收益类信托计划、权益类信托计划、商品及金融衍生品类信托计划和混合类信托计划 4 种。公益慈善信托按照信托目的不同分为慈善信托和其他公益信托 2 种。要求信托公司按照信托业务新分类要求，严格把握信托业务边界，完善内部管理制度和内控机制，定期排查，严肃问责，确保按新分类标准规范开展信托业务。

该分类中，资产服务信托既可以是自益信托也可以是他益信托，而资产管理信托应当为自益信托；集合资金信托计划将继续存在，并体现在资产管理信托大类中；单一资金信托已经不存在，改为资产服务信托中的法人及非法人组织财富管理信托。[1]同时明确："信托公司应当严格把握信托业务边界，……不得以任何形式开展通道业务和资金池业务……"银保监会于 2023 年 3 月正式下发该通知，与征求意见稿的实质内容基本一致，个别表述稍有修改，如征求意见稿中资产服务类信托的其他资产服务信托，正式名称为新型资产服务信托。

（二）信托业保障基金管理

中国银保监会于 2022 年 2 月 11 日发布《信托业保障基金和流动性互助基金管理办法（征求意见稿）》。该办法主要从优化基金筹集机制、明确基金定位和使用方式、强化道德风险防范三个层面进行规范。首先，根据基金功能不同，将原认购制基金更名为流动性互助基金，同时设立缴纳制信托业保障基金。在信托行业转型期，实行保障基金和流动性互助基金并行的筹集机制，以增强基金损失吸收能力，丰富化险资金来源；待行业转型和风险化解基本完成后，可适时调整认购标准。基于信托公司风险状况实行差异化保障基金缴费标准，信托公司不再按净资产 1% 认购基金。其次，流动性互助基金主要发挥信托业流动性调剂功能。在符合条件的前提下，保障基金可以通过阶段性持股、设立过桥机构等方式参与信托公司风险处置。两类基金均不得用于救助被撤销或破产清算的信托公司。最后，信托公司及其股东应当严格执行恢复与处置计划，积极开展自救。信托公司因管理失当而承担赔偿责任，应当以资本金为限，且股东和无担保债权人应当先承担损失。基金参与化险，应当遵循社会公平性原则，避免产生逆向激励。明确基金使用的禁止性行为，并对相关责任人建立追责问责机制。

（三）基础设施不动产投资信托基金（REITs）规范

1.《关于规范做好保障性租赁住房试点发行基础设施领域不动产投资信托基金（REITs）有关工作的通知》（证监办发〔2022〕53 号）

证监会办公厅与国家发展改革委办公厅 2022 年 5 月 27 日联合发布《关于规范做好保障

---

〔1〕 参见黄再再、蔡斐等：《信托分类新旧对比!》，载微信公众号，https://mp.weixin.qq.com/s/bs1owYHimw7dzQv2IGxH1g，2023 年 10 月 1 日访问。

性租赁住房试点发行基础设施领域不动产投资信托基金（REITs）有关工作的通知》，推动保障性租赁住房 REITs 业务规范有序开展。要求充分认识保障性租赁住房发行基础设施 REITs 的重要意义；坚持“房住不炒”的定位，严禁以租赁住房等名义，为非租赁住房等房地产开发项目变相融资，或变相规避房地产调控要求；严格规范回收资金用途，净回收资金优先用于保障性租赁住房项目建设；进一步压实参与方的监督职责，明确原始权益人向监管机构的报告制度，发起人（原始权益人）的控股股东、实际控制人不得以任何方式挪用回收资金，并承诺监督发起人（原始权益人）遵照规定使用回收资金。

2. 《国家发展改革委办公厅关于做好基础设施领域不动产投资信托基金（REITs）新购入项目申报推荐有关工作的通知》（发改办投资〔2022〕617 号）

国家发改委办公厅 2022 年 7 月 13 日发布《国家发展改革委办公厅关于做好基础设施领域不动产投资信托基金（REITs）新购入项目申报推荐有关工作的通知》，其主要内容包括合理简化新购入项目申报要求；完善新购入项目申报推荐程序等，从实体到程序提出了具体要求。

三、持续强监管下的严处违法违规

2022 年全年，共对 21 家信托公司开出 112 张罚单（含个人），合计处罚金额 6814 万元，其中对公司罚金 5557 万元。如对新华信托开出了共计 1450 万元的罚单，成为本年度第一、史上第三的罚款金额。从处罚事由来看，主要表现为三个方面：一是内部控制不合规。本年度共开出了 49 张罚单是有关企业和高级管理人员未能遵守内部控制合规规定；二是继续从事通道业务，如新华信托、四川信托等 4 家信托公司为商业银行提供通道业务规避监管；三是信托资金投向非标资金池业务、房地产信托业务、含隐性担保的融资类信托业务等限制领域。有 10 家公司因为提供不合规的融资类信托受到处罚，占据本年度受处罚信托公司总数的一半；其中有 6 家违规向房地产项目提供融资而被处罚。

四、信托纠纷司法案例评析

（一）黄某某诉某信托公司信托纠纷案〔1〕

2015 年，黄某某（委托人）与某信托公司（受托人）签订《信托合同》，认购信托份额 300 万份。《信托合同》对双方的权利义务进行了约定，信托计划存续期间，信托公司需定

〔1〕 参见《信托委托人知情权的行使方式及边界》，载 https://mp.weixin.qq.com/s/mA3pKZZwgr1eSYbQpuMGCA，2023 年 2 月 27 日访问。

期发布管理报告，并召开受益人大会。

之后，黄某某以信托公司违背信托合同目的，处理信托事务不当，未尽到有效管理的义务，前期对产品进行虚假宣传，后期对产品监管失控，违背诚实信用原则，造成其财产重大损失为由提起诉讼。要求判令信托公司履行信息披露义务，提供与案外人的《合伙协议》《增资协议》《股东协议》《保管合同》原件，向证监会投诉该公司和向法院起诉该公司的文件原件和复印件；提供适应性风险测评调查问卷原件、复印件及双录视频，相关委托书和某公司营业执照、该公司某员工的劳动关系证明及从业资格证明；同时要求信托公司按照原告提出的议题召开或协助召开受益人大会。

法院认为，证据显示，信托公司已向黄某某提供了信托计划的成立公告及季度管理报告，其中对案涉信托计划的规模，信托计划收入、费用及收益情况，信托计划所持资产情况和投资标的的财务数据等情况以及信托资金的管理运用、处分、收益及收益分配情况均进行了披露。此外，在第二次受益人大会形成决议变更赎回方式后，信托公司再次披露了受益人申请赎回的情况，上述披露方式及披露的内容均符合法律规定和合同约定，能够满足黄某某了解其信托财产管理运用、处分及收支情况的需求。

黄某某要求信托公司提供信托公司与案外人签订的《合伙协议》及其补充协议以及《增资协议》《股东协议》的复印件，但因涉及第三方利益及存在保密条款，在无合同特别约定以及第三方认可的情况下，基于各方利益均衡保护的原则，展示原件或者提供复印件不是信托公司履行信息披露的必须方式。且信托公司已经提供便利供黄某某查阅了《合伙协议》，但因有保密需要拒绝了黄某某复印的请求。故而裁判驳回黄某某的诉讼请求。

二审法院裁判驳回黄某某上诉请求，维持一审原判。

我们认为，本案涉及信托委托人知情权的行使方式及权利边界问题。委托人在信托生效后虽不对信托财产享有财产性权利（即使委托人成为受益人而对信托财产享有受益权时，也是以受益人身份而非委托人身份享有的受益权），但作为信托的设立者，为了更好地实现其设立信托的初衷、意愿和目的，委托人基于设立信托的地位和身份，仍旧享有一定的权利，包括法定权利和保留权利两类，其中知情权就属于法定权利的一种，即法律直接规定的权利。[1]

针对委托人的知情权问题，各国态度不尽相同。《日本信托法》授予了委托人各种权限，其中第 40 条规定："有利害关系人随时可以请求查阅第三十九条规定的资料；委托者及其继承人和受益者有权请求查阅处理信托事务的有关资料，并有权请求对信托的处理事务作出说明。"[2]《韩国信托法》第 34 条第 2 款规定："委托人及其继承人及受益人，可以请求阅览信托事务的有关文件，或请求说明信托事务处理的有关事宜。"在英美传统观念中，由于信托

---

〔1〕 参见周小明：《信托制度：法理与实务》，中国法制出版社 2012 年版，第 225 页。

〔2〕 张莉：《商事信托委托人的权利解析》，载《赤峰学院学报（自然科学版）》2014 年第 12 期。

是委托人把自己不能亲自管理和运用的财产基于信任交给受托人的制度，因此委托人干预已经设立的信托是不恰当的。美国统一信托法典则认可委托人有文件阅览请求权。[1]

我国《信托法》、《信托公司管理办法》以及《信托公司集合资金信托计划管理办法》均对委托人的权利作出了规定。其中《信托法》第 20 条就明确规定："委托人有权了解其信托财产的管理运用、处分及收支情况，并有权要求受托人作出说明。委托人有权查阅、抄录或者复制与其信托财产有关的信托账目以及处理信托事务的其他文件。"

知情权的内容包括询问权和查阅、抄录、复制权，但该权利的具体行使方式尚无明确界定。有学者认为可以依据民法的意思自治原则对其具体行使方式作出解释，若信托文件对知情权的行使方式有明确约定的，则依约进行；没有约定的则依据法律之规定行使，例如对于特殊的营业信托，中国银保监会规章明确规定了受托人有就信托事务处理向委托人或受益人进行信息披露的义务以及披露的条件、内容、频率等，应按规定行使。[2]知情权使委托人了解其信托财产的管理运用、处分及收支情况，在发生不利于实现信托目的和受益人利益的情况时及时采取措施；并且委托人有权直接调查受托人处理信托事务的情况，不需要和受益人一起才能行使该权利。[3]但委托人行使权利也必须在合理的限度内，若委托人无限制地行使知情权，无理由或过分干涉受托人处理信托事务，则会影响受托人的自主性、积极性和判断性，不利于信托理财功能的发挥。因此，委托人行使知情权应当有一定边界，即知情权的行使应当符合法律的规定和合同的约定。在涉及案外人利益时，若无合同特别约定以及案外人同意，委托人的行权方式应以不损害他方利益（包括损害可能性）为限。当委托人要求信托公司提供的文件涉及案外人利益时，应基于各方利益均衡保护的原则，确定信托公司履行信息披露义务的方式。

（二）华鑫国际信托有限公司与陆某隽营业信托纠纷案[4]

2015 年 8 月 15 日，陆某隽（委托人、受益人）与华鑫信托（受托人）订立《信托合同》，约定：根据所认购的信托受益权类别不同，本信托的委托人区分为优先委托人和劣后委托人。全体委托人指定优先委托人（国核公司）为本信托计划的委托人代表，代表全体委托人签发委托人指令；劣后委托人为不超过 15 位且有一定投资风险承受能力的自然人。信托期限为 36 个月，由委托人代表决定信托计划是否继续存续或提前终止。受托人管理本信托项下资金的具体方式为：以受托人之名义对九鼎集团进行增资，并签署《认购协议》，同时将本信托计划项下委托人交付的 1% 信托资金用于认购信托业保障基金。优先委托人认可劣后委托人承担补足保证金及违约金的能力，若在约定时间内，标的公司实际股权价值低于

---

〔1〕 参见［日］能见善久：《现代信托法》，赵廉慧译，中国法制出版社 2011 年版，第 223 ~224 页。

〔2〕 参见周小明：《信托制度：法理与实务》，中国法制出版社 2012 年版，第 231 页。

〔3〕 参见赵廉慧：《信托法解释论》，中国法制出版社 2015 年版，第 273 页。

〔4〕 案例事实参见北京金融法院民事判决书，（2022）京 74 民终 928 号。

投资初始价值的 88.8% 时，为保证优先委托人的利益，劣后委托人应在 5 个工作日内向信托专户追加保证金，追加金额为初始股价的 88.8% 与标的公司实际股价的差值。当股权实际价值在保证金追加之日起连续 10 个工作日高于初始股价的 88.8% 时，劣后委托人可取回上述追加的保证金。若不按时足额追加保证金，则需按日追加 5‰的违约金，同时，受托人根据委托人代表签发的指令可宣布信托计划提前终止，并要求劣后委托人追加相应的保证金及违约金。

在合同所附的《信托计划说明书》中载明了以上分层型受益权结构，享有优先受益权的优先受益人有信托利益的优先索取权，以信托财产为限，在扣除各类相应费用后，于利益分配时优先获得信托利益的支付。

2015 年 8 月 28 日，陆某隽向华鑫信托转账 202 万元用于认购案涉信托份额及投资保障金。8 月 31 日，华鑫信托在其网站上公告案涉信托计划成立，成立日为 2015 年 8 月 28 日，信托规模 18,750 万元，资金运用方式为：九鼎投资新三板定向增发。陆某隽称华鑫信托曾电邮通知其交纳“利息”，其依照电邮载明的要求向信托专户支付了 300,398.9 元作为劣后受益人向优先受益人支付的应收信托收益。后华鑫信托再次向陆某隽发出了一则与前述要求基本相同的通知，但其因不知资金收取原因，并未交纳，也不认可第一次交纳的是保证金，主张自己仅基于信任进行了转账。后华鑫信托向同案其他劣后级委托人/受益人退还了第二笔资金，陆某隽主张该行为能够证明劣后级委托人没有差额补足之义务。

2018 年 4 月 25 日，国核公司向华鑫信托发出委托人指令，称《信托合同》所约定之条件已经成就，要求受托人依约计算劣后委托人应当追加的保证金数额并按时交纳。26 日，华鑫信托电子邮件通知陆某隽追加保证金 6,725,454.53 元，陆某隽拒绝。后华鑫信托起诉至北京市西城区人民法院，要求陆某隽一并交纳保证金和违约金。一审中华鑫信托向法庭提交了视频证据，但其中并没有华鑫信托向陆某隽讲解信托条款或提示风险的内容。

一审判决驳回原告华鑫信托的全部诉讼请求，华鑫信托不服提起上诉。二审法院认为：（1）案涉《信托合同》及相关信托文件对信托计划结构的设计存在特殊性，并非标准的结构化产品。本案中劣后投资人无法实现对信托资金的控制权，信托计划亦未保证对优先投资人还本付息，不符合借贷关系的特征。华鑫信托作为受托人而非优先级投资人，在缺乏合同及法律依据的情况下不能依借贷关系向陆某隽主张支付保证金。（2）一审法院认定华鑫信托未尽重要风险的提示说明义务，适当性义务履行不全面，具有事实依据。在推介、销售高风险等级金融产品和提供高风险等级金融服务领域，适当性义务的履行是“卖者尽责”的主要内容，也是“买者自负”的前提和基础。（3）信托合同中保证金条款符合格式条款的基本特征，对劣后委托人的利益影响重大、杠杆率过高，华鑫信托未在合同中予以明确说明，亦未对保证金条款做特别提示或明显加粗加黑，故该格式条款无效，不应作为信托合同之内容，无须再认定条款约定的保证金的法律属性。华鑫信托要求陆睿隽按照上述约定追加保证金并承担违约责任的诉讼请求，缺乏合同依据和法律依据，应予驳回。

我们认为本案尚存几个信托法上的疑惑，值得探究。

1. 结构化信托关系中优先受益人与劣后受益人之间是否构成借贷关系，抑或构成其他关系？

结构化信托关系中，优先受益人与劣后受益人之间形成的不一定是借贷关系。目前，我国在《信托法》层面并未对结构化信托做出规范定义。根据银监会 2010 年发布的《关于加强信托公司结构化信托业务监管有关问题的通知》（银监通〔2010〕2 号）之规定（以下简称《结构化业务通知》，所谓结构化信托业务，是指信托公司根据投资者不同的风险偏好对信托受益权进行分层配置，按照分层配置中的优先与劣后安排进行收益分配，使具有不同风险承担能力和意愿的投资者通过投资不同层级的受益权获取不同的收益并承担相应风险的集合资金信托业务。其中享有优先受益权的信托产品投资者称为优先受益人，所有享有劣后受益权的投资者称为劣后受益人。有学者指出，该监管文件的概念并非严谨的法律定义，也未完全涵盖目前金融实践中的其他结构化信托产品以及将来结构化信托的创新，其主张凡是利用结构化技术设计的信托产品均可称为结构化信托。[1]本课题组为研究之便利，在此处采纳《结构化业务通知》之定义。

结构化信托业务系集合资金信托业务的一种特殊形式，既有集合资金信托的一般特点，又有其自身的特殊之处。就其一般特点而言，结构化信托属于资金信托、自益信托与集团信托；就其特殊之处而言，结构化信托将信托受益权进行了分层设计（至少有两个委托人或受益人，具有集合性，[2]亦可分为三层甚至四层等）。此项制度设计最早被运用于证券投资信托业务，后被广泛运用于房地产信托业务、私人股权投资信托业务中。整个结构化信托业务中包含着两重关系，一为各受益人与受托人的关系，二为优先受益人与劣后受益人的内部关系，后者为探讨重点。

结构化信托作为信托公司根据信托法和监管规则开发的一种产品，面向合格投资者销售，信托公司则以营利为目的并收取信托报酬，以受托人的名义管理和处分受托资金。在标准的结构化信托业务下，信托文件中应当明确优先受益权与劣后受益权的比例、各自享有的信托利益范围与分配顺序、各自承担信托计划损失与风险的原则以及优先受益人与劣后受益人的特殊权利、义务与责任安排等事项。如果发生了信托文件约定的特殊事由，则劣后受益人应根据信托文件的约定追加信托资金以保证优先受益人本金、受益的获得或信托财产价值的维持。然而并非所有结构化的投资安排在优先与劣后级受益人之间都成立借贷关系。所谓借贷关系，是指借款人向贷款人借款，到期返还借款并支付利息的法律关系，其本质是借款

〔1〕 参见马荣伟：《信托抑或融资：结构化信托法律关系性质的认定——以郝茹莎与万向信托案为切入点》，载《法律适用（司法案例）》2019 年第 4 期。

〔2〕 参见周小明：《信托制度：法理与实务》，中国法制出版社 2012 年版，第 442 页。

人对借款有支配及使用的权利，贷款人有收回本金及利息的权利。体现在结构化信托中，尤其是证券类结构化信托实践中，由于劣后级受益人投入资金，劣后分配收益，承担较大风险，因此通常的安排是由劣后级受益人对信托财产实施积极管理，实际操控资金，决定资金的投向及买卖的时点。

本案中，信托合同约定由优先级受益人国核公司决定信托计划是否继续存续或提前终止，在信托存续期内也是按照优先级受益人的指令进行变现操作，劣后级受益人陆某隽等人在承担更高风险的同时，对信托资金却并不享有任何实际控制权，与借贷关系有着本质的差别。即使视为借贷，作为融资方的劣后级投资人却无法控制借贷资金的使用，不符合借贷关系的基本特征。此外，信托计划并未确保优先投资人可以以固定的本息回报退出信托，而是不承诺保本和最低收益，所有委托人仍需承担信托计划的风险，信托计划项下的财产即使在劣后级委托人追加保证金后亦无法确保可以全部变现，不符合借贷关系还本付息的特征。同时，劣后级委托人陆某隽购买本案信托计划的目的为个人投资，而非通过杠杆向优先委托人进行融资，在目的方面也不符合借贷关系的特征。因此本案中，优先与劣后受益人之间不构成借贷关系。

结构化信托中的保证金与差额补足义务非属同一含义。《全国法院民商事审判工作会议纪要》第 90 条规定："信托文件及相关合同将受益人区分为优先级受益人和劣后级受益人等不同类别，约定优先级受益人以其财产认购信托计划份额，在信托到期后，劣后级受益人负有对优先级受益人从信托财产获得利益与其投资本金及约定收益之间的差额承担补足义务，优先级受益人请求劣后级受益人按照约定承担责任的，人民法院依法予以支持。"本案中信托合同并未明确约定差额补足条款，仅约定了在一定条件下，劣后受益人需追加保证金，而追加保证金并不必然等同于差额补足义务。本案信托合同约定，优先级受益人的预期收益率为 11.8%/年，受托人不承诺最低收益，不保证信托本金不受损失，若全部信托财产全部变现后，仍无法分配受益人信托利益时，产生的一切风险与后果由全体委托人/受益人承担。

2. 仅凭委托人对信托合同之重要风险内容条款进行了手抄，是否就能判定受托人履行了适当性义务？

所谓适当性义务，是指卖方机构在向金融消费者推介、销售银行理财产品、保险投资产品、信托理财产品等高风险等级金融产品或提供服务的过程中，必须履行的了解客户、了解产品、将适当的产品（或者服务）销售（或者提供）给适合的金融消费者等义务。卖方机构承担适当性义务的目的是确保金融消费者能够在充分了解相关金融产品、投资活动的性质及风险的基础上作出自主决定，并承受由此产生的收益和风险。

适当性义务的主体是金融机构。信托机构对外销售信托产品，无论是主动管理类信托还是事务管理类信托，信托机构均应当承担适当性义务。本案中，陆某隽及国核公司均称涉案信托合同文本由华鑫信托公司提供，华鑫信托未能举证证明信托合同条款系委托人提供，因此华鑫信托作为格式文本的提供方，应当向消费者进行提示说明，华鑫信托主张案涉信托属于“通道”业务，相关后果应由投资方自行承担的意见缺乏事实依据与法律依据。

适当性义务的客体是金融消费者。金融消费者是指购买、使用金融机构提供的金融产品和服务的自然人。不能以消费者具备金融行业相关知识或属于合格投资者等条件而否认其金融消费者的身份。本案中，在陆某隽填写的《客户风险适应性调查问卷》中明确载明该委托人曾经没有投资过信托类产品，而结构化信托业务具有相当程度的复杂性，案涉信托业务中劣后投资人承担了巨大风险，华鑫信托不能仅凭消费者投资过股票、基金就认为消费者了解结构化信托产品，更不能以陆某隽系金融行业从业者而否认其金融消费者的身份。

从义务内容上看，卖方机构需要了解产品、了解客户、并把适当的产品销售给适合的投资者。《结构化业务通知》第 4 条第 2、3 款规定：“信托公司在开展结构化信托业务前应对信托投资者进行风险适应性评估，了解其风险偏好和承受能力，并对本金损失风险等各项投资风险予以充分揭示。信托公司应对劣后受益人就强制平仓、本金发生重大损失等风险进行特别揭示。”第 6 条对结构化信托业务的产品设计提出了要求，包括（1）优先与劣后受益人之间投资资金配置比例大小应与信托产品基础资产的风险高低相匹配，但劣后受益权比重不宜过低。（2）信托公司在设计该类产品时，应对每一只产品撰写可行性研究报告，对受益权的结构化分层、风险控制措施、劣后受益人的尽职调查过程和结论、信托计划推介方案等进行详细说明。（3）信托公司应当合理安排结构化信托业务各参与主体在投资管理中的地位与职责，明确委托人、受益人、受托人、投资顾问（若有）等参与主体的权限、责任和风险。（4）结构化信托业务运作过程中，信托公司可以允许劣后受益人在信托文件约定的情形出现时追加资金。本案中，优先级与劣后级的资金比例为 4 : 1，优先级的预期收益安排为 11.8%，该结构化设计在股票价值严重下跌时将可能引发劣后受益人追加 4 倍本金以上的保证金。在如此高的风险情况下，华鑫信托设计的合同中没有任何强制平仓及止损的安排，交易的主动权被优先级受益人控制，劣后级受益人承担的风险与风控措施严重不匹配，华鑫信托应当就该投资风险对劣后投资人进行特别说明和提示并获得投资人的确认，但案涉信托文件中没有任何关于追加保证金的特别说明及提示，陆某隽在签订合同的过程中亦没有工作人员对其进行说明和提示。仅凭陆某隽手抄的条款，不能认定华鑫信托已经履行了适当性义务。

《信托公司集合资金信托计划管理办法》第 7 条第 1 款规定，信托公司推介信托计划，应有规范和详尽的信息披露材料，明示信托计划的风险收益特征，充分揭示参与信托计划的风险及风险承担原则，如实披露专业团队的履历、专业培训及从业经历，不得使用任何可能影响投资者进行独立风险判断的误导性陈述。营业信托属高风险等级金融产品，华鑫信托承担适当性义务的目的是确保陆某隽能够在充分了解相关金融产品、投资活动的性质及风险的基础上作出自主决定，并承受由此产生的收益和风险。在推介、销售高风险等级金融产品和提供高风险等级金融服务领域，适当性义务的履行是“卖者尽责”的主要内容，也是“买者自负”的前提和基础。

（三）中国民生信托有限公司与李某芳营业信托纠纷案〔1〕

2020年2月28日，李某芳与民生信托公司签订《信托合同》，约定由民生信托公司担任受托人，委托人李某芳基于对受托人的信任，认购（申购）中国民生信托·至信828号铂首商业地产集合资金信托计划。信托计划期限内，受托人将扣除认购保障基金及前端扣除的税费后的信托资金用于受让武汉裕馨所持目标公司99%股权并将剩余信托资金投入目标公司资本公积。同时，受托人还将根据相关法律法规规定，将委托人交付的信托资金的1%用于认购保障基金，作为信托财产投资组合的一部分。本信托计划为非公开发行的私募产品、固定收益类集合资金信托计划，风险等级为中高风险。预计存续期限为12个月。受托人按照《投资协议》约定以不超过19.8亿元（包括标的股权转让价款和股东投资款）为对价对目标公司进行投资，其中以不超过1.98亿元的价款受让武汉裕馨持有的标的股权，成为目标公司股东，剩余不超过17.82亿元由受托人（代表本信托计划）作为目标公司股东投入目标公司资本公积。

另有特别约定：当满足一定的约定条件时，本信托计划自动进入延长期，届时无须就该事宜召开受益人大会。延长期内，受托人有权通过向目标公司及对赌义务人主张权利、行使担保权利等方式尽快变现信托财产。信托文件还就受托人义务、受托人信息披露要求以及各方的违约责任作出了约定。

经民生信托公司确认，李某芳所购的320万份信托单位自出资日次日即2020年2月28日生效，预计信托单位终止日/封闭期届满日为2020年12月11日，业绩比较基准9%，期间利益分配安排为季度。后民生信托向李某芳支付了4个季度的信托收益。

2020年民生信托第一、二、三季度管理报告载明信托计划成立日为2019年12月11日，到期日为2020年12月11日。2020年第四季度、2021年第一季度管理报告载明到期日为2021年3月31日。项目进展情况及重大事项披露：信托计划资金用于向标的公司支付购房款。该项目标的为在建工程，截至目前，标的物业尚未取得标的项目的预售证，尚未办理过户手续。目前正在推进标的物处置，同时协调交易对手的其他资产增信，以此保障委托人/受益人的合法权益。2021年第二季度管理报告又进一步将信托计划到期日变更为：本项目已进入延长期。

李某芳曾就该问题向北京银保监局举报民生信托公司。经北京银保监局查证核实，在至信828号预计存续期限届满后，交易对手仅支付了部分信托款项，民生信托公司违反《信托公司管理办法》第24、25条之规定，向至信828号前13期投资人进行了分配，却未向第14期之后的投资人进行分配；违反《信托公司集合资金信托计划管理办法》第27条之规定，

〔1〕 案例事实参见北京金融法院民事判决书，（2022）京74民终502号。

绕道非关联方公司，将信托资金违规用于民生信托公司的股东，未向投资人揭示项目资金的实质用途；由于交易对手未能按期支付至信 828 号项目信托款项，该项目进行了两次延期，民生信托公司在延期后均未向投资人披露至信 828 号底层资产风险情况及采取的应对措施，违反上述规定第 34 条。

2021 年北京市东城区人民法院一审判决民生信托公司赔偿李某芳本金损失 320 万元及利息损失。民生信托公司不服，上诉于北京金融法院。

2022 年 8 月，北京金融法院二审判决驳回上诉，维持原判。法院主张，民生信托公司绕道非关联方公司，将信托资金违规用于公司股东的行为严重违反信托合同对信托资金用途之约定，违反《信托公司管理办法》第 24 条与《信托公司集合资金信托计划管理办法》第 27 条第 3 款之规定，违反受托人义务及职业信托人谨慎投资义务，其根本违约行为给李某芳造成损失，应承担赔偿责任。委托人购买的涉案信托产品系单个独立信托单位，约定了封闭期，李某芳在期限届满前已起诉要求民生信托公司赔偿损失，至此李某芳因案涉信托产品所产生的具体损失已然可以确定。

我们认为，本案主要涉及信托受托人忠实义务和善管注意义务的履行问题。《信托法》第 25 条规定，受托人应当遵守信托文件的规定，为受益人的最大利益处理信托事务；受托人管理信托财产，必须恪尽职守，履行诚实、信用、谨慎、有效管理的义务。有学者认为，在信托法上应当区分信义义务和其他义务，而且信义义务和信托文件中的约定义务是不同的。受托人的忠实和诚信意味着他要本着诚实和公正行事，受托人必须只为受益人的利益行事。受托人的行事必须确保受益人的最大利益，不能允许自己利益或者他人利益和受益人的利益发生冲突。[1]

还有人认为，信托法中受托人的义务可以分为约定义务与法定义务（非约定义务），其中以忠实义务为核心的信义义务属于法定义务范围，但其内涵可以由当事人进行一定程度的约定，《信托法》中关于信义义务的规则本质上为任意性规则，当事人可以通过约定的方式加以修改。例如，关于忠实义务的规定为法定规范，但亦允许当事人通过约定或者取得委托人或受益人同意的方式排除某些形式上构成利益冲突行为的违法性（第 28 条但书）。关于谨慎义务的规定亦为法定规范规定，受托人的谨慎义务是客观的义务，但是法律就此无法提供明晰的行为标准，受托人可以在信托文件中明确预定自己行为的边界和义务的边界，以此减少自己的责任。忠实义务体现了一种举证规则，即只要形式上构成了利益冲突的行为，受益人等不承担证明信托财产因此遭受损害的证明责任。

与善良管理人注意义务的违反须由起诉的受益人承担损害举证责任相比，忠实义务的违反不需要证明损害的存在。忠实义务违反行为和注意义务违反行为相比，在外形上更容

〔1〕 参见赵廉慧：《信托法解释论》，中国法制出版社 2015 年版，第 304 页。

易判断。

约翰·郎拜因教授认为应重新审视忠实义务规则，该规则的目的应该是“为了受益人的最大利益”，而不是“仅仅为了受益人的利益”。他提出了4个理由，其中第四点主张“受托人提供服务不仅是为了名誉而是为了取得报酬，因此受托人不只为受益人的利益，还要为了其自身及其股东的利益从事受托事务”，而Gary Watt教授则指出这个理由有时反而更能论证要对专业的受托人施加更严格的义务。[1]

关于善良管理人注意义务（也称谨慎义务），Gary Watt教授认为应采客观标准，即受托人在管理信托事务时，义务的内容和程度不是以单个具体的人的能力为基准，而是考虑到受托人所属的社会、经济地位以及职业等因素，然后将这种类型的人所应具有的一般的、客观的注意作为判断的标准。[2]当受托人为信托公司等机构的时候，则应以较高的、专业性的注意能力为前提进行判断，应该比对个人受托人课以更高的注意义务。由于注意义务有对能力的要求，具有专业投资人能力的受托人和作为非专家的受托人相比，应当采取更高的行为标准。不仅如此，若其表示有超出一般受托人的能力和特殊技能，应依该标准进行判断。[3]《美国信托法重述》的起草者Scott教授在解说中也表示，“特别是在投资的场合，课以为了他人财产的安全性进行管理的义务”，即课以受托人进行谨慎投资的义务。

据此，在判断一个受托人是否存在违反义务行为之时，首先应当看信托文件中的约定；即使信托文件没有约定受托人的义务范围，应看受托人的行为是否违反该行业的受托人的一般的行为标准，还要看该受托人本身是否有超越一般行为标准行事的义务；特别是在营业信托中，还要看受托人的行为是否具有下列特点：是否违反信息披露义务、特别是关于信托的风险的披露；是否不当地诱导委托人购买信托产品；是否进行必要的风险承受能力评估；是否从事了利益冲突的行为（很多违反忠实义务的行为同时也构成对注意义务的违反），是否违反了监管机构关于信托产品管理的相关规范等。2014年4月，银监会发布了《关于信托公司风险监管的指导意见（业界称为“99号文”），可以从中总结出来对信托业“七个尽责”的要求：产品设计尽责、尽职调查尽责、风险管控尽责、产品营销尽责、后续管理尽责、信息披露尽责及风险处置尽责，这是对信托公司作为营业信托的受托人事前、事中和事后谨慎管理义务的细化，可以作为判断受托人是否履行了谨慎义务的重要参考。

本案中，委托人李某芳将其资产交付于受托人民生信托公司，由民生信托公司按照《信托合同》约定的方式进行投资运作，从而实现资产增值，这是其投资信托计划的目的。李某芳作为委托人应当对其投资行为进行预判，并承担投资风险。但是“买者自负”的前提，应为“卖者尽责”。民生信托公司作为受托人应履行合同约定义务，尽受托人忠实管理之责，

---

〔1〕 See Gary Watt, *Trusts and Equity*, 5th edition, Oxford University Press, 2012, p. 355.
〔2〕 See Gary Watt, *Trusts and Equity*, 5th edition, Oxford University Press, 2012, p. 369.
〔3〕 See Edward C. Halbach, Jr, *Trusts*, *Gilbert Law Summaries*, Thomas/West, 2008, p. 193.

按照信托合同之约定，为委托人的利益，以约定用途对信托财产恪尽职守地进行管理、处分和运用，此时委托人的投资风险方应由其自担。但信托公司在履行受托人义务时，违反合同基本义务，未能尽责履职，给投资人造成了损失，亦应承担赔偿责任。

受托人民生信托公司将信托资金用于其股东的情形，违反了《信托合同》中关于信托资金用途的约定；违反了《信托公司管理办法》第 24 条，即信托公司管理运用或者处分信托财产，必须恪尽职守，履行诚实、信用、谨慎、有效管理的义务，维护受益人的最大利益；实施关联交易，违反了《信托公司集合资金信托计划管理办法》第 27 条第 3 款，即不得将信托资金直接或间接运用于信托公司的股东及其关联人，但信托资金全部来源于股东或其关联人的除外；违反了《信托法》第 5 条、第 25 条的规定。综上所述，本案中，民生信托公司的上述行为违反了合同约定的受托人基本义务，违反了《信托公司管理办法》关于职业信托人谨慎投资义务的规定，也违反了《信托法》受托人义务的相关规定，民生信托公司的绕道非关联方公司，违规使用信托资金的行为导致投资人李某芳购买涉案信托产品的投资目的落空，其行为已经构成根本违约。民生信托公司违背了其作为信托受托人应当履行的忠实义务和善管注意义务，给投资人造成损失，须依法院之裁判承担相应的损害赔偿责任。

五、信托法制理论研究及学术会议综述

（一）主要著作

表 1　主要著作

作者	书名	出版社
赵万一	《信托法学》	高等教育出版社
胡仕波	《慈善、信托与家族传承》	法律出版社
于朝印	《中国现代信托法制研究》	中国人民公安大学出版社
许冬琳	《资源类国有资产信托法律问题研究》	中国广播影视出版社
刘佳	《经济法视野下的公益信托制度研究》	法律出版社
陈雪萍	《失能失智老龄人安养信托的制度设计》	中国社会科学出版社
李文华	《区域一体化背景下慈善信托法律问题研究》	知识产权出版社
张超	《净值型资产管理产品常用法规政策指引》	法律出版社
中盛律师事务所	《信托纠纷实务与风险防范》	中国政法大学出版社
周明、谢红丽 赵兴兰、王馨怡	《家族信托》	武汉大学出版社
中国信托业协会	《中国信托业年鉴》	中国财政经济出版社
中国信托业协会	《中国信托业发展报告》	中国财政经济出版社

续表

作者	书名	出版社
牛蕊	《家族信托》	中国金融出版社
王文韬、付伟	《信托的未来》	中信出版社
清华大学法学院金融与法律研究中心	《中国信托业发展报告》	中国经济出版社

表 2　主要译作

作者	书名	出版社
［英］弗雷德里克·威廉·梅特兰吴至诚译	《梅特兰衡平法与信托法讲义》	法律出版社

（二）信托法论文观点梳理

1. 信托法基础理论与基本制度研究

关于信托定义的问题，学者张淳对英国法学界信托定义的研究进行了述评。他认为，英国学者在长达 4 个世纪的时间跨度内对信托定义的研究，所秉持的都是“信托定义的法律态度揭示导向思维模式”。在这种思维模式下，这些学者并没有构思出“一个令人完全满意的信托定义”。令人费解的是，并没有英国学者对此种信托定义思维模式进行检讨与反思。故此他建议，在构思信托定义时，应当抛弃“信托定义的法律态度揭示导向思维模式”，而选择“信托定义的信托本质属性揭示导向思维模式”。[1]

关于民法与信托法的关系问题，学者韩良认为，民法与信托法是普通法和特别法的关系。他指出，民事信托制度是对《民法典》的补充与完善；促进和发展民事信托制度，可以辅助实现《民法典》的立法目的，可以创新《民法典》规定的财产制度与管理制度，可以有效弥补《民法典》应对财产管理风险的不足。在《民法典》的指导下，应当用民事行为理论重构民事信托的设立制度，对民事信托与民事代理制度作出严格区分，建立与物权登记相独立的民事信托登记制度，运用民事信托受信理论丰富民事责任制度。[2]

关于信托财产登记制度，学者缪因知认为，信托财产登记的制度功能是界定信托财产的范围、厘清信托主体的权利义务。信托财产应采登记对抗主义，而非登记生效主义。近年来，我国实施了一系列建设统一集中的信托产品登记体系和信托受益权流通平台的法制努力，试图以此推进信托财产登记。但信托产品登记可能是信托财产登记的非必要非充分条件，信托财产登记时的确定性、唯一性不足，信托主体和信托财产的对应性不足，都将成为

〔1〕 张淳：《信托定义：英国法学界的研究述评——有关学者对信托定义思维模式的秉持及其检讨》，载《时代法学》2022 年第 1 期。

〔2〕 参见韩良：《〈民法典〉与民事信托的发展》，载《中国政法大学学报》2022 年第 3 期。

法制建设中的难点。为此他认为，相较于统一集中的信托财产登记机构，一个适度分散的信托财产登记体系可能更有利于交易安全。应当充分利用传统物权权利登记簿，实现信托财产簿记式登记的优化，并接受以财产独立为尺度的实质性信托财产登记。有权部门还可以在特殊交易领域逐步强化交易相对方对潜在信托权利的查询义务。[1]

2. 家族信托研究

学者韩良、刘鹏坤认为，目前我国的家族信托行业面临着信托财产归属不明确、信托的有效设立存在障碍、受托人的资格和责任不清晰、税收成本较重、运行保障及司法监督机制不健全等诸多法律困境。两位学者认为，应当借鉴英美法系传统的“以受托人为中心”的立法理念，以受托人承担明确的法定信义义务、信托责任为基础，构建我国的家族信托理论。即应当明确信托财产的所有权归属于受托人，建立平衡各方利益的家族信托登记制度，明晰家族信托法律关系人的法律地位与权责，完善家族信托的税收法律环境，并构建家族信托有效设立、运行与纠纷解决的保障机制。[2]

学者夏小雄结合“家族信托第一案”，对信托是否有效、相关主体是否可以主张撤销信托、信托公司如何合法合规开展家族信托业务等问题展开讨论。该学者认为，在家族信托设立时，信托公司应当对信托财产的合法性进行审查，对信托目的是否违反法律、行政法规或者损害社会公共利益进行判断，防止家族信托因违反《信托法》第 11 条而无效。家族信托一旦有效设立，其法律效力就应当得到充分尊重，在不符合《信托法》第 17 条时不得强制执行信托财产。在家族信托存续期间，信托公司应当按照《信托法》的要求勤勉尽责履行自身职责，确保委托人与受益人的合法权益得到圆满实现，以此推动家族信托业务合规健康发展。[3]

学者高凌云则关注到涉外家族信托的法律适用问题。目前我国《涉外民事关系法律适用法》对于涉外信托关系法律适用作出的规定尚不完善。其既没有将选择信托适用法的权利明确授予信托设立人，没有限制所涉及的信托类别，也没有分别规范与信托相关的不同方面，这不利于家族信托制度的发展。因此该学者建议，应当借鉴美国信托法与《海牙公约》的经验，对《涉外民事关系法律适用法》进行修订。即我国应坚持当事人意思自治与最密切联系原则并重，对当事人意思自治加以合理限制，并采纳分割法律适用原则，充分承认信托的特殊性，针对信托关系的不同方面适用不同的法律。[4]

3. 遗嘱信托研究

学者张永认为，我国《民法典》与《信托法》关于遗嘱信托的规定集中体现于遗嘱信

---

〔1〕 参见缪因知：《信托财产登记制度功能的实现路径》，载《暨南学报（哲学社会科学版）》2022 年第 2 期。

〔2〕 参见韩良、刘鹏坤：《我国发展家族信托的法律困境及突破》，载《天津师范大学学报（社会科学版）》2022 年第 3 期。

〔3〕 参见夏小雄：《“家族信托第一案”：信托法问题的再展开》，载《银行家》2022 年第 1 期。

〔4〕 参见高凌云：《我国家族信托的法律适用问题》，载《上海对外经贸大学学报》2022 年第 3 期。

托效力，但是相应的解释论展开不足。该学者从解释论出发，提出以下观点。其一，《信托法》上遗嘱信托成立与生效的形式要件应与《民法典》继承编的相关规定保持一致，不应排斥录音录像遗嘱；受托人缺位并不影响遗嘱信托生效，但相应补位机制尚有不足，应类推适用法院指定遗产管理人的相关规定。其二，遗嘱信托财产登记与否不影响遗嘱信托的生效，相关登记仅具有宣示效力。其三，遗嘱对信托受益权移转的限制仅具有内部效力，不能对抗善意第三人。其四，清偿立遗嘱人的生前债务应优先适用《民法典》关于遗产债务清偿的规定，仍有不足时才能适用《信托法》中债权人撤销信托的规定，不应轻易否定遗嘱信托的效力。其五，遗嘱信托不能突破继承制度中特留份的限制。〔1〕

学者龚淋关注到遗嘱信托制度与个人破产制度的衔接问题。认为目前遗嘱信托破产隔离功能的发挥存在着诸多困境，一定程度上影响了个人破产制度的适用。比如信托财产权属不明，阻碍破产债务人财产变动的申报；信托公示制度不完善，导致难以确定个人破产财产的范围等。该学者引用卢曼的社会系统理论，并提出以“封闭与开放”两个视角实现制度之间的协调。在协调路径的选择上，该学者认为应当运用分权解构理论明确信托财产的归属，应当采用对抗主义的信托登记制度，并且增加财产权利变动的时间节点和欺诈转让撤销权。〔2〕

4. 保险金信托研究

保险金信托，是指将保险合同对应的利益作为信托财产，当保险合同约定的给付条件成就时，保险公司将对应资金划至信托公司，由信托公司按照信托文件进行管理的活动。作为保险与信托相结合的新型财富管理工具，保险金信托因其具备合理避税、保值增值、风险隔离、保护保险受益人权益等功能而备受欢迎。

学者刘杰勇详细讨论了保险金信托受托人的法律地位。他认为，目前我国保险金信托受托人身兼投保人与保险受益人双重身份，受托人的法律地位模糊是我国保险金信托运作与发展的主要桎梏之一。受托人具有多重身份，导致《信托法》《保险法》等法律规范适用产生重叠或冲突，应作分类讨论处理。受托人的多重身份，还引发适格性问题与保险法定位问题。明确受托人的适格性，既是保险金信托法律关系的研究原点，也是保险金信托业务顺利开展的前提。明晰受托人的保险法基本定位，可以从受托人的保险法权利、义务、责任入手。具体来说，受托人的保险法权利以保险金请求权为主，保险法义务则是以最大诚信义务为主的受信义务，保险法责任则主要源于违反义务与滥用权利。〔3〕

5. 弱势群体保护信托研究

学者楼建波、刘杰勇认为，监护制度下未成年人财产保护存在监护人管理财产缺乏监

---

〔1〕 参见张永：《遗嘱信托的规范构成与体系效应》，载《法学》2022 年第 10 期。

〔2〕 参见龚淋：《我国遗嘱信托破产隔离机制的法律构造——兼论与个人破产制度的协调》，载《法律适用》2022 年第 2 期。

〔3〕 参见刘杰勇：《保险金信托受托人的法律地位探析》，载《时代法学》2022 年第 2 期。

管、监护人财产管理能力不足和家族财富无法有效传承等问题。而未成年人财产保护信托作为与监护制度互补的财产管理形态，具有受托人专业性强、管理经验丰富、遵守受信义务、财富传承设计灵活等长期性和集团性的财产管理优势。为保护未成年人的财产权益，各国相继推出各具特色的信托设计，如英国公共受托人办公室、美国多元信托产品设计以及新加坡特殊需求信托公司等，值得我国借鉴。两位学者建议，我国未成年人财产保护信托的设计可分为三个层次：其一，多元信托产品本土化尝试；其二，构建公共受托人机制；其三，建立完善的信托监察机制。[1]

学者刘鹏坤认为，信托在满足养老需求方面具有独特的作用，可以使养老照护更具针对性、持续性和综合性，并保障养老资产的独立性、安全性和稳定性。该学者提出，在我国构建老年人长期照护和财产保护信托，应当在平衡各方利益的前提下充分调动养老资源，以典型信托关系为基础形成“复合三方结构”，健全贯穿信托设立、运行和终止全周期的运行规范，并通过风险控制机制维持和增进信任、防范和控制信任风险。同时该学者建议，我国应当以《信托法》的修订为契机，改善老年人长期照护和财产保护信托的发展环境，即设置公共受托机构、明确信托财产所有权、完善信托运行机制、健全信托登记与税收制度。[2]

6. 慈善信托研究

学者周乾认为，在推动共同富裕的背景下发展慈善信托，关键是要激活受托人。从实证视角来看，信托公司主导着慈善信托的总体格局，但是信托公司担任慈善信托受托人的状况不容乐观。该学者从行为能力、专业能力与公信力三个角度出发，发现信托公司作为慈善信托受托人具有适格性；但也存在适配性不足的问题。为此，该学者建议：首先，应提高信托公司对慈善信托的认知，解决观念滞后问题；其次，应在信托公司中设立专门的慈善信托部门，解决组织机构问题；最后，应对社会责任制度、税收激励制度、公司评级制度和募捐资格制度进行配套性完善，解决制度不足问题；通过制度驱动信托公司积极担任慈善信托受托人，促进我国慈善信托事业的稳步发展和公共富裕的有序实现。[3]

7. 数据信托研究

学者叶嘉敏认为，在现行“知情—同意”的信息收集模式下，个人信息尚无法获得充分有效的保护。相较而言，数据信托模式在个人信息收集保护中存在优越性，尤其体现在合同的权利与义务配置、违约救济与违约证明难度等方面。数据信托模式应由当事人选择适用。该学者从解释论的视角切入，提出个人数据信托制度法律适用层面的指引。具体而言，应以

〔1〕 参见楼建波、刘杰勇：《未成年人财产保护信托：域外经验与中国实践》，载《当代青年研究》2022 年第 1 期。

〔2〕 参见刘鹏坤：《老年人长期照护和财产保护信托研究》，载《社会保障研究》2022 年第 5 期。

〔3〕 参见周乾：《共同富裕下信托公司受托慈善信托的激励机制》，载《东方法学》2022 年第 3 期。

现行个人信息保护与信托的相关法条为解释进路的规范依托，并合理限制当事人对相关规范的排除适用。[1]

学者贺小石创造性地提出，数据信托可以作为"个人网络行为"[2]信息保护的新方案。他认为，目前个人网络行为信息的法律保护面临诸多困境，传统信息主体赋权保护路径无法妥善解决信息关系中的权力结构失衡问题，应当将个人网络行为信息纳入个人信息范畴并对其进行保护。在新技术条件下，信息控制者与信息主体之间存在事实上的信息信义关系，个人信息保护路径应从赋权模式转向行为规制模式，充分运用权利分割思想，借鉴信托制度，积极探索以信义义务为核心的数据信托机制，以实现信息主体保护与数字经济发展。[3]

8. 保底信托研究

保底信托的概念将商事实践中诸多资管产品的名目统合在一起，主要是指投资者被允诺了预期回报的下限，而交易采取的是信托的形式。学者吴至诚以保底信托的效力为研究对象，以类型化为工具，提出了保底信托效力认定的解释论。该学者指出，根据承担保底之债主体身份的不同，可将保底信托分为直接保底信托与间接保底信托。我国保底信托效力认定规则变化的真正原因，是信托司法对监管立场的部分接纳。建议法院应对《全国法院民商事审判工作会议纪要》第90条、第92条进行目的解释而非文义解释，并基于系统性风险认定保底信托的效力。对保底信托进行类型化展开时，还可以将无效法律行为转换制度、法律行为部分无效制度作为补充依据。[4]

（三）年内主要学术会议

中国信托业协会召开2022年中国信托业年会。[5]2022年5月18日，2022年中国信托业年会以线上形式召开。会议的主题为"践行新发展理念，推动行业转型与健康发展"。会议认为，信托业要积极谋转型图发展，更好地服务我国经济的高质量发展，更好地服务人民美好生活需要。会议指出，为推动信托业顺利转型发展，当前要做好两个方面的工作：一是进行科学的信托业务分类；二是研究推行信托公司分类监管。

《信托法修订内容研究》课题研讨会。[6]2022年6月17日，由京都律师事务所牵头的中国信托业协会2022年信托业专题研究课题——《信托法修订内容研究》课题研讨会通过线上会议形式顺利召开。来自业界与学术界的课题参与代表共40余人参加了本次研讨会。课

---

[1] 参见叶嘉敏：《个人信息收集视域下数据信托解释论研究》，载《内蒙古社会科学》2022年第2期。
[2] 个人网络行为是指，人们在数字化生存中留下的"数字足迹"，比如浏览记录、搜索历史等。
[3] 参见贺小石：《数据信托：个人网络行为信息保护的新方案》，载《探索与争鸣》2022年第12期。
[4] 参见吴至诚：《保底信托效力认定的类型化》，载《法学研究》2022年第6期。
[5] 参见中国信托业协会官网，http://www.xtxh.net/xtxh/topnews/47753.htm，2023年4月1日访问。
[6] 参见《动态丨〈信托法修订内容研究〉课题研讨会顺利召开》，载微信公众号"京都律师"，2022年7月4日。

题组负责人、南开大学法学院教授韩良代表课题组进行汇报。北京交通大学法学院副教授李文华作主题发言，主要介绍了大陆法系国家和地区引入和改造信托法的经验。其他课题组成员围绕信托税制、信托业监管、信托纠纷解决等信托法修改的相关问题发表了意见。

《信托业数据治理与应用实践研究》课题研讨会。[1]2022 年 6 月 20 日，由中航信托牵头的中国信托业协会 2022 年信托业专题研究课题——《信托业数据治理与应用实践研究》课题研讨会通过线上会议形式顺利召开。多家课题参与单位代表共 50 余人参加了本次研讨会。会上相关专家指出，信托公司需要紧密围绕全要素市场化配置的改革方向，不断提高数据治理能力，快速构建科学有效的数据治理体系与机制。课题参与单位代表结合公司业务实践，就课题研究内容提出了自己的思考。

中国信托业协会与贸仲共同举办"《信托法》修订内容研究"课题调研座谈会。[2]2022 年 7 月 27 日，中国信托业协会与贸仲共同举办了调研座谈会，主要讨论《信托法》修订及涉信托争议仲裁相关问题。座谈会从仲裁程序和实体两个方面对涉信托争议仲裁重点问题进行了探讨。贸仲相关业务负责人从立案审核、裁判标准等方面介绍了贸仲涉信托案件的处理经验；贸仲仲裁员专家从仲裁庭裁判视角分享了对信托案件争议问题的看法。与会嘉宾就受益权的性质、信托内部争议可仲裁性、信托义务的标准及免责等关键问题展开了讨论，并提出了《信托法》修订完善的建议。与会嘉宾一致认为，仲裁在解决涉信托资产管理纠纷方面具有专业、高效、保密的优势，期待未来通过制度设计促进更多的涉信托资产管理争议通过仲裁方式解决，也希望通过仲裁法治实践推动信托法律制度的不断完善。

慈善信托研讨会。[3]2022 年 7 月 29 日，由金融界与友成基金会联合主办、北京易准律师事务所协办的"慈善信托研讨会"召开，这是业内首次举办面向公众的大型研讨会议。活动以"慈善信托大有可为"为主题，来自中国慈善联合会、中国信托业协会、原中国银监会以及 30 多家信托公司的领导和专家参加会议，围绕信托行业支持乡村振兴等话题展开深入研讨。会议提出了多种观点：慈善信托发展渐入佳境，助力实现共同富裕目标；"信托 +"助力乡村振兴，双受托人成为主流模式；外部因素制约业务长足发展，法律制度有待完善等。会上相关专家指出，慈善信托的税收优惠措施在法律层面还未予明确规定，有待税收法律的进一步明确与完善。

---

〔1〕 参见《中航信托组织召开〈信托业数据治理与应用实践研究〉课题研讨会》，载微信公众号"中航信托"，2022 年 6 月 21 日。

〔2〕 参见《团队动态丨中国信托业协会与贸仲共同举办"〈信托法〉修订内容研究"课题调研座谈会》，载微信公众号"京都家族传承"，2022 年 7 月 31 日。

〔3〕 参见《启程！业内首届慈善信托研讨会召开，一线专家共话行业"破局"之道》，载微信公众号"友成企业家乡村发展基金会"，2022 年 7 月 30 日。参见吕志录：《慈善信托研讨会丨吕志录：公益信托的发展研究与法律思考》，载微信公众号"北京易准律师事务所"，2022 年 7 月 29 日。参见《用信托的方式做慈善，中国外贸信托参加业内首届慈善信托研讨会》，载微信公众号"外贸信托五行财富"，2022 年 8 月 9 日。

上海律协“民法典下的遗嘱信托实务探讨”研讨会。[1]2022 年 11 月 10 日，上海律协民事业务研究委员会举办以“民法典下的遗嘱信托实务探讨”为主题的研讨会。主讲人李伟锋律师从遗嘱信托及其功能、遗嘱信托现状、遗嘱信托典型案例、遗嘱信托问题及探索这 4 个方面展开论述。参会律师结合自己的办案经历，针对遗嘱信托的实务问题以及引申出的律师遗嘱见证问题展开了全面讨论。此次研讨会启发了参会人员思考遗嘱信托背后的制度问题。

〔1〕 参见上海市律师协会官网，https://www. lawyers. org. cn/info/76b2447265d346198e4759e01d11e6b5，2023 年 4 月 1 日访问。

银行业监管处罚报告

京衡律师事务所金融专委会

在2022年这一不平凡的年份里，中国经济金融面临结构改革、外部冲击、世纪疫情等多方位挑战。在复杂多变的经济金融环境下，银行业作为经济运行的核心部门，必须坚守底线，做好防微杜渐的法律合规工作。本报告就2022年银保监会机关以及北京、上海、广东（不含深圳）、江苏、浙江（不含宁波）5个地区银保监局及分局对银行的行政处罚进行统计、分析总结，分析监管政策及处罚动态，提出合规建议。希望能够帮助商业银行及时把握监管重点，洞悉合规风险变化趋势并有效应对。

一、监管处罚重点及趋势

（一）监管处罚整体态势

2022年银保监会机关及以上地区银保监局针对银行业主体开出的罚单共计728个，处罚金额达到了47,727万元。罚单数量连续4年呈上升趋势，但处罚金额有所下降。整体而言，严监管、加强处罚的高压态势依然持续。

从处罚数量上来看，广东地区的处罚案件数量最多，达379件，与2021年江苏处罚数量居于榜首的情况有所变化；浙江、江苏地区的处罚数量相当；最少的是上海和银保监会机关，分别为54件、40件。

从处罚金额上来看，银保监会机关作出的行政处罚金额总量最多，达到了12,690万元；浙江居于其次，金额达到了10,172万元；最少的是北京。

从上述数据来看，虽然机关处罚案件数量最少，但平均每个案件的处罚金额最高，为 317.25 万元左右；上海地区为 102.96 万元左右，北京地区为 47.32 万元左右，浙江地区为 43.66 万元左右，广东地区为 24.22 万元左右，最低的是江苏地区，为 23.82 万元。

值得注意的一个监管处罚现象是，继 2021 年出现了一批大额罚单后，2022 年监管处罚仍然延续了这一态势。然而，随着近年来银保监会持续开展乱象整治及内控合规建设工作，2022 年千万级罚单数量、金额均下降明显，整体罚没金额有所回落。

在典型案例中，往往在一单处罚中包含 10 个案由以上的罚单，且每一单罚没金额巨大，最大一笔罚款金额达 1310 万元，处罚对象包括农村金融机构、国有大型银行、全国性股份制银行、政策性银行等。其中，全国性股份制银行以 57% 的大额罚单数量占比和 52% 的大额罚单金额占比成为重灾区。

（二）监管处罚趋势特征

银行业监管处罚在 2022 年开始呈现重点突出、点面结合的鲜明特点：一是从之前的仅处罚机构转为机构人员并重，机构人员双罚的趋势越发明显，处罚对象涉及个人的罚单占整体的六成以上体现出“行为监管”色彩浓重的处罚思路；二是从之前主要关注信贷业务、反洗钱管理、运营管理等传统领域扩展至各类新兴业务，新增案由覆盖公司治理、金融消费者权益保护、信贷业务资金流向、资产质量管理、数据质量与数据安全、理财业务合规管理等，以配合落实服务实体经济、化解金融风险、保交楼稳民生等国家宏观政策导向。具体有以下重点趋势。

1. 信贷领域处罚仍最集中，“资产质量分类不准确”成新热案由

在 2022 年的银行业监管处罚案由中，信贷业务违规仍是“重灾区”，占整体罚单数量的六成以上。其中，从防范化解重大金融风险的策略出发，监管机构尤其关注银行业金融机构信贷资产质量及不良资产管理情况，共涉及罚单 459 张，合计罚没约 2.8 亿元，其中，超六成罚单涉及信贷资产质量分类不准确的问题。

基于 2022 年及之前几年的监管处罚实践，银保监会总结经验，连续出台多份涉及信贷资产质量分类不准确的监管文件。如银保监会于 2022 年 5 月发布的《商业银行预期信用损失法实施管理办法》，从管理职责、制度流程、模型和参数管理、信息披露等方面，强化预期信用损失管理的前瞻性和审慎性。2023 年 1 月银保监会就修订后的《固定资产贷款管理暂行办法》、《流动资金贷款管理暂行办法》、《个人贷款管理暂行办法》和《项目融资业务指引》等信贷管理政策（以下简称“三个办法一个指引”）征求意见，结合多种融资场景，对银行贷款管理的规范化和精细化提出更高要求，推动高质量防控信用风险，提高服务实体经济质效。2023 年 2 月，银保监会与人民银行联合发布《商业银行金融资产风险分类办法》1 号令，进一步推动银行业金融机构准确识别、评估信用风险，真实反映资产质量。

2. 消费者权益保护持续受关注，个人信息保护首开千万级罚单

金融消费者权益保护是近年来监管领域的持续热点。2022 年 8 月，银保监会下发《关于开展银行保险机构侵害个人信息权益乱象专项整治工作的通知》，针对银行业金融机构违规对金融消费者信息收集、存储和传输、查询、使用、提供、删除及第三方合作七大领域的违规乱象开展整治。2022 年 12 月 30 日银保监会发布《银行保险机构消费者权益保护管理办法》，并在第六章专章规定“保护消费者信息安全权”。

监管机构在持续关注消费者权益保护机制体系建设的同时，对银行业相关权行为予以重罚。2022 年，消费者权益保护相关罚单数量较去年增加超两成，其中，消费者信息保护相关罚单共计 149 张，占消保领域罚单的 72%。2022 年，在个人信息保护领域首次出现了千万级罚单，导致整体罚没金额较 2021 年增长超过 20%，监管机构对个人信息保护方面的重视与整治决心可见一斑。

3. 员工行为处罚增多，突显“行为监管”理念

银行业从业人员的不当行为是银行风险之源，可能引发流动性风险、信用风险、声誉风险、合规风险等各类风险。不当行为、违法乱纪行为引发的重大案件频发，给银行业带来巨大的资金、资产和声誉损失，应当成为银行业合规的重点关注领域。

2022 年度，银行业金融机构因员工行为相关案由导致的罚单共计 118 张，罚没金额逾 1.58 亿元，较去年增加超过 1 倍，主要案由包括员工行为管理不到位、员工行为排查不到位、员工从事违法违规活动等。

4. 理财业务违规频现，母行与理财子公司双罚

随着银行理财子公司业务的逐步扩大，监管部门随之加强监管。从资管新规、理财新规到《商业银行理财子公司管理办法》《理财公司理财产品销售管理暂行办法》《理财公司理财产品流动性风险管理办法》，加上 2022 年 8 月出台的《理财公司内部控制管理办法》，监管机构已初步建立起理财子公司和理财业务的监管体系，理财子公司的合规运营工作进入新阶段。

2022 年是资管新规正式落地的第一年，经过多年过渡期整改，理财业务违规罚没金额出现回落，但仍然突破亿元大关。2022 年，银保监会首次针对 3 家银行理财子公司开出罚单，罚没金额均为“百万”量级。投资集中度、托管独立性、理财销售行为、同业理财压降、老产品整改仍是监管罚单的重灾区。

特别需要关注的是，理财产品在发行过程中的集中度管理，母行作为托管机构由于未及时应对理财产品投资集中度超标的问题须承担连带责任，导致母行与理财子公司双双遭到罚款的情况频繁出现，表明合规风险从子公司向母行端传导。

5. 监管数据报送大额罚单频发，监管数据质量监管趋严

继 2018 年银保监会发布的《银行业金融机构数据治理指引》后，2022 年发布《银行保险监管统计管理办法》，围绕商业银行经营“透明化”提出更高数据报送要求，并明确指出“一

把手”对监管数据质量负有最终责任。银行业监管数据报送相关的监督和处罚态势逐渐趋严。

2022年，金融监管机构全国共发出监管数据报送相关罚单641张，罚没金额约4.6亿元。其中，银保监会开年针对EAST数据报送连开20余张百万级罚单，覆盖国有银行、股份制银行、政策性银行等各类机构，引发行业的高度关注。

监管处罚呈现新趋势的背后，是我国金融监管能力与水平的显著提升。近年来陆续发布《中国银保监会行政处罚办法》、《中国人民银行执法检查程序规定》、《中国人民银行行政处罚程序规定》和《中华人民共和国银行业监督管理法（修订草案征求意见稿）》，传递出强烈的强调行为监管和人员追责、加强信息化监管发挥“大数据”监管效能、非现场检查与现场检查并重、完善行政处罚工作流程等全监管、强监管政策导向。其中，尤为值得关注的是人民银行与银保监会非现场监管能力的不断提升。

二、自有资金运营和投资业务

自有资金运营和投资业务是银行的主要业务之一。银保监会及各地区银保监局对银行自有资金运营和投资业务的处罚，主要具体案由为：投资业务管理不到位、超资质投资、投资入股企业整改不到位、延长投资信托计划期限不审慎、违规开展同业投资业务、同业投资违规投向土地储备项目。该类业务各级银保监部门开出的罚单数量共有10张，金额达到了1547万元。其中，同业投资违规投向土地储备项目类处罚处罚金额居第一，达到了710万元；投资入股企业整改不到位类为265万元，居第二；延长投资信托计划期限不审慎类为250万元，居第三。处罚数量方面，投资业务管理不到位类居第一位，为3个。

银行自有资金和投资业务中，处罚金额最大的罚单来自上海银监局开出的针对天津银行股份有限公司上海分行的沪银保监罚决字〔2022〕50号罚单，案由为向资本金不足的房地产项目提供固定资产贷款；固定资产贷款资金未按规定进行支付管理与控制；以贷收费；质价不符；转嫁成本；同业业务未实行专营管理；通过同业投资为政府购买服务项目提供融资；同业投资违规投向土地储备项目；对同业投资基础资产风险管理严重违反审慎经营规则；固定资产贷款五级分类不准确；经营性物业贷款用途管理严重违反审慎经营规则；超过借款人实际资金需求发放流动资金贷款；未按规定检查、监督流动资金贷款使用情况；个人贷款贷后管理严重违反审慎经营规则，上海银监局决定对其上述违法违规行为给予710万元的罚款。

根据统计数据，自有资金运营和投资业务中各类银行机构处罚数量在4类主要案由中的占比情况是农商行在全部案由中所受到的处罚数量占比最大，与往年相差较大，往年为全国性股份制银行或城商行在全部主要案由中占比最大。

三、理财和代销业务

银行的理财和代销业务同样是银行的主要业务之一，本年度银保监会及各地银保监局对此类业务仍保持较大监管力度。银行的理财和代销业务处罚（包括银行设立的理财子公司）中，主要集中在理财销售/代销管理、理财资金投资管理和风险管理三个方面。该类处罚数量共计 50 个，金额达到了 11, 351 万元。其中，风险管理方面受到的处罚数量和金额均为最多，数量为 24 个，金额达到了 7536 万元。

中国工商银行股份有限公司上海市分行在沪银保监罚决字〔2022〕54 号处罚中，因未按理财资金违规用于支付土地款，用途管理严重违反审慎经营规则；违规代理销售等并包括其他领域违法违规行为，被沪银保监局开出了合计 1310 万元的罚单，为本项中最大罚单。

根据统计数据，理财和代销业务中各类银行机构处罚数量在三类主要案由中的占比情况为，本年度全国性股份制银行和国有大型银行在三类主要案由中所受到的处罚数量占比较高。

（一）理财销售/代销管理

1. 代客操作购买理财产品

根据银监会出台的《商业银行理财产品销售管理办法》（银监会令〔2011〕5 号，已失效）第 54 条的规定，销售人员从事理财产品销售活动，不得违规接受客户全权委托，私自代理客户进行理财产品认购、申购、赎回等交易。在实践中，由于工作人员营销压力、客户对操作流程不熟悉等原因，代客操作行为比较常见。

根据统计数据，本年度银监会对此开出了 2 张罚单。

典型案例如下（见表 1）。

表 1　相关处罚

地区	处罚日期	被处罚人名称	处罚文书字号	处罚单位	主要违法违规事实（案由）
浙江	2022 - 05 - 12	浙江泰隆商业银行	台银保监罚决字〔2022〕11 号	中国银行保险监督管理委员会台州监管分局	贷款管理不到位，个人贷款资金流入房市，个人贷款资金未按约定用途使用，信贷资金挪用于银行承兑汇票保证金；员工管理不到位，员工在工商企业兼职；员工出借信用卡给他人使用；贷款资金被他人使用；理财代客操作

续表

地区	处罚日期	被处罚人名称	处罚文书字号	处罚单位	主要违法违规事实（案由）
上海	2022－08－24	中国邮政储蓄银行上海徐汇区宛平南路营业所	沪银保监罚决字〔2022〕61 号	中国银行保险监督管理委员会上海监管局	2021 年 4 月，该营业所在理财产品销售过程中未按规定实施录音录像和代替客户操作

2. 违规修改理财合同

根据银保监会出台的《商业银行理财业务监督管理办法》（银保监会令〔2018〕6 号）的规定，银行理财合同文本应当由商业银行总行统一管理和授权，分支机构未经总行授权不得擅自制作和分发宣传销售文本，同时根据《商业银行理财产品销售管理办法》的规定，商业银行销售理财产品，应当遵循公平、公开、公正原则，不得对客户进行误导销售。

根据统计数据，银保监会和各地银保监局在 2022 年没有开出此类罚单，在2015—2021 年则曾开出总计 2 张罚单。

3. 违规销售/代销

以违规销售/代销为兜底性案由，具体表现为各银行违反审慎经营原则，案由多为违规销售理财产品、理财业务办理不规范、销售误导行为等。银保监会及各级银保监局作出的处罚共 9 个，分别由银保监会机关、北京、江苏、广东银保监局及其分局作出。从处罚对象角度，全国性股份制银行受处罚比例最大，高达 4 个，占 50%。北京监管局开出京银保监罚决字〔2022〕23 号罚单，对中国建设银行北京市分行处以 410 万元处罚，为本项最大罚单。

典型案例如下（见表 2）。

表 2　相关案例

地区	处罚日期	被处罚人名称	处罚文书字号	处罚单位	主要违法违规事实（案由）
江苏	2022－02－17	中信银行扬州分行	扬银保监罚决字〔2022〕8 号	中国银行保险监督管理委员会扬州监管分局	违规销售理财产品、违规发放虚假委托贷款
北京	2022－05－07	中国工商银行北京市分行	京银保监罚决字〔2022〕14 号	中国银行保险监督管理委员会北京监管局	未强调分红险收益的不确定性等销售误导行为

续表

地区	处罚日期	被处罚人名称	处罚文书字号	处罚单位	主要违法违规事实（案由）
北京	2022-06-07	中国建设银行北京市分行、邢某刚、何某盟、孙某珍、曹某	京银保监罚决字〔2022〕23 号	中国银行保险监督管理委员会北京监管局	保险销售行为可回溯管理不规范

4. 未按规定实施录音录像

根据《银行业金融机构销售专区录音录像管理暂行规定》，银行业金融机构在营业场所销售自身依法发行的理财产品及合作机构依法发行的金融产品，应实施专区“双录”管理，即设立销售专区，并在销售专区内装配电子系统，对每笔产品销售过程进行同步录音录像。由于部分银行程序控制不健全、人员操作错误或各种原因，理财及代销产品发售未“双录”或双录视频内容不完整、不准确等现象时有发生。

根据统计数据，本年度对此开出 3 张罚单。

典型案例如下（见表 3）。

表 3　相关案例

地区	处罚日期	被处罚人名称	处罚文书字号	处罚单位	主要违法违规事实（案由）
广东	2022-07-12	中国农业银行广东省分行	粤银保监罚决字〔2022〕40 号	中国银行保险监督管理委员会广东监管局	保险销售“双录”视频内容不完整或未准确记录销售过程中的关键环节

（二）理财资金投资管理

银保监会出台的《商业银行理财业务监督管理办法》第 35、36 条对商业银行理财产品投资资产范围作出了明确限定。

根据该规定，银行面向机构和非机构投资者的理财产品，可以投资的种类为：国债、地方政府债券、中央银行票据、政府机构债券、金融债券、银行存款、大额存单、同业存单、公司信用类债券、在银行间市场和证券交易所市场发行的资产支持证券、公募证券投资基金、其他债权类资产、权益类资产以及国务院银行业监督管理机构认可的其他资产。

银行面向机构和非机构投资者的理财产品，不得直接投资于信贷资产，不得投资的种类为：本行信贷资产、本行或其他银行业金融机构发行的理财产品、本行发行的次级档信贷资产支持证券。

面向非机构投资者的理财产品，不得投资于不良资产、不良资产支持证券。

根据统计数据，银保监会及各地银保监局针对此类事项共开出 7 张罚单，其中银保监会开出 2 张罚单，上海、江苏银保监局辖属分局各开出 2 张罚单，浙江银保监局开出 1 张罚单。

典型案例如下（见表 4）。

表 4　相关案例

地区	处罚日期	被处罚人名称	处罚文书字号	处罚单位	主要违法违规事实（案由）
机关	2022 – 03 – 21	中国民生银行	银保监罚决字〔2022〕20 号	中国银行保险监督管理委员会	面向非机构客户发行的理财产品投资于不良资产
上海	2022 – 07 – 19	中国工商银行上海市分行	沪银保监罚决字〔2022〕54 号	中国银行保险监督管理委员会上海监管局	理财资金违规用于支付土地款，用途管理严重违反审慎经营规则
浙江	2022 – 11 – 30	中国工商银行浙江省分行	浙银保监罚决字〔2022〕37 号	中国银行保险监督管理委员会浙江监管局	理财资金实际用于置换他行土地储备贷款，且其中 2.5 亿元超过原贷款期限

（三）风险管理

银保监会对银行理财的风险管理有相应的监管要求，根据《商业银行理财业务监督管理办法》，商业银行应比照自营贷款管理流程，对非标准化债权资产投资进行投前尽职调查、风险审查和投后风险管理，并纳入全行统一的信用风险管理体系。

此类具体处罚案由主要是估值方法不准确、监管标准化数据（EAST）系统数据质量及数据报送存在偏差、信息披露违规、违反审慎经营规则等。根据统计数据，该类罚单数量共 6 张，分别由银保监局以及广东、上海、江苏监管局及其分局作出。

典型案例如下（见表 5）。

表 5　相关案例

地区	处罚日期	被处罚人名称	处罚文书字号	处罚单位	主要违法违规事实（案由）
江苏	2022 – 12 – 29	钱某伟/无锡农村商业银行	锡银保监罚决字〔2022〕38 号	中国银行保险监督管理委员会无锡监管分局	理财产品期限错配行为、过渡期内现金管理类产品新增投资 397 天以上债券行为、理财产品估值方法不准确

续表

地区	处罚日期	被处罚人名称	处罚文书字号	处罚单位	主要违法违规事实（案由）
机关	2022－03－21	中国民生银行	银保监罚决字〔2022〕20 号	中国银行保险监督管理委员会	EAST 系统理财产品销售端与产品端数据核对不一致；EAST 系统理财产品底层持仓余额数据存在偏差；EAST 系统理财产品非标投向行业余额数据存在偏差
上海	2022－02－11	南洋商业银行（中国）有限公司	沪银保监罚决字〔2022〕8 号	中国银行保险监督管理委员会上海监管局	部分理财产品未按规定进行信息披露
机关	2022－06－27	荣某民（时任兴业银行合肥分行行长）	银保监罚决字〔2022〕42 号	中国银行保险监督管理委员会	债券承销业务严重违反审慎经营规则负有责任

（四）理财违规保本承诺

人民银行、银保监会、证监会以及外汇管理局联合发布的《关于规范金融机构资产管理业务的指导意见》（银发〔2018〕106 号，以下简称《资管新规》）出台后，要求银行理财产品要打破刚兑、禁止保本承诺。因此，此类违规行为将受到各级银保监的监管处罚。根据统计数据，2022 年仅银保监会部门对此开出 1 张罚单。典型案例如下（见表 6）。

表 6　相关案例

地区	处罚日期	被处罚人名称	处罚文书字号	处罚单位	主要违法违规事实（案由）
广东	2022－01－28	广州农村商业银行	银保监罚决字〔2022〕9 号	中国银行保险监督管理委员会广东监管局	对非保本同业理财产品出具保本保收益承诺、虚假转让非标债权资产

四、同业业务

2014 年银监会出台的《关于规范金融机构同业业务的通知》（银发〔2014〕127 号）对

银行同业业务的经营行为作出了深入规定。2017年银监会“三三四十”系列文件中，又进一步对银行开展同业业务进行了规范。2018年银监会发布的《关于进一步深化整治银行业市场乱象的通知》（银监发〔2018〕4号）将银行违规开展同业业务作为整治工作要点。

根据统计数据，2022年银保监会和各级银保监局开出的涉及同业业务的罚单共计18张，其中银保监会开出2张罚单均为包含10个案由以上的大宗罚单，上海银监局开出7张罚单，广东银监局开出8张罚单，北京银监局开出1张罚单，处罚金额共计3255万元，主要具体案由为：同业投资违规、同业内控违规、非保本同业理财产品出具保本保收益承诺及违反审慎监管原则。

其中，罚单数量方面，违反审慎监管原则的罚单数量最多，共计7张罚单，同业投资违规、同业内控违规并列第二，各共计5张罚单。金额方面，同业内控违规、违反审慎监管原则、同业投资违规、非保本同业理财产品出具保本保收益承诺处罚金额依次递减，分别为1140万元、1055万元、955万元和105万元。

根据统计数据，同业业务中各类银行机构处罚数量在5类主要案由中的占比情况为：①同业投资违规类别中，政策性银行、国有大型银行、全国性股份制商业银行、城商行、村镇银行、民营银行各1家；②同业内控违规类别中，城商行占比最大为60%，罚单数量为3张；③非保本同业理财产品出具保本保收益承诺类别中仅有1张罚单；④违反审慎经营规则类别中，仅有1家农商行，罚单数量为7张。

（一）同业投资违规

根据统计数据，银保监会和上海银保监局各开出2张罚单，北京银保监局开出1张罚单。主要具体案由为违规开展同业投资业务、同业理财产品未持续压降、同业投资违规投向土地储备项目等。典型案例如下（见表7）。

表7　相关案例

地区	处罚日期	被处罚人名称	处罚文书文号	处罚单位	主要违法违规事实（案由）
北京	2022-11-21	北京大兴九银村镇银行	京银保监罚决字〔2022〕56号	中国银行监督管理委员会北京监管局	违规开展同业投资业务
机关	2022-09-28	农银理财有限责任公司	银保监罚决字〔2022〕49号	中国银行监督管理委员会	同业理财产品未持续压降
上海	2021-09-26	杨某（天津银行上海分行）	沪银保监罚决字〔2022〕51号	中国银行监督管理委员会上海监管局	同业投资违规投向土地储备项目

（二）同业内控违规

根据统计数据，同业内控罚单 5 张，均由上海监管局开出。主要案由为：同业业务管理不到位、同业业务未实行专营管理等。典型案例如下（见表 8）。

表 8　相关案例

地区	处罚日期	被处罚人名称	处罚文书文号	处罚单位	主要违法违规事实（案由）
上海	2022 – 07 – 19	天津银行上海分行	沪银保监罚决字〔2022〕50 号	中国银行监督管理委员会上海监管局	同业业务未实行专营管理
上海	2022 – 07 – 27	渤海银行上海分行	沪银保监罚决字〔2022〕56 号	中国银行监督管理委员会上海监管局	同业业务管理不到位，严重违反审慎经营规则。

（三）非保本同业理财产品出具保本保收益承诺

人民银行、银保监会、证监会以及外汇管理局联合发布的《资产新规》出台后，要求银行理财产品要打破刚兑、禁止保本承诺。因此，此类违规行为将受到各级银保监的监管处罚。同业理财业务亦应遵守上述规定。该类处罚数量较少，仅有 1 张，由广东监管局作出。

（四）违反审慎经营规则

审慎经营规则是《银行业监督管理法》规定的经营原则，具体规则由国务院银行业监督管理机构制定。该类处罚数共 7 张，均由广东监管局作出。此类处罚未明确处罚的具体原因，属于兜底性案由。典型案例如下（见表 9）。

表 9　相关案例

地区	处罚日期	被处罚人名称	处罚文书文号	处罚单位	主要违法违规事实（案由）
广东	2021 – 12 – 01	广州农村商业银行	粤银保监罚决字〔2022〕59 号	中国银行监督管理委员会广东监管局	同业及理财业务严重违反审慎经营规则，配合现场检查不力

五、贷款相关业务

贷款业务是银行业务中最重要的部分。本报告收集到银保监会及各地区银保监局对银行贷款相关业务的罚单共 459 张，处罚金额达到 28, 233 万元。主要案由为贷款“三查”不尽职、五级分类不准确、贷款资金用途违规、违反审慎经营原则以及其他违规发放贷款。其中，贷款资金用途违规类别中又包括贷款资金挪用至房地产、股市、票据业务、理财产品、固定资产以及兜底性贷款资金用途违规 6 个方向。

从处罚金额角度，各级银保监部门针对违反审慎经营原则开出的罚单处罚金额最大，达到了 12, 828 万元；其次是贷款“三查”不尽职，达到了 9324 万元。从罚单数量角度，排名前三的罚单类型为：违反审慎经营原则，252 张；贷款“三查”不尽职类，123 张；贷款资金用途违规，45 张。

（一）贷款“三查”不尽职

贷款“三查”主要是指贷前调查、贷时审查和贷后检查。贷款“三查”工作是银行防范信贷风险永恒不变的主题，也是银保监会监管的重点。银保监会办公厅《关于持续深入做好银行机构“内控合规管理建设年”有关工作的通知》（银保监办发〔2021〕123 号）文件中指出，从机构自查和监管检查情况看，贷款“三查”不尽职、统一授信管理不到位、销售适当性要求执行不力等问题仍然突出。

根据统计数据，各级银保监部门对贷款“三查”不尽职的罚单共计 123 张。各个主体占比情况为，全国性股份制银行在该案由中所受到的处罚数量占比为最大，占比为 30%；其次是国有大型银行，占比为 23%；处于第三位的是农商行，占比为 21%。

（二）贷款资金用途违规

银保监会明令禁止个人信贷资金挪用至股市和房市，客户未按合同用途使用信贷等一直是监管的重点。

在贷款业务中，各级银保监部门开出罚单累计处罚金额最大的是贷款资金用途违规这一类，该类别下资金用途又分为以下 6 个方向：挪用至房地产、资本市场、票据业务、理财产品、固定资产以及兜底性其他贷款用途违规。（1）贷款资金挪用至房地产用途的处罚数量最多，所涉及罚单共计 38 张，占比为 45%；（2）挪用至其他用途的罚单数量其次，所涉及罚单共计 27 张，占比为 32%；（3）贷款资金挪用至固定资产的罚单数量居于第三位，所涉罚单共计 9 张，占比均为 11%。

（三）违反审慎经营原则以及其他违规发放贷款

违反审慎经营原则以及其他违规发放贷款案由作为兜底性案由，罚单数量占比较大。因违反审慎经营原则受处罚最多的银行主体是农商行，罚单数量达到了 77 张；其次是国有大型银行，罚单数量达到了 56 张。

（四）五级分类不准确

根据《中国银监会关于印发〈贷款风险分类指引〉的通知》（银监发〔2007〕54 号）

以及《商业银行金融资产风险分类办法》（中国银行保险监督管理委员会 中国人民银行令〔2023〕第 1 号），商业银行应将贷款划分为正常、关注、次级、可疑、损失五类，后三类合称为不良贷款。银行贷款五级分类不准确可能致使银行错误评判自身经营及风险状况，因此该类也是银保监会的监管重点。

根据数据统计，对五级分类不准确的罚单共计 15 张。各类银行主体占比情况中，其中农商行在该案由中所受到的处罚数量占比为最大，占比为53%；其次是城商行和全国性股份制银行，分别占比为13%。广东银保监局及其分局对此类行为比较重视，开出了 5 张罚单，属于数量最多地区。

（五）其他贷款违规

贷款违规的情形在实践中纷繁复杂，该类违规情形下的具体案由主要为“向购买主体结构未封顶住房的个人发放个人住房贷款”“搭售”“虚构材料骗取贷款”“违规发放贷款”等。

根据统计数据，针对其他贷款违规的罚单数量为 29 张，各类银行主体占比情况是国有大型银行占比为31%；农商行占比为24%。

六、存款相关业务

银行的存款业务是其立行之本，其作为传统业务一直以来都是各级银保监的监管重点。央行、银监会联合发布的《关于完善商业银行存款偏离度管理有关事项的通知》（银监办发〔2014〕236 号）文件中，禁止商业银行违规吸收和虚假增加存款。

此类处罚中，主要集中在以贷转存吸存、以贷开票吸存、其他存款相关违规几个方面。该类处罚数量共计 36 个，金额达到 4174 万元。

从罚单数量角度，以贷转存吸存类数量较多，为 20 张；从处罚金额角度，其他违规吸收存款类金额达到了 1925 万元。

根据统计数据，存款业务中各类银行机构处罚数量在三类主要案由中的占比情况为，农商银行和全国性股份制银行在各类案由中受到处罚占比较大。

（一）以贷转存吸存

以贷转存吸存是指强制设定条款或协商约定将贷款资金转为存款或者向“空户”虚假放贷、虚假增存。根据统计数据，各级银保监部门共计开出 20 张罚单，其中江苏银保监局及其分局对此类违规行为开出的罚单数量最多，达到了 15 张。

典型案例如下（见表 10）。

表 10 相关案例

地区	处罚日期	被处罚人名称	处罚文书文号	处罚单位	主要违法违规事实（案由）
江苏	2022－11－21	兴业银行南京苜蓿园支行	苏银保监罚决字〔2022〕31 号	中国银行保险监督管理委员会江苏监管局	以贷转存
浙江	2022－06－22	中国邮储银行温州市分行	温银保监罚决字〔2022〕15 号	中国银行保险监督管理委员会温州监管分局	以贷吸存

（二）以贷开票吸存

以贷开票吸存是指将贷款资金作为保证金循环开立银行承兑汇票并贴现，虚增存贷款。根据统计数据，此类案由下共有 10 张罚单，江苏银保监局及其分局、浙江银保监局及其分局开出了 5 张，上海银保监局开出了 2 张。可见江苏银保监局及其分局对此类违规行为较为重视。

典型案例如下（见表 11）。

表 11 相关案例

地区	处罚日期	被处罚人名称	处罚文书文号	处罚单位	主要违法违规事实（案由）
江苏	2022－05－26	中国民生银行宿迁分行	宿银保监罚决字〔2022〕18 号	中国银行保险监督管理委员会宿迁监管分局	以票据贴现资金作保证金虚增存款

（三）其他存款相关违规

其他存款相关违规类案由，各级银保监部门共开出 10 张罚单，其中江苏银保监局及其分局开出 10 张，从地域看，主要集中在上海和浙江。

其他存款相关违规为兜底性案由，主要案由有“虚增存款”“违规吸收存款”“存款利息管控存在缺陷”等。典型案例如下（见表 12）。

表 12 相关案例

地区	处罚日期	被处罚人名称	处罚文书文号	处罚单位	主要违法违规事实（案由）
上海	2022－06－27	大连银行上海分行	沪银保监罚决字〔2022〕41 号	中国银行保险监督管理委员会上海监管局	虚增存贷款

续表

地区	处罚日期	被处罚人名称	处罚文书文号	处罚单位	主要违法违规事实（案由）
浙江	2022 - 12 - 29	嘉兴银行绍兴分行	绍银保监罚决字〔2022〕15 号	中国银行保险监督管理委员会绍兴监管分局	未执行监管政策，违规吸收存款
浙江	2022 - 11 - 30	中国工商银行浙江省分行	浙银保监罚决字〔2022〕37 号	中国银行保险监督管理委员会浙江监管局	存款利息管控存在缺陷

七、房地产业务

2022 年 3 月 16 日，国务院金融稳定发展委员会召开专题会议，会议强调，要坚持“房子是用来住的、不是用来炒的”定位，持续完善“稳地价、稳房价、稳预期”房地产长效机制，积极推动房地产行业转变发展方式，鼓励机构稳妥有序开展并购贷款，重点支持优质房企兼并收购困难房企优质项目，促进房地产业的良性循环和健康发展。

2022 年 11 月 11 日，中国人民银行、银保监会联合发布《关于做好当前金融支持房地产市场平稳健康发展工作的通知》（银发〔2022〕254 号），从供需两端全面支持房地产市场平稳健康发展。具体内容涉及保持房地产融资平稳有序、积极做好“保交楼”金融服务、积极配合做好受困房地产企业风险处置、依法保障住房金融消费者合法权益、阶段性调整部分金融管理政策、加大住房租赁金融支持力度 6 个方面，具体措施包括：稳定房地产开发贷款投放；支持个人住房贷款合理需求；稳定建筑企业信贷投放；支持开发贷款、信托贷款等存量融资合理展期；保持债券融资基本稳定，支持优质房地产企业发行债券融资；保持信托等资管产品融资稳定；支持开发性政策性银行提供“保交楼”专项借款；鼓励金融机构提供配套融资支持；做好房地产项目并购金融支持；积极探索市场化支持方式；鼓励依法自主协商延期还本付息；切实保护延期贷款的个人征信权益；延长房地产贷款集中度管理政策过渡期安排；阶段性优化房地产项目并购融资政策；优化住房租赁信贷服务；拓宽住房租赁市场多元化融资渠道。

2022 年 11 月 14 日，银保监会、住建部、人民银行联合发布《关于商业银行出具保函置换预售监管资金有关工作的通知》，商业银行可按市场化、法治化原则，在充分评估房地产企业信用风险、财务状况、声誉风险等基础上进行自主决策，与优质房地产企业开展保函置换预售监管资金业务。

2022 年房地产业务类型处罚一共有 101 个，涉及该类事项罚款金额总计 11, 487. 5 万元。

其中，土地融资违规的处罚金额最高，达到7991万元；处罚数量上其他贷款违规流入房地产违规所得罚单最多，达67个罚单。

（一）房地产领域流动资金贷款违规

银保监会《巩固治乱象成果促进合规建设工作的通知》（银保监发〔2019〕23号）禁止银行直接或变相为房地产企业发放流动资金贷款，对房地产项目融资加强了监管。中国银保监会办公厅住房和城乡建设部办公厅、中国人民银行办公厅《关于防止经营用途贷款违规流入房地产领域的通知》禁止经营用途贷款违规流入房地产领域，从而更好地支持实体经济发展。

根据统计数据，上海市、浙江省、江苏省受该类处罚最多，由银保监部门开出1张罚单，上海、浙江、江苏各监管分局开出45张罚单。典型案例如下（见表13）。

表13　相关案例

地区	处罚日期	被处罚人名称	处罚文书文号	处罚单位	主要违法违规事由（案由）
机关	2021-05-17	渤海银行股份有限公司	银保监罚决字〔2021〕13号	中国银保监会	向房地产开发企业发放流动资金贷款

（二）贷款资金投向“四证”不齐房地产企业

“四证”是指国有土地使用证、建设用地规划许可证、建设工程规划许可证、建筑工程施工许可证。

银保监会出台的《关于进一步深化整治银行业市场乱象的通知》（银监发〔2018〕4号）规定严禁银行向“四证”不全、资本金未足额到位的商业性房地产开发项目提供融资。银保监会《巩固治乱象成果　促进合规建设工作的通知》（银保监发〔2019〕23号）再次强调禁止未严格审查房地产开发企业资质，违规向“四证”不全的房地产开发项目提供融资。因此房地产项目是否具备“四证”，是银保监会监管的重点。

2022年度，此类处罚共3个，典型案例如下（见表14）。

表14　相关案例

地区	处罚日期	被处罚人名称	处罚文书文号	处罚单位	主要违法违规事由（案由）
浙江	2022-03-03	邮政储蓄银行湖州市分行	湖银保监罚决字〔2022〕3号	中国银行监督管理委员会浙江监管局	向“四证”不齐的项目提供融资
上海	2022-06-28	大连银行上海分行	沪银保监罚决字〔2022〕36号	中国银行监督管理委员会上海监管局	违规向某“四证”不全的房地产项目发放委托贷款

（三）个人消费贷违规流入房地产

银保监会《巩固治乱象成果　促进合规建设工作的通知》（银保监发〔2019〕23 号）禁止个人综合消费贷款资金挪用于购房。

在 2022 年度，各级银保监局共开出 5 张罚单，处罚金额共计 1135 万元。典型案例如下（见表 15）。

表 15　相关案例

地区	处罚日期	被处罚人名称	处罚文书文号	处罚单位	主要违法违规事实（案由）
北京	2022－09－09	交通银行股份有限公司	银保监罚决字〔2022〕46 号	中国银行监督管理委员会	个人消费贷款违规流入房地产市场
浙江	2022－11－10	韩某奕、浙商银行杭州分行	浙银保监罚决字〔2022〕32 号	中国银行监督管理委员会浙江监管局	信贷管理不审慎，个人消费贷款、个人经营性贷款被挪用于归还他行购房贷款

（四）同业投资违规流入房地产

银保监会发布的《关于规范金融机构同业业务的通知》（银发〔2014〕127 号）要求金融机构同业投资应严格进行风险审查和资金投向合规性审查，以“实质重于形式”作为原则。同业监管政策明确禁止同业投资资金流向房地产领域。

在 2022 年度，各级银保监局共开出 2 张罚单，处罚金额共计 710 万元，2 张罚单均由上海银保监局开出。典型案例如下（见表 16）。

表 16　相关案例

地区	处罚日期	被处罚人名称	处罚文书文号	处罚单位	主要违法违规事由（案由）
上海	2022－07－19	天津银行上海分行	沪银保监罚决字〔2022〕50 号	中国银行保险监督管理委员会上海监管局	同业投资违规投向土地储备项目

（五）土地融资违规

实务中，银行资金常被违规用于房地产土地款融资，严重违反了监管要求。根据统计数据，各级银保监局对此情况一共开出 27 张罚单。典型案例如下（见表 17）。

表 17　相关案例

地区	处罚日期	被处罚人名称	处罚文书文号	处罚单位	主要违法违规事实（案由）
浙江	2022－07－15	金某红、浙江义乌农村商业银行	浙银保监罚决字〔2022〕13 号	中国银行保险监督管理委员会浙江监管局	违规向城投公司等其他机构提供土地储备融资
上海	2022－02－11	南洋商业银行（中国）有限公司	沪银保监罚决字〔2022〕8 号	中国银行保险监督管理委员会上海监管局	该行发放建筑施工企业流动资金贷款违规用于补缴土地价款
浙江	2022－12－05	华夏银行股份杭州分行	浙银保监罚决字〔2022〕39 号	中国银行保险监督管理委员会浙江监管局	贷款资金被挪用于支付土地出让金、土拍保证金和拆迁补偿款

（六）其他贷款违规流入房地产

此类别为兜底性案由，例如“未办妥抵押（预告）登记即发放个人住房按揭贷款”“个人经营贷款挪用至房地产市场”“信贷资金被挪用于购房”等。根据统计数据，该类别下共开出 67 张罚单。典型案例如下（见表 18）。

表 18　相关案例

地区	处罚日期	被处罚人名称	处罚文书文号	处罚单位	主要违法违规事实（案由）
广东	2022－05－17	朱某燕、张某、交通银行广东省分行、交通银行广州海珠支行、黄埔支行、五羊支行	粤银保监罚决字〔2022〕18 号	中国银行保险监督管理委员会广东管局	未办妥抵押（预告）登记即发放个人住房按揭贷款、房地产业务相关报表填列不准确
机关	2022－09－09	招商银行	银保监罚决字〔2022〕48 号	中国银行保险监督管理委员会	个人经营贷款挪用至房地产市场
浙江	2022－11－21	浙江杭州余杭农村商业银行	浙银保监罚决字〔2022〕35 号	中国银行保险监督管理委员会浙江管局	贷款用途管控不力，信贷资金被挪用于购房

八、票据业务

票据业务作为银行的传统业务，随着承兑汇票业务的快速增长，票据业务风险隐患逐渐积累，因此各级银保监部门对此类违规行为也较为重视。2022 年银保监会及各地区银保监局针对此类违规行为开出的罚单数量共计 60 张，处罚金额达到了 4468 万元。主要案由为票据业务贸易背景不真实、承兑汇票授信管理不尽职以及其他票据业务违规。从数量上看，除兜底性的“其他票据业务违规”外，其中票据业务贸易背景不真实罚单数量最多，共计 32 张，金额达到 1819 万元。其次是其他票据业务违规，共计 19 张，金额达到了 2439 万元。

根据统计数据，票据业务中各类银行机构受处罚数量的占比情况中，农商行所受到的处罚数量占比均为最大，罚单数量共计 6 张，其次是全国性股份制银行，罚单数量共计 5 张。

九、银行服务收费业务

近年来银行业服务收费问题一直处于舆论的风口浪尖，商业银行作为金融企业，对所提供服务收取合理费用，是市场经济主体的内生要求，因而各级银保监部门对此类违规行为的监管关注也在逐步提高。银监会发布的《中国银监会办公厅关于商业银行服务收费有关问题的通知》（银监办发〔2008〕264 号），对进一步规范商业银行服务收费行为具有重要意义。各级银保监部门针对银行服务收费违规的处罚案由主要分为收费质价不符、以贷收费、转嫁成本以及其他违规收费 4 类。

转嫁成本类的罚单数量、处罚金额均位于第一，罚单数量为 16 张，金额达到 1037 万元。其他违规收费类的罚单数量位于第二，处罚数量为 7 张，金额则达到 514 万元。收费质价不符类的罚单数量位于第三，罚单数量为 4 张，共处罚 283 万元。

与上年相比较，收费违规类罚单数量及金额都有所下降。

根据数据统计，银行服务收费违规中各类银行机构处罚数量在各 4 类主要案由中的占比情况是国有大型银行在 4 类主要案由中所受的处罚数量占比最大。

（一）收费质价不符

银保监会发布的《中国银保监会办公厅关于开展银行违规涉企服务收费专项治理工作的通知》（银保监办发〔2019〕131 号）中要求各商业银行开展自查自纠。银保监会督促指导各商业银行总行，严格对照“七不准、四公开”要求（“七不准”：不得以贷转存、不得存贷挂钩、不得以贷收费、不得浮利分费、不得借贷搭售、不得一浮到顶、不得转嫁成本，“四公开”：收费项目公开、服务质价公开、效用功能公开、优惠政策公开），在全行组织自查自纠，坚决清理规范商业银行分支机构的违规收费行为。“四公开”中就包含“服务质价公开”的要求。

同时，银监会发布的《中国银监会关于整治银行业金融机构不规范经营的通知》（银监发〔2012〕3号）规定，银行服务收费要以质定价。服务收费应合乎质价相符原则，不得对未给客户提供实质性服务、未给客户带来实质性收益、未给客户提升实质性效率的产品和服务收取费用。

在2022年1月24日，中国银保监会发布《关于规范银行服务市场调节价管理的指导意见》，强调定价要以服务质量为核心，并划出5条监管红线。

根据数据统计，该案由下，共开出了6张罚单，江苏银保监局及其分局对该类案由开出的罚单数量最多，达到4张。典型案例如下（见表19）。

表19 相关案例

地区	处罚日期	被处罚人名称	处罚文书文号	处罚单位	主要违法违规事实（案由）
江苏	2022-10-11	中国建设银行南京溧水支行	苏银保监罚决字〔2022〕15号	江苏银保监局	服务收费质价不符
广东	2022-07-19	天津银行上海分行	中银保监罚决字〔2022〕9号	中山银保监分局	收费质价不符

（二）以贷收费

以贷收费是指要求客户接受不合理中间业务或其他金融服务而收取费用。根据银监会发布的《中国银监会关于整治银行业金融机构不规范经营的通知》（银监发〔2012〕3号）的规定，银行业金融机构不得借发放贷款或以其他方式提供融资之机，要求客户接受不合理中间业务或其他金融服务而收取费用。

根据数据统计，该类案由下，北京银保监局对该类案由开出罚单数量最多，达到了2张。典型案例如下（见表20）。

表20 相关案例

地区	处罚日期	被处罚人名称	处罚文书文号	处罚单位	主要违法违规事实（案由）
上海	2022-12-27	东方汇理银行（中国）有限公司	沪银保监罚决字〔2022〕87号	上海监管局	2020年12月至2021年2月，该行以贷收费
北京	2022-05-05	中国工商银行北京顺义支行	京银保监罚决字〔2022〕10号	北京监管局	存在以贷收费行为

（三）转嫁成本

银行业“七不准”中包括不得转嫁成本，银监会发布的《中国银监会关于整治银行业金融机构不规范经营的通知》（银监发〔2012〕3 号）规定商业银行不得转嫁成本。银行业金融机构应依法承担贷款业务及其他服务中产生的尽职调查、押品评估等相关成本，不得将经营成本以费用形式转嫁给客户。

根据数据统计，银保监会及其下属监管分局在该类案由下开出了 16 张罚单。其中的典型案例如下（见表 21）。

表 21　相关案例

地区	处罚日期	被处罚人名称	处罚文书文号	处罚单位	主要违法违规事实（案由）
浙江	2022 - 04 - 26	浙江绍兴恒信农村商业银行股份有限公司	绍银保监罚决字〔2022〕5 号	绍兴监管分局	1. 客户经理违规代保管经客户或保证人签章但关键条款空白的合同等信贷资料；2. 贷款风险分类不准确；3. 贷款发放不审慎；4. 向客户转嫁押品评估费。洪某根对上述行为 1 负直接责任，崔某对上述行为 1、行为 3 负直接责任，沈某良对上述行为 1 负直接责任，施某威对上述行为 3 负直接责任
广东	2022 - 07 - 12	中国农业银行韶关分行	粤银保监罚决字〔2022〕43 号	广东监管局	中国农业银行股份有限公司韶关分行向借款人转嫁费用

（四）其他违规收费

此类别为兜底性案由，主要为“违规收费”。该类别下共有 7 张罚单，其中江苏银保监局开出了 5 张罚单，占比最大。案例如下（见表 22）。

表 22　相关案例

地区	处罚日期	被处罚人名称	处罚文书文号	处罚单位	主要违法违规事实（案由）
江苏	2022 - 11 - 28	中国邮政储蓄银行	苏银保监罚决字〔2022〕32 号	江苏监管局	浮利分费
浙江	2022 - 03 - 17	中国工商银行浙江省分行	浙银保监罚决字〔2022〕3 号	浙江监管局	未按规定收取手续费

十、银行高管及责任人

《银行业监督管理法》第 48 条规定，银行业金融机构违反法律、行政法规以及国家有关银行业监督管理规定的，银行业监督管理机构除依照本法第 44 条至第 47 条规定处罚外，还可以区别不同情形，采取下列措施：（1）责令银行业金融机构对直接负责的董事、高级管理人员和其他直接责任人员给予纪律处分；（2）银行业金融机构的行为尚不构成犯罪的，对直接负责的董事、高级管理人员和其他直接责任人员给予警告，处 5 万元以上 50 万元以下罚款；（3）取消直接负责的董事、高级管理人员一定期限直至终身的任职资格，禁止直接负责的董事、高级管理人员和其他直接责任人员一定期限直至终身从事银行业工作。

根据统计数据，银保监会以及各银保监局在 2022 年度共开出 400 张涉及个人处罚的罚单。主要处罚内容包括：单处警告、单处罚款、并处警告和罚款、取消银行业从业资格与取消高管资格。其中，单处警告占比最高，达到了 41%，并处警告和罚款占 35%，禁止从业银行业资格若干年与取消高管资格占 19%，单处罚款仅占 5%。

（一）单处警告

根据统计数据，涉及个人处罚中单处警告类，广东银保监会开出了 76 张罚单，江苏居其次开出了 46 张罚单，北京开出了 19 张罚单，上海开出了 17 张罚单，银保监会机关及浙江各开出了 4 张和 2 张罚单。

可以看出，农商行的高管、责任人受到的处罚数量最多，有 45 张罚单，其次为国有大型银行的高管、责任人，罚单共计 44 张，全国性股份制银行仅次于国有大型银行，罚单有 33 张。

（二）单处罚款

根据统计数据，涉及个人处罚中单处罚款类，均由江苏银保监局开出，共计 19 张。

农商银行高管、责任人受到的处罚最多，达到了 6 张罚单，占比达到了 32%。

（三）并处警告和罚款

根据统计数据，涉及个人处罚中并处警告和罚款类，江苏银保监局开出了 96 张罚单，广东银保监局开出了 30 张罚单。

农商行高管、责任人受到的处罚最多，达到了 50 张罚单，占 36%，全国性股份制银行高管、责任人受到的处罚其次，有 33 张罚单，占 24%，两者共计占比达到六成。

（四）禁止银行从业资格与取消高管资格

根据统计数据，涉及个人处罚中取消银行业从业资格与取消高管资格类，广东银保监局开出 35 张罚单，江苏银保监局开出 16 张罚单，浙江银保监局开出 15 张罚单，上海银保监局开出 6 张罚单，北京仅为 1 张。

农商行高管、责任人受到的处罚最多，达到了 30 张罚单，占 41%，国有大型银行高管、责任人受到的处罚其次，有 14 张罚单，占 19%，两者共计占比达到 60%。

十一、员工内部管理

员工内部管理是银行得以正常运营的重要因素。银保监会及各地方银保监局对员工内部管理的处罚，主要具体案由为：员工行为管理不到位、有关数据报表错报或未报、员工违规保管经客户签章但关键条款空白的合同、承诺书等重要资料以及客户信息安全管理不到位。该类业务银保监会及各地区银保监局开出的罚单数量共有 118 个，金额达到 15,876 万元，处罚金额增长了超过 1 倍。其中，有关员工行为管理类处罚在数量方面位居第一位，罚单数量为 59 个，金额达到 3889 万元；有关信息数据报表错报、未报类处罚单数量为 32 个，金额为 10,325 万元，占员工内部管理类罚单金额的 2/3，且平均每单罚款 322 万元，总金额以及平均金额均为此类罚单内最高；有关客户信息管理类罚单数量为 8 个，金额达到了 510 万元；有关员工违规保管类罚单数量为 5 个，金额达 805 万元。

根据统计数据，员工内部管理中各类银行机构处罚数量在 4 类主要案由中的占比情况为，国有大型银行在 4 类主要案由中所受到的处罚数量占比均为最大。

典型案例如下（见表 23）。

表 23　相关案例

地区	处罚日期	被处罚人名称	处罚文书文号	处罚单位	主要违法违规事实（案由）
江苏	2022－12－27	华夏银行常州分行	常银保监罚决字〔2022〕44 号	中国银保监会常州监管分局	员工行为管理不到位
机关	2022－03－21	中国建设银行	银保监罚决字〔2022〕14 号	中国银保监会	监管标准化数据系统（EAST）数据质量及数据报送存在违法违规行为
上海	2022－07－15	交通银行太平洋信用卡中心	沪银保监罚决字〔2022〕48 号	上海银保监局	贷后管理不到位，信贷资金被挪用于购房，信贷资金被挪用流入证券市场；授信业务准入不严，向不符合条件的对象发放经营性贷款；违规保管客户已签字但关键要素空白的信贷合同

续表

地区	处罚日期	被处罚人名称	处罚文书文号	处罚单位	主要违法违规事实（案由）
浙江	2022－12－20	宁波银行绍兴分行	绍银保监罚决字〔2022〕14号	中国银保监会绍兴监管分局	客户经理违规保管经客户盖章的重要资料

十二、大宗处罚

继2021年首次出现了在一单处罚中包含10个案由以上的大宗处罚罚单后，2022年监管仍不断开出该类罚单，共计23单，除2单由上海监管局开出外，其余21单全部由银保监会部门开出，具体案由包括：监管标准化数据（EAST）系统数据质量及数据报送违法违规、往年行政处罚问题依然存在、未按规定进行贷款资金支付管理与控制、贷款分类不准确、个人贷款业务严重违反审慎经营规则等一系列综合案由。

罚单数量较上一年明显增长，但千万级大额罚单仅1单，数量及罚没金额均较上一年下降明显，银行业金融机构重大违法违规行为受到一定遏制。

由银保监会部门开出的罚单全部集中于EAST系统内的数据方面，体现出监管机构在数据监管领域“严管重罚”的态度。

所有罚单均针对政策性银行、国有大型银行、全国性股份制银行以及邮储银行开具，且被处罚的违法违规行为最早于2013年已经出现，监管对头部银行机构仍保持密切关注。

典型案例如下（见表24）。

表24　相关案例

地区	处罚金额	被处罚人名称	处罚文书案号	处罚单位	主要违法违规事实（案由）
银保监会	罚款360万元	中国工商银行	银保监罚决字〔2022〕11号	银保监会机关	监管标准化数据（EAST）系统数据质量及数据报送存在违法违规行为
银保监会	罚款440万元	国家开发银行	银保监罚决字〔2022〕8号	银保监会机关	监管标准化数据（EAST）系统数据质量及数据报送存在违法违规行为

续表

地区	处罚金额	被处罚人名称	处罚文书案号	处罚单位	主要违法违规事实（案由）
银保监会	责令改正，并处罚款共计1310 万元	中国工商银行上海市分行	沪银保监罚决字〔2022〕54 号	银保监会机关	1. 2019 年 3 月至 2020 年 7 月，向关系人发放信用贷款。2. 2017 ~ 2020 年，部分服务存在质价不符。3. 2017 ~ 2020 年，部分贷款存在以贷收费。4. 2017 年 8 ~ 12 月，部分业务存在转嫁成本。5. 2017 ~ 2019 年，部分收费服务内容记录不完整。6. 2019 年 1 月，理财资金违规用于支付土地款，用途管理严重违反审慎经营规则。7. 2016 ~ 2018 年，违规提供政府性融资。8. 2017 ~ 2020 年，部分个人贷款违规用于限制性领域。9. 2013 ~ 2019 年，部分并购贷款严重违反审慎经营规则。10. 2020 年 5 ~ 7 月，违规代理销售

编后记

《金融法律评论》2023下半年卷（总第17卷）如期推出。秉持本连续出版物应用理论研究的特色，努力联系金融法制实际，积极呼应金融市场法律需求，本卷继续反映年内金融法理最新探索、金融立法最新成果和金融执法最新实践。

中央金融工作会议提出建设金融强国目标，要求全面加强金融监管，完善金融体制，优化金融服务，防范化解风险，坚定不移走中国特色金融发展之路，推动我国金融高质量发展，为以中国式现代化全面推进强国建设、民族复兴伟业提供有力支撑。会议还要求加强金融法治建设，及时推进金融重点领域和新兴领域立法，为金融业发展保驾护航。围绕新一轮金融体制改革和现代金融监管立法，本卷分享了学者通过著文或会议发表的观点和建议。

《期货与衍生品法》已实施一周年，相应配套规范亦在不断完善，我国期货市场在发现价格、管理风险和配置资源方面发挥着越来越重要的作用。本卷包含对我国期货法域外适用的研究论文，也登载衍生品交易法律新问题的探索文章。

《公司法》的修订引起法学法律界的热烈讨论，金融法领域也很关注并积极参与公司法修订的研究，尽管年末新修订的《公司法》已经出台，但本卷登载的相关论文仍可以为新法的理解和进一步完善发挥作用。

2023年，我国证券市场进入了全面注册制时代，证券法也面临新的挑战、新的任务。本卷登载一组包括讨论中介机构、违法行为、纠纷裁判等新问题的稿件。

域外金融法专栏文章分析“消费者金融”制度引进问题。反映市场法制进展的年度金融法制报告继续登出。

《金融法律评论》受上海市高水平地方高校（学科）建设项目资助，希望广大读者作者一如既往地支持帮助我们，共同为推进金融市场及金融法制建设而努力。

编　者

2023 年 12 月 30 日